［美］帕特·底特律　［美］尼尔·梅塔　［美］阿迪亚·阿加什 ｜ 著

初畅　邹有龄　沈玫　施楚涵 ｜ 译

打造令人尖叫的产品

Product Management's Sacred Seven

高效能产品经理的制胜宝典
未来不被 AI 取代的核心技能

北京联合出版公司

Beijing United Publishing Co.,Ltd.

目录

Part Two

第二部分

经济学

Part Three

第三部分

心理学

Part Four

第四部分

用户体验

Part Seven

第七部分
市场与增长

Conclusion

Conclusion to the Sacred Seven

Acknowledgments

Notes

序

我们非常幸运，能见到数以千计的有志于成为产品经理的朋友们阅读到我们的前两本书——《滑动解锁》（*Swipe to Unlock*）以及《泡沫还是变革？》（*Bubble or Revolution?*）。我们从这些读者中得到的最常见的问题是，"极度优秀的产品经理需要具备什么特质？"

几年前，我们决定去寻找这个重要问题的答案。在每一场我们参加的大会和演讲中，我们形成了一个习惯，向所有我们能找到的产品负责人、招聘经理或高管询问这个问题。这个问题太宽泛了，为了简单起见，我们很快就这个问题分成了两部分来问：

1. 哪些知识能让你的面试者脱颖而出？

2. 在你的公司里，哪些核心技能可以帮助一个产品经理最快速地升职？

当我们在一个周末见面交流时，我们意识到自己已经访谈了来自14个国家、52家公司的67位产品负责人。这个小项目比我们预期的要广泛得多。我们打开笔记，开始读出答案。

因为我们访谈了各种类型的人，从 FAANG[1] 的招聘经理到亚洲独

1　美国五大科技公司 Facebook、Amazon、Apple、Netflix、Google 的简称。——若无特殊标注，本书注释皆为作者所加。

角兽创业公司的产品负责人，我们预计不会在他们的回答中看到明确的模式。毕竟TikTok的增长产品经理、Coinbase[1]的金融科技产品经理以及Grab[2]的新兴市场产品经理大概会对"产品经理"这个职位有非常不同的认知。

但是令我们惊讶的是，我们一次又一次听到同样的七个准则：产品设计、经济学、心理学、用户体验、数据科学、法律与政策、市场与增长。正如亚马逊（Amazon）的一位招聘经理所说，一个标准的产品经理可能精通这七个准则里面的两三个：比如一位刚毕业的商学院学生可能是市场和经济学方面的专家，而一个更艺术化的人可能更擅长设计和用户体验。但是，一个杰出的产品经理能掌握所有七个方面的技能。

在一次苏黎世的大会上，我们把这个发现告诉了一个朋友，他打趣地说，具有重大历史和宗教意义的事物通常都是七个一组（七大奇迹、七大洋、七重天等）。产品管理当然不能算是一种宗教，但我们觉得这种说法很明智，就开始把这七个产品准则叫作"神圣七律"。

我们本来只是打算写几篇博客文章就大功告成，但经过后续访谈、阅读我们之前不太了解的书籍，以及反思我们自己遇到的"（产品）战争故事"后，我们更深入地了解了这几个产品准则，而且我们的笔记达到了上百页。于是我们回到了自己熟悉的地方：我们一定得把这些内容写成一本书。

1　译者注：Coinbase又名比特币基地（NASDAQ：COIN），是一家美国加密货币交易所。

2　译者注：Grab（前身为MyTeksi）是一家在东南亚地区提供服务的技术公司和交通网络公司。

你将要阅读的是我们从这次努力中学到的最终成果。通过一系列案例教学、思维模型、理论以及实践技巧的结合，我们会帮助你掌握"神圣七律"中所有的知识和技能。希望你会喜欢这本书！

——帕特·底特律、尼尔·梅塔、阿迪亚·阿加什
2020 年 8 月

引言

哪些特质能造就一个伟大的产品经理？你可以说出一大串特质：技术过硬、业务战略能力强、软技能和领导力、远见、数据分析能力、产品意识以及一点创业精神。

那些都很重要，但到了某个点以后，它们就变成了基本的入场筹码。很多产品经理忘记了在通常的技术和商业战略领域之外博览群书的重要性。如果不了解人性，你就无法开发一款受欢迎的产品；如果不了解市场营销和增长知识，你就无法销售产品；如果不了解经济学和商业概念，你就无法搭建一个强有力的商业模式。如果你真的想要创造出有创意的产品并且成功创立公司，你必须对各方面都有所涉猎。

拥有多样化的知识在其他方面也会得到回报。能够与工程师、律师、设计师以及其他跨职能的专业人士沟通交流是赢得他们尊重和有效合作的关键。更不用说掌握这些领域的知识能让你从大多数产品经理面试者提供的通用回答中脱颖而出。

如果你想成为一名真正杰出的产品经理，你必须了解这最重要的"神圣七律"：产品设计、经济学、心理学、用户体验、数据科学、法律与政策、市场与增长。

本书内容概览

这本书由七个部分组成，每部分一个主题。我们大致依据产品的开发过程对这些组成部分进行排序。

1. 我们先从产品设计开始讲起，了解具有颠覆性影响力的战略和技术创新、假设与原型，以及产品与市场的契合度。最后，我们会学习应该如何找到正确的市场、正确的问题和正确的解决方案。

2. 接下来我们会应用经济学原理来学习如何评估和进入一个市场，以及如何想出一个可持续性的商业模式。我们会学习如何用单位经济模型、营收指标、细分市场以及市场准入壁垒来最大化你的增长率和利润。

3. 然后我们会利用心理学来学习如何吸引和留住用户。我们会学习如何通过建立用户习惯来提高产品"黏性"，激励用户使用你的产品，并且用心理学工具来赢得销售和注册。

4. 接下来，我们将深入研究用户体验，来了解用户是如何建立心智模型的，创建良好用户体验的四要素，以及如何将人类认知的细微差异考虑在你的设计中。最终目标是构建对所有人都有用和可用的产品。

5. 再然后，我们会利用数据科学来学习如何科学地衡量和增长产品。我们会讲到 A/B 实验、测量实验结果，针对五种主要商业模式的北极星指标，以及识别数据中的常见分布。

6. 之后我们将开始用法律与政策来完善开发过程，我们会了解如何遵守法律，甚至让它们成为你的优势。我们会讲到知识产权、反

垄断、隐私法，以及一系列产品经理需要了解的法律，从 GDPR[1] 到
DMCA[2]，再到第 230 条 [3]，以及 AB 5 法案。

7. 最后，我们会讨论市场与增长，学习如何将你的产品让大多数
人使用。我们还会学习如何开发引人注目的品牌，开展有效的广告活
动，影响用户行为，以及掌握增长黑客的艺术。

当然，你并非一定要跟着我们的顺序。因为书中每一个部分内容
都很多，所以我们把每个部分都设计得相对独立。因此，你可以自由
地来回翻阅本书，或者略读那些你已经非常了解的内容。

除了主要内容以外，我们也在书中加入了很多附加内容，包括面
试小建议以及案例学习视频。有一些附加内容是在线的，你可以通过
用手机扫描二维码来打开这些内容。

这本书是写给谁的？

我们写《产品七律》这本书，以帮助从有抱负的新人产品经理到
成熟的产品领导者，再到有志于成为世界级产品经理和领导者的科技
创业者。我们认为，无论你现在处于哪个阶段，书中一系列的案例教

1　General Data Protection Regulation 的缩写，即欧盟《通用数据保护条例》。是在
欧盟法律中对所有欧盟个人关于数据保护和隐私的规范，涉及了欧洲境外的个人数
据出口。

2　数字千年版权法（Digital Millennium Copyright Act）是一部美国著作权法律。

3　美国《通信规范法》（Communications Decency Act）第 230 条，保障网际网络服
务的提供者与使用者对其他用户在网络平台上发布的内容享有豁免权，并保障网络
服务提供者只要"立意良善"，就不会因为移除或审核第三方提供的恶意内容，而
背负法律责任。

学、理论以及思维模式都将对你有用。

请注意，这本书绝对不是一本关于面试的问答书。但是如果你正在面试一份新工作，我们认为你从书中学到的工具将会对你应对任何与产品相关的面试有极大的帮助。能熟练引用经济学理论、增长黑客案例、互联网法律史以及种种类似话题，必将会让你在面试中占有绝对性的优势。

为了更好地帮助你面试，我们也收录了大量的案例研究，这样你就能聪明地谈论你正在面试的相关公司。我们也收录了很多面试技巧来帮助你躲避常见陷阱，更好地把书中所学应用到面试场景中。

更多面试资源

如果你在寻找经典的面试准备材料——如何拿到面试，破解常见问题的工具以及回答案例——我们建议你看一下"产品联盟"的面试准备培训课程和 product alliance.com 上的免费资源。作为本书的作者，我们与来自顶级科技公司［从优步（Uber）到脸书（Facebook）到亚马逊］的产品经理们一起创建了这个网站，所以我们认为这是最好的产品经理面试准备资源。

另外，两个产品经理的基础技能——技术与商业战略——是如此地深入，以至于我们无法把它们放在这本书的一个部分里面。我们建议你看一下我们的第一本书《滑动解锁》，里面列举了大量的案例研究，可以帮助你梳理这些关键概念，流利地解释它们，并且凭借直觉判断行业未来的发展动向。

这两本书是互补的：你可以把《滑动解锁》当成一本任何产品经

理需要知道的基础信息，而把《产品七律》当成一本能让你了解更多技能以成为卓越产品经理的书。

关于作者

我们三个人很高兴能把这本书带给你，希望它能给你在做产品的道路上带来帮助。这里是更多关于我们的介绍。

尼尔·梅塔是谷歌的产品经理，之前曾任职于微软、美国人口普查局以及可汗学院（Khan Academy）。他也是"产品联盟"课程的讲师。尼尔在哈佛获得了计算机科学学士学位。

帕特·底特律是脸书的产品经理，之前曾就职于亚马逊、微软和IBM。他在康奈尔大学获得了应用经济学学士学位。

阿迪亚·阿加什是微软的项目经理，曾是软件咨询公司 Belle Applications 的创始人，也是"产品联盟"课程的主持人。他在康奈尔大学获得了计算机科学学士学位。

欢迎大家随时在 LinkedIn（领英）上与我们保持联系，我们总是喜欢与读者交流！

感谢！

感谢您选择阅读这本书。我们希望您会发现它内容丰富、发人深省，甚至可能很有趣。我们所有人祝您阅读愉快！

Part One

第一部分
产品设计

人们以为专注就意味着对应该被专注的事情说"是"，而实际上并非如此，专注意味着对上百件其他的事情说"不"。

————乔布斯（Steve Jobs）

引言

那是 1978 年，史蒂夫·乔布斯想要在苹果公司迈出大胆的一步。前一年发布的 Apple II 被誉为一场计算革命，这是第一台真正意义上的个人电脑。上一代计算机要求用户自己配置外壳和充电器，而 Apple II 把用户所需要的一切都放在了一个盒子里。最著名的是，这台计算机居然有了彩色图形，与此前难看的黑白显示屏相比，这无疑是向前迈出了巨大的一步。

Apple II 取得了巨大的成功，销量达到数 10 万台并成为公司的摇钱树。但乔布斯知道竞争对手会赶上来制作这个创新的产品，事实也确实如此。他的公司现在面临着一个选择：是继续在 Apple II 的生产线上生产产品，还是走上一条完全不同的道路。

不过，乔布斯蔑视那些想要继续迭代老式 Apple II 的人，这并不是什么秘密。他开除了这些人，与发明新产品的"艺术家"和"海盗"相比，他把这些人斥为"普通海军"。任何不对未来大胆下注的人都是缺乏好奇心的笨蛋——乔布斯会当着这些人的面叫他们"笨蛋"。

乔布斯挑起了一场文化战争：开发新苹果三代（Apple III）产品的"海盗"们在公司园区的一侧工作，而继续提升 Apple II 的"普通海军"则在公司园区的另一侧工作。公司园区内的敌意如此之高，以至于园区正中间的那条街被称为"非军事区"。

Apple II 。　　资料来源：维基媒体

产品设计

乔布斯一直在抨击那些他眼中的"笨蛋"。问题是，苹果公司的联合创始人斯蒂夫·盖瑞·沃兹尼亚克，Apple II 背后的天才，非常想继续改进 Apple II 系列，所以他也被归类为乔布斯眼中的"笨蛋"。在乔布斯的严厉指导下，沃兹和他的团队对苹果公司越来越失望，终于，沃兹在 1985 年辞职。

那么乔布斯和他的"海盗"和"艺术家"团队在做什么呢？乔布斯对于 Apple III 的愿景雄心勃勃，这是第一款专为企业而非消费者设计的苹果计算机。乔布斯坚持认为电脑不应该有冷却风扇，因为风扇"又吵又不美观"。但是，这种没有风扇的设计又给他带来了麻烦：电脑经常过热，导致电脑主板上的芯片经常被弹出。修复此问题的唯一方法就是把计算机放桌子上猛击，直到芯片弹回插座。

Apple III。 资料来源: *MadeApple*

　　乔布斯还做出了其他一些有问题的设计。比如，Apple III 的屏幕是黑白的（比 Apple II 倒退了一步），它的软件和硬件到处都是漏洞，只有少数程序可用，以及它"吝啬"地只有四个扩展端口。Apple III 是个失败的产品，在其生命周期内仅售出约 65,000 台。与此相比，苹果公司曾经单日售出 52,000 台 Apple IIc（Apple II 的后继产品），Apple II 系列在其生命周期内售出超过 500 万台。

　　乔布斯的下一台电脑，最初的 Macintosh（Mac），也被同样的问题所困扰，在市场上的表现也好不到哪里去。乔布斯仍然坚持无风扇设计，导致更大的过热。Mac 一个月只卖出 1 万台，而 IBM 的销量是其 16 倍以上。

　　到了 1985 年，也就是 Mac 发布的第二年，乔布斯的失败已经显而易见。他逼走了像沃兹这样为苹果公司带来主要利润的"笨蛋"，还将时间和金钱浪费在了一系列设计糟糕的失败品上。那年夏天，苹果公司解雇了乔布斯。

这个传奇故事告诉我们，即使是像乔布斯这样被称为有史以来最伟大的产品经理的人，在产品设计上也并非永远都是正确的。相反，他逼走了那些明显找到了"产品市场契合度"（product-marketfit）的人，固执地坚持去添加那些让产品变得越来越糟糕的功能。

设计伟大的产品是一门艺术——不仅仅是用户界面、图形或功能列表，而是整个产品的完整体验。乔布斯在离开苹果公司之后的一段时间中清楚地认识到了这一点——毕竟后来是他发明了 iPhone，每一位产品经理都应该从这个故事中学到这一点。你需要知道自己将要创造什么，不断测试你的假设，并且快速获得反馈，最终交付人们会喜欢的产品。

第一章　创造和增长

设计产品没有一个统一的方法论。在各种不同的方法论中，最根本的分歧在于是应该完全创造新的东西（被称为从 0 到 1 的创新或者纵向发展），还是应该在已有的产品和商业模式上持续改进（被称为从 1 到 N 的创新或者横向发展）。你在每个阶段的目标是不一样的，你的创意的成熟度，以及你可以调动的资源也不一样。所以作为产品创造者，你必须适时改变你的方法。

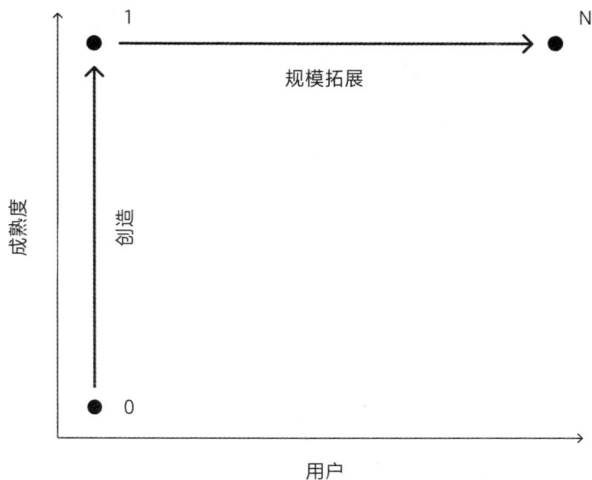

创造一个新产品是从 0 到 1，而拓展一个现有的产品则是从 1 到 N。

从 0 到 1

在从 0 到 1 的阶段，产品才刚刚起步，正在寻找他们在市场上的第一个立足点。创业公司的产品显然属于这一类型，但成熟的公司通常都是从 0 到 1 开发自己的产品，无论是在 Google X 这样的"创新工厂"——无人机、互联网气球和延长寿命等项目的诞生地，还是来自少数雄心勃勃的产品经理的脑袋里。

这些产品正在寻找"产品市场契合度"：明确证明它们是有市场的，也就是目标市场的人会使用这些产品，并且是可以持续增长的。正如安德森·霍洛维茨风险投资公司（Andreessen Horowitz）的观点那样，如果你要创办一家狗粮公司，商业模式问题或者生产问题一开始并不重要。真正重要的问题是：狗狗们是否愿意吃你的狗粮？

在这个阶段，你不需要有曲棍球棒式的增长数据，不需要去打造规模化产品，甚至不需要看到可观的收入。你只需要足够的增长来证明，如果你在这个产品上投入更多资源，你将能够实现可持续的增长。只有当你已经找到"产品市场契合度"的时候，你才需要开始扩张及优化产品的增长。从 0 到 1 是一个为产品找到"产品市场契合度"的过程，而从 1 到 N 是一个产品扩张的过程。简单来说就是：首先保证狗狗们会愿意吃你的狗粮，然后再建造你所有的工厂和商店。

供给与需求

当你在开发一个从 0 到 1 的产品时，如果你和你的竞争对手将一样的东西卖给相同的人群，是很难做起来的。如果城里已经有一家比萨店卖意大利辣香肠比萨给大学生了，那么你也开一家比萨店，从相同的供应商那里获取原料并卖给相同的学生，你就不会走得太远，也就很难脱颖而出。

相反，你需要找到未被开发的供给或未被满足的需求——现存的企业还没有触及的那些卖家和买家。因为你没有跟其他人在竞争那些人的注意力，所以赢得他们要容易很多。

许多科技公司找到了未被满足的需求，并创造产品来服务于这些需求。像 Lime 和 Bird 这样的电动滑板车初创公司发现没有人为中距离通勤需求（走路太长，但打车又太短）服务。一家为初创公司提供信用卡服务的公司 Brex，发现初创公司非常需要这样的服务，但是它们没有从传统金融机构获得任何这样的帮助。TikTok 发现 Z 世代年轻人想要一种新的方式来建立连接、表达自我获得娱乐，但现有的社交网络和娱乐产品不能满足他们的需求。

许多非科技公司已经发现了尚未被开发的资源供给，它们可以以低价买入，高价卖出。每当有人发现新的石油、钻石、黄金或其他材料时，他们就发现了未开发的资源供给。科技公司通常不会卖这些实体产品，所以找到满足现有需求的未开发的资源供给是相当罕见的。然而，你可以说寻找投放广告的新位置是寻找未开发的人类注意力资源；第一个意识到可以在照片墙（Instagram）或色拉布（Snapchat[1]）里面插广告的人更像那个发现新油田的人。

另一些公司既找到了未被满足的需求，又找到了未被开发的资源供给，它们只需要简单地将这两者连接起来。爱彼迎（Airbnb）发现房产主有空余的房间（供给），而旅行者需要比酒店更便宜的住宿地（需求），就将这两者连接起来。类似地，优步发现了把车放在车库里

闲置的司机（供给），以及想要便宜打车服务的人们（需求），就帮助两者建立连接。

那些服务双边市场的产品把买家和卖家连接起来，是匹配供给与需求类产品的教科书式案例。其他产品以更微妙的方式实现了这一点。Quora[1] 把有问题需要解决的人与想要更多知名度的专家们连接到一起，脸书将大量的用户数据与想要更精准地锁定客户的广告商们连接起来，苹果应用商店把应用程序开发者与想要下载这些应用程序的人连接起来，等等。

总体来说，你的产品会有两种形式，一种为未被满足的需求提供资源供给的工具或服务，或者是一个连接未被开发的资源供给与未被满足的需求的平台。（正如我们前面提到的，找到能满足已知需求的未被开发的资源供给是很罕见的。）所以，在初创公司从 0 到 1 的过程中，最重要的一件事就是找到这些未被开发的资源供给以及未被满足的需求，帮助它们建立连接。

比现有产品好 10 倍的重要性

新产品不仅仅要比竞争对手的更好，还必须比现有的解决方案更好，这样才能克服用户惯性并被用户使用。你不能满足于 10% 的改进；用硅谷俚语说，你的产品必须比现有产品好 10 倍。

手表就是一个典型的例子。瑞士人长期以来一直是制造机械表的专家，这类表使用复杂的微型齿轮和齿轮系统来提示时间。在 20 世纪 60 年代，以今天的价格计算，这些手表的售价可能高达 9,000 美

---

1   译者注：Quora 是一个在线问答网站。

元。但是在 1969 年，一位名叫 Seiko 的日本制表师推出了世界上第一块石英表，这是一种利用水晶振动来计时的电子设备。最初的石英表价格不菲，但现在你只需 7 美元就能买到一块石英表。

机械表的内部。　　资料来源：luginbuhlta 上传于 Pixabay[1]

虽然老式机械制表师可以不断地进行小幅度改进，但没有什么能与石英表的革命性改进相比。虽然机械表作为艺术品仍然很有价值，但石英表成了手表的新标准。到 1977 年，Seiko 成为世界上最大的制表商，而瑞士制表业的就业人数从 1970 年的 90,000 人下降到 1988 年的 28,000 人。

1　译者注：Pixabay 是一个高质量图片分享网站。

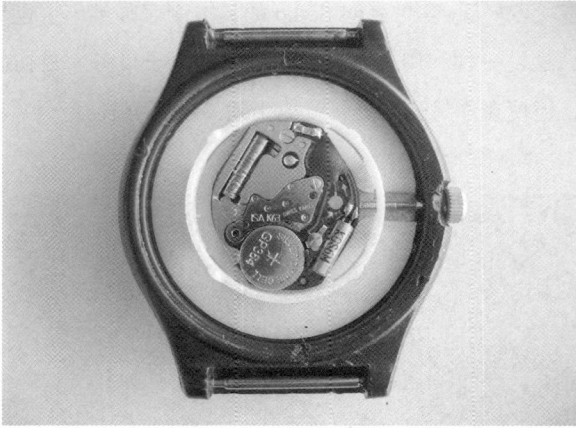

石英表的内部。　资料来源：维基媒体

　　埃隆·马斯克就是一个更现代的例子。马斯克在 2016 年撰写特斯拉自动驾驶汽车计划时坚称，只有在自动驾驶模式比人力驾驶安全10 倍时，他才会推出自动驾驶模式 —— 否则，人们是不会使用自动驾驶的。

　　所以，当你在设计一个从 0 到 1 的产品时，你不能满足于对现状做一点改进，因为添加一两个功能并不能说服用户更换产品。你需要创造出与当前产品组截然不同的东西。理想状态下，你需要进入一个别人从来没有涉足过的市场 —— 也就是说，挖掘完全未开发的资源供应，以及填补完全未被满足的需求。但是，即使你不是第一个进入市场的人，如果你足够领先于先进入市场的人，你仍然可以做得很好。毕竟，谷歌并不是第一个搜索引擎，脸书也不是第一个社交网络。

　　所以，当你在思考设计这些从 0 到 1 的产品时，你不应该考虑特定功能的层面。你必须考虑得更长远，因为争得一两个产品功能并不能让你比对手好 10 倍。

从 1 到 N

同时，从 1 到 N 的产品已经实现了产品与市场的契合，所以它们的主要目标是增长以及持续提升。任何在大公司从事成熟产品生产工作的人都可以告诉你这些产品面临的挑战：保持相关性，保持利润率上升，捍卫市场份额免受竞争对手的抢夺，继续添加新功能以吸引用户回头，等等。

防御性优势

关于从 1 到 N 的产品，奈飞（Netflix）前首席产品官吉布森·比德尔提供了一个有用的观点。比德尔说，从 1 到 N 的产品开发路线图需要专注于三个主要的方向：取悦客户、创造难以复制的优势和提高利润率。

第一点和最后一点比较简单，但要找到难以复制的优势则比较棘手。比德尔列出了八类难以复制的优势：

1. 一个强有力的品牌；

2. 网络效应；

3. 规模经济；

4. 反定位，或提供竞争对手无法匹敌的产品与服务；

5. 独特的技术；

6. 转移成本；

7. 关于流程的知识；

8. 已经获得的专利或人才团队等资源。

我们可以用亚马逊来说明这八种优势。

第一点是品牌。这很简单。亚马逊因其出色的选品、价格和便利性而经常被评为美国最受欢迎的品牌之一。正如我们在"市场与增长"这一章节看到的，一个好的品牌需要花很长时间、很多精力去建立。

第二点是网络效应。亚马逊上有如此多的买家和卖家，当人们有东西要买卖时，亚马逊是他们的第一选择。这便会创造一个失控循环：有更多的买家就会让更多的卖家想要加入，更多卖家的加入又会引来更多买家，然后再引来更多卖家加入，不断循环。如此一来，别人想要追赶上亚马逊就变得非常困难。

第三点是规模经济。亚马逊有如此庞大的规模，以至于它可以在包装、计算能力和仓库空间等方面获得批量折扣。亚马逊是如此之大，以至于它建立了自己的送货卡车车队，这比外包给联邦快递等公司的价格要好得多。

第四点是反定位。这是一个定义简单但不寻常的术语。每当亚马逊提供竞争对手无法提供的东西时，那就是一种难以复制的优势。例如，当亚马逊 Prime 推出免费两天送货服务时，沃尔玛等竞争对手难以跟上。

第五点是独特的技术。亚马逊拥有大量关于客户购买趋势的数据，它可以每 10 分钟自动更新一次产品价格。像前面提到的一样，这是一个复合循环：更多的数据产生更多的销售，从而产生更多的数据，从而产生更多的销售。这个循环是亚马逊进步的引擎，但如果竞争对手从较小的基线开始，就很难跟上。

第六点是转移成本。如果你是亚马逊 Prime 的付费订阅用户，那么你很难说服自己在除了亚马逊以外的其他任何地方购物，因为这会让你觉得你在浪费钱。因此，竞品电商公司很难让客户使用他们的订阅服务，甚至无法让用户访问他们的网站。

像亚马逊 Prime 卡车车队这样的物理基础设施建设成本很高，但给亚马逊带来了持续的成本优势。 资料来源：维基媒体

第七点是关于流程的知识。亚马逊是一家物流巨头，在仓库管理、运输和订单履行方面拥有无与伦比的知识。竞争对手当然可以积累专业知识来运行与亚马逊一样有效的电子商务项目，但这需要大量时间（或挖角）。

第八点是已经获得的资源。亚马逊拥有超过 10,000 项专利，涵盖数字支付基础设施、配送物流和仓库自动化。并且拥有大约 100 万名员工，亚马逊指挥下的庞大人力是难以复制的。

当你为一个从 1 到 N 的产品设计新功能或者寻找新方向时，你的首要目标应该是尽可能多地实现取悦客户、难以复制的优势、增加边际利润这三方面的优势。在奈飞，比德尔会给每个功能创意打分。三分都得到的功能被标为绿色，得到两分的功能被标为黄色，得到一分或者零分的功能被标为红色。

颠覆自我

遵循这三部分模型有助于改进你的产品和商业，但很多时候，公司都痴迷于攀登最近的山峰，而完全忽略了远处更高的山峰。如果你太害怕颠覆自我，那么其他人就会来颠覆你。

最典型的例子是柯达，这家 20 世纪的摄影公司曾经非常强大，被称为"当时的谷歌"。柯达销售模拟相机胶卷，并彻底占领了市场；在某一时刻，柯达拥有 90% 的胶卷市场和 85% 的相机市场。在 1996 年的鼎盛时期，柯达的年收入超过 160 亿美元，成为全球第五大最有价值品牌。

数码相机销量 1965—2008

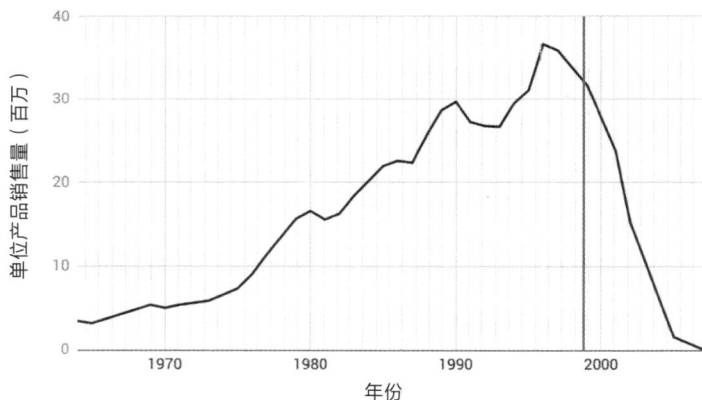

数码相机问世后，胶卷相机销量暴跌（1999 年左右的垂直线）。
资料来源：摄影生活

但在 20 世纪 90 年代，数码相机行业高速发展。当柯达忙于从它们的模拟相机和胶卷业务中榨取资金时，富士胶片等较小的竞争对手跳上了数码相机的列车。数码相机的销量在 2002 年超过了模拟相机，并且这趋势从未再回头。到 2010 年，胶卷销量还不到 20 世纪 90 年代峰值的十分之一，模拟相机的销量几乎为零。到了 2011 年，柯达只剩下一堆无用的专利，2012 年公司破产，在纽交所退市。

具有讽刺意味的是，柯达实际上在 1975 年就发明了数码相机！该公司的一名工程师发明了一台数码相机的原型机，但公司领导层因担心这些无胶卷相机会破坏带给他们高额利润的胶卷业务，所以否决了这个想法。

1975 年史蒂文·赛尚（Steven Sasson）创造的著名的第一台数码相机原型。
资料来源：Burnickvia Flickr

柯达的故事告诉我们，处于从 1 到 N 阶段的公司通常不愿采用颠覆性技术 —— 但同样的技术，一旦被竞争对手利用，很可能会在未来出其不意摧毁掉它们。如果你为一家主打产品为 1 到 N 的公司工作，你就必须密切关注这种短视趋势，作者 Tim Wu 将其称为克洛诺斯效应，这个名字来源于希腊神话，讲的是希腊神因害怕自己的孩子会被其中一个推翻而将孩子吃掉的故事 [1]。

平衡从 0 到 1 和从 1 到 N

更大的收获是，公司不能只专注于从 0 到 1 的产品或者从 1 到 N 的产品。如果你像柯达一样只专注于从 1 到 N 的产品，那么你将错过对未来业务至关重要的从 0 到 1 的产品。

但是，如果你只专注于从 0 到 1 的产品，你手头就没有开发这些产品所需的稳定现金。以 Magic Leap 为例，这家增强现实和虚拟现实初创公司在 2016 年非常火爆，还筹集了 20 亿美元的资金。由于该公司没有稳定的从 1 到 N 的产品，且资金全押在一个高风险、有创意的头显上，因此，当头显产品失败时，该公司不得不裁员一半并砍掉其旗舰产品。

成功的公司通常有一个相对平衡的产品组合，从 1 到 N 的产品可以获得稳定的收入，从 0 到 1 的探索型产品也可能成为下一个大发明。来自从 1 到 N 的产品收入为从 0 到 1 的产品提供开发所需的资金，而从 0 到 1 的产品开发保证公司在现在的从 1 到 N 的产品过时的时候依然能有一个不错的未来。这就是为什么在虚拟混合现实头显行业中最成功的公司是像脸书（有 Oculus）和微软（有 Hololens）这样的公司，他们可以用他们从脸书应用程序和 Office 办公软件这些传统"现金牛"

1　在希腊神话中，克洛诺斯的一个孩子——宙斯——幸存下来，宙斯释放了他的兄弟姐妹并杀死了克洛诺斯作为报应。你可以看到这跟令柯达衰落的克洛诺斯效应异曲同工。

产品中获得的收入来为新型技术的研发投入资金。

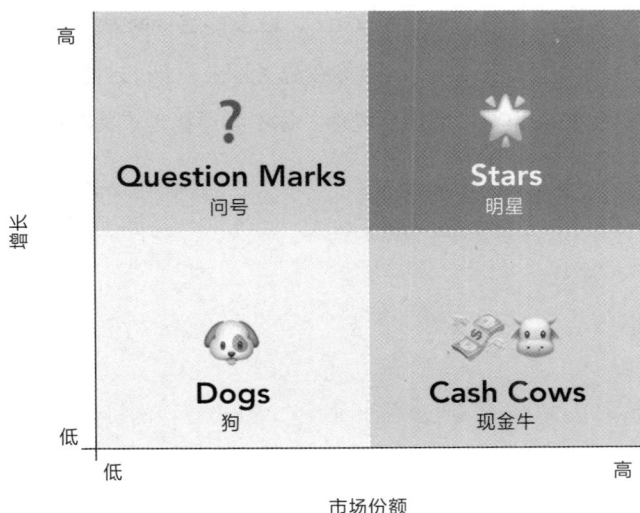

	高	? **Question Marks** 问号	🌟 **Stars** 明星
增长		🐶 **Dogs** 狗	💵🐮 **Cash Cows** 现金牛
	低	低　　　　　市场份额　　　　　高	

BCG 著名的增长份额矩阵。　　资料来源：Net MBA

　　"现金牛"一词实际上可以用来解释这种多元化战略的重要性。著名的 BCG 增长份额矩阵将"现金牛"类产品与其他类别的产品进行了比较。

　　"现金牛"产品成长缓慢，但起点很高，所以你可以"挤奶"一段时间，直到它们枯竭。但矩阵显示，你不能只投资"现金牛"产品，还应该投资"问号"产品，也就是那些起点很小，但是增长潜力很大的从 1 到 N 的产品。理想状态下，你最好有一个罕见的"明星"类的产品，他们规模庞大，成长迅速，但即使是明星类产品最终也会增长放缓——没有什么产品能永远成长下去——并成为"现金牛"产品。

因此，公司需要平衡从 0 到 1 的"问号"类产品和从 1 到 N 的"现金牛"类产品。由此推论，公司需要两种类型的产品经理：能够开发 0 到 1 的产品的"理想主义者"，以及能够面对从 1 到 N 的产品种种挑战的"脚踏实地者"。当你在思考职业发展的时候，不妨思考一下自己更想成为哪一类产品经理。你不必严格地成为其中一类，但专注于其中一类是有用的。

第二章　解决正确的问题

当你在开发一款从 0 到 1 的产品时，很容易像史蒂夫·乔布斯在 Apple III 上所做的那样，提前决定你要开发什么，它将具有什么功能，以及它的目标用户是谁。但很有可能你后来会意识到做错了什么 —— 提前预测这些事情是非常困难的，试图支配它只会让你走上一条可能并不完全正确的道路。

领导者钟爱的项目，即使没有经过认真审查，也会成为公司的优先事项，这是一些最严重的违规者。废弃产品的墓地里到处都是这些项目的尸体。想想 Google+，谷歌（Google）于 2011 年启动的大型社交网络项目，当时谷歌搜索的负责人维克·冈多特拉（Vic Gundotra）确信开发一个与脸书竞争的类似产品对谷歌至关重要。这是一笔巨大的投资：谷歌强行将 Google+ 集成到其许多产品中，甚至将所有员工的奖金与产品成功挂钩。但该产品从未找到产品与市场的契合度，并慢慢走向失败，直到 2020 年才完全停产。冈多特拉应该知道，不要把所有钱都投到这样一个鲁莽的项目上。

那么，如何避免陷入错误的问题里呢？你必须自下而上 —— 换句话说，让你的用户，而非领导者，来决定产品的设计。

寻找有动力的市场

设计一个从 0 到 1 的产品，首先要找到目标市场。通常建议是解决你自己面临的问题 —— 给自己挠痒 —— 但是当你做用户调研之后发现的第一件事情就是，大多数人和你完全不同，像你这样的人只是人群中的一小部分。

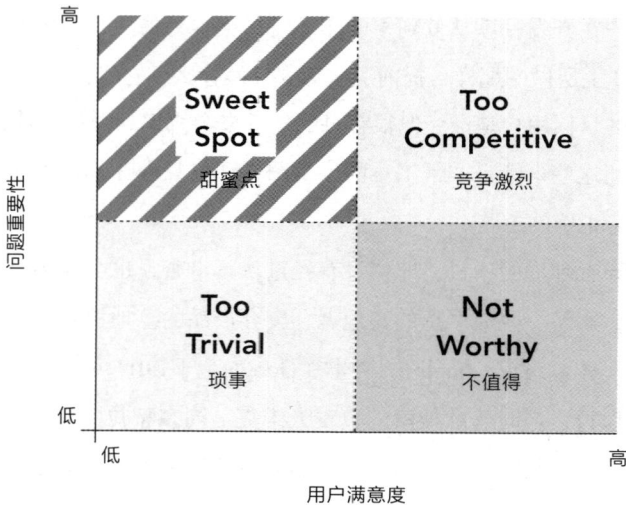

最好的产品会出现在当用户对一个非常重要的问题的现有解决方案不满意的时候（这张 2×2 表格中的"甜蜜点"）。 资料来源：Productized

找到自己的痛点当然是一种有效的方法，但我们更喜欢的方法是找到一小群积极性很高但对现有的解决方案非常不满意的人。

面试建议

如果你要向脸书或谷歌等大公司推荐产品创意，你不能太小众。你可以推荐很多小众的、千万美元级别的创意，虽然这些对一个五人创业公司来说是很好的创意，但对这些大公司来说，它们只会分散注意力。一条经验法则是：如果一个创意不能每年赚至少 1 亿美元，或者至少有 1 亿用户，这个创意大概率不值得一个大的科技公司去尝试。

如果你的问题对大家来说不够重要，那么即使大家对现有的解决方案不满，他们可能也不会不遗余力地去尝试一种新的解决方案。这并不是说小众创意是没有价值的——一个旨在"重塑谷物"的"魔勺"曾获得 5500 万美元融资——但是它的潜力并不是很大。

同时，如果市场上的人们都对现有的解决方案很满意，那么很难想象你的方案会比现有方案好上 10 倍。如果你能在一个巨大的市场中分得一小块，你依然可以做得相对较好——就像许多小型的爱彼迎克隆公司——但它很难成为一个价值 1 亿美元的企业。

你要找到那些会口头抱怨某问题的人，这表明这个问题对他们来说很重要，而且他们对现有的解决方案不满意。例如，Etsy[1] 的创始人最初是自由的网络开发人员，当他们开始为工艺品制造商建立一个在线论坛时，他们发现最常见的一个帖子是人们抱怨易贝（eBay）有多糟糕。费用很高，使用起来很痛苦，而且易贝对客户没有回应。论坛上人的原话就是，"我希望能有一个（除了易贝之外的）可以让我卖工艺品的地方"。这无疑是存在巨大市场机会的一个信号——Etsy 在不到十年的时间里估值达到了 20 亿美元。

另一个有用的方法是找到那些非常渴望做某事的人，即使过程

1　译者注：Etsy 是一个手工艺品交易网站。

很痛苦，他们也愿意做这件事——也就是那些愿意"爬过碎玻璃的人"。例如，Dropbox 的创始人德鲁·休斯顿注意到人们非常需要在线文件存储，以至于他们会通过电子邮件将文件填满自己的整个收件箱。

另一个例子：个人理财工具 Mint 的创始人发现，人们每周都会花费数小时使用 Quicken 或 Microsoft Money 等工具对个人支出进行分类。整理开支是如此重要，以至于人们会花费数小时来做这项乏味的工作。这清晰地表明自动整理开支的产品（如 Mint！）会对他们很有吸引力。

保持小众

你用这种方法找到的市场可能很小。你可能很想要扩大市场——没有一家拥有 100 个用户的公司可以成为独角兽——但是在一开始的时候，你必须抑制这种冲动并保持利基。

这是因为当产品能够垄断市场时，产品就会成功，而较小的市场（自然）比较大的市场更容易垄断。俗话说，不如做小池塘里的大鱼。事实上，许多成功的产品都是从赢得小型市场开始的：脸书从哈佛校园开始慢慢地扩散到全世界，来福车（Lyft[1]）和优步都是从旧金山开始的，亚马逊从书本开始慢慢建立起自己的零售帝国，而奈飞（回到当初的 DVD 邮寄时代）在 20 世纪 90 年代开始赢得 DVD 爱好者的边缘网络。

从小处着手还有一个实际的理由：你可能一开始就没有资金、员工或恶名来占领一个巨大的市场。你必须建立一个增长的飞轮来实现

---

1 译者注：Lyft 是和优步一样的打车软件。

你的目标，而你必须从一个小市场开始启动这个飞轮。一旦你从一个小市场赚到了一些钱，你就能逐步进入到越来越大的市场。

特斯拉就是一个完美的例子。埃隆·马斯克带着数百万美元离开了 PayPal，但即使这样也不足以创造下一个福特或通用汽车。特斯拉最初只销售一款豪华跑车 —— 特斯拉跑车（Tesla Roadster）。这些汽车的总售价超过 10 万美元，原始批次中只有 500 辆车。但有了这批资金，特斯拉得以进军越来越大的市场：在接下来的十年里，特斯拉推出了 Model S 轿车、Model X SUV，然后是相对便宜的 Model 3。

最初的特斯拉跑车。　　资料来源：维基媒体

马斯克为何从高端汽车市场起家？一方面，这是一个较小的市场，所以相对更容易赢得。但更重要的是，廉价的大众市场商品需要拥有超级优化的供应链和很好的规模经济效应。新产品不具备这些条件，所以无法在大众市场给出有竞争力的价格。只有高端市场的客户才会乐意为成本未优化的实验性新产品支付溢价。

另一个从小众市场开始的原因是，任何新产品都需要一小撮铁杆粉丝来使它维持运营。这些粉丝会很乐意尝试未经打磨的功能，每天使用你的产品，自愿给你大量反馈，甚至在没有其他人愿意的情况下为你的产品付费。这些都是创建一个好产品的必要条件，所以你得确保自己找到一个小众市场，并能由此找到这些用户。正如《连线》杂志的创始人凯文·凯利（Kevin Kelley）所说，你需要1000名真正的粉丝——他们会不遗余力地使用你的产品，如果你的产品消失了，他们会感到非常沮丧。

当你试图获得前1000名粉丝时，你可能不得不全力以赴。以乡村音乐明星泰勒·斯威夫特（Taylor Swift）为例。在她的职业生涯开始时，她必须从零开始扩大她的粉丝群。她回复了每一个在她My Space页面上发帖的人，并给任何一个提出要求的人签名。她甚至进行了长达17小时的见面会，并与3000人合影留念。这种努力根本不可持续，但它让斯威夫特拥有了几千名铁杆粉丝。在那之后，她的粉丝群通过口碑、音乐会等方式自然增长，但她一开始必须亲自做很多工作才能启动这个循环。铁杆粉丝很难获得，但他们将成为你未来发展的基础。

你的用户可能不是你想的那样

大多数产品经理会很自然地为自己这样的人开发产品，仅仅是因为他们最熟悉自己的问题。再加上旧金山湾区的人们热爱技术并渴望尝试新产品，毫不奇怪，如此多的新产品是明确针对沿海城市的年轻的都市白领（雅皮士）设计的。这就是为什么你有这么多遛狗应用程序、送餐平台，等等。

公平地说，对年轻专业人士和技术知识分子的营销是有效的：

Twitter（推特）起源于 SXSW 技术会议，这是这类人的一个主要聚集地。但很多其他产品已经意识到，它们真正的市场跟创始人完全不一样：缤趣（Pinterest）的创始人最初将他的产品瞄准了他那些技术爱好者朋友，但后来意识到，真正喜欢这个产品的人是那些想做一些简单的事情的人，比如收集饮食创意和重新装修他们的房子。

事实上，很多有价值的产品都是在为平常的科技圈人士可能永远不会遇到的人解决问题。以 Flexport 为例，这家货运代理初创公司在 2019 年筹集了 10 亿美元。你可能不认识任何从事商品、出口或物流工作的人，但 Flexport 发现这是一个非常大的市场（而且非常需要技术）。你可以争辩说，找到一个大多数技术人员忽视的市场实际上是一种竞争优势。健康追踪初创公司可能比航运物流初创公司多得多。

避开高科技陷阱

一旦你找到了一个市场并发现了他们渴望获得解决方案的问题，你可能很容易直接进入构建高科技解决方案的过程中。作为产品经理，我们都喜欢开发闪亮的技术 —— 但你会发现，很多时候，你并不需要它，而且这实际上可能不是最明智的战略举措。

泛美和美国航空公司

以航空公司为例。泛美世界航空公司，简称泛美航空公司，在 20 世纪大部分时间里都是美国最成功的航空公司，从 1927 年成立到 1991 年破产期间，它一直是美国最大的航空公司。它被美国政界人士和外交官使用，被称为美国非官方的"国旗航空公司"，就像加拿大航空公司、西班牙的伊比利亚航空公司和德国的汉莎航空公司是各自国家的官方航空公司一样。20 世纪 60 年代，当臭名昭著的欺诈者弗兰克·阿巴格纳勒（Frank Abagnale）想冒充一名飞行员时，他选择的航空公司正是泛美航空公司，因为它在全球享有盛誉。

1990 年的泛美大型喷气式飞机。　资料来源：航空伊卡洛斯

　　泛美航空的主导地位在很大程度上是基于其令人难以置信的先进飞机技术。它带领美国进入喷气式飞机时代，与波音公司合作制造更大、更快的飞机，让美国人穿越海洋和大陆。1955 年，泛美航空公司成为第一家定做波音 707 飞机的航空公司，并在 1966 年率先订购了著名的波音 747。（泛美航空公司甚至与波音公司密切合作设计飞机！）

　　多年来，泛美航空一直主导着美国航空业，因为没有人能够在技术上跟上它的步伐。但到了 20 世纪 70 年代，竞争对手开始迎头赶上，当 1973 年石油危机导致燃料成本暴涨时，泛美航空开始遭受越来越大的损失。需求低迷也导致泛美航空昂贵的波音 747 飞机空置率越来越高。到 1991 年，该公司每天亏损 300 万美元，而那一年它终于破产了。

这个故事告诉我们，技术创新可以成就你，也可以击败你。

相比之下，美国航空公司在 20 世纪 70 年代只是一家普通航空公司，其精英飞机水平或文化声望远不及泛美航空公司。美国航空公司不想在技术上进行竞争。相反，他们采取了一系列不那么吸引人的措施。例如，在 1976 年推出"超级节省"折扣票价、从飞机上供应的每份晚餐沙拉中取消一颗橄榄（每年为航空公司节省 40,000 美元）、与飞行员工会谈判以降低工资、推出最早的忠诚度计划之一，并推出最早的计算机化预订系统之一。

美国航空名称为 Sabre 的预订系统，是一个特别有趣的案例研究。美国航空将此系统提供给全国各地的旅行社。Sabre 恰好将美国航空公司的航班排在其他航班之上。这样一来，美国航空公司从使用 Sabre 的旅行社那里获得的收入比不使用 Sabre 的旅行社多 50% 也就不足为奇了。而且由于每次旅行社使用 Sabre 进行预订时，Sabre 都会收取少量费用，因此到 1985 年，美国航空从 Sabre 获得的利润超过了从它所有的航班中获得的利润[1]！

美国航空公司是少数几家在 20 世纪 70 年代航空公司放松管制浪潮中幸存下来的航空公司，并成为当今世界上最大的航空公司之一，但这一切与它的飞机毫无关系。相反，是一系列精明的商业举措让公司得以生存。

1　这与福特从其金融部门（向经销商和汽车购买者提供贷款）中赚取与实际汽车销售一样多的收入非常相似。因此有一个笑话说，福特是一家拥有大量汽车的银行。

技术和战略创新

通过泛美和美国航空公司的故事，我们想说的是，创造最高技术的解决方案并不总是解决问题的最佳方法。有时候，在商业模式上进行创新是更好的方式。这种模式不那么浮华，但可能更具影响力。

许多顶级科技公司从未拥有过特别创新的技术，而是选择以巧妙的方式结合现有技术。2010年优步推出时，iPhone已经有两年的GPS和3G功能，而出租车也有数百年的历史。相反，优步的创新在于寻找能将这些技术整合在一起的方法，以便用户可以通过手机叫车。

再举一个汽车行业的例子，特斯拉。自1881年电动三轮车在法国问世以来，电动汽车就一直存在，第一辆大众市场电动汽车于1996年推出——比特斯拉推出电动跑车Roadster早了整整十年。特斯拉并不是第一个制造电动汽车的公司，但它是第一个制造出富有和有影响力的人想要购买的电动汽车的公司。汽车的设计、品牌和营销是其成功的真正原因，而不是什么重大发明。

通常情况下，产品是从技术创新开始的，而一旦找到了巧妙的战略创新，产品就会真正占据主导地位。谷歌的网页排名技术是革命性的，但一开始谷歌只是一个很酷的博士研究项目。事实上，到2000年该公司都一直在烧钱，因为其创始人拉里·佩奇和谢尔盖·布林不愿在搜索结果中添加广告。

2000年后半年的时候，佩奇在谷歌搜索上引入广告（这个广告平台后来成为AdWords）后，谷歌的命运才开始转折。谷歌于2003年开始允许网站所有者通过AdSense在其网站上投放广告。在AdWords和AdSense这对标志性组合的推动下，谷歌的收入从2002年的4亿美元增长到2004年的32亿美元，同年它以230亿美元的估值首次公开募股。

这并不是说技术创新不能在经济上取得成功。想想自动驾驶汽车、机器学习，甚至区块链，每一项技术都催生了重要的行业以及无数初创公司。但正如谷歌所展示的那样，通常需要精明的商业举措才能将这些发明商业化。

一旦你找到了想要解决的问题，确保你不要急于开始寻找一些感性的新技术 —— 这是不够的，而且在很多情况下，你可能根本不需要花哨的新技术。

第三章 验证假设

一旦对目标市场想要解决的问题有了大致的了解以后，你就可以开始开发产品来解决那个问题了。但你不应该立即开始做产品。每个产品创意都建立在许多假设之上，其中一些是隐藏的。如果你要成功，你的假设必须是有效的 —— 所以你的第一步必须是找到并验证你的假设。

例如，Slack 发现显然需要一种更好的电子邮件替代品。但如果想要成功，就必须证明公司愿意为员工喜爱但 IT 团队并不关心的产品付费（这是一个大胆的假设！）；TikTok 显然拥有很酷的内容和机制，但它必须证明拥挤的西方社交媒体赛道还有容纳另一个巨头的空间；等等。如果你不能表达和验证你的假设，你将永远无法确定自己的产品是否真的有成功的机会。

列出假设

第一步是表达你的隐含假设，你无法验证你不知道的假设！

这些隐含的假设很难从你的脑海中挖掘出来，所以有一个系统的方法来对它们进行分类是有帮助的。我们将新产品的假设分为五个类别：

类别	典型措辞
问题	"我假设用户群体或利益相关方 X 有一个关于 Y 的问题。"
解决方案	"我假设 X 类产品是解决这个问题的最好方法，不是其他类别的产品。"
可行性	"我假设开发一个类似 X 这样的产品是可行的，并且 Y 用户群体会使用它。"
团队	"我假设我的团队有开发 X 产品的技能、名声和资源。"
经济性	"我假设我可以围绕 X 这个产品做一个能赚钱的生意。"

这五个类别可以作为挖掘假设的一个有用的起点。你所面临的挑战就是绞尽脑汁将每个类别中的假设给找出来。

以金融科技公司 Square 的原始产品为例：一个小的方形设备，可以插入手机的音频插孔，让手机读取信用卡。推特的创始人杰克·多尔西（Jack Dorsey）于 2009 年创建了 Square，当时他的玻璃吹制工朋友告诉他，他失去了一笔 2000 美元的销售额，因为他的业务只收现金，而一位顾客想用信用卡付款。

最初的 Square 读卡器，连接到手机并读取信用卡。　　资料来源：罗森菲尔德媒体

多尔西和他那位玻璃吹制工朋友可能有以下假设（以及其他假设）：

类别	假设
问题	全球的小商户因为无法接受信用卡而失去销售额。对他们来说，常规的获得信用卡读卡器的方法太难或太贵了。
解决方案	可插入手机的信用卡读卡器是商家弥补这些销售损失的最佳方式。
可行性	你只需要一个电话插件就可以读取信用卡。银行将允许这样做，企业和客户将信任这个小插件。
团队	多尔西从他创立推特的回报中获得了足够的资金来把这个新公司开起来，包括开发创造第一批读卡器插件设备。
经济性	公司从这些读卡器设备赚到的钱比生产和支持它们的成本要多。

在这个过程中，你可能只找到了目标市场以及他们的问题，所以你只能填写第一类假设。在本章的其余部分，我们将进一步列出其余假设并对他们进行测试。

向用户学习

要弄清楚目标市场需要哪种产品来解决他们的问题，观察或与目标用户交谈是很有用的。你可能会发现，你所考虑的产品类别实际上并不是用户所需要的。

例如，1994 年消费品公司宝洁公司试图在停滞不前的清洁产品业务中寻找一种突破性的新产品。化学团队开始致力于创造一种更高效的清洁液，这样人们就可以更有效地拖地。

但是另一个团队去观察人们是如何打扫房屋的。一个人将面包屑撒在地板上。这个人没有去拿拖把，而是用扫帚扫地，然后用湿布捡起撒落的面包屑。团队很震惊，很快意识到了他们错在哪里：他们假设了解决问题的方案是一种更好的拖把，而实际上最好的解决方案不是拖把！

事实上，最好的解决方案是将吸水、干燥的设备与微湿的设备配对。于是一款叫 Swiffer 的产品诞生了：这种新型的"非拖把"，可以让用户交替使用"干头"和"湿头"，以清理家中垃圾。宝洁公司现在每年销售价值 5 亿美元的 Swiffer 产品，许多年轻人从未尝试过使用老式拖把和水桶进行清洁。

简单地观察用户如何解决他们的问题，就帮助宝洁扭转了一个错误假设，这是创造出极度成功产品的关键。

这就是用户研究为何如此重要 —— 你可能不会立即意识到自己持有错误的假设，直到另一个人的生活经验帮助你打破常规。有时，就像多尔西的那位玻璃吹制工朋友一样，你可以借鉴自己的经验来验证你的假设（比如 Square 的案例，商家需要信用卡读卡器），但即便如此，你仍需进行更广泛的用户研究，以确保你不会因自己的体验而产生偏见。

生活中的一天

了解潜在用户和客户的经典方法是将他们带到你的办公室进行结构化的用户研究访谈，或者与街上的人进行交谈。这些方法是有效的，但问题是它们使研究对象脱离了背景。你无法将企业产品用户的使用场景减少到他们每天在办公室度过的八小时或他们发送的电子邮件的总和，你也无法将社交媒体用户的使用场景减少到他们等待巴士的五分钟时间。

了解用户的更全面的方法是"日常生活法"，在这种方法中，你可以全天跟踪真实用户，以了解他们面临问题的环境以及他们可能使用你的产品的环境。如果不这样，你可能只是为一个幻想中的用户创造一个不切实际的用户场景。

以 Quibi 为例，这家短视频初创公司在 2020 年推出时就吸引了 20 亿美元的资金，并以明星云集的演员阵容而自豪。Quibi 有趣的地方是它的短剧每集只有 5 ~ 10 分钟，而且只能在手机上观看；这个想法是，用户可以在等待米饭煮熟或去办公室的地铁上偷偷看一眼短剧。这看起来像是将电视带入注意力短暂和以手机为中心的生活时代的绝佳方式。

但是 Quibi 的创作者并不了解我们观看节目的场景。我们很少使用"单屏"电视——大多数情况下，我们正在做其他事情的时候，奈飞会在后台运行，或者我们在手机上滚动浏览照片墙，而大屏幕上正在播放节目。观看 Quibi 视频的人自然会想拿起手机做其他事情——但他们的屏幕已经被视频占据了。Quibi 的创作者们正在向一群他们想象中的、会一直盯着手机连续观看 5 到 10 分钟短剧的观众创作——然而即使是去普通人的客厅看一次，也会让他们知道那是一种幻想。

在最初的一阵兴奋之后，Quibi 很快就跌跌撞撞，在推出一周后跌出 iPhone 应用前 50 名，仅吸引了几百万的活跃用户。公司领导层开始离职，公司陷入了恶性循环。尽管 Quibi 上的节目平庸，但不了解人们观看视频的场景是 Quibi 处于永久劣势的最根本原因。

换句话说，Quibi 并没有质疑其"用户场景"假设，即人们愿意在手机上观看电视节目——即使观察潜在用户行为会向他们表明这是错误的假设。

与之形成鲜明对比的是 Tinder，后者意识到，旅行中的 Tinder 用户通常会在飞机降落在一个新城市时立即打开 Tinder——甚至是在查看短信之前！他们渴望在着陆的当天就锁定有趣的计划。Tinder 意识到，Tinder 上的人不仅仅是 Tinder 的用户，他们也是独行旅客和常旅客。在这个过程中，Tinder 验证了人们在旅行时需要一种约会方式的问题假设，并在 2015 年推出了 Tinder Passport（Tinder 护照），这是一项付费功能，用户可以在飞往某个城市之前就刷当地的 Tinder。

全面了解用户不仅可以帮助你验证假设，还可以帮助你验证产品开发过程的每个其他阶段。由内到外了解示例用户的另一种方法是构建"用户画像"，用户画像是用图片、背景故事、人口统计、兴趣等来充实的典型用户。用户画像的问题在于，他们本质上是假的、一维的和空洞的。与想象中的"飞行常客弗雷迪"是否会为特定功能付费相比，推理与你喝啤酒的人是否会为特定功能付费要容易得多。

寻找可以交谈的人

大公司通常有结构化的计划来招募具有代表性的用户群体，供其产品经理访谈。例如，谷歌将人员招募到一个庞大的潜在研究参与者数据库中，通过算法选择参与者，并邀请选定的人进入当地的谷歌办公室（或用谷歌品牌的面包车派遣研究人员到世界各地）。

如果你正在这类大公司开发一款新产品，你可以依靠这些方法来寻找访谈用户。如果你在一家较小的公司（或根本没有公司！），在你的目标市场中找到用户的最佳选择是去这些用户聚集的地方。在现实世界中，你可以在演讲厅外与大学生交谈，或在火车站与通勤者交谈。

在网上，你可以找到特定的论坛或网站，来观察目标市场中的人们如何相互交谈——你可以直接给那里的人发送消息以安排采访，或者在他们并不知情的情况下观察他们的行为。正如我们前面所提到的，Etsy 的创始人在手工艺论坛上无意中听到人们谈论他们多么讨厌在易贝上出售商品，从而偶然产生了这个产品的想法。

另一种观察人们谈话的有用方法是使用推特、领英、GitHub、红迪网（Reddit[1]）或其他有特定兴趣的人相互交谈的地方。推特和领英有强大的高级搜索功能，可以让你缩小想要观察和交谈的人的范围：如果你要在卡内基梅隆大学推出一个设计工具，你可以使用领英来寻找匹兹堡的设计顾问。红迪网更适合观察人们的讨论，因为人们自发组织成了一个个超级特定的群体。

Product Hunt 和 Hacker News 也是找到固执己见的技术爱好者们谈论话题的好地方——可以这么说，在那里你可以找到"时代精神"。这些人可能是你产品的早期使用者，因此了解他们想要解决的问题是有益的。

当然，缺点是你在这里看到的人可能并不具有代表性。红迪网以年轻人和男性的受众群体著称，而推特用户比普通人更有可能关注新闻和权威人士。可以预见，技术论坛迎合技术人员，他们可能是你的早期采用者，但与更广泛的市场完全不同。

如果你想更广泛地了解整个世界的思维方式，你可以查看谷歌趋势，它会向你展示谷歌上最受欢迎的搜索趋势。这是寻找诸如指尖陀螺之类的时尚的好方法，这些时尚会引起人们的关注，但会立即消失；你也可以找到长期趋势，例如对睫毛膏的兴趣缓慢而稳定地增加。你可以按地理位置对这些数据进行切片，以找到潜在的利基市

1　译者注：Reddit 是一个大型知名的娱乐、社交、新闻论坛网站。

场，也可以按一年中的时间查看对产品的需求是否随季节波动。因为几乎每个人都使用谷歌，所以你看到的数据将代表整个世界，但缺点是你无法找到可以进行深度访谈的个人。

如果你想收集更多的定量数据（比如通过调查），你最好的选择是使用亚马逊的 Mechanical Turk[1]，可以帮你将简单的任务外包给全球的大量工人。你可以轻松地在"谷歌问卷"或 Qualtrics[2] 中设置调查问卷，并为每个完成调查问卷的员工支付几美分。

Mechanical Turk 让你获得大量的信息，但不适用于精准用户研究，因为你无法限制由谁来完成任务。因此，与深入了解特定市场相

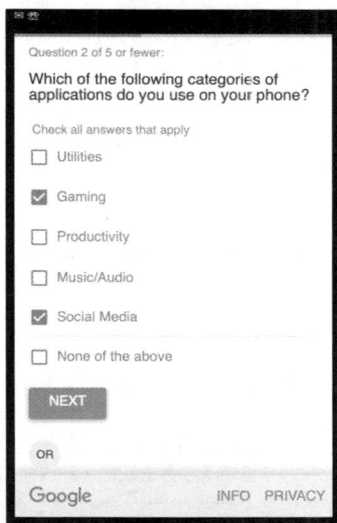

使用"谷歌问卷"发布的调查问卷示例。　资料采源：谷歌

1　译者注：Mechanical Turk 是数据标注众包平台。

2　译者注：Qualtrics 是在线调查软件公司。

比，它更适合了解广泛的市场趋势。例如人们每天在 YouTube（油管）上花费的时间。

如果你想大规模进行更有针对性的调查，你可以尝试使用谷歌调查，你可以使用"筛选问题"功能将调查限制在符合特定标准的人。例如，你可以只向喜欢投资股票的 iPhone 用户发布一项调查。

SurveyMonkey 之类的工具更复杂一些，但你也可以用它们来找人填写调查问卷。

方法

我们不会深入讲用户研究方法 —— 这可能会写满整本书 —— 但值得了解一下进行用户研究的主要方法：

方法	描述
问卷	它们是测试你的问题假设的好方法，但由于它们不适合定性反馈，所以不会让你看到意想不到的想法。
访谈	这些一对一的讨论可以让你深入了解用户的想法，从而揭示新的见解。但是，不要依赖它们来获得定量反馈，因为你只能进行有限的访谈。
实地研究	这些包括观察一个人的日常生活，无论是微观的（观察他们做某种特定的行为，比如打扫房子）还是宏观的（跟踪他们一整天）。
焦点小组	这些可以让你听到人们的观点和信仰，因为人们在与同龄人的自由讨论中会比在回答访谈者的提问时透露更多。
日记研究	你要求参与者按时间顺序记录他们生活的各个方面。例如，你可以让人们写下他们每次打开手机银行应用程序或早上准备咖啡的时间。这可以让你更轻松地了解用户行为和生活方式，而不是实际跟随他们。

对于所有这些方法，一条经验法则是尽可能多地提出开放式问题。封闭式问题（那些只有类似"是"或"否"这样有限答案的问题）不会让参与者透露太多额外的信息[1]。

真正的洞察力、用户同理心和有用的信息背景将来自提出让参与者长篇大论的问题。例如，不要问"你会通过应用程序订购杂货吗？"你可以问这样的问题，"当你决定如何购买杂货时，你的想法是什么？"

早期原型

在你观察用户并与用户交谈以后，你应该能很好地处理你的问题假设和一些解决方案假设。例如，你会知道商家确实因没有信用卡读卡器而非常苦恼，他们宁愿接收信用卡也不愿设置 PayPal。为了测试你剩下的假设，你必须创建和测试你的产品原型。

早期的原型可以（并且应该）非常低保真。最简单的原型是便利贴原型，你可以在便利贴上勾勒出产品的粗略流程。你绘制关键屏幕并显示它们如何连接。通过这样做，你可以向测试参与者展示你的产品要点。（使用便利贴原型进行用户测试的另一种方法是向参与者展示一个便利贴并要求他们"点击"一个按钮。然后你换上一个新的便利贴来模拟屏幕切换。）

---

[1]　如果你想了解全貌，不要只问是/否的问题。电影《粉红豹再度出击》中有一个有趣的例子。笨手笨脚的克鲁索探长在旅馆办理入住手续时，在柜台附近看到了一只狗。他问接待员："你的狗咬人吗？"男人说"不"，于是克鲁索去抚摩狗，但狗立刻咬了他。克鲁索愤怒地看着那个男人。"那不是我的狗。"接待员说。

例如，像 Venmo 这样的点对点支付应用程序的便利贴原型会在屏幕上粘贴便笺，以查看你的余额、获得付款和支付朋友。显示具体哪个屏幕取决于你要验证的假设。Venmo 可能想测试人们是否愿意通过应用程序汇款，因此显示支付和银行相关的屏幕可能比显示登录屏幕更重要，这是没有争议的。

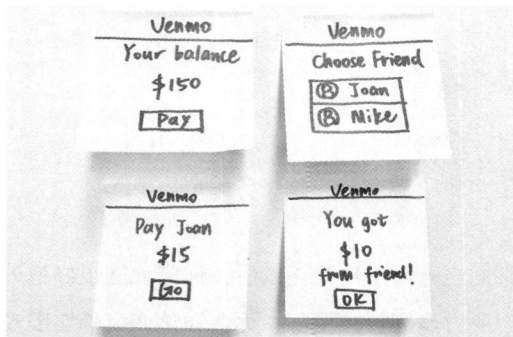

Venmo 的便利贴原型示例。

你会惊讶于，一个用 5 分钟时间画出的产品原型，竟能让你获得如此多的反馈。但到现在为止你只能验证出你的解决方案假设。

为了验证你的可行性假设，你需要更充实的东西。便利贴原型并不能告诉你产品的可用性，以及你的真实产品是否对人们有意义。此时，你可以开始投资高保真原型（如"线框图"），你可以使用计算机更正式地布置屏幕对象的位置，甚至可以使用 Figma 等工具创建可点击的原型。

可点击的原型几乎不需要通过代码来构建 —— 它们主要是使用拖放工具创建的。好处是你可以通过很少的投入获得对产品外观的相当准确的模拟，并且可以轻松地在线与朋友和家人分享，以开始获得有关用户体验的反馈。可点击的原型也迫使你定义整个用户流程，你不能像使用便利贴原型或线框图那样省略某些步骤或项目。

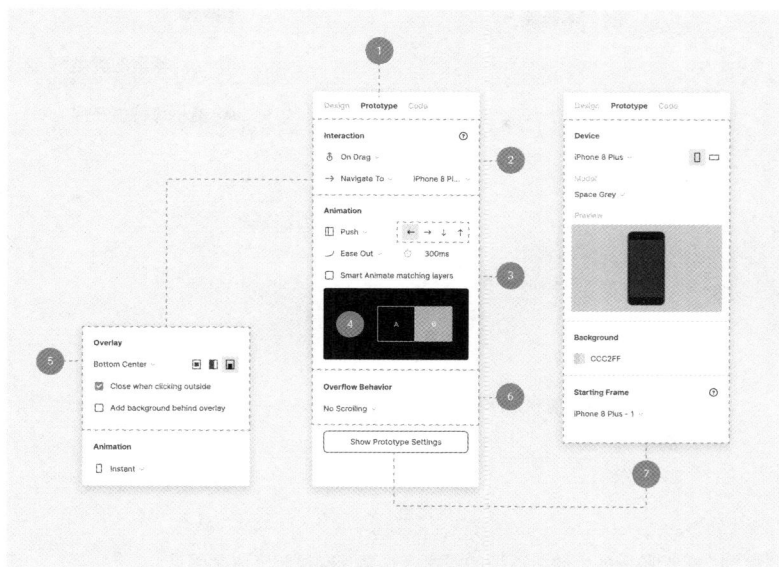

在 Figma 中制作的可点击原型。　资料来源：Figma

最小可行性产品（MVP）

便利贴原型、线框图和可点击原型应该能让你深入了解我们之前讨论过的解决方案和可行性假设。但要真正测试这些假设，并测试经济学假设，你必须构建一些与实际产品非常近似的东西。这就是著名的"最小可行性产品"，简称 MVP。

MVP 是产品经理武器库中最容易被误解的工具之一，所以让我们明确一点：你不会向全世界发布你的 MVP。你不会做大量宣传或开启动派对。MVP 不是产品"1.0 版"——相反，它仅作为测试工具存在。

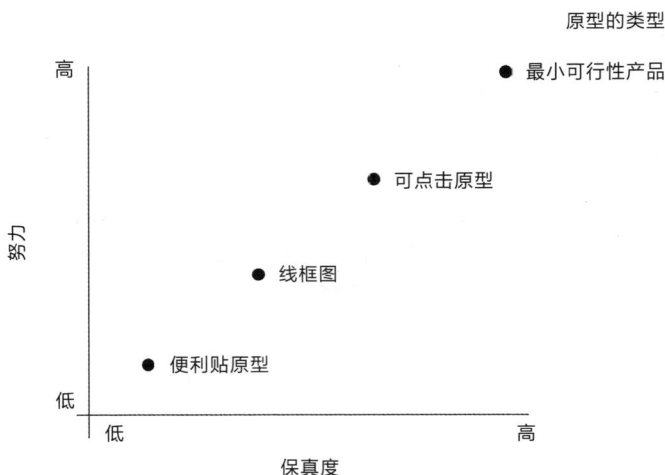

原型的类型

● 最小可行性产品

高

努力

● 可点击原型

● 线框图

● 便利贴原型

低

低　　　　　　　　　高

保真度

原型制作各个阶段的比较。原型的保真度越高，构建起来就越困难。

你的 MVP 不一定要功能齐全，甚至不应该完美。你现在可以（并且应该）用简单但难以扩张的替代品来替换掉产品的复杂部分。

看门人 MVP

食品配送公司 DoorDash 就是一个很好的例子。他们的 MVP 实际上并没有包含当前应用程序所拥有的数字订购、取货和交付的基础设施建设——在核心想法得到证实之前，这些投资太大了。相反，面向斯坦福学生推出的 MVP 只是一个简单的网站，创始人在网站上发布

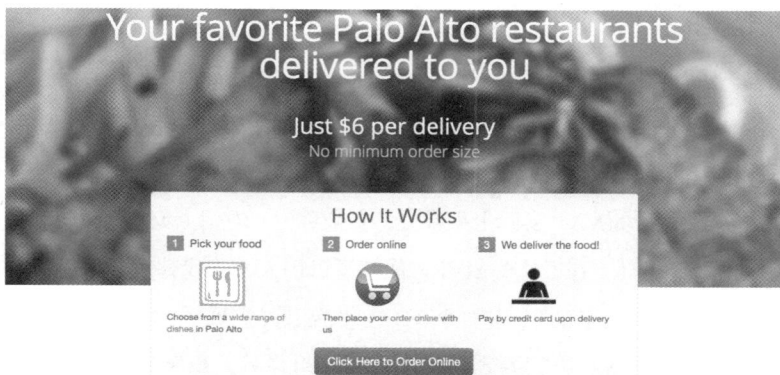

DoorDash 的 MVP——paloalto delivery.com——2013 年。　资料来源：互联网档案馆

了帕洛阿尔托城市附近流行餐厅的 PDF 菜单。当客户打来电话时，创始人会从餐厅订购，前往取货，然后将其送到客户的宿舍，并收取 6 美元的运费。没错，他们手动完成了技术上最复杂的部分。这几乎是不可扩展的，但它是证明基本经济学假设的一种简单方法：学生们为了在线订购食物，愿意向第三方支付运费。

现为亚马逊旗下的在线鞋类零售商的捷步（Zappos）在 1999 年推出时也做了类似的事情。一位名叫尼克·斯威姆的年轻企业家认为，网络是价值 20 亿美元的邮购鞋业的未来。他很难拿到风险投资，也无法说服他理想中的联合创始人谢家华相信，人们愿意在网上购买鞋子，而无须亲眼看到或试穿。如果斯威姆的想法要成功，这就是基本的经济学假设。

为了验证这个假设，斯威姆恩并没有从建立一个巨大的电子商务网站、供应链和仓库网络开始。取而代之的是，斯威姆带着他的相机去了当地的一家商场，在鞋店里拍了几双鞋，并将照片上传到捷步网上。当顾客下单购买鞋子时，斯威姆会回到商场购买鞋子，然后邮寄给顾客。

这个最小的 MVP 足以吸引一些客户——也足以让谢家华参与进来。正如他们所说,其余的都已成为历史:捷步成立十年后,被亚马逊以 12 亿美元的价格收购。

这种类型的MVP 实际上很常见,它被称为"看门人MVP"[1]或"绿野仙踪MVP"[2]。有了这些MVP,你就可以用人力来代替复杂的后端系统(这将需要大量的工程时间和金钱才能以可扩展的方式构建)。这比构建最终的解决方案要容易得多,但如果你只是想验证人们是否愿意为你的产品付费,它就可以发挥这个作用。

假门测试

另一种判断人们是否使用你的产品并为其付费(从而验证相应假设)的有用方法是创建一个登录页面,其中包含所有截图、推荐语、文本和其他用来说服用户注册产品的内容。你甚至可以投放广告吸引访问者来访问你的网页。

问题是,你从来没有真正构建过产品——当用户去注册时,你感谢他们的支持,并告诉他们,一旦产品准备好,他们将是第一个知道的。

这就是所谓的"假门测试",它可以让你在做任何事之前查看你提出的解决方案是否可以与目标市场产生共鸣。而且,你还可以收集铁杆粉丝的电子邮件地址,一旦你的产品真正发布,他们就会成为你

---

1 之所以如此命名,是因为豪华酒店的礼宾部可以代表客人完成各种任务,从邮寄包裹到买票。

2 "不必注意窗帘后面的世界……"

的第一批客户。

假门测试的一个典型案例是社交游戏公司 Zynga，该公司从 21 世纪初开始推出了数十款热门游戏，比如《农场维尔》（Farm Ville）。每当他们有一个游戏创意时，Zynga 都会写出一个五个字的创意摘要，并在脸书和其他流行网站上贴上广告。只有当广告获得足够的点击量时，他们才会真正去制作游戏。

Zynga 会同时进行多次假门测试，以确保他们只会去构建最好的理念。你可以（并且应该）做同样的事情。也许你不确定你的产品应该针对消费者还是企业，或者你不确定你的产品的最佳"价值主张"是什么。无论你的问题是什么，你都可以创建各种广告和各种网页，让他们自然发展，然后通过比较结果来确定哪一个是赢家。

但是，使用假门测试的时候要小心：一些用户可能会抱有过高的希望，但看到产品不可用而感到沮丧，他们可能认为自己被欺骗了。使用假门技巧来宣传有趣的视频应用程序可能会比使用假门技巧来宣传救生医疗设备招致更少的投诉。换句话说，在付诸行动之前，要想清楚潜在的不利因素。

风险最高的假设检验

MVP 仍然是一个有缺陷的术语，因为人们对这个词有不同的理解，有人觉得是"最简单的产品原型"（保真度太低），有人觉得是"你可以测试的最小的东西"（还不错），也有人觉得是"产品 1.0 版本"（保真度太高）。后者的问题尤其严重。换句话说，许多产品经理认为"MVP"意味着构建一个臃肿的产品原型，于是他们添加越来越多的功能，直到他们构建了一个真正的产品，却从未停下来进行测试。

一个稍微好一点的措辞是"最早可测试的产品"（ETP），它表明你的目标是创建一些简单的东西，用来测试你的产品是否可以满足潜在的用户需求。例如，如果你的客户向你要一辆车，你的 ETP 可以是一块滑板——可以解决"从 A 到 B"这个本质需求的最简单的东西。（或者你可以直接递给他一张公共汽车票！）

"ETP"这个词更好些，但对于你应该测试的确切内容仍然含糊不清，使其跟 MVP 类似，有测试范围不清晰的问题。而且它不是很全面。滑板示例是测试问题假设的一种方式，但 ETP 对其他类型的假设没有多大帮助。

我们最喜欢的 MVP 替代方案是最高风险假设测试（RAT）。RAT 清楚地表明，你不必构建任何与成品非常相似的东西。相反，你需要做最简单的事情来测试你最冒险的假设。

RAT 很棒，因为它很好地解释了许多成功的初创公司的原型。对爱彼迎来说，最冒险的假设是人们愿意花钱睡在陌生人的公寓里——所以联合创始人建立了一个简单的网站，让人们每晚支付 80 美元睡在他们公寓的充气床垫上，并给客人一个泡波果馅饼（Pop-Tart）做早餐。那时正是 2008 年，网上购物已经流行了一段时间，因此人们愿意为这种在线体验付费的假设并没有那么冒险，因此测试这个假设也没有那么重要。

或者以捷步为例。即使在 1999 年，假设人们知道如何操作电子商务网站（包括购物车、个人资料、账户和上传支付凭证的概念）也不是太冒险。毕竟，亚马逊从 1995 年就已经存在了。斯威姆知道，最危险的假设是人们愿意购买网上看不见的鞋子——而这正是他聪明的商场摄影策略所测试的结果。

最后，以现在 Intuit 旗下的个人理财工具 Mint 为例。创始人亚伦·帕泽（Aaron Patzer）前往火车站分发传单，宣传他的想法：一个可以连接所有银行账户、信用卡等并在一个地方跟踪财务状况的网站（他还没有真正建立网站，所以这是一个假门测试的教科书级案例）。帕泽询问人们对这个想法的看法，发现人们最大的障碍是他们不信任某个随机网站及其银行凭证。

帕泽找到了他最冒险的假设 —— 因此在他产品原型的迭代中，他专注于设计网站以传达信任的印象（比如他使用了大量的锁图片）。人们并不怀疑像 Mint 这样的工具是否有用，他们不怀疑它会起作用 —— 因此帕泽不需要花太多时间来验证产品的价值主张或证明技术堆栈。

2010 年 Mint 网站的"安全和可靠"选项卡。请注意它多么强调公司的安全证书。
资料来源：互联网档案

简而言之，RAT 训练你专注于证明最重要的假设，同时明确地淡化争议较小的假设。当你在做 RAT 时，要清楚你不会做什么，因为这是避免创建臃肿产品原型的最佳方法。

你的面试官可能已经听过"制作MVP、迭代和发布"这个技巧上百万次了。如果你正在讨论如何创建新产品，你当然可以提及MVP，但你应该将大部分时间花在讨论最高风险假设以及如何验证这个假设上。这将是一个令人耳目一新的，甚至可能是令人惊讶的面试节奏变化，并将帮助你脱颖而出。

在实践中，RAT和MVP可能看起来很相似 —— 为测试创建了一个不完整的产品版本。但我们建议用RAT来指导你的思路，因为它能帮助你更好地记住你的目标，避免扩大不必要的测试范围。

研究从1到N的产品

你可能已经注意到，到目前为止，我们关于假设检验的大部分建议都是针对从0到1产品的。这是因为从1到N产品现在可能已经验证了他们的大部分核心假设。毕竟，这就是他们实现产品市场匹配的方式。

设计和开发从1到N产品的过程比定性研究从0到1产品的过程要科学得多。我们将在本书后面更深入地介绍科学程序，这里我们将简要介绍你在改进从1到N产品时需要遵循的研究方案。

寻找痛点

假设你的任务是改善来福车的机场体验。你可以从我们上面描述的类似的用户研究开始，但是来福车很有可能有结构化的用户研究方案，所以你不必那么着急。你最好在产品使用场景发生的地方（机场）观察来福车用户。

你可以访问美国各地的五个机场，并观察人们从到达口一直到离开机场的旅程（无论是乘坐汽车、火车、优步还是来福车）。你可以问人们他们是如何决定乘坐哪种交通工具的，观察人们站在哪里等待的时间最长，以及人们在哪里看起来很沮丧。

这样，你就可以理解和验证产品假设。然后你可以想一些潜在的解决方案，记住你创建的产品功能一定要能让用户满意、难以复制，并且可以提高利润。

假设你发现人们在等车点等待的时间过长，于是通过头脑风暴想出了三个解决方案。一种方案是放置标语，上面写着"距离上车点还有 X 分钟步行路程，请现在呼叫一辆来福车"。另一种方案是与机场达成某种独家交易，让更多来福车可以在机场出现，从而缩短等待时间。还有一种是使用用户的 GPS 位置来跟踪他们在机场的行踪，并在他们剩余的步行时间等于汽车到达所需的时间时自动呼叫来福车。

然后，你的验证表将如下所示：

解决方案	用户满意吗？	难以复制吗？	提高利润吗？
"距离上车点还有 X 分钟步行路程"标语	不[1]	不	也许
独家交易	也许[2]	是	是
自动呼叫来福车	是	也许	是

---

1 这可能更像广告而不是让人觉得方便。

2 缺点是优步用户会生气。

（请注意，在从 1 到 N 的阶段，你主要研究新功能而不是研究全新的产品。）

原型设计和测试

此时，你可以做一个便利贴或可点击的原型，但从 1 到 N 的产品背后的公司希望用数据来支持假设。因此，你的主要任务是设定一个指标目标（无论是定量的还是定性的）并运行 A/B 测试，在该测试中向一部分用户启动该功能，并查看指标与基线有何不同。

总结下来，你的研究陈述可能如下所示：

> 我们认为来福车用户在机场接送点等待的时间过长，这让他们感到沮丧。我们认为在整个机场放置的标语可以解决这个问题。我们将在几个机场推出此功能，如果我们看到用户的平均自我报告满意度增加 30%（以 1 到 10 的等级衡量），平均等待时间减少 40%，在机场呼叫来福车的数量增加 10%，那么我们就知道我们的假设是对的。

从中，你可以提取一个模板，供自己在设计研究报告时使用：

> 我们认为（某用户组）面临（某问题）。我们认为（某方案）可以解决它。如果我们看到（某指标变化），我们就知道我们的假设是对的。

你的指标应该强调愉悦感、复制难度和盈利能力。

创建此声明后，你将进行实验、收集数据并报告你是否达到了最初设定的目标。如果你达到了目标，那么你很有可能会获得开发产品功能的许可。

参考客户

我们上面提到的方法对可以轻松启动、测试和测量成果的简单功能来说，只要不断重复就可以。但有些情况下，如果你在功能没有完全准备好之前就发布给用户，那可能会造成混乱，而且有些功能是关于可用性的，不太适合封闭式反馈（这类反馈中单个用户的体验难以得到关注）。前者的情况对于企业客户尤其适用（他们不喜欢拿到尚未开发完善的功能，甚至拿到以后不喜欢卸掉该功能），后者的情况对于全新的设计或全新的产品方向尤其适用。

在这些情况下，你的武器库中最强大的工具之一是"参考客户"：与你有非常密切关系并且愿意与你进行小规模测试的一小部分用户。这些客户应该能够代表你的用户群的广度，这样他们才能给你提供代表更广泛的用户群体的反馈。另一个好处是，与一些抽象的理想客户相比，为你所认识的个人或组织开发产品要容易得多[1]。

作为一个案例研究，微软 Azure 的客户涵盖了从业余爱好者到初创公司再到易贝和波音等大型企业的各个领域。Adi 在 Azure 的团队招募了六位参考客户：两家初创公司、两家中型企业和两家大型企

---

1 你可以看到，我们不太推崇"用户画像"的概念。如果你的用户研究发现五个人可以归类为同一原型（比如社区大学生），不要将他们概括为一个角色——只需选择其中一个人并为他开发产品。这样，你就有了一个有血有肉的人可以交流，确保你不会进入一个幻想世界。

业。他的团队每两周与这些客户交流，向他们收集反馈，包括现在的产品体验如何，以及让他们尝试一些新的功能。通过让一小部分客户提供反馈，Adi 的团队可以快速了解不同客户群对产品变化的感受。

举了例子，考虑在地图上显示客户服务器这一看似简单的问题。当用户放大或缩小地图时会做什么：是将附近的服务器（比如蒙特利尔和多伦多的服务器）集中到一个更大的气泡中，还是将它们分开？

你可以想象，一家在世界各地拥有服务器的大公司会希望将服务器集中在一起，因为它们需要鸟瞰全局，但一家仅在加拿大拥有服务器的小公司会觉得这种集中完全适得其反。通过与不同规模的客户交流，Adi 的团队可以为此类问题找到适合每个客户的解决方案。

第四章　最小受欢迎产品

我们一直在说你不应该向全世界宣布你的 MVP 产品，因为它还没有准备好。我们这么说是因为你只有一次机会给用户留下第一印象，如果你做得不好，那后续将很难让用户改观。你只会有一个发布会、一次产品大揭秘、一次第一轮新闻报道（如果你幸运的话）、一个演示日，你必须让它发挥应有的作用。

因此，当你考虑发布产品的 1.0 版本时，你应该发布你的"最小可被市场接受的产品"（minimum marketable product，MMP），或者叫"最小受欢迎产品"（minimum lovable product，MLP）。你的 MVP（或更准确地说，RAT）是最简单的可以帮你获得用户反馈的产品，而你的 MLP 则是最简单的可以让用户留下深刻印象并愿意持续使用的产品。

简单但是高质量

与 MVP 不同，MLP 产品应该打磨掉所有粗糙的设计，并拥有关键的差异化功能，能说服用户选择使用你的产品（并为此付费）而非市场上的其他产品。你的 MLP 不需要具备所有功能，但它所具备的功能必须是高质量的。

案例分析：Notion 的 1.0 版本

例如，信息管理工具 Notion。2016 年推出 1.0 版本时，它非常简单：只是文档编辑和一个小型待办事项列表功能。但它所拥有的几个功能运行得非常好：人们立即称赞产品的流畅、组织良好和深思熟虑。同样，它只有一个 Mac 和 Web 应用程序，但这些应用程序获得了很高的评价。

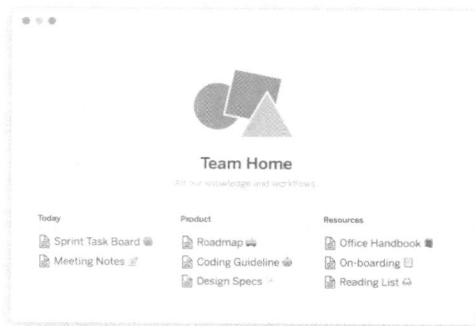

Notion 简单的 v1.0 版本启动屏幕截图。　资料来源：Product Hunt

一些我们现在认为是核心的功能。例如，使用非谷歌电子邮件地址登录甚至是共享的功能，直到首次发布之后才被添加。看板和日历等花里胡哨的功能直到 2018 年版本 2.0 才被添加，甚至安卓（Android[1]）应用程序也直到 2.0 版本发布后几个月才问世。

Notion 的创始人赵伊凡（Ivan Zhao）一开始就有意识地将应用程

1　译者注：Android 是一种基于 Linux 内核（不包含 GNU 组件）的自由及开放源代码的移动操作系统。

序的"表面面积"设计得很小。大多数功能都不存在，但存在的功能质量都非常高。发布几个完善的功能比发布一堆不完善的功能要好很多——这是 MLP 概念的关键。

最小功能列表

赵伊凡是如何决定 1.0 版本中应该包含哪些功能，以及哪些功能应该留到以后再使用？他从一开始对产品的电梯推销（极短时间内对产品价值的介绍）中去推算出他的基础功能列表。他只开发能让他证明产品核心价值的最少数量的功能。下面是他发布 1.0 版本时在 Product Hunt 上发布的帖子：

> 我们的目标是为后文件时代、后 MS Office 时代创造一个通用的工作工具……现在最先进的产品要么是 Google Docs/Quip/Dropbox Paper（多人的 Word Perfect），要么是严格的 SAAS 应用程序（由 IT 外包的 Web 上的 Visual Basic）。对用户来说，所有的知识和工作流程都被困在不同的"孤岛"中，人们能做得最好的事情就是将所有东西手动粘贴在一起，以前是电子邮件，现在是 Slack。
>
> Notion 想要挑战这种"软件即孤岛"的现状。对于 1.0 版本，我们将实时文档、类似 wiki（维基）的组织和轻量级任务捆绑到一个统一的工具中，这个工具可以处理几乎所有团队的知识管理需求。

Notion 提供了一种更无缝的方式来存储和管理信息。为了实现这一点，赵伊凡所要做的就是构建一个类似维基的系统，让用户可以存储文档并将它们相互链接。这是 Notion 最关键的创新，所以这就是他必须首先开发完成的功能。像共享和看板这样的功能，虽然现在非常有用，但只是其核心价值的附属功能，因此 1.0 版本不需要。

核心理念

构建 MLP 的关键是了解你的最小功能列表，而了解最小功能列表的关键是了解产品背后的核心理念。很有可能这就是你之前的解决方案假设之一，甚至是 RAT 中的最大风险假设。例如，你可以将一些大众流行产品的基础核心理念表述成：

- 谷歌搜索：根据传入链接的数量和质量对搜索结果进行分级（Page Rank）是决定搜索引擎应该返回什么结果的最佳方式。
- 爱彼迎：对注重成本的旅行者来说，住在陌生人家比住在酒店要好。
- Bumble：如果女性主动先发信息，在线约会效果会更好。
- Trello：可拖放看板卡（此概念最初在丰田的供应链管理系统中普及）可以帮助管理白领项目。

另一种思考方式是：如果你必须在嘈杂的酒吧用一句话来描述这个产品，你会怎么说？"是的，我刚刚下载了 Bumble——一款类似 Tinder 的应用，但它需要女性先发信息！"这是产品背后的核心理念，也是你在 MLP 产品中必须具备的功能（你大概率已经在 MVP 和 RAT 期间对该功能进行了测试）。

体验而非产品

请注意，我们一直都没有讨论最低功能性产品（minimal functional product）。我们一直在讨论的是最小受欢迎产品（minimum lovable product）。这也是有充分理由的：人们购买的是整体的体验，而不是一堆功能列表，甚至不是一个产品。你去星巴克不只是为了喝咖啡。你去那里是为了欧洲咖啡馆的美学，享受一个"第三空间"（既不是家也不是办公室），在那里你可以闲逛和看看人。

你所销售的所谓"产品"可能实际上并不是人们所关心的。例如，猜猜人们对航空公司最大的抱怨是什么？很有可能不是飞机[1]，普通的乘客可能都无法分辨 A 320 和波音 777。人们反而会关注飞机上的食物等看似微不足道的细节。2020 年，美联航宣布将不再在其飞机上提供流行的比斯科夫饼干。结果遭到了极为强烈的反对，导致美联航不得不在一周内将政策改回去，不好意思地宣布他们将继续在飞机上提供比斯科夫饼干。

在开发 MLP 产品时，你必须抓住那些让人眼前一亮的时刻。在大多数情况下，这比功能本身更重要。想想最初的任天堂 Switch 游戏机，当时从各方面来看，它都不是世界上最吸引人或最实用的东西。它有厚边框、塑料控制器、功率相对不足的处理器和脆弱的支架。

不过，Switch 在第一年就取得了历史上所有主机中最成功的成绩（就销量而言），原因就在于它的乐趣和多功能性。你可以在电视上玩《塞尔达传说》，然后把它从底座里拿出来，带上飞机继续玩，就像什么都没发生一样。当你正在手持模式下玩游戏，有朋友走进来时，你

1　除非是一个波音 787 Max。

任天堂 Switch 游戏机及其控制器（Joy-Cons）。　　资料来源：林新臣

可以立即拿下控制器并开始双人模式[1] 游戏。这些体验让你不在意平庸的硬件，使 Switch 成为有史以来最受欢迎的游戏机之一。

事实上，大多数超级成功的产品都能创造那些神奇的时刻。从推出之日起，优步就很酷，因为你只需按一下按钮，就能以某种方式将一辆黑色轿车带到确切位置——无须与脾气暴躁的接线员交谈，也无须说出你的地址。Duolingo 让你学习克林贡语，这是《星际迷航》中虚构的语言，虽然不那么实用，但保证能给你带来快乐。即使是使用 Chromecast 将手机屏幕投射到电视上时你所感受到的小惊喜也是一个神奇的时刻。

1　尼尔最喜欢的经历：他在飞机上玩游戏时，前排有人转身问他要不要开始一场小组赛。这个人还把坐在前面很多排的朋友叫过来，三个人玩起了任天堂明星大乱斗的选拔赛。陌生人，在飞机上一起玩起了游戏。

案例研究：苹果手表（Apple Watch）与 Fitbit

坏消息是，创造这些神奇时刻并不能算是一门科学，这比在市场上发布 MVP 产品要难得多。但它很有回报价值。事实上，如果你推出了一款人们真正喜爱的产品，即使你比竞争对手晚进入市场，你依然能成功。

以 2014 年才首次亮相的苹果手表为例。它并不是第一款专注于健身的手腕可穿戴设备。一年前，Fitbit 已经推出了计步器和腕带 Fitbit Flex。但 Fitbit Flex 只是一款以塑料和橡胶材质制成的实用性产品，它颜色柔和，只有少量亮灯模式。

最初的 Fitbit Flex 腕带，于 2013 年推出。　资料来源：维基媒体

苹果手表包含更多功能，包括心率传感器和陀螺仪（这样它就能知道你在做什么运动），但它之所以是一大飞跃，是因为用户可以用它来控制 iPhone。不再需要在跑步时拿出手机来切换歌曲或查看短信——这对跑步者来说是一个福音。能够直接在手腕上阅读推送通

知让你感觉自己是一位重要的高管，而仅仅拥有一块手表就可以展示各种只有苹果手表用户才能理解的不寻常动作，比如用手盖住手表以将来电静音。佩戴苹果手表会让你感觉自己是一个重要、健康、成熟的人——这让苹果手表的产品地位位于那些缺乏想象力的腕带产品之上。

苹果手表另一个被低估的方面是它很容易成为一种时尚宣言。苹果不会强迫你使用无聊的橡胶腕带，而是允许你换上 Coach、Hermes 和 Kate Spade 等品牌的表带。此外，手表本身是可定制的，有玫瑰金、深空灰色和不锈钢等柔和的颜色。苹果甚至卖出了一块价值 10,000 美元的 18 克拉黄金手表。手表不再只是一个健身追踪器——它是你个性和时尚感的延伸。

带有 Coach 制造的豪华皮革表带的苹果手表。每根超过 100 美元。
资料来源：9to 5Mac 32

简而言之，苹果手表超越了工具，成为一种神奇的体验。财务数据显示了这一策略的有效性。虽然健身追踪产品表现不错，但苹果手表取得了突破性的成功。2019 年，苹果手表的销量超过 3000 万只，超过了整个瑞士手表行业。

开箱体验

你的 MLP 产品应该是相对完善的，但你依然可以在产品的一些隐蔽的部分有些许瑕疵。（比如早期 Notion 版本的维基功能非常完善，但拖放功能依然不完美。）

但是，你一定不能忽略你给用户留下的第一印象：开箱体验（out-of-box experience，OOBE[1]）。许多新产品忽略了开箱体验，一心只关注如何正确地做出核心功能，从而导致用户的开箱体验乏善可陈。如果用户连初始步骤都没有完成，就不可能有机会使用你超级流畅的核心产品功能；如果人们连 Bumble 登录流程都没有完成，就不会发现它聪明的女性信息优先机制。

例如，购买苹果产品会让许多人感到高兴，因为产品被装在一个

当你打开包装盒时，首先看到的是苹果产品，电线和用户手册隐藏在它们后面。这些细微的设计为苹果产品带来了非常美妙的开箱体验。　资料来源：iMore

---

1　译者注：与"史酷比狗（Scooby Doo）"中的"史酷比（Scooby）"押韵。

珍珠白的盒子里，完美地嵌在凹槽中。所有令人讨厌的手册和丑陋的电源线都隐藏在实际设备后面。感觉不像是在打开一个小工具，而更像是在打开一个装有稀有珠宝的宝箱。同时，想象一下，如果你的新iPhone装在那种俗气且无法打开的塑料外壳中，或者你在撕开盒子时遇到一堆半裂的气泡膜和橡皮筋，你对这个产品的喜爱会减少很多。

投资开箱体验，虽然是大多数产品事后考虑的事情，但可能产生巨大的红利。以Crashlytics为例，它是移动应用程序分析工具包。在它推出时，大多数类似的产品并没有真正费心制作一个好的OOBE，而是向新用户提供10分钟的油管视频，其中包括一个无人机教练、30个步骤的教程、10份表格，或是充满过时的维基页面的截图。这不是很好的第一印象。

相反，Crashlytics希望让产品初次使用的过程变得快速而有趣。安装这个工具就像将一个摆动的红色工具箱图标拖到特定文件夹一样简单。然后，当你启动它时，会看到一个戏剧性的动画，将你带到一个充满示例数据的仪表板前。而不是一个到处都是令人生畏的"暂无数据"标志的空白仪表板。这个设计立马取得了成功：用户对产品初次使用的流程赞不绝口，Crashlytics很快成为最大的移动分析工具（比第2名到第6名的总和还要大），推特以3800万美元收购了这家初创公司。

不要从空荡荡的橱柜开始

特别值得注意的是，许多人在为"成熟"用户设计产品：他们假设用户已经进入了产品使用的中后期阶段。消息应用程序的设计假设用户有一个装满消息的收件箱和很多朋友，娱乐应用程序的设计假设用户有很长的观看历史和很长的收藏，等等。这一方面是因为用户使用应用程序的大部分时间都将处于这种"成熟"状态，另一方面是因为设计一个完全没有内容的应用程序界面略显尴尬。

但是，这样做的话，你经常会创造出一个极其无聊、考虑不周的OOBE。没有一条消息的聊天应用程序很无聊（事实上，令人生畏），没有朋友的社交网络让人感到沮丧，没有任何用户数据的推荐系统会推荐出完全非个性化的内容。

解决这个"冷启动"问题的一个聪明的方案是预加载产品的内容。Trello 没有扔给用户一个空白的仪表板，而是为每个人提供了一个演示"欢迎板"，其中充满了展示产品可以为你做什么事情的卡片。（一石二鸟：一开始就给了用户可以探索把玩的东西，还教会了用户如何使用产品！）

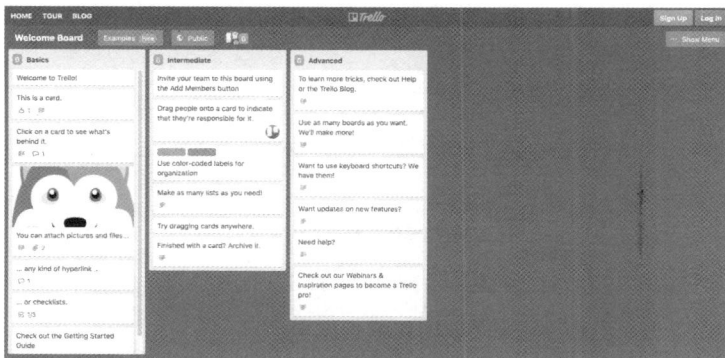

Trello 的欢迎板为新用户提供了一些可以把玩的内容，而不是一个空荡荡的页面。
资料来源：Trello

TikTok 是克服冷启动问题的专家。大多数社交网络应用程序在你开始关注别人之前都毫无用处，但 TikTok 却是从你打开应用程序的那一刻起就开始向你展示有趣的视频 —— 无须任何设置。这让用户在几秒钟内就看到 TikTok 的价值，以及它的独特性。

超越第一天

更重要的是，用户与应用建立关系的最初几天是最关键的。平均应用程序在安装后 3 天内失去 77% 的活跃用户，并在接下来的几个月里慢慢流失用户。

普通安卓应用的用户留存曲线

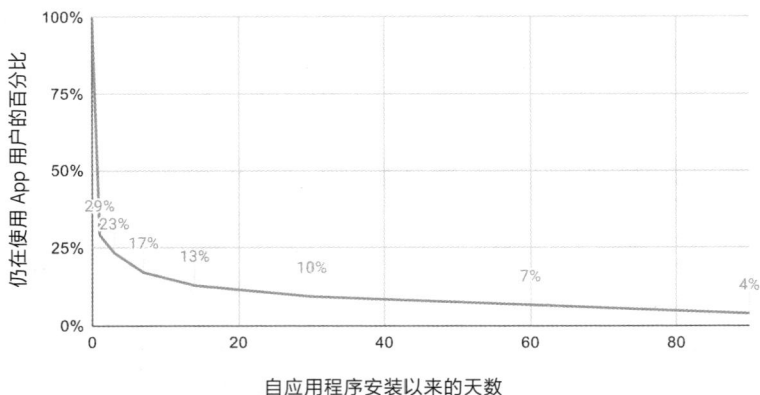

普通安卓应用的用户留存曲线。　资料来源：Andrew Chen

但是，如果列出谷歌 Play 商店中下载次数最多的应用程序，你会发现一个有趣的趋势。在第一周，所有应用失去用户的速度大致相同，但第一周是最关键的：顶级应用在三天后保留了 72% 的用户基数，在一周后保留了 67% 的用户基数，但平均水平应用分别只能保留 23% 和 17% 的用户基数。最好的应用在 90 天后保留的用户数量几乎是普通应用的 13 倍——因此，在其他条件相同的情况下，他们可以比普通应用少花 13 倍的钱来吸引同样数量的用户。

普通安卓应用的用户留存曲线

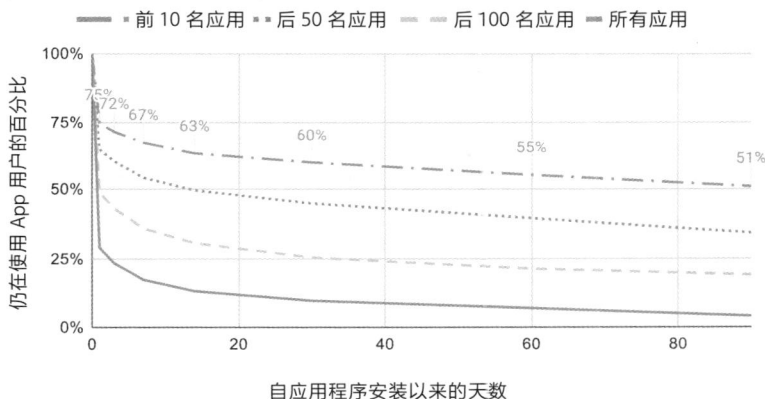

普通安卓应用的用户留存曲线，其中列出了排名靠前的应用的留存曲线。
资料来源：Andrew Chen

这意味着你的第一印象实际上不仅仅是用户打开 App 的那一瞬间——整个第一周都至关重要。做到这一点的最佳方法是确保用户在最初几天内就开始获得价值（效率、娱乐等），例如引导用户完成所有设置并鼓励他们开始使用你最重要的功能。Hinge 可能希望新用户在最初几天内开始获得匹配，Airtable 可能希望用户在第一周就开始制作表格并使用一些高级功能。

面试技巧

请注意，这些第一周目标都与收入没有任何关系。在用户看到你的产品的价值并成为你产品的粉丝之前，你不能指望他们给你付钱。试图在一开始推动销售可能让你在短期内赚取几美元，但从长远来看会让你错过很多潜在销售来源。

你可以与面试官讨论短期和长期盈利能力之间的紧张关系。最好的方法通常是优先考虑长期盈利能力，即在第一周专注于让用户满意，谈论这一点会让你的面试官知道你可以从大局出发。

你绝对不应该做的一件事是通过通知和电子邮件向人们发送垃圾邮件。你可能有过这样的经历：你下载了一个有趣的新应用程序，但一个小时后就开始收到烦人的推送通知。你很可能转身就立即卸载了该应用程序。

结论

　　1985 年，苹果公司陷入困境，乔布斯被认为是失败的典型代表。乔布斯的 Macintosh 电脑仅售出其预计销量的 10%。1983 年掌舵苹果的约翰·斯卡利（John Sculley）慢慢地将乔布斯从 Macintosh 和 Lisa 业务中移开，最终乔布斯不得已离开苹果公司。乔布斯在设计电脑产品时的顽固，以及他在公司创造的恶劣环境，造成了他的毁灭。

　　那一年，乔布斯决定通过创建 NeXT 来挑战苹果，NeXT 是一家销售高端电脑的初创公司，专注于教育市场。NeXT 以其光滑的、四四方方的、涂有深黑色油漆的镁制计算机而闻名。硬件是创新的——

NeXT 的标志性计算机 NeXT Cube。它的零售价为 6500 美元，于 1988 年推出。
资料来源：维基媒体

Cube 比 iMac 早了整整十年放弃软盘，并配备了独特的高质量激光打印机。

NeXT 的软件也毫不逊色：该操作系统早在苹果之前就拥有全彩图形和多任务处理功能，其开发工具是顶级的，其应用程序可以无缝互通。

但 NeXT 的成功是短暂的。他们 1990 年的硬件销售不佳，无法突破微软和苹果在 PC 市场的垄断。1990 年之后，该公司完全放弃了硬件，只专注于他们的编程语言 Open Step。该公司又转型了几年，直到 1996 年苹果本身面临落后于 Windows 95 的风险时，以 4 亿美元收购了 NeXT[1]。

但苹果公司当时已经陷入了困境。由于 Windows 稳步超越，苹果的市场份额已跌至 4% 以下；苹果最近三次重启操作系统的尝试都失败了。公司快要破产了。苹果公司在 1997 年经历了历史上最糟糕的财务季度后，乔布斯再次被任命为首席执行官，为拯救公司做出最后的努力。乔布斯回来了，他从之前被迫退出的经历中吸取了教训。

回来以后的乔布斯意识到，他此前认为的"笨蛋"其实并没有那么糟糕。必须有人维持公司的运转，并继续产生现金流。因此，在 1998 年，乔布斯聘请了一位名叫蒂姆·库克的人，他当时是康柏公司（当时世界上最大的个人电脑销售商）的副总裁。没有人会觉得库克是创新者：他是一台高效运行的机器，绰号"库存之王阿蒂拉"。

与此同时，乔布斯知道他必须冒险赌一把才能重振公司。因此，他聘请了一位名叫 Jony Ive 的苹果员工来领导新款 iMac G3 的设计，

1　NeXT 的软件并没有随着这次收购而消亡：它的操作系统是 macOS 的基础，也是 iOS 的基础。

这是一款大胆、色彩鲜艳、球状大的电脑，这款电脑一炮而红。当时的计算机是米色的、四四方方的、无聊的，需要大量的专业知识才能设置和使用，而 iMac 将几乎所有东西都集成到一个有趣的彩色盒子中，你只需要连接包装盒中的键盘和鼠标即可。这是第一台任何人都可以玩的电脑，这要感谢 Ive 的设计才华。

苹果于 1998 年推出的 iMac G3，拥有令人愉悦的颜色 —— 从橘色到青柠色再到著名的邦迪蓝。　资料来源：卡尔伯克利

iMac 后来有橘色、草莓色、酸橙色和靛蓝色等颜色可供选择，而这只是 Ive 的第一款产品。在接下来的 20 年中，他继续发明了 iPod、iPhone、MacBook Air 和 Apple Watch，而库克则不断扩大这些产品线。2018 年，苹果成为世界上第一家市值万亿美元的公司。

简而言之，回来以后的乔布斯意识到他既需要海盗，也需要正规海军。他既需要像 Ive 这样的人继续创造下一代从 0 到 1 的产品，也需要像库克这样的人来扩展从 1 到 N 的产品，从而为创造下一代从 0 到 1 的产品提供资金。如你所知，乔布斯的这一认知后来获得了惊人的回报。

大多数其他成功的公司也意识到了这一点。亚马逊云计算服务（AWS）是亚马逊稳定可靠的摇钱树，它为亚马逊提供了资金来推动其在电子商务、游戏、媒体等领域的创新项目。2017 年，AWS 实际上贡献了亚马逊所有的利润，而电子商务部门其实是赔钱的。

同样，脸书的广告赚钱机器让它可以在 Oculus VR 等价值数 10 亿美元的项目上下大赌注，而这些项目可能需要长达十年的时间才能找到适合市场的产品。你可能记得热门的 AR/VR 初创公司 Magic Leap：没有稳定的资金来源，它无法让项目持续足够长的时间以达到产品成熟的阶段。

一些公司甚至将其作为一种生活方式：谷歌的 Area 120 项目和 X 部门是热门创意的孵化器，这里孵化的产品有朝一日可能会取代谷歌搜索成为新的摇钱树。在那之前，谷歌稳定的广告收入将继续用以支付这些创新者的薪水。

作为产品经理，你将在职业生涯的不同阶段负责设计从 0 到 1 或者从 1 到 N 的产品。知道如何设计这两类不同的产品，以及它们之间的联系，是一项极其重要的技能。

Part Two

第二部分
经济学

价格是你付出的，而价值才是你得到的。

——沃伦·巴菲特（Warren Buffett）

引言

　　2017 年，初创公司 MoviePass 从默默无闻中脱颖而出，成为科技界最热门的初创公司之一，它为美国人提供令人难以置信的优惠：每月只需 10 美元，就可以享受几乎无限量的免费电影。

　　你要知道，在很多城市仅仅是购买一张电影票就要花超过 10 美元，这样的优惠简直令人难以置信。MoviePass 自 2011 年成立以来一直没有取得什么成就，但在几个月内突然增加了数百万用户。

　　但是很显然，人们很快就开始质疑 MoviePass 是否真的有那么好。MoviePass 立刻反驳说，实际上大多数人每个月不会看超过一部电影。如果这个说法属实，那么 MoviePass 是可以盈利的。这里面的逻辑就类似健身房年票：健身房年票的利润率很高，因为通常每个人都会购买年票，但在一个月去了几次健身房以后，人们就会慢慢忘记了最初的健身决心，然后不再去健身房。

　　不过很显然的问题是，看电影比去健身房有趣得多。人们每月观看多达数十部电影，这使 MoviePass 陷入亏损：其母公司仅在 2017 年就损失了 1.5 亿美元。

　　MoviePass 坚称它仍然可以盈利，称它可以向影院和电影制片厂出售用户数据，出售广告，并获得付费促销的交易。但是，可以预见的是，他们错了。MoviePass 并没有承认失败，而是逐渐缩减了它的优惠程度，首先是阻止用户观看热门电影，然后是将用户限制为每月只能看三部电影。这些方法都不奏效，最终，MoviePass 的母公司在 2020 年破产了。

MoviePass 显然是一个反面教材，它在很多方面都是一家有缺陷的公司，它们犯的最根本错误在于对基本经济学的致命误解。作为产品经理，我们必须了解经济学以避免创造出下一个 MoviePass；我们必须了解人们如何做出决策，如何建立可持续发展的企业，以及如何衡量我们在财务上的成功。让我们仔细聊聊这一点。

第五章　商业模式

当你打算推出某个产品或创办公司时，必须要回答的一个最简单的问题是：怎么赚钱？在开始思考诸如订阅价格或者广告位置这类具体的问题之前，你首先需要基于第一性原理，想清楚你的商业模式。

大多数公司通过向人们销售产品或服务来赚钱。科技公司往往专注于产品，而不是会计或咨询等服务，所以我们只关注产品。当你为人们提供产品时，有三种主要的盈利模式：成本优势、产品差异化和蓝海战略。你的商业模式大概率会基于这三者之一，你应该在做任何其他事情之前弄清楚哪一种盈利模式适用于你的产品。

成本优势

在这种模式下，你的产品和所有竞争对手几乎是一样的，你通过尽可能低的价格来让自己的产品脱颖而出。

这些高度相似、可随意置换的产品被称为"大宗商品"。你可以在股票市场上买卖许多知名的非科技大宗商品：黄金、石油、小麦、猪肉等。它们并不完全相同——某一蒲式耳小麦可能比另一蒲式耳好一点——但它们足够接近，以至于你并不关心产品的制造者或产地，你只关心价格。

金融家会说，只有在股票市场上出售的商品才能是真正的"大宗商品"，但大多数科技行业的人则会使用一个更宽松的"大宗商品"的定义，也就是大宗商品包括了任何类别的可随意置换的产品类型。比如一升水、87 辛烷值气体，以及布洛芬片剂都属于这一类商品。只要它们能用[1]，你就不会太在意是谁制造了这些产品。

	This item AmazonBasics High-Speed HDMI Cable, 6 Feet, 3-Pack	4K HDMI Cable 6.6 ft, IVANKY High Speed 18Gbps HDMI 2.0 Cable, 4K HDR, 3D, 2160P, 1080P, Ethernet - Braided HDMI Cord 32AWG, Audio Return(ARC) Compatible UHD TV, Blu-ray, PS4, PS3, PC, Projector	AmazonBasics Nylon-Braided 4K, 18Gbps HDMI to HDMI Cable, 10 Feet
	Add to Cart	Add to Cart	Add to Cart
Customer Rating	★★★★☆ (103758)	★★★★★ (4074)	★★★★★ (6182)
Price	$17⁰⁷	$13⁹⁹	$13⁹⁹

亚马逊上几乎相同的 HDMI 电缆是大宗商品：唯一重要的就是价格。
资料来源：亚马逊

科技行业也有相当一部分大宗商品。HDMI 线等廉价硬件配件的唯一区别就是价格；1GB 的云存储空间无论由谁（谷歌 Drive、Dropbox 等）提供，都一样有用；甚至打车服务也慢慢成为一种大宗商品：谁没有同时打开过优步和来福车并选择便宜一美元的乘车服务呢？

我们最喜欢举例的科技大宗商品之一，就是 50 美元一台的安卓智能手机，这是一款没有品牌、充满塑料感、直接从工厂出厂的设

1　顺便说一下，这也是仿制医药行业的基本逻辑。

备，可以说是"智能手机"的最低级款。

为了降低成本，这些手机的制造商直接从制造商那里获得便宜的零件，安装免费的安卓操作系统，依靠极其廉价的劳动力，并且在营销上完全不花任何钱。他们非常清楚，如果竞争对手制造了 49 美元的智能手机，用户就会放弃他们，因此他们的任务是无情地削减成本，直到能够制造出 48 美元的手机。

新加坡无名制造商制造的一系列廉价手机。　　资料来源：凯·亨德利

如果你要销售大宗商品，那么保持低价的唯一方法就是保持低成本。你可以通过使用规模经济来做到这一点，生产的商品越多，价格就越低。生产更多商品可以让你利用采购量折扣，与供应商协商更好的条件，并了解如何提高生产效率。

垂直整合，收购所有的供应商的垂直整合也有助于降低成本，通过直接向消费者分销产品，省去零售商等中间商也有助于降低成本。后者的一个很好的例子是开市客（Costco）超市，他们就是通过让消费者直接从仓库购买的方法将家庭必需品的价格保持在如此低的水平。

然而，销售大宗商品并不是一个很好的生意，因为价格不可避免地会竞相触底。如果一家工厂可以以每条 2 美元的价格生产 USB 电缆，那么你将无法以 3 美元的价格出售它们 —— 因为其他人会以 2.50 美元的价格出售它们并抢走你的生意。

但随后以 2.30 美元价格出售，就会夺走他们的所有生意，依此类推，直到价格触底，比如说 2.01 美元 —— 那时，赢家的利润将会极其微薄，甚至可能无法维持生意。赢得成本优势的唯一方法是拥有一些"秘诀"，使你的成本始终低于竞争对手的成本。

产品差异化

另一种策略是产品差异化，也就是销售具备竞争优势的独特的产品，从而可以合理地收取更高的价格。这是"反大宗商品化"：一家公司销售的产品与其他产品明显不同，从而具有不同的价格。

奢侈品就是这种策略的经典例子。有一个古老的笑话：一个人戴着一块便宜的 10 美元塑料手表，刺激他戴劳力士的朋友说："我的手表价格是你的千分之一，但显示的时间是一样的。"然而，人们还是会继续购买劳力士，因为劳力士已经将自己与像 10 美元手表这样的大宗商品区分开来了。劳力士的设计、卓越品质和代表着精英生活方式的品牌让买家愿意为其高价买单。

在科技领域，iPhone 也使用了相同的策略。一部 1100 美元的 iPhone 与一部 300 美元的安卓手机（甚至是我们之前提到的那些便宜的 50 美元安卓手机）有一样的基本功能，但仍然有上百万人愿意为 iPhone 手机支付更高的价格。

在这个案例中，苹果公司拥有一套围绕 iPhone 构建的非凡服务

（比如"健康"应用程序）、在世界各地的苹果商店中带有"天才吧"的出色客户服务、外观性感的操作系统，甚至是华丽的白色包装盒[1]。在许多人看来，这些都让 iPhone 物有所值。

iPhone 的华丽白色包装盒。 资料来源：KL Gadget Guy

追求差异化战略的公司面临的挑战是如何始终与竞争对手保持差异化。只要有足够的时间和金钱，任何人都可以构建出与苹果一样好的操作系统（你可以说安卓已经做到了），一样出色的硬件和服务（在好的年份，三星的 Galaxy 系列和谷歌 Pixel 在这方面可以与 iPhone 相媲美），并将大量现金投入营销。产品需要一些能让它们保持与众不同的"秘方"。

对 iPhone 来说，当然就是品牌。拥有 iPhone 传达着财富、精致和高品位的信息——这是苹果公司通过营销和设计有意识地给消费者

1　iPhone 有着珍珠般光泽的盒子非常受欢迎，人们在易贝上以高达 10 美元的价格出售它们。你很难找到任何安卓的包装可供转售。

传递的信息。

产品经理也可以设计增强品牌的功能。即使是颜色这么小的东西也能产生影响：安卓用户给 iPhone 用户发短信会得到亮绿色气泡，而 iPhone 用户给其他 iPhone 用户发短信则会得到柔和的蓝色气泡。

这造成了促成 iPhone 购买决策的微妙社会压力，绿色气泡被嫌弃，被视为不合群的标志。这个令人感到耻辱的特征的作用非常强大：在一项研究中，手机购买者将"不想要绿色泡泡"作为购买 iPhone 而非安卓手机的首要原因（更不用说"我不和绿色泡泡约会"的笑话了）。

并非所有公司都能成功地使他们的产品始终不同于竞争对手。当他们做不到时，他们的产品就会变得"大宗商品"化 —— 意味着他们并不比竞争对手更好，迫使他们在价格上竞争，这是获得微薄利润的必然方法。

优步和来福车长期以来一直存在这个问题：大多数人认为他们的产品实际上是一样的，所以很少有人建立对品牌的忠诚度 —— 他们只会选择更便宜的服务。当优步宣布独特的新功能时，来福车就进行复制。当优步在 2018 年宣布推出 Express Pool 服务时（用户步行几百英尺，可以得到打五折的拼车服务），优步终于有了一个独特的功能 —— 但来福车在第二年就添加了类似功能。如果你不能始终与竞争对手保持不同，就很难建立品牌忠诚度。

蓝海战略

第三种策略是避免成本优势和产品差异化战略。在这两种战略中，你都需要拼命拼搏以在市场中分得一杯羹，需要一直试图领先于众多竞争对手。但为什么不直接找一个还没有什么竞争者的新市场呢？与其争夺竞争激烈的市场，不如创造一个新的市场。

这种战略被称为蓝海战略——之所以如此命名，是因为这种战略的目标是寻找新的无限可能，而不是在充满血腥的红海中战斗。通过寻找新市场，你既可以保持低成本，也可以提供差异化的服务。

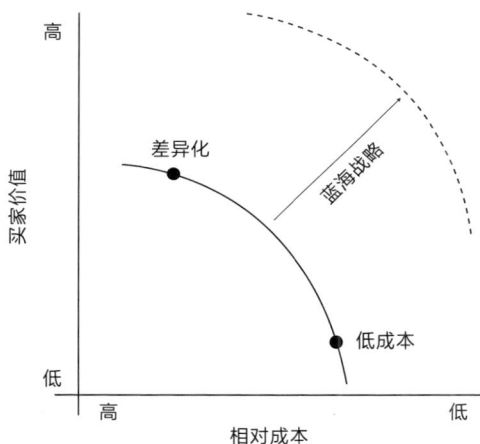

人们通常需要在成本优势战略和产品差异化战略之间进行权衡，但蓝海战略可以让你两者兼得。　资料来源：Chan Kim 和 Renee Mauborgne

任天堂

在我们看来，科技领域采取蓝海战略最好的例子之一就是任天堂。这家游戏公司很少尝试与 Xbox 和 PlayStation 正面竞争，这两家公司为铁杆游戏玩家们提供了最强大的处理器、最先进的图像显示和激烈的射击游戏。与这两家在他们擅长的地盘上去竞争实在是太难了。

相反，任天堂开辟了新的游戏市场，使公司在没有激烈竞争的情况下拥有了一个新的空间。Wii 凭借其直观的运动感应控制器、Wii Sports 等休闲多人游戏以及《马里奥赛车》等适合家庭的游戏特许经营权，将游戏带入了家庭 —— 这是一个 Xbox 和 PlayStation 甚至都没有尝试去打入的人群。Wii 成为有史以来最畅销的视频游戏机之一也就不足为奇了，它的游戏也成为市面上最受欢迎的游戏之一。

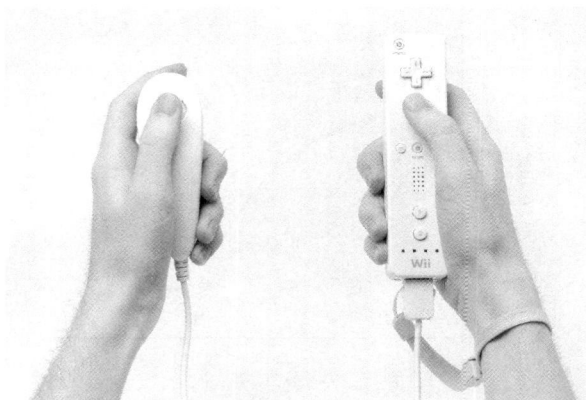

Wii 著名的直观运动感应控制器：右侧的 "Wiimote" 和左侧的 "Nunchuck"。
资料来源：维基媒体

到 2017 年，游戏市场被一分为二：专业游戏玩家在其强大的 Xbox、PlayStation 和游戏电脑上玩游戏，而休闲游戏玩家则在手机上玩游戏。任天堂也没有试图直接与之竞争。相反，它发布了混合 Switch 游戏机，既可以作为手持设备直接玩游戏，也可以连接到电视上玩。

通过这样的产品设计，任天堂以独特的方式吸引了那些想要以两种方式玩游戏的人 —— 在飞机上用小屏幕玩，而在家里用大屏幕玩[1]。事实证明，有很多这样的人——大学生、飞行常客、有孩子的家庭等——无论是 Xbox 还是手机上的 Candy Crushes 都无法满足他们的需求。Switch 打破了游戏机的常规定义，吸引了新一类游戏玩家，其第一年在美国的销量比任何其他游戏机都要多。

西南航空

蓝海战略也存在于科技行业之外。西南航空是使用这种策略的非科技公司的典型例子，它提供了廉价的航班、出色的飞行体验以及出了名的优质客户服务。这种说法基本上是正确的：当西南航空于 1967 年首次亮相时，它是第一家低成本航空公司，这使它获得了一个全新的飞行客户群体，而不必与像达美航空这样的老牌航空公司正面竞争，后者以更高的价格提供更优质的服务。

然而，如今已经有几十家低成本航空公司存在，所以从这个角度看西南航空的战略似乎不能算蓝海战略了。但它的成功仍然显示了蓝海战略的另一个特点：就是你既可以保持低成本，也可以提供优质的服务。

虽然世界上有像瑞安航空和精神航空（Spirit Airlines）等航空公司提供廉价、令人不快的航班，又有阿联酋航空以高价提供高端优质服务的航班，但西南航空找到了提供既便宜又高质量航班的策略。

例如，西南航空取消了指定座位号，让乘客选择任何空位；与普通航空公司相比，这可以减少最多 25% 的登机时间。这降低了西南航

1　Switch 的游戏阵容也值得称赞。它既有像《马里奥赛车》和《口袋妖怪》这样的休闲游戏，也有像《火焰纹章》这样的硬核产品，以及像《塞尔达传说》和《任天堂明星大乱斗》这样的中间游戏。这是这个产品可以吸引大量游戏玩家的另一个重要原因。

空的成本，并提升了乘客的登机体验。

最重要的是，西南航空公司的航班主要是"点对点"飞行，而不是在"枢纽"城市中途停留，这减少了飞机在跑道上闲置的时间（从而节省了公司的资金成本），并帮助乘客更快地到达目的地。西南航空将善待员工看得很重，这提高了员工士气和客户服务，同时减少了员工流动率——这反过来又降低了招聘和培训成本。

不过，我们最喜欢的例子还是西南航空著名的"为乘客提供两件免费托运行李"的政策。这显然对乘客很有利，也对西南航空树立不在金钱上与客户斤斤计较的品牌形象非常有帮助；"免费飞行的行李"（"Bags Fly Free"）这个口号是如此响亮，西南航空曾将它绘在飞机的侧面。

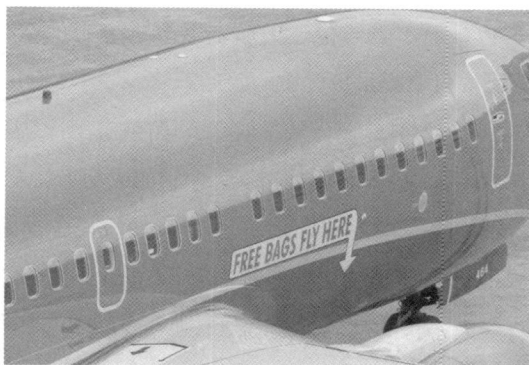

一架侧面绘有"免费的行李箱在这里飞行"字样的西南航空飞机，箭头指向行李舱。
资料来源：维基媒体

但是，对西南航空来说，更重要的是这大大加快了登机速度。想一想：你有多少时间站在过道上等着你前面的人把一个塞得满满的袋子塞进飞机上座位顶端的行李舱？（或者更糟糕的是，有没有人从后面走到前面去为他们的包找个空位？）解决这些随身行李的问题可以减少 10 分钟或更长时间的登机时间，这有助于西南航空公司的飞机将额外的航班挤到一天中，从而提高盈利能力。

把所有这些放在一起，你就有了一个非常成功的蓝海战略。2019年年底，西南航空庆祝了其连续第 47 年实现盈利——这在航空业中闻所未闻——另加六项客户满意度奖。如果你有创造力，你真的可以拥有一切。

KaiOS

最后，让我们回到我们的手机操作系统案例：一方面是昂贵的、有着差异化产品的 iPhone；另一方面是非常便宜的大宗商品安卓手机。手机操作系统的市场竞争非常激烈，很难找到合适的位置。这片"红海"里到处都是失败的手机操作系统：运行 webOS 的 HP 的 Palm 手机、Mozilla 的 Firefox OS，当然还有 Windows 手机。

新贵无法打入传统的智能手机市场，你不能轻易地在质量上击败 iPhone 或在价格上击败安卓手机。例如，Firefox OS 试图与安卓竞争低端智能手机，但在价格上始终无法击败安卓。在没有任何其他差异化功能的情况下，Firefox OS 在发布后的五年内就关闭了。

在手机领域取得成功的唯一方法是吸引 iPhone 和安卓都没有进入的市场。这是新兴的 KaiOS 所采用的策略，它是 Firefox OS 的超级简单的继任者，为价格低至 11 美元的超低端智能手机提供操作系统（是的，你没有读错）。

KaiOS 吸引了一个全新的市场：发展中国家的低预算人群，他们一般买不起智能手机。对这些人来说，即使是 50 美元的安卓手机也绝不是一种选择。要么买功能手机，要么什么都不买。

两代 Jio Phones，运行 KaiOS 的极其便宜的印度手机。　资料来源：小发明时代

我们当然想要有比安卓便宜得多的手机，但要开发出这么便宜的手机并不容易。KaiOS 打破了安卓的一些基本假设，它没有触摸屏，也不支持一次运行多个应用程序的功能。安卓依赖于这些功能 —— 整个用户界面都有一个触摸屏 —— 但 KaiOS 意识到低预算的用户并不需要这些昂贵的配件。

虽然低端安卓机的系统规格适中，但 KaiOS 的规格很小：典型的屏幕为 320×240 像素，大约是诺基亚 100 美元的安卓手机的 7%，后者包含 720×1520 像素的屏幕。

尽管手机价格便宜，但 KaiOS 应用程序运行得相对较好，而且在许多情况下，它们比那些便宜的 50 美元安卓手机上的应用程序运行得更好。这是因为 KaiOS 应用程序必须非常精简，而通常在更昂贵的手机上运行的安卓应用程序则可以相对臃肿。

KaiOS 开辟了一个巨大的新市场，而且它几乎独享这个市场。它唯一的竞争对手是功能手机，但功能手机不能运行像瓦次艾普（WhatsApp）这样的必需品。因此，KaiOS 在 2018 年 1 月推出后的七个月内成为印度第二大最受欢迎的移动操作系统（领先于 iOS）和全球第三大最受欢迎的移动操作系统，也就不足为奇了。

第六章　进入市场

一旦你发现了一个自己感兴趣的市场和商业模式，你就必须选择正确的方式进入市场。不管是社交网络、视频流还是自动驾驶汽车，你都必须找到一种方法将产品推向市场。

一般来说，进入一个市场有三种方式：自己做产品、借别人的产品、买别人公司的产品。每个人都有自己的优势和劣势，你必须根据实际情况调整策略。问题在于，各种类型的人总是偏向于使用一种特定的策略：产品经理喜欢自己做产品，谈合作的人喜欢从别人那里借产品，而并购团队喜欢购买产品。你必须对这些声音持保留态度，并认真考虑哪种策略真正适用于你的情况。

开发产品

进入一个市场最直接的方式就是打造自己的产品，这也是工程师和产品经理从一开始就接受的培训。

与购买和借用产品相比，如果你的情况符合以下四种之一，那么你确实更适合于通过自己做产品来进入市场。

第一种，如果你的公司是新公司或资源短缺，那么比较适合自己做产品。收购其他公司，甚至与其他公司建立合作伙伴关系，都需要大量资金和员工投入（进行尽职调查、签订合同等），而一般的初创公司不会拥有这样的资源。开发产品也需要大量的员工投入，但你已经在给他们付工资了，所以这并不是一个巨大的额外成本。

第二种情况是当购买和借用产品不成功的时候，你也需要自己做产品。据报道，微软在 2016 年曾尝试以 80 亿美元的价格收购企业协作工具 Slack，但 Slack 拒绝了，于是微软就推出了自己的产品微软 Teams。（现在 Slack 可能已经后悔自己的决定了：2019 年，微软 Teams 的用户数量已经超过了 Slack。）

第三种是当你的公司有类似市场的经验时，你也适合开发自己的产品。微软数十年来一直在开发企业软件，在处理企业面临的一连串数据隐私和安全法规方面拥有丰富的经验，因此微软知道它特别适合在 Teams 中开发类似的功能，而像 Slack 这样的初创公司则可能缺乏这类经验。

第四种，如果你可以利用公司现有产品来开发新产品，那么也适合自己做产品。对优步来说，进入外卖市场的最佳方式是自己开发新产品（Uber Eats），而不是收购一家初创公司，因为优步已经拥有庞大的司机网络、庞大的用户群以及实时告诉司机应该开去哪里的相关技术。

与别人的产品合作

第二种方式是与其他公司合作并使用他们的产品或共同开发新产品。这可能是这三种策略中最不知名的一种，但有很多例子。1996 年，专注于网络新闻的微软与专注于有线电视新闻的 NBC 合作，创建了一个跨越网络和有线电视的新媒体，被称为 MSNBC。在游戏世界中，任天堂授权第三方视频游戏角色，如刺猬索尼克（Sega 所拥有的角色），在 Super Smash Bros 格斗系列中与林克（Link）和卡比（Kirby）等任天堂主要角色并肩作战。

与别人的产品合作并不像其他两个策略那样普遍，但如果你的情况符合以下四种之一，那么你适合于通过与别人的产品合作来进入市场。

第一种，如果你的公司不是某个垂直市场的专家，并且你也不想成为专家，那么你适合与别的公司合作。脸书在 2017 年为其新的 Facebook Watch 产品（类似奈飞的竞品）制作视频时，它并不想涉足电影制作业务——这需要付出很多努力才能建立起来，而且与脸书的核心竞争力完全无关。因此，脸书与 MLB、国家地理和时代等公司合作，专门为 Facebook Watch 制作节目。

第二种情况是当你想要依靠别人在某个领域的信誉来推广自己产品的时候，你可以通过与别的公司合作的方式来进入市场。苹果公司在 2019 年推出信用卡时，就与高盛合作，以表明人们可以在财务方面信任它。

第三种情况是你想要快速补齐自己短板的时候。Spotify 在 2019 年曾短暂地向付费产品订阅者提供免费 Hulu 视频，这可能是因为 Spotify 的音频流媒体竞争对手——包括 Apple Music 和亚马逊 Prime 音乐——以与 Spotify 相似的月度订阅费向用户提供免费视频。这种捆绑模式让 Spotify 保持竞争力，由于产品合作通常比自己开发速度更快且比收购更便宜，因此它非常适合用来快速追赶竞争对手。

第四种，如果你想将利润较低且资源密集的部分业务外包出去，那么与别的公司合作是比较合适的，因为这类业务可能会拖累你。这里的典型例子是半导体制造，即制造 CPU 和 GPU 等硅芯片的行业。

运营一家半导体工厂（称为晶圆厂）需要大量时间、金钱和专业知识，因此包括 AMD、Nvidia 和高通在内的许多顶级芯片制造商与专门的晶圆厂合作生产芯片，而不是试图建造或购买他们自己的工厂[1]。

收购

收购是我们经常在新闻里看到的进入市场的策略。正如我们前面所讨论的，在许多情况下，自己开发产品或者与别的公司合作是进入一个市场的更好方法，但收购在以下四种情况下依然非常适用。

第一种情况是如果你想从市场上移除竞争对手或让其他竞争对手远离该产品。2010 年，照片墙推出仅两个月后用户量就达到了 100 万，这无疑让脸书对另一个社交网络的崛起感到紧张。当脸书知道推特，可能还有谷歌，有兴趣收购照片墙时，脸书知道它绝不能让这个热门的新应用落入竞争对手的手中——于是脸书在 2012 年以 10 亿美元的价格迅速收购了照片墙。

第二种情况是当你想要快速获得某个公司的用户的时候，也可以通过收购。任何人都可以重建应用程序背后的技术，但吸引用户在平台上活跃要困难得多。对具有强大网络效应的社交网络来说尤其如此——随着更多用户的加入，网络会变得更有价值，这对现有网络很有利，但却使得启动一个新的网络变得非常困难。

1　英特尔和三星是拥有自己晶圆厂的主要半导体制造商。他们可以这么做是因为他们在这个行业的时间很长，且有非常充沛的资金，但任何新进入该领域的公司根本没有时间或金钱来建立自己的晶圆厂。

照片墙月度活跃用户在收购时间前后的变化

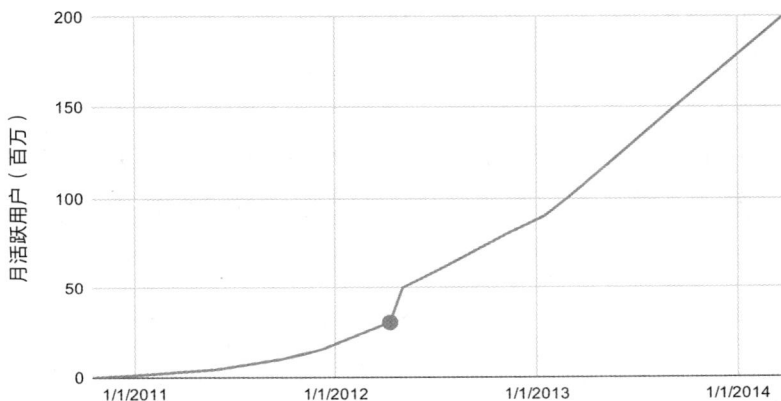

照片墙从 2011 年到 2014 年的月度活跃用户（MAU）。图中的这个点，也是照片墙 MAU 突然飙升的开始，正是脸书收购照片墙的时候。
资料来源：BusinessInsider、TechCrunch、Statista、MacStories

换句话说，购买一个社交网络比建立一个新的网络更有效，用户群比应用程序本身更难重建。这就是收购在社交网络领域如此普遍的原因：想想脸书收购照片墙和瓦次艾普，微软以 260 亿美元收购领英（从头开始构建自己的社交网络非常困难——想想 Google+ 的失败遭遇就知道了）。

第三种，如果你想进入一个难以进入的行业，也可以通过收购。例如，亚马逊在 2018 年收购了数字药房 PillPack，因为获得运送药物的许可很难——但 PillPack 已经把该走的路都走了一遍。

第四种是如果你想获得特殊人才，特别是如果你是一家传统的非科技公司。沃尔玛无疑对亚马逊的崛起感到恐惧，于 2016 年收购了电子商务网站 Jet，以加强其在线业务。尽管沃尔玛是一个大雇主，但可能缺乏自己建立良好电子商务平台所需的内部技术人才。

虽然收购在许多情况下很有吸引力，并且也很有价值，但千万不要太快做这个决策。哈佛商学院教授迈克尔·波特表示，公司在计划收购时需要确保拟收购方案通过以下三个多元化测试，以确保做出正确的选择。

1. 收益测试：两家公司是否都能从合并中受益？在微软收购领英的案例中，微软的 Office 产品受益于获取有关职场社交网络的数据，而领英则受益于成为大企业标准工具包服务的一部分（连同 Azure、Office 等）。而在另一个案例中，惠普 2000 年斥资 250 亿美元收购了计算机制造商康柏，这被认为是历史上最糟糕的科技类收购之一，因为两家公司的产品线高度重叠，因此双方从合并中获得的收益很少，却要支付大量的额外工资。

2. 成本测试：收购价格合适吗？你能用更少的钱自己开发或者与人合作来达到相同目的吗？脸书在 2014 年以 190 亿美元的价格收购瓦次艾普，很多人认为这笔交易不值得，尽管瓦次艾普此后的增长让这笔交易在事后看起来稍微好了一些。

3. 吸引力测试：你收购的这个新行业是否有利可图？微软在 2013 年以 70 亿美元收购陷入困境的手机制造商诺基亚，这仍然被视为一次失败的交易，因为诺基亚和 Windows 几乎没有机会战胜 iPhone 和安卓。正如批评者所预料的，Windows Phone 在几年内就失败了。

我们想添加第四个测试：必要性测试。你是否必须通过收购才能得到你想要的结果？或者你可以通过合作来达到同样的目的？任天堂不需要购买 Sega 就可以让刺猬索尼克进入 Super Smash Bros，只需授权角色就足够了。Spotify 不需要购买 Hulu 来提供视频和音乐。他们本可以收购，但简单地通过合作来提供捆绑产品的服务是更便宜的做法（而且也更容易撤销）。

比较不同选项

从上面的讨论可以看到，进入市场没有万能的解决方案。作为产品经理，你必须说服公司选择最适合的方案，而不仅仅是使用公司惯用的策略。相关研究支持了这一点的重要性：杜克大学的一项研究发现，使用开发 / 合作 / 收购方案里面超过一种方案的公司，比那些只通过合作来进入市场的公司存活超过 5 年的概率高出 46%，比那些总是通过收购进入市场的公司存活概率高出 26%，比那些总是通过自己开发产品进入市场的公司存活概率高出 12%。

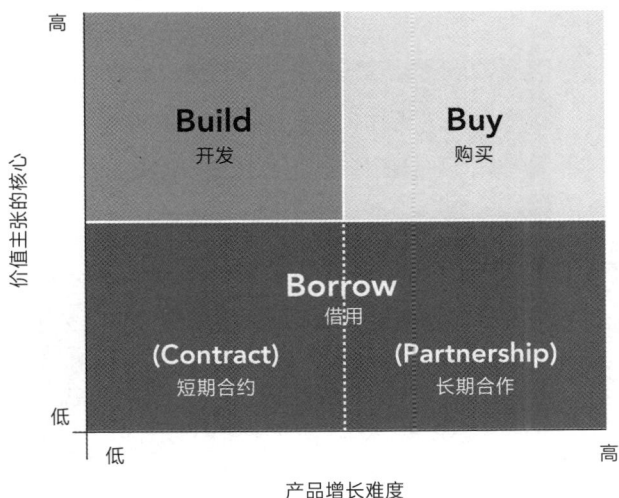

2×2 矩阵：基于产品的增长难度以及产品对公司核心价值的重要性，展示开发、合作和收购策略的相对优势。　资料来源：2×2 矩阵的力量

总结决策逻辑的一种有效方法是，如具产品不是你公司核心价值的一部分，那么你应该通过合作来进入市场：脸书不是媒体公司，因

此直接收购或开发新的媒体渠道只会分散人们对公司核心使命的理解；而对于体现公司核心价值的产品，应该自己开发或者收购，当然，如果产品很难自己开发，就应该直接进行收购。上面的 2×2 矩阵很好地总结了这些决策逻辑。

注意上面的矩阵强调了两种不同的合作类型：一种是合同，即通过一次性付款从供应商那里获得一些东西；另一种是建立合作伙伴关系，即投资于长期合作关系，一起创造一些东西。合同适用于小的一次性请求，例如，聘请代理机构来进行品牌重塑工作。合作伙伴关系需要投入更多的时间和精力，但当项目需要跨越多年以及多个团队的高度参与时，建立长期合作关系是必要的，比如微软和 NBC 建立 MSNBC。

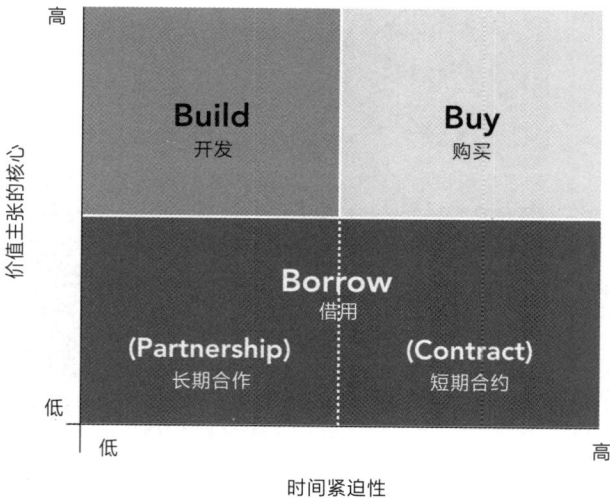

2×2 矩阵：基于产品的增长难度以及时间紧迫性显示开发、合作和收购的相对优点。
资料来源：2×2 矩阵的力量

这里要考虑的另一个有用的 2×2 矩阵是将"增长难度"轴换成

"时间压力"轴。如果你赶时间，购买和承包合同是首选方法，因为与烦琐的产品开发和建立长期合作伙伴关系相比，它们可以相对较快地完成。

面试建议

你可能会收到关于如何开发某种产品、是否收购某家公司，以及如何与某家公司建立合作关系等的面试题，所有这些问题都假设你将使用一个特定的进入市场的战略。此时明智的做法是退后一步，评估为什么要进入市场，并考虑所有三种市场进入的策略，而不仅仅是面试官提到的那种。这会显得你思考非常全面，并可能帮你找到超越其他候选人的机会。

第七章　护城河

当你进入某个市场以后，你就必须想办法保住你的市场份额。沃伦·巴菲特用了一个中世纪的形象语言来描述这一点：经济护城河，或者说使用持续手段来阻止竞争对手"入侵"你的市场。护城河可以分为两大类：准入壁垒和变革壁垒。

准入壁垒

这类护城河让竞争对手一开始就很难进入你的市场。

最明显的一个准入壁垒是成本：一个成本很高的行业显然会吸引更少的竞争对手。例如，很难进入的航空业（大型喷气式飞机并不便宜！）、石油和天然气行业（矿机很难建立），以及水电等公用事业（铺设那么多电线或管道是非常困难的）。

这些行业的共同点是它们都需要大量基础设施，而新来者通常缺乏资金来建立这些基础设施。因此，这些行业的权力往往集中在少数几个大玩家手中，这也是美国航空业只有少数几个大玩家的原因。事实上，地方公用事业的市场准入成本如此之高，以至于它们几乎总是垄断整个行业——因为这几乎是注定的，所以也被称为自然垄断。

尤其随着云计算的兴起，进入科技市场并不是那么难——任何人都可以在周末启动一个应用程序，并以很少的人力成本推出一个产品模型。但是，对一些科技市场来说，基础设施仍然是一个问题，尤其是那些与物理世界打交道的市场。亚马逊的物流网络是如此先进，以至于即使是大型零售商也难以跟上亚马逊闪电般的交货速度，更不用说新兴的电子商务网站。

同样，建立像 Comcast 或 Spectrum 这样的互联网服务提供商（ISP）也非常昂贵，以至于即使是谷歌建立其家庭互联网服务 Google Fiber 时也很艰难（在地下铺设光缆成本高昂，当其他几家 ISP 已经这样做时，很难向地方政府证明其合理性）。

另一个准入壁垒是监管。正如我们之前提到的，线上医药行业的严格监管使这个行业很难进入，这让 PillPack 对亚马逊来说更具吸引力。医疗保健技术更难。由于临床试验，开发一种新药可能需要 10 年以上的时间，而盈利可能需要更长的时间。这让风险投资家对这个行业望而却步，他们通常希望投资回报在 7 到 10 年之间。金融、网络安全和教育也都受到严格监管。由于美国证券交易委员会（SEC）加强了对该行业的监管，即使是推出一种新的加密货币也变得更加困难。

最后一个准入壁垒是知识产权和专利。高通在无线连接技术（包括 4G 和 5G）方面的 130,000 项专利使新公司难以在这一领域竞争，这使得高通可以向所有手机制造商收取 3%～5% 的许可费（每年轻松赚取约 60 亿美元）。谷歌的搜索算法没有严格的专利，但其中的大量知识和代码不容易复制——这使得新的搜索引擎更难站稳脚跟。

变革壁垒

另一类护城河是防止用户和客户离开你——我们称之为变革壁垒。

最常见的变革壁垒就是转换成本，也就是将用户锁定在一个生态系统中，使他们很难离开。苹果是建立转换成本的大师。一旦用户拥有了一些苹果产品，就很难再轻易转移出苹果的生态系统：用于文件共享的 iCloud、苹果音乐和苹果电视以及 AirPlay 和 AirDrop 等功能，让你可以在苹果各个设备之间轻松传输文件和视频，但对非苹果设备则完全没用。在所有接受调查的 iOS 用户中，足足有 21% 的用户表示他们永远不会离开苹果生态系统，大概是出于这个原因。

社交网络的转换成本也很高，导出照片墙的照片、脸书的帖子和推文并不是那么容易。一般来说，任何让用户输入大量信息、链接大量账户或存储大量文件的产品都很难切换。

精明的初创公司可以找到降低转换成本的方法。2016 年，流行的笔记应用印象笔记（Evernote）减弱了免费套餐的功能，让非付费用户只能在两台设备上安装该应用，这引起了老用户的愤怒。仅仅几个月后，微软的 OneNote，一款与之竞争的笔记应用程序，就推出了一个工具，让 Mac 用户可以将印象笔记笔记导入 OneNote 并免费使用——这是争抢心怀不满的印象笔记用户（包括我们）的一步妙棋。

另一个变革壁垒是品牌：品牌的忠实用户不太愿意转换到竞品。苹果是这方面的大师，但其他方面也有很多公司在各自的领域享有很高的声誉，创造了很高的壁垒，比如特斯拉的技术驱动型汽车、微软的企业软件、迪士尼的娱乐产品、美国运通的信用卡等。

最后一个变革壁垒是网络效应——正如我们之前提到的，当产品随着更多人使用它而变得更有用时，就说明存在网络效应。这意味着强大的产品可以成为主宰，而新产品往往很难进入市场。正如我们所看到的，网络效应在社交网络中很常见，随着更多朋友的加入，产品会变得越来越有价值。梅特卡夫定律（一个经验法则）指出：社交网络的价值大致相当于用户数量的平方，也就是说，如果一个社交网络的用户数量是另一个的两倍，那么其价值则是另一个的四倍[1]。

梅特卡夫定律：社交网络的网络效应

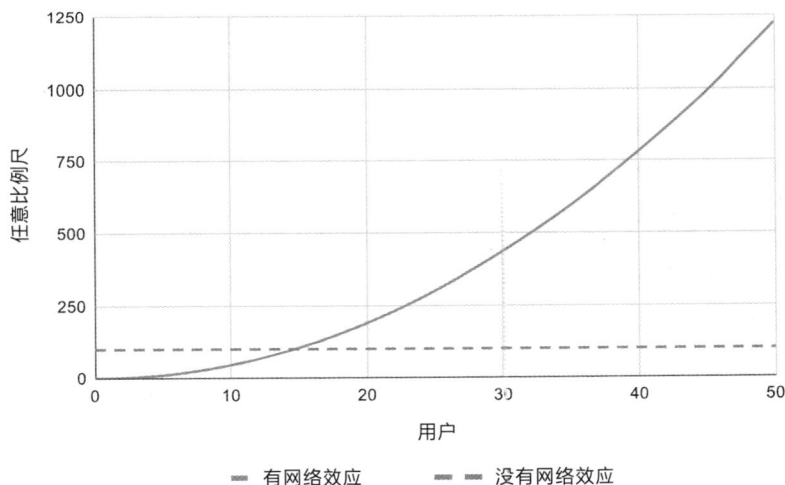

梅特卡夫定律展示了社交网络如何在获得用户时变得更有价值。

网络效应在买卖双方匹配的双边市场中也很普遍：想想亚马逊、爱彼迎和优步。如果没有买家或没有卖家，这些服务都是没用的，但随着加入的人越来越多，它们就变得越来越有用（社交网络是单向市场，因为它只有一种类型的用户，但网络效应仍然非常强大）。

1　实际方程式是 $V(n) = n(n-1)/2$，其中 V 是值，n 是用户数。

面试技巧

许多产品经理面试候选人没有意识到一些市场是双边的，在他们的回答中只关注一侧的市场。例如，候选人可能只专注于增加 Facebook Marketplace 上的买家数量，而没有意识到他们也必须增加卖家数量。你需要确保在回答问题时考虑到市场的各个方面。

当产品本身随着越来越多的人使用而变得更好时，网络效应也会适用，这对使用机器学习的产品来说尤其常见。使用谷歌搜索的人越多，谷歌就能越多地学习如何对结果进行最佳排名；使用 Spotify 的人越多，它向新听众推荐歌曲的能力就越强；骑 Lime 踏板车的人越多，它就能更好地设定放置踏板车的位置。或者更简单地说：更多的数据使产品更好，从而吸引更多的用户，又进一步带来更多的数据，以此类推。

第八章 单位经济学

　　优步在 2017 年和 2018 年损失了近 20 亿美元，但这并没有阻止它在 2019 年 5 月 IPO 时达到 830 亿美元的估值，使其成为有史以来规模最大的 IPO 之一。但就在首次公开募股之后，优步透露其仅在 2019 年第二季度就亏损了 50 亿美元。优步的股价暴跌，从开盘价 42 美元跌至 11 月每股 25.58 美元的低点。

　　显然，与 IPO 前的损失相比，投资者更担心 IPO 后的损失。原因归结为经济 —— 特别是单位经济，它衡量公司销售的每个额外产品的成本、收入和利润。从长远来看，无论你一开始使用多少启动资金，之后每笔销售你能赚取或损失的资金要重要得多。换句话说，利润为王。

实物商品

　　首先要明确的是实物商品和数字商品的单位经济完全不同。我们这里说的实物商品是指需要转移有形物品的产品和服务 —— 比如销售笔记本电脑、通过汽车运送人员或餐食、建造服务器和超级计算机、销售比萨饼或维生素、出租酒店房间等。

这些有形商品的生产成本往往很高，这意味着你在每种商品上赚取的边际利润——或者仅仅是利润——非常低。快速消费品（谷物、洗手液和纸巾等包装物品）制造商的利润率仅为 15% ~ 25%；电子制造商的利润率更小，只有 7%。如果制造产品所需的材料和劳动力花费是 10 美元，那么你只能以 12 美元左右的价格将产品出售给批发商[1]。将这些商品转交给消费者的批发商和零售商的利润率略高，分别约为 20% 和 50%，但最多也只是每件商品几美元的利润。

为了讲清楚单位经济，我们举个简单的例子。假设我们成立了一家生产廉价 USB 闪存驱动器的公司。我们可以将这些闪存驱动器以每件 5 美元的价格出售给批发商。第一个闪存驱动器的制造成本相当高（每个 6 美元），但由于规模经济，我们销售得越多，工厂给我们提供的批量折扣就越多。一旦我们赚到足够的钱，我们的单位成本就会降到每个闪存驱动器 4 美元。我们可能会在最初的几个闪存驱动器上蒙受损失，但最终，我们的利润将是 1 美元，即成本的 25%。

我们可以绘制边际成本、收入和利润的图表，来展示利润率如何演变。

如果把边际收入、成本和利润加起来，就可以算出我们总共能赚多少钱。我们还必须考虑固定成本，无论制造多少闪存驱动器，我们都必须支付这些成本。在这个例子中，假设建立工厂需要花费 10,000 美元，我们可以在这张图中看到整体情况：

---

1 实物商品通常从制造商到批发商到零售商再到消费者。每个中间人都分一杯羹。顺便说一句，这就是开市客保持低价的方式：你直接从批发商那里购买，避免一轮加价。直接面向消费者的品牌甚至跳过了批发商，去除更多中间成本。

实体产品：边际思考

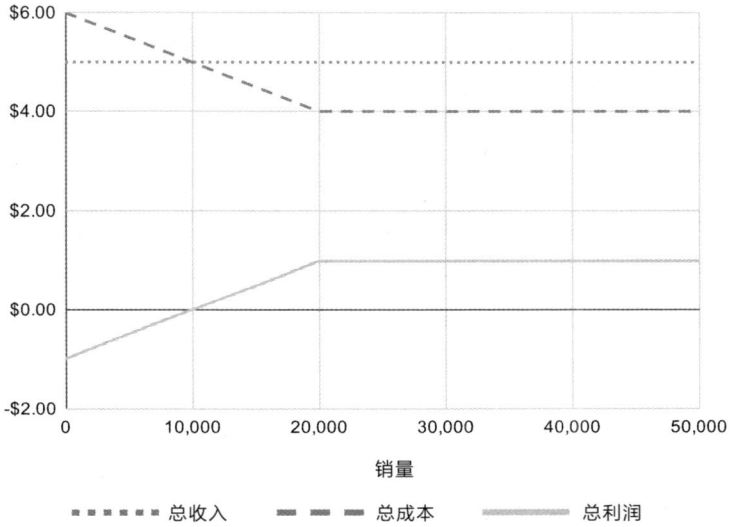

我们在示例中销售的每个闪存驱动器的边际成本、收入和利润。

实体产品：总体指标

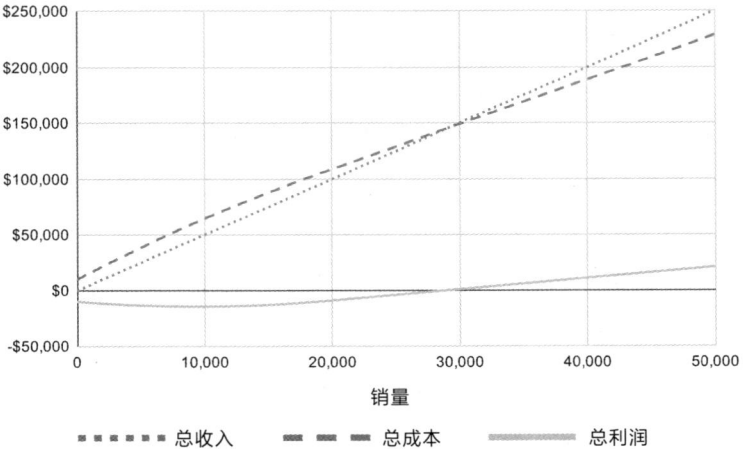

我们销售闪存驱动器时的整体盈利能力。

请注意，固定成本和高边际成本的结合意味着我们在售出 30,000 台设备之前不会收支平衡。在那之后，利润就会随着销量增长，但增长非常缓慢。如果我们想提高盈利能力，当然可以尝试销售更多设备，但如果我们设法将边际成本削减几美分，将获得更大的转变——我们的利润曲线将急剧向上弯曲。

这就是为什么实物商品的制造商要如此努力地降低制造成本[1]。以科技行业为例，手机和笔记本电脑等消费电子产品的制造商非常努力地优化他们的物料清单（BOM），列出了设备所需的每一个原材料，甚至增加一美元的成本也可能破坏整个生意。

数字商品

数字商品，比如在线广告、企业软件、电影流媒体服务、应用程序等，最大的特点就是其高昂的固定成本和极低的边际成本。事实上，科技分析师本·汤普森表示，这是所有科技公司都拥有的特征。

这是因为，当销售数字商品时，你并没有真正销售任何需要钱才能生产的东西。你进行的每一次谷歌搜索、你发送的每条推文、你销售的每款视频游戏以及你在用户手机上放置的每款应用程序都只花费很少的边际成本——对额外的服务器存储空间和计算能力来说，这可能只是一美分。这比生产实物商品（一双袜子或格兰诺拉麦片棒之类的）或提供优步乘车之类的实物服务要便宜得多。

---

1 是的，这就是外包如此盛行的原因之一。

这意味着数字商品的单位经济是完全不同的。假设我们以每次安装 5 美元的价格出售一个应用程序，我们只需要支付少量的服务器成本、工资等来支持每次安装，因此边际成本很低。所以，我们的利润率非常高 —— 每次安装可能不到 5 美元。

电子产品：边际思考

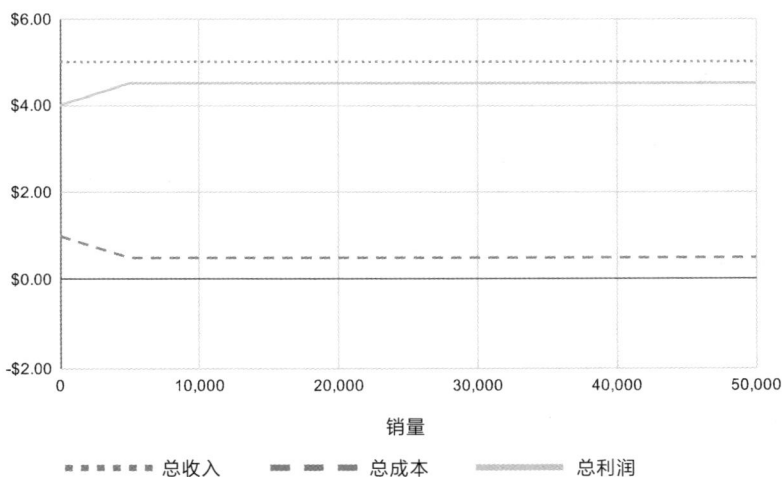

每次安装我们的示例应用程序时的边际成本、收入和利润。

另一方面，开发和部署应用程序的前期成本 —— 招聘工程师、签订合同等 —— 非常高。假设这些前期成本为 150,000 美元，我们的整体财务状况看起来与我们的 USB 驱动器生意完全不同。

我们需要很长时间才能开始盈利，但一旦我们盈利了，之后就会像印钞票一样，因为边际成本实在太低了。

这就是为什么数字公司对规模增长如此看重，它们的利润率几乎总是很高，所以最重要的是获得越来越多的用户来持续积累利润。其实，他们很难像实物商品那样削减边际成本，因为几乎没有边际成本可言。

电子产品：总体指标

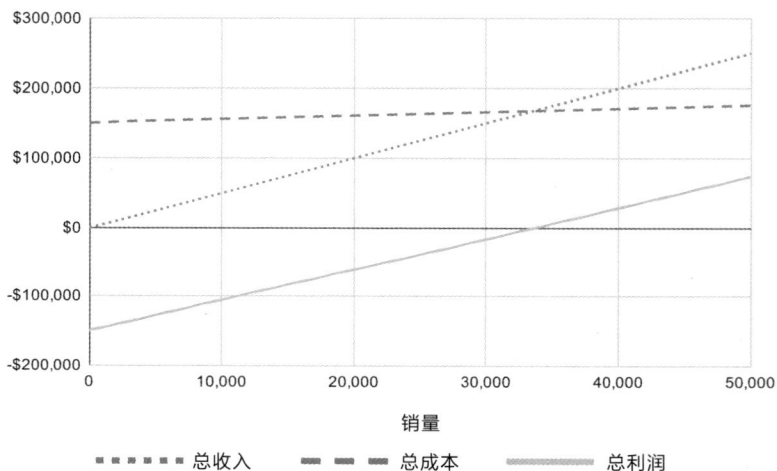

我们销售示例应用程序时的整体盈利能力。

这也是数字公司经常使用风险投资的原因。他们需要大量资金才能启动起来，但一旦他们成功获得足够的用户，就可以为初期投资人赚到很多钱；而实体商品企业的前期成本通常较低，但它们的利润率也较低，这意味着它们需要的风险投资较少，同时也较难获得风险投资。

优步的亏损

从单位经济学的角度来看，我们可以更清楚地理解为什么优步早期的亏损没什么大不了的，但 IPO 后的亏损却如此严重。随着优步接近首次公开募股，人们开始更加关注公司的单位经济，发现他们长期以来一直很糟糕。

优步 2018 年第二季度从驾驶中获得的收入和成本

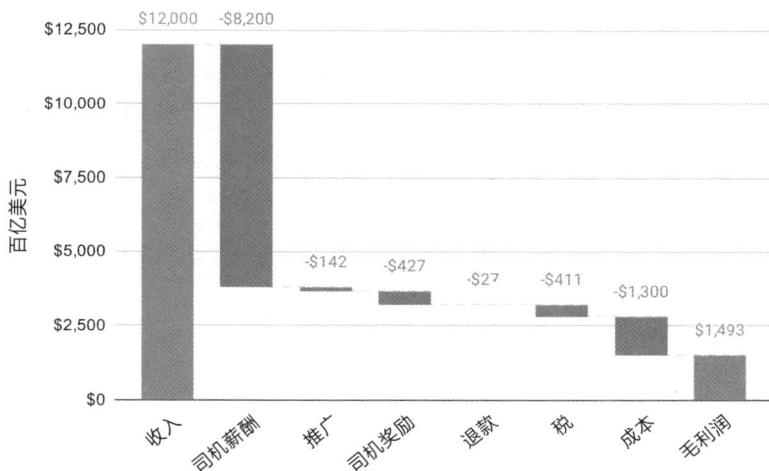

优步收入去向明细，最后没剩下多少利润。　　资料来源：CrunchBase

2018 年第二季度，即 IPO 前将近一年。优步从打车业务中获得了120 亿美元，但其中的 105 亿美元用于边际成本支出。给司机的付费占优步乘车服务收入的三分之二以上，而诸如对司机的激励、广告活动和收入成本（优步为交付产品而支付的成本，比如其应用程序所需的服务器空间和计算能力）等项目占据了剩下的大部分，最后只剩下15 亿美元的毛利润——这是优步从其打车服务中赚到的钱。

优步的问题在于，它有 22 亿美元的运营成本（支付工资、租用办公室等的固定成本），所以优步在那个季度亏损了 7 亿美元（这是它的净利润）。

优步的收入数字很糟糕，但更糟糕的是它的利润率极其微薄。它仅从 120 亿美元的销售额中赚取了 15 亿美元的毛利润——12.5% 的毛利率。这远远低于大多数科技公司高达 80% 的利润率。优步的利润率低是因为其超高的边际成本，而这又是因为优步不得不支付司机的费用。

换句话说，优步最初之所以估值如此之高，是因为人们认为它会像一家数字公司一样运作：固定成本高但边际成本低。这为优步早年糟糕的财务状况提供了借口。事实证明，优步更像是一家实体商品公司，因为它的边际成本很高。每增加一个用户，优步不仅要花费几美分的服务器空间和计算能力，更需要花费好几美元来支付给司机。这些低利润率让优步的未来看起来黯淡无光。

事实上，同样的高边际成本问题也影响着许多我们认为是"数字化"的科技公司。来福车、爱彼迎和其他"共享经济"公司必须将大量收入支付给在其平台上提供共享实物商品的人或出租实物商品的公司，如电动滑板车公司，必须支付大量费用来维持他们的滑板车。

像 Spotify 和奈飞这样的媒体公司也有相对较高的边际成本，因为他们必须向艺术家和电影制片厂付费才能获得他们提供给用户的内容许可。他们远没有像谷歌搜索和脸书的低边际成本产品那样，只需要支付服务器的费用。

这些高边际成本的公司仍在营业的事实表明，它们的市场仍然足够大，它们的增长仍然足够高，投资者认为它们最终可以走出困境。而对那些试图为代客泊车和洗车服务创造双边市场的"Uber for X"初创公司来说，情况就不那么乐观了。

未来现金流

优步的案例表明，没有盈利的公司仍然可以有天价的估值。当你意识到稳定盈利的公司只是在股票市场上勉强度日时，就会更加觉得费解了。单位经济与一些金融理论相结合，可以帮助我们理解这个看起来是悖论的现象。

让我们以推特和《纽约时报》（*The New York Times*）为例。2012年，推特收入 3.17 亿美元，净亏损 7900 万美元。同年，《纽约时报》公司收入为 15.6 亿美元，其中 12.8 亿美元最终成为利润。

然而，两家公司的估值却相差甚远。2013 年 11 月，《纽约时报》的估值略低于 20 亿美元，但同月推特的 IPO 估值超过 140 亿美元。

收入和估值

■ 推特　■《纽约时报》

$15,000

$10,000

$5,000

$0

百亿美元

$317　$1,595

$14,200

$1,999

2012 收入　　　　　2013 年 11 月 6 日估值

推特和《纽约时报》公司截然不同的收入和估值表明，一家公司的估值不仅仅是其当前收入。　资料来源：Wired、Macro Trends、CNN

如你所知，估值不仅仅是当前的收入。为了理解这一点，让我们再复习一下股票市场的基础知识。投资者通过出售股票获利或持有股票并赚取股息（通常是公司利润的一部分）来赚钱。

因此，公司在特定年份的利润越高，投资者持有股票的收益就越多。苹果每年向投资者支付每股几美元的股息，随着苹果的收入和利润稳步上升，股息从 2016 年的约 2 美元增长到 2019 年的 3 美元。

这就是为什么股票价格通常与预期的未来利润相关，因为这决定了投资者未来从股息中赚取的预期金额。

因此，当投资者在 2013 年看到像推特这样的高增长科技公司时，他们并不太关心过去的利润和收入——他们希望看到公司会随着时间的推移获得大量利润的迹象。而像《纽约时报》这样的"旧资本"公司，起步时的利润基数可能较高，但由于预计增长较少，因此其未来利润和估值就较低。（不过，实现潜在盈利不能离现在太远，因为金融家会"贴现"未来的收益。今天的一美元比十年后的一美元更有价值，因为你今天可以投资你的美元并在未来十年赚取利息。这种估值方法因此被叫作"现折现值"或"折现现金流"。）

科技初创公司的高增长轨迹和《纽约时报》等公司的低增长轨迹与我们对单位经济的研究息息相关。数字商品公司可能在早期有巨大的固定成本，财务状况糟糕，但由于它们的边际成本极低，边际利润很高，因此在获得用户以后可以快速增长利润。因此，如果一家公司能证明其有望成为市场头部公司，投资者将忽视其短期财务困境。

这就是推特和大多数其他独角兽一样能获得如此高估值的原因。我们前面已经提到了优步，当然还有来福车，它在 2018 年亏损近 10 亿美元，却在第二年以 200 亿美元估值上市。不仅仅是初创公司，大公司也可能有此现象，亚马逊非常专注于增长，以至于直到 2015 年年底才实现持续盈利，尽管它每年都获得数十亿美元的收入。

但是，正如我们在优步案例中看到的那样，只有在公司成立初期，并且能证明未来有望实现良好的单位经济性时，出现巨额亏损才是可以被接受的。如果你在前期烧钱，没关系，但你在后期扩大增长规模的时候烧钱，那就成问题了。

媒体和实物商品公司等低利润企业的收入和利润难以达到天文数字。它也有可能会发生——比如石油公司偶尔会达到万亿美元的估值，但这需要大量的投资。（大型石油公司需要政府提供大量帮助。）当科技公司开始出现单位经济不佳的迹象时，就像优步在2019年所发生的那样，它们的预期利润以及它们的估值都会受到重创。

简而言之，对一家科技公司来说，利润率是盈利的关键，也是估值和在股市取得成功的关键。

第九章 客户经济学

单位经济学并不是分析科技公司商业模式的唯一方法。单位经济学侧重于销售每一件商品所赚取的利润，而客户经济学则侧重于在客户的整个生命周期内从每位客户身上赚取的利润。客户经济学基于两个关键指标：客户获取成本（CAC）和客户生命周期价值（LTV）。

虽然你需要对公司的每种产品进行不同的单位经济分析，但客户经济分析将业务视为一个整体。虽然单位经济学关注的是此时此地，但客户经济学则意识到你可能必须承担短期损失才能从客户那里获得长期利润。

获客成本（CAC）

获客成本看起来非常简单：它是获取新客户而必须花费的平均营销和销售费用。如果你投入 100 万美元进行营销活动并获得了 100,000 名新用户，则 CAC 为 10 美元。换句话说，最简单的 CAC 公式是：

CAC=（营销＋销售费用）/ 新用户数

但这个简单的公式有两个缺陷。第一，分子不完整。吸引新用户不仅仅需要营销和销售资金，你还必须支付产品开发人员的薪水；你必须租用服务器空间和计算能力才能使产品运行；在某些情况下，你还必须聘请客服团队；等等。

第二，分母更难弄对了。到底怎么样才算客户？如果有人注册了30天的免费试用期，他们算不算？如果有人永远只使用你的免费套餐而从不付费，他们算不算？如果有人只是订阅了你的邮件列表，他们算不算？你通常可以弄清楚客户的清晰定义，但这需要一些功夫，并不是把数字代入到公式中那么容易。

什么是"新用户"？有时你花的钱只是挽回之前流失掉的老用户，那他们算"新用户"吗？你也必须回答这个问题。

对分子和分母来说，最难的部分是理解时间维度。这并不像你把钱投入自动售货机，按下按钮，就能立即吸引新用户。推出新产品或开展营销活动需要几个月的时间，而说服某人成为客户通常需要几个月的时间（对于必须经历较长销售周期的企业产品尤其如此）。

这意味着你不能只看某个时间点，而必须查看几个月的时间周期。例如，你可能在本月花费了很多钱，但很少有新用户进来，而用户可能会在下个月之后加入，但你那个时候的支出已经放缓了。那么你这个月的CAC就太高了，而下个月的CAC则太低了——因此你必须查看连续好几个月的时间周期。

所以，考虑到以上所有因素，一个更好的CAC公式可能是这样：

CAC=（X月时间周期内的营销成本＋销售成本＋工具成本）/X月时间周期内添加的新用户数

这不像上面简单的方程式那样容易吸引人，但要准确得多。

面试技巧

如果你想在面试中真正全面地计算 CAC，你可以在 CAC 方程的分子中包括薪水。请注意，很难确切知道你的员工工资中有多少应计入 CAC。10%？20%？50%？这取决于他们预计将在相关项目或活动上花费多少时间。

案例教学：Spotify

假设我们要计算 Spotify 在给定年份的 3 月 1 日至 6 月 1 日期间的 CAC。假设 Spotify 对"客户"的定义是付费客户，而 Spotify 让人们成为付费客户的方式是让他们先加入几个月的免费套餐。那么 CAC 公式为：

CAC= 运营免费版的成本 / 在时间周期内添加的新非回头付费客户的数量

分子的关键数字是这三个月运营免费产品的总成本，包括常规广告费用、开发免费产品的产研团队的工资、云计算成本等。（如果你想更加全面，甚至可以包括开发免费产品的团队所在办公楼的月租，尽管一般的产品经理不需要担心这个问题。）

正确计算分母有些困难。假设使用免费产品的人中有一半永远不会升级到付费产品，而那些升级的人最多需要六个月的时间完成升级。要计算从 3 月 1 日到 6 月 1 日免费产品带来的付费用户数量，你必须查看从 3 月 1 日到 12 月 1 日的数据，因为在 5 月下旬加入的用户最多可能需要六个月来升级到付费用户。你可以获取一份 3 月 1 日至 6 月 1 日期间注册 Spotify 免费套餐的所有电子邮件地址的列表，然后查看哪些用户在 3 月 1 日至 12 月 1 日期间升级到了付费用户，这第二组用户就是你的分母。

假设从 3 月 1 日到 6 月 1 日有 200 万新的免费注册用户，到了 12 月，你预计其中有 100 万人会转换为付费用户，那么分母就是 100 万。

分子更难计算：你是只考虑 3 月 1 日至 6 月 1 日（注册窗口），还是 3 月 1 日至 12 月 1 日（升级窗口）？毕竟，在用户升级之前，你必须不断花钱才能维持他们的免费套餐。我们的建议是分摊这两者的差异，考虑 3 月 1 日至 9 月 1 日这个时间段，也就是说分子是运行 6 个月免费服务的成本。举个例子，如果 Spotify 的免费套餐每月运行成本为 500 万美元，这意味着分子将是 3000 万美元。

因此，在这个案例中，Spotify 从 3 月 1 日到 6 月 1 日的 CAC 将为 3000 万美元除以 100 万用户，即每位用户 30 美元。当然这些是完全虚构的数字，但这个计算方法应该与 Spctify 实际所做的分析非常接近。（就其价值而言，Spotify 在 2017 年的实际 CAC 为 25 美元。）

生命周期价值（LTV）

客户经济学的另一方面是关于生命周期价值，称为 LTV、CLTV（"C"代表"客户"），或者更少见的 CLV。这是你期望在一个平均水平客户的整个生命周期内，即在他们停止使用你的产品之前，从他们身上赚取的总金额。

计算 LTV 比计算 CAC 要简单一些。LTV 只是你从平均水平客户的每个行为中获得的边际利润的总和。

如果你销售的是实体商品或数字商品，那么这就是你出售给平均水平客户的所有商品的边际利润。如果任天堂客户平均购买两台任天堂游戏机（每台的利润为 100 美元）和五款游戏（每款的利润为 40 美元），则 LTV 为 2×100 美元 +5×40 美元 =400 美元。

如果你从事广告业务，你不会直接向客户销售商品，但你仍然可以从他们点击的每个广告中获得收入。我们随便编一些数据，如果谷歌用户在其生命周期中平均点击 100 个广告，每个广告为谷歌赚取 0.50 美元的利润，则 LTV 为 50 美元。

（请注意，LTV 是你从客户生命周期中获得的利润，而不是收入[1]。如果你以 90 美元的价格将价值 100 美元的商品卖给某个客户，那么该客户就不是很有价值！）

客户生命周期

将所有支出进行加总的方法总是有效的，但很难准确预测一个平均客户将有多少次购买行为（或广告点击行为等）。换句话说，很难预测客户的"生命周期"。这是一件大事 ——Netflix 肯定想知道平均用户会订阅一年还是十年。

计算客户生命周期的标准方法是使用一个叫流失率的指标，它是每年（或每月，取决于你如何定义）退出使用你产品的用户百分比。

---

1 这只是向他们出售商品和服务所赚取的毛利润，回想一下，毛利润是从每件出售的商品中获得的边际利润的总和，它不包括 CAC。

时间相关的用户留存率

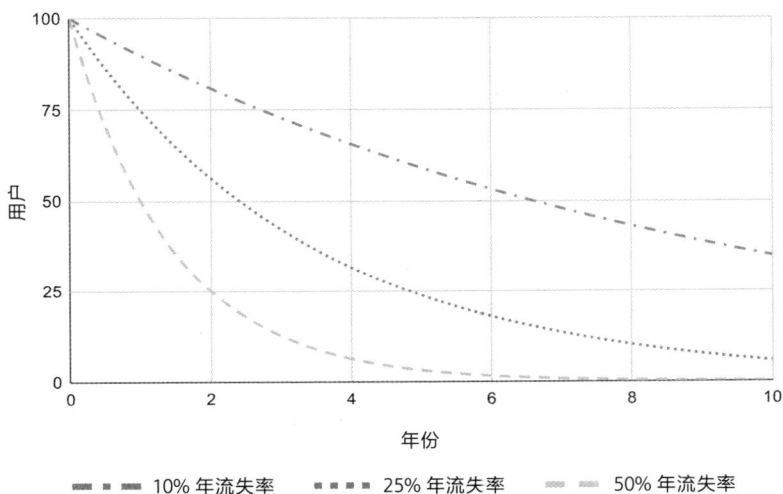

不同的流失率会导致用户群的衰减率非常不同。

你的流失率越大，你失去用户的速度就越快。

知道流失率后，你可以很容易地计算出平均客户生命周期：

平均客户生命周期 =1/ 流失率

如果流失率为每年 50%，那么你的普通用户将停留 2 年（顺便说一句，这与计算核原子、药物和其他呈指数衰减的物质的半衰期的公式相同[1]）。

诚然，人类的行为是不可预测的：用户的流失率可能不会每年都

1　他们说高中科学课永远派不上用场！

保持不变，用户可能会在第一次退出你的产品后再次使用它，等等。但这种流失率分析是一个很好的开始。

一旦有了客户生命周期，你就可以将其代入到计算 LTV 的替代公式中：

$$LTV = 每位用户每年的利润 \times 平均客户生命周期$$

此公式可用于任何业务，但在你运营订阅业务（包括软件即服务或 SaaS 业务）时尤其有价值，因为你可以轻松计算每位用户每年的利润。每位用户每年的利润可以定义为：

$$每用户每年平均利润 = 每用户每年平均收入 \times 毛利率$$

在科技界中，每个用户的平均收入通常缩写为 ARPU。毛利率百分比与我们在单位经济学部分看到的百分比相同：它是你的边际收入的利润部分（其余部分损失为边际成本）。边际成本极低的数字公司通常假设毛利率为 100%，只报告 ARPU。

举个例子，GitHub 的团队高级计划产品费用为每位用户每月 4 美元，或每位用户每年 48 美元。假设平均团队有 6 个用户，那么每年 288 美元。如果支持一个团队的服务器和计算能力每年花费 8 美元，那么每个团队每年的边际利润为 280 美元。

假设付费团队以每年 40% 的速度流失 —— 每年约有 40% 的团队取消订阅，切换回 GitHub 的免费层。那么付费团队的平均客户寿命为 1/0.4=2.5 年（我们不在乎这些团队在免费层中已经待了多久，我们现在只关心他们在付费层中停留的年数）。

Free	Team	Enterprise	GitHub One
Basics for teams and developers	Advanced collaboration and support for teams	Security, compliance, and flexible deployment for enterprises	All of our best tools, support, and services
∞ Unlimited public/private repositories	∞ Unlimited public/private repositories	← Everything included in Team	← Everything included in Enterprise
∞ Unlimited collaborators	✓ Required reviewers	✓ SAML single sign-on	✓ Community-powered security
✓ 2,000 Actions minutes/month Free for public repositories	✓ 3,000 Actions minutes/month Free for public repositories	✓ 50,000 Actions minutes/month Free for public repositories	✓ Actionable metrics
✓ 500MB of GitHub Packages storage Free for public repositories	✓ 2GB of GitHub Packages storage Free for public repositories	✓ 50GB of GitHub Packages storage Free for public repositories	✓ 24/7 support
✓ Community Support	✓ Code owners	✓ Advanced auditing	✓ Continuous learning
$0 /month	**$4** per user/month	**$21** per user/month	Learn more
Create a free organization	Continue with Team ▾	Contact Sales	Contact Sales

GitHub 定价页面，显示团队高级计划为每位用户每月 4 美元。　资料来源：GitHub

将这些数据放在一起，LTV 为 280 美元 × 2.5=700 美元。

我们可以进一步将这些计算简化为一个公式：

$$LTV= 年度 ARPU × 毛利率 / 流失率$$

再举一个例子，脸书在 2019 年第三季度的 ARPU 为 7.26 美元，这意味着他们的年度 ARPU 约为 29.04 美元。由于与大多数数字公司一样，不报告毛利率百分比，因此分析师通常假设它是 100%[1]。没有报告其流失率，但我们可以假设它是每年 10%，因此平均用户将停留 10 年。

代入所有数字，我们得到的 LTV 为 29.04 美元 × 100%/10%=290.40 美元。

_____

1　我们可能会说像 95% 这样的数字更准确，但这只是猜测。

经验法则

经验法则是你的 LTV 应该大于你的 CAC。你从客户那里赚到的钱必须大于你的获客成本。

回想一下单位经济学，LTV 是每个客户的"边际收入"，CAC 是"边际成本"，它们的差值是边际利润——你当然希望它大于零。这么一看，客户经济学只是单位经济学的一个版本，这里的"单位"是客户，因此我们在单位经济学部分讨论的所有规则也都适用于客户经济学。

LTV：CAC 比例在分析一个公司或产品的财务状况时很重要，因为仅查看用户数量并不能告诉你公司的盈利能力。任何人都可以通过以 90 美分的价格出售 1 美元价值的商品来获得大量用户——MoviePass 这家命运多舛的初创公司就是这样做的，他们当时以每月 10 美元的价格提供无限量的电影。LTV：CAC 比例比用户数量更能反映公司或产品的盈利能力。

你肯定希望你的 LTV 超过 CAC，但仅仅实现"收支平衡"并不能让你赚取利润或让公司增长。此外，你的 CAC 计算可能会遗漏一些支出，例如员工工资和办公空间。因此，为了确保科技公司获得可观的利润，科技分析师和投资者更希望科技公司的 LTV：CAC 比值超过 3：1[1]。也就是说，他们预计 LTV 将是 CAC 的三倍或更多倍。这个 3：1 的比值深深植根于华尔街和硅谷人的脑海中，以至于它通常被称为"神奇数字"。

---

1 这个比值通常在谈论 SaaS 公司时使用，但它也可以应用于提供消费产品的公司。

案例研究：亚马逊的 Kindle Fire

一旦你掌握了 LTV 和 CAC，你就可以创造一些有创意的商业模式。一个很好的例子来自亚马逊，它以低至 50 美元的价格出售名为 Kindle Fire 的非常便宜的基于安卓的平板电脑。众所周知，亚马逊在销售这些设备上不赚钱——事实上，他们可能每台都亏本出售。那么亚马逊为什么要出售它们呢？

亚马逊 50 美元的 Kindle Fire 平板电脑。　资料来源：AndrewChen

很简单：每台 Kindle Fire 都会增加用户的 LTV。当有人开始使用 Kindle Fire 时，他们就会被锁定在亚马逊生态系统里面。看，Kindle Fire 实际上并不运行安卓系统。他们在没有任何谷歌服务的情况下运行安卓系统的衍生产品，称为 FireOS。Kindle Fire 用户都必须使用亚马逊的应用商店和服务，亚马逊的产品（Kindle、Prime Music、亚马逊商店等）显示在主屏幕的正中间。

亚马逊知道，每当有人开始使用 Kindle Fire 时，他们都会更倾向于使用亚马逊服务，而不是其他设备。这意味着亚马逊从他们身上赚的钱比以前多得多。

换句话说，亚马逊在每台 Kindle Fire 上都亏本——这就是 CAC，因为他们知道可以从使用平板电脑的用户身上赚很多钱——这就是 LTV。这个 LTV 超过了实际销售 Kindle Fire 的 CAC，因此这对亚马逊来说是一个明智的商业举措。

事实上，这种商业模式很常见。许多硬件销售商都会使用这种方法。谷歌可能不会通过销售廉价的 Chromebook 赚到很多钱，但知道让用户使用谷歌产品可以为谷歌带来长期利润。Xbox 和 PlayStation 在每台售出的游戏机上损失数百美元，但通过从客户购买的每款视频游戏中赚取大量利润来弥补（这里的共同点是：硬件的利润率很低，但可以从具有惊人利润的互补软件中赚钱）。

这种模式被称为"剃须刀和刀片"模式，以剃须公司的战略命名，即以低价销售剃须刀，但每售出一套剃须刀片都能赚取高额利润。这同样适用于喷墨打印机：打印机本身以成本价或亏本出售，但墨盒（仅适用于特定打印机）以盈利为目的的出售。

游戏机、打印机、剃须刀、Chromebook、Kindle Fire 和大量其他产品从本质上都有着类似的商业模式：只要你能够实现更高的 LTV，就可以承担高的 CAC。

第十章 细分市场

产品很少只有一个版本。你可以买便宜的平装版书，也可以买昂贵的精装版书；你可以买经济舱、商务舱或头等舱机票（更不用说经济舱的数百万种变体）；你可以从 SaaS 产品的多个服务层级中进行选择，从免费到升级版到小型企业版再到企业版；等等。

给客户更多的选择通常是一件好事，佀这种策略实际上是实现利润最大化的明智之举。经济理论展示了我们如何理解（和使用）这种技术。

需求曲线

这种技术可以归结为最根本、最明显的经济学理论：产品越便宜，则购买产品的人就越多[1]。我们可以画一个图来表示，以视频流服务为例。价格与数量的关系图称为需求曲线，你可能在经济学基础课中看到过。

1　是的，韦伯伦商品（以及神秘的吉芬商品）例外，但我们不会在这里介绍它们。

视频流服务的需求曲线

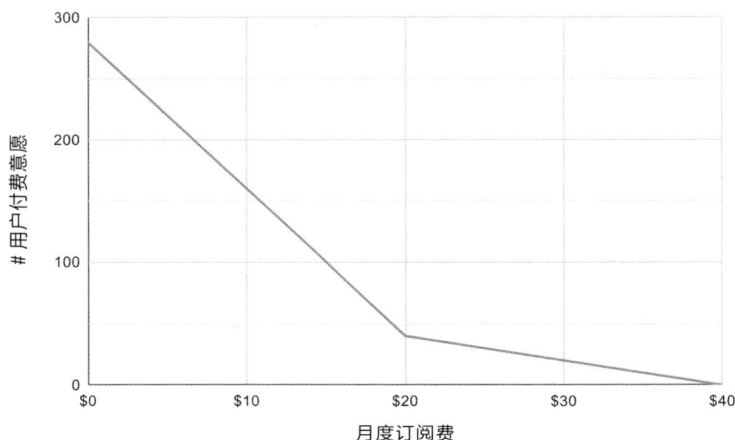

视频流服务的需求曲线。

如果我们将流媒体服务设为每月 10 美元，将获得 160 个订阅者；如果定为每月 20 美元，将获得 40 个订阅者；等等。这种反向关系适用于各种产品：手机充电线、《堡垒之夜》皮肤、企业软件订阅等。

收入最大化

如果你的产品定价太高，没人会买；如果定价过低，虽然买家很多，但总收入不高。为了最大限度地提高收入，你最好能设置一个"最佳"价格，可以从每个客户那里赚取足够多的钱，但仍能吸引足够多的客户。

如果我们要推出自己的流媒体服务，就应该设计一个可以最大化收入的价格。从图中可以看出，最好的价格似乎是 12 美元，这将为你带来 1632 美元的收入。

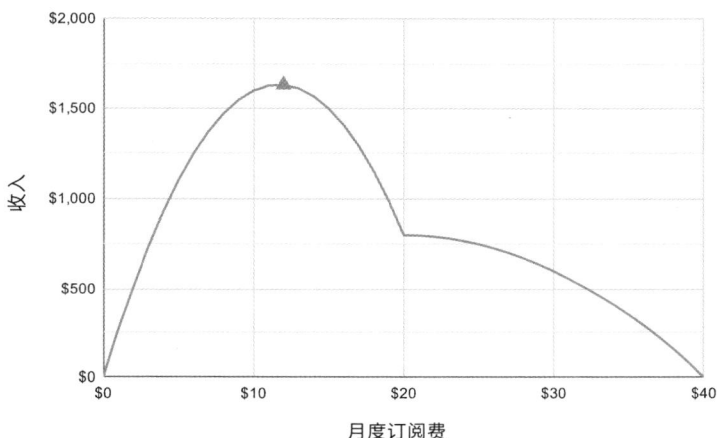

改变我们示例流媒体服务的价格会改变我们的预期收入。

用户细分

如果你将用户视为一个整体，并向每个人出售相同的产品，那么你最多实现我们之前所做的最大化分析中所赚取的收入。但并非所有客户都是平等的，也不是每个人都愿意支付相同的价位。如果你能将用户分成不同的细分市场，并以不同的价格向每个细分市场销售不同的产品，你就可以从市场中挤出更多的钱。这就是用户细分的科学。

以我们的流媒体服务为例，假设你进行了一些市场调查，发现你的市场由两个部分组成：休闲观众，数量众多但不愿意支付太多费用；电影爱好者，数量少但愿意支付更多。你会发现每个细分市场的需求曲线略有不同。

视频流服务的需求曲线

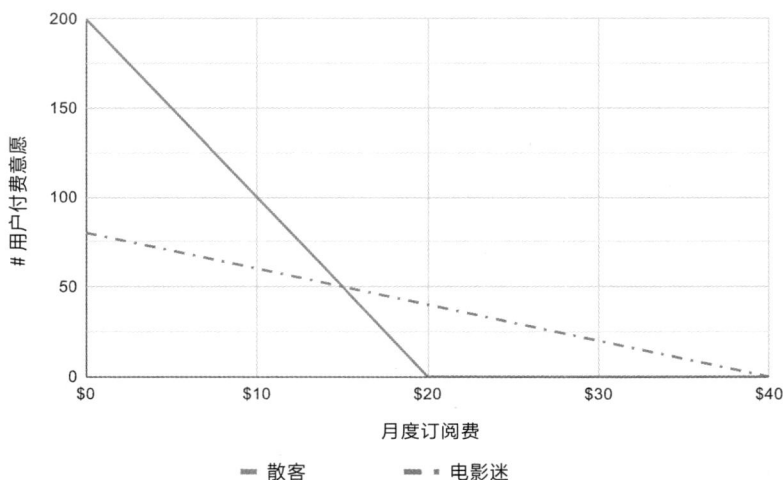

我们最初的需求曲线实际上是由两条曲线组成的，一条曲线针对一个用户群。

现在我们可以看到为什么原来的需求曲线有一点弯曲：它是两条截然不同的需求曲线的总和！普通观众较多，但付费意愿下降很快；电影爱好者数量较少，但能容忍更高的价格。

需求弹性

因为普通观众对价格更加敏感，他们的需求曲线更加陡峭。用经济学的话说，他们的需求具有高度弹性：价格的小幅度波动会导致销量的大幅度波动。电影爱好者的需求曲线更平坦，或者说更缺乏弹性：价格的小幅度波动只会让销量有小幅度的波动。

通常，当购买者有强烈的购买动机时，当商品是必需品时，或者当产品没有很多可用的替代品时，需求曲线是缺乏弹性的。例如，凌晨 2 点的优步需求曲线非常缺乏弹性：人们几乎不管是什么价格都愿意乘坐，因为他们需要打车回家，而且在大多数城市没有公共交通的替代方案。另一方面，对草莓酸奶的需求可能弹性很高：如果大多数酸奶售价为 2 美元，而你将草莓酸奶的价格提高到 4 美元，大多数买家会转向更便宜的口味，因为那是一个足够好的替代品，而草莓酸奶的必要性很低。

普通用户和超级用户的不同需求弹性导致了鲸鱼现象：只有少数用户会付费，但这些用户会支付巨额费用。在视频游戏中，这种现象非常普遍，休闲游戏玩家的需求曲线非常陡峭：他们几乎不会支付一美分。与此同时，铁杆游戏玩家愿意支付 1 到数百美元不等的费用——2016 年，移动游戏《战争游戏》的平均付费用户花费 550 美元！这些稀有的"鲸鱼"是游戏工作室的主要收入来源。

甜蜜点（Sweet spots）

由于普通观众和电影爱好者有不同的需求曲线，每个用户群就会有不同的收入曲线，因此实现收入最大化的甜蜜点也不同。

从上图中我们可以看到，向每个人收取 12 美元是低效的：它不是任意一条曲线的价格最佳点。相反，你应该向普通观众收取每月 10 美元的费用，而向电影爱好者收取每月 20 美元的费用。这样你就能赚取 1000 美元 +800 美元 =1800 美元，与向每个人收取 12 美元固定费用能赚的 1632 美元相比有了相当大的提升，这就是用户细分。（在一个完美世界里，你可以向每个用户收取他们愿意支付的最高金额，这种策略被称为纯粹的价格歧视。不过，这通常是不可能的，所以将人们分成几个相似的细分群体是你可以实现的最佳策略。）

视频流服务的收入曲线

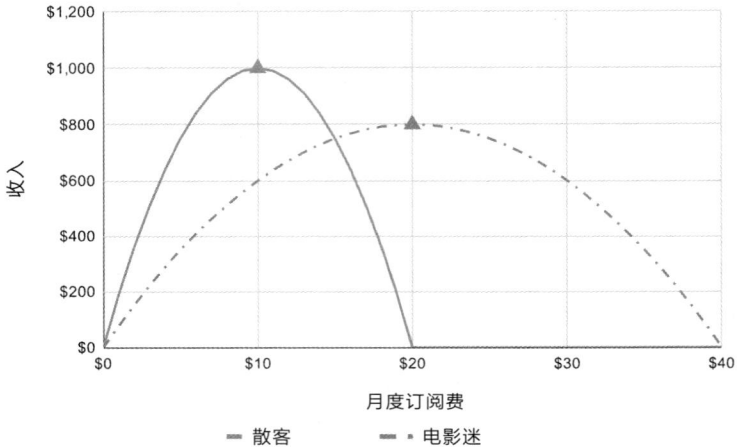

每个用户群都有自己的"甜蜜点"价格，以实现收入最大化。

分层

　　那么，作为产品经理，你面临的第一个挑战就是定义正确的用户细分群体。这需要大量的用户研究和数据分析。最终，你希望一个细分市场中的每个人都彼此相似，而每个细分市场都与其他细分市场截然不同。这个原则被称为"内部同质，外部异构"或"内部相同，彼此不同"。

　　完成用户细分群体的定义后，你就需要为每个细分市场创建不同的产品"层"并适当地定位它们。在非技术领域，有很多像这样的巧妙分割技巧。航空公司为花公司钱的商务旅客提供商务舱座位（需求曲线更缺乏弹性），为对价格敏感的旅客提供更便宜的经济舱座位；昂贵的精装书较早发布，以吸引铁杆粉丝，而较便宜的平装书则较晚发布，以吸引对价格更敏感的读者；大多数汽车制造商都有标准和豪华品牌，通常具有相似的内部结构和不同的设施：更便宜的丰田和更昂贵的雷克萨斯，简单版的大众和升级版的奥迪；等等。

在科技界，从 Tinder 到 Trello 的大多数订阅服务都有多层服务，而且许多订阅服务专为可支配收入较少的学生提供更便宜的服务。（其实整个免费增值概念只是细分的一个版本。）硬件通常是分层销售的：iPhone 有普通版本和 Pro 版本，三星提供入门级 Galaxy J 手机、中端 Galaxy A 手机和旗舰 Galaxy S 手机。

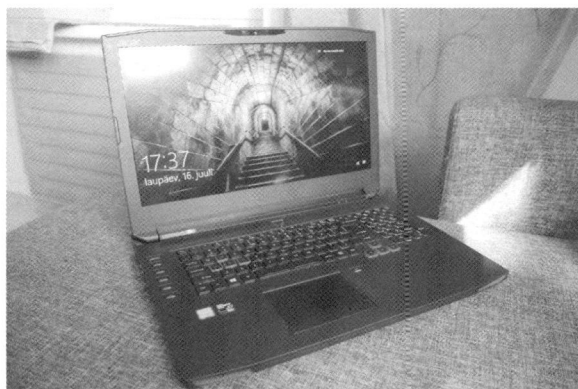

游戏笔记本电脑，体积大、散热快、功能强大，通常配有色彩鲜艳的键盘。
资料来源：安德里·库尔姆

另一个比较好的例子来自计算机。笔记本电脑制造商通常拥有独立的品牌，例如华硕的玩家国度，向铁杆游戏玩家销售功能强大、价格昂贵的笔记本电脑。这些游戏笔记本电脑通常体积庞大且色彩鲜艳，深度游戏玩家蜂拥而至，但非游戏玩家则不会买它们。相反，非游戏笔记本电脑则如此朴素，以至于游戏玩家避开它们。为什么呢？

产品细分的关键是确保支付意愿更高的客户（如本例中的游戏玩家）不会"渗漏"到更便宜的产品层。

案例研究：AirPods

2019 年，苹果发布了新的无线耳机系列——AirPods Pro 14，以补充其 2016 年发布的原始 AirPods。这当然是一项技术创新，但也是一项经济创新。

左边是价格更高的 AirPods Pro，右边是更便宜的 AirPods。　　资料来源：Future

在这里，苹果注意到无线耳机市场由两个用户群组成：忠实的苹果粉丝，他们愿意为最新、最高质量的苹果产品支付高价，以及只想要以合理的价格买一套好耳机的非忠诚用户。前者很乐意购买价格更高（并且可能利润率更高）的 AirPods Pro，而后者更有可能购买普通的 AirPods。如果苹果只有普通的 AirPods，他们就会错过从超级粉丝那里获得更多钱的机会；如果苹果只有 AirPods Pro，他们就无法向更注重成本的消费者出售任何产品。

这种细分策略确实是苹果公司的经典策略。对超级粉丝来说，苹果提供最新的 iPhone（包括 Pro、Max 和 Plus 系列）和 MacBook Pro，更不用说不断增多的订阅服务，如 Apple Music 和 Apple Arcade。同时，非忠诚者和对价格敏感的用户可以获得更旧或更小的 iPhone 和 MacBook Air——通过提供这些低端产品，苹果确保了从可能转向安卓手机和 Windows PC 的用户那里赚钱。

苹果知道这两个细分市场，也知道如何定位这些人群。凭借这一战略，AirPods 系列取得了巨大的财务成功，在 2019 年获得了 120 亿美元的收入 ——超过了 Spotify、推特、Snapchat（色拉布）和 Shopify 收入的总和。

第十一章　市场失效

我们生活中的许多事情都以市场为媒介：超市、金融市场、拼车市场、就业市场、约会市场等。每当人们谈判和达成协议时，都是市场在起作用。因此，了解市场如何运作对产品经理来说至关重要。

如果做得好，市场可以非常有效，但不幸的是，市场经常出问题。当就业市场出问题时，那些在简历上撒谎的人会被录用，或者老板可能会雇用他们不合格的朋友和亲戚；当人们获得财产保险或健康保险以后就更有可能鲁莽行事，因为他们认为自己受到了保护；如果没有卖家责任或客户教育，诈骗就会激增；等等。

好消息是，市场经常因为可预测的原因而失效。经济学可以告诉我们市场失效的原因，以及我们可以做些什么来解决问题。

信息不对称

在一个理想世界里，每个人都可以获得完美的信息，所以他们在做出任何决定之前都会充分了解情况。人们会确切地知道他们在与谁做生意，买家会确切地知道他们在购买什么，等等。

但是，正如你所知，这种情况很少见。事实上，交易的一方通常比另一方信息量更少，这种现象被称为信息不对称。卖家通常比买家更了解产品；雇主无法从面试中辨别出申请人的所有缺点；在政客上任之前，选民不会了解他的真实信仰 [1]。

逆向选择

信息量更大的一方可能利用这种信息不对称来利用另一方，这种现象被称为逆向选择。这种情况通常发生在卖家欺骗买家花过多的钱购买有缺陷的产品时。

例如，1994 年，一位名叫 Doree Lynn 的女士向华盛顿特区的一家珠宝商支付了 14,500 美元，购买了一枚耀眼的翡翠戒指。但几年后，她那颗昂贵的宝石开始破裂。原来，这块宝石已经用环氧树脂处理过，珠宝店经常使用环氧树脂来使珠宝在展示柜中看起来更耀眼 —— 问题是这种处理最终会导致宝石开裂。珠宝商没有向 Lynn 透露这些信息，这导致她花费过高的价钱购买了这枚戒指。而由于 Lynn 不是珠宝专家 —— 没人能保证他们是自己所购买的所有东西的专家，当她发现环氧树脂处理的相关信息时，为时已晚。

幸运的是，当面临被逆向选择欺骗的风险时，你的大脑通常会发出警告。如果你在亚马逊上看到过可疑的廉价产品，你就会有这种感觉。如果你在 20 至 40 美元的灯海中看到一盏 8 美元的台灯，你会立即认为这是一个陷阱。那盏 8 美元的灯一定是残次品，你会觉得卖家一定知道一些他们没有告诉你的事情：灯会着火、会散架、会不

1　有时双方都缺乏彼此的信息。当两个人在约会应用程序上相遇时，谁都不知道对方在现实生活中的吸引力有多大。所以严格意义讲信息是对称的，但绝对不是完美的。

亮等。

（为什么它被称为"逆向选择"呢？这个词来自一篇具有里程碑意义的论文，该论文试图解释为什么这么多二手车有缺陷——俗话叫"柠檬"产品。汽车卖家知道汽车是不是"柠檬"，而买家不知道。因此，买车者不太愿意花大价钱买车，那么二手车经销商也就不会卖高价值、高价位的汽车，于是市场上只剩下便宜的"柠檬"。因此，大多数市场上的二手车是"柠檬"。信息对称对二手车的"选择"有"逆向"影响。）

品牌

消费者已经进化出几种防御信息不对称和逆向选择的方法。正如我们在廉价灯具中看到的那样，天生的怀疑主义就是其中之一，另一个则是寻找品牌。

人们购买苹果 40 美元的 Thunderbolt 电缆而不是匿名工厂生产的 10 美元的极便宜的 Thunderbolt 电缆是有原因的。人们知道苹果生产高质量的产品，但他们不知道这些匿名工厂是否实际上在卖垃圾产品。没人愿意浪费 10 美元在一件垃圾产品上——或者更糟的是，冒险用一根接触不良的充电线炸毁他们 1000 美元的手机。

换句话说，品牌提供了一种"已知质量"的产品和服务，他们向客户提供信息，使消费者与卖家处于公平竞争的环境中，确保客户不会上当受骗。如果你在国外去过麦当劳，因为这是你知道的唯一一家不错的餐厅，那么你就经历过这种现象。特许经营权的可预测性，使麦当劳在当地小型企业中占有一席之地。

这就是为什么品牌对科技公司如此重要。人们更可能信任金融软

左侧是仿冒的 USB-C 充电线，右侧是正品苹果充电线。
资料来源：WCCFTech 和 Imgur

件 Turbo Tax 和 QuickBooks 的制造商 Intuit，而不是随便一家初创公司。他们相信 Intuit 不会窃取他们的财务数据，但他们无法判断其他那些随机的应用程序是否会这么做。

激励措施

人们会对激励措施做出反应，如果你曾经为了一张 50 美元的礼品卡或前往巴哈马的游轮票填写过调查问卷，你就一定知道这一点。当交易中的激励措施实现各方利益一致时，就是两全其美。如果你推荐朋友加入爱彼迎，你们俩都会获得免费的旅行积分，而爱彼迎会获得一个新用户——每一方都获利了。Quora 和 Stack Overflow 用户在编写社区喜欢的内容时获得声誉的提升，这些力量推动了令人惊叹的人类知识纲要的创作。

但是，如果激励措施不一致，问题就会接踵而至，市场就会失效。

如果你曾经因为使用公司卡进行商务旅行而大手大脚地花钱——我们不会对此进行任何评判，这就是错位了的激励。这叫"委托代理问题"，也就是代表他人行事的人并不总是以他人的最佳利益做事，因为激励措施是不同的。在这个例子中，公司的目标是省钱，但你的目标是拥有奢华的体验，因为你不会因大手大脚花钱而受到惩罚，所以你不关心公司的目标，并且会积极反其道而行之。

解决这个问题的方法是让激励措施重新保持一致：如果你因选择廉价航班或膳食而获得额外报酬，你很快就会变得像公司希望的那样节省开销。

没有收据？我们请客

关于激励错位并重新调整的一个更生动的例子来自快餐行业。你有没有在收银台看到过一个牌子，上面写着如果你没有收到收据，那么这顿饭就免费？连锁店这么做不是为了吹嘘他们的收银员有多么注重细节，而是为了让激励措施发挥作用。

Wendy 的广告显示，如果收银员不提供收据，那么你的餐点就免费。
资料来源：Anson W. 的 Yelp[1] 评论

试想一下：如果你是汉堡王的收银员，数小时的体力劳动只能赚取最低工资。你有很强的动力把顾客给你的钱装进口袋里，而不是放在收银机里。你并不特别在意帮助汉堡王盈利，事实上，额外的现金能轻易让你每小时的收入翻倍。这就是工作中的"委托代理问题"：汉堡王雇用你做收银员，但你没有理由为汉堡王的最佳利益工作。

现在想象你是汉堡王，你当然不希望收银员将钱收入囊中。你可以雇人监控收银员，或者安装复杂的摄像头和跟踪系统来捕捉收银员的行为，但这太贵了。那么，你应该如何以低廉的成本将收银员的利益与公司的利益保持一致呢？

汉堡王通过制定"无收据，免费用餐"政策来做到这一点。有了这项政策，顾客就会被激励不收钱来监控收银员，急切地想要赢得他们的免费汉堡和薯条。收银员则被激励将钱放入收银机并提供收据，因为他们知道如果不这样做，他们就会被顾客抓住。换句话说，通过给顾客设计激励措施，汉堡王将收银员的利益与公司的利益保持一致，从而防止了廉价欺诈的行为。

切断勾结

不仅仅是汉堡店，在优步和爱彼迎等科技平台上，激励错位无处不在。在这些双边市场上，存在三种参与者：公司本身、"卖家"（如司机和房东）和"买家"。变量越多，激励错位的可能性就越大，造成混乱的可能性也就越大。

有时卖家可以利用平台的弱点来欺骗买家并从公司那里获得免费资金。2019 年，优步司机创建了"激增俱乐部"（Surge Clubs），多个司机会合谋同时关闭应用程序。这会诱使优步认为司机短缺，从而引发定价激增。这可以使司机每次开车多赚 20 美元，但实际上并没有真正的需求"激增"。

另一种情况是，买卖双方串通跳过平台公司，剥夺公司的收费。客人可以在爱彼迎网站上找到房东，然后在平台外联系他们。例如，拨打房东的个人电话安排住宿并以现金支付。这将让房客和房东都节省爱彼迎收取的 6% ~ 12% 的服务费。

这当然对爱彼迎的业务不利，因为人们可以免费使用爱彼迎的列表和搜索功能，而无须支付任何费用。这就是爱彼迎对此采取严厉措施的原因，例如，审查爱彼迎房源、房客资料页面和私人信息中列出的任何电话号码。（不过，这是一个漏洞百出的解决方案：房东可以

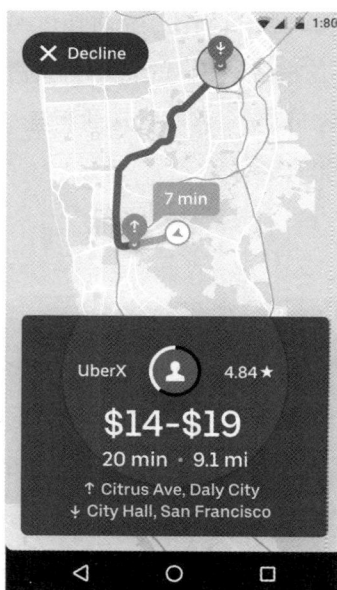

优步会自动为司机排上下一单，以推动他们继续驾驶。
资料来源：The Rideshare Guy

将他们的电话号码写在一张纸上留在家中，这样当你下次回到该地区时，就可以私下沟通安排住宿了。）

当公司有很强的动力剥削平台卖家时，就会发生另一种类型的激励错位。优步因利用心理技巧让司机开更久而臭名昭著，这自然对优步有利，但并不总是符合司机的最佳利益。例如，优步不断给司机派单，以至于司机总是有另一个行程需要去 —— 系统会自动接单，这会导致司机即使在他们不想接单的时候也得继续接单。

作为产品经理，我们必须考虑激励错位的可能性，尤其是当我们的产品涉及有着不同目标的多方用户群时（如优步和爱彼迎）。我们必须设计像快餐收据这样的系统，以保证各方的利益是一致的。

结论

21 世纪初，奈飞开始从通过邮件提供 DVD 转向在线电影流媒体。它们很快建立了一个系统，让客户可以以较低的月费观看无限量的电影——甚至是那些刚刚上映的电影。

订阅服务大受欢迎，奈飞也因此发展了庞大且忠诚的用户群。到 2007 年，在线观看视频比邮寄 DVD 便宜，而且在线观看显然更方便。奈飞在价格和价值上都击败了 Blockbuster 等视频租赁业的竞争对手——这是一种真正的蓝海战略。

问题在于，奈飞的单位经济很不好。当时它每个客户每月的边际收入只有几美元，而它的边际成本却非常高，因为用户只想看新上映的大片，而这些大片让奈飞花了一大笔许可费。这项服务虽然很受欢迎，但却让它在每个客户身上都赔钱。奈飞的客户 LTV 将是负的。

如果这让你想起了 MoviePass，那就对了。这与 MoviePass 面临的问题完全相同：让用户以低廉的价格无限制地享有昂贵的服务，会让你破产。（这两个案例都涉及电影，使得这个比较特别恰当。）

但是，与 MoviePass 团队不同，奈飞的产品经理意识到他们的单位经济不好，并开始开发功能来巧妙地降低每位客户的边际成本。奈飞意识到他们可以通过鼓励人们观看更老、更便宜的电影来省钱。

于是奈飞开发了它著名的推荐系统，可以了解你喜欢哪些电影，并从"后备目录"中推荐你感兴趣的老电影。这就实现了双赢：对客户来说，他们可以更轻松地发现新电影并尽情享受他们最喜欢的电影类别；而对奈飞来说，这让用户自愿观看成本更低的电影。

凭借这种巧妙的策略，奈飞扭转了业务局面，让它的单位经济转好。剩下的，如你所知，就是一段辉煌的历史。奈飞的产品经理团队值得称赞——他们很好地掌握了我们在本章中提到的经济学理论。

Part Three

第三部分
心理学

我们首先养成习惯，然后习惯塑造我们。
——英国诗人，约翰·德莱顿（John Dryden）

简介

    1993 年，微软推出了一个名为 MSN Encarta 的大型百科全书项目。微软购买了三部知名百科全书的版权，把它们的内容融入 Encarta，然后花钱聘请了一大批作家和编辑去继续充实百科全书。Encarta 的 CD 随 Windows 系统免费发放，从而确保了数百万人得以使用它。

一张包含微软 1995 版 MSN Encarta 的 CD。
资料来源：互联网档案馆（Internet Archive）

    8 年后，一个名叫吉米·威尔士（Jimmy Wales）的创业者发布了维基百科（Wikipedia），这是一个由社区共创、非营利的电子百科全书。维基百科几乎是白手起家，社区贡献者们都是志愿者——没有人会从这个项目中赚到钱。

当时看来，微软有压倒性的优势。一边是比尔·盖茨，另一边是一个没有名堂的商人，外号金博（Jimbo），他之前的工作是运营成人娱乐网站 Bomis。一边是全世界最有钱的公司之一，另一边是乌合之众的志愿者。

你知道后来发生了什么。在一波爆发增长后，Encarta 进入了缓慢的衰退期。Encarta 总共只写了 6 万篇文章，该项目于 2009 年终止。而维基百科成了世界上访问量最高的网站之一，拥有超过 5000 万篇文章，它甚至成了全球最高法院会参考的合法信息源。

维基百科是怎么做成的呢？事实证明，威尔士知道一些其他人都忽略了的人类心理学知识：付钱让别人干活是很贵的，但如果你能打动人，找到他的驱动点，就能让人迫切地免费为你工作。

维基百科是一个理解和利用人类心理特点的产品，Encarta 不是。理解人类心理学是如何运作的，以及如何把它用在你的产品中，是产品经理工具箱中最被低估的一个技能。

第十二章　定价心理学

产品经理最重要的工作之一就是创造营收，这意味着你要知道如何说服消费者花更多钱。幸运的是，人类不是完全理性的机器人，他们采取心理捷径（mental shortcut）以保持能量。如果你知道这些捷径，你就能让消费者花更多钱。

三种价格理论

如果你想为你的网站购买一个域名，你可能会去 GoDaddy、Squarespace，或者 Namecheap 中的一个。一个你会很容易注意到的事是，这几个网站有非常不同的定价方法。GoDaddy 的价格会让你想起沃尔玛或者其他大卖场，它们的价格以"99"结尾，比如 19.99 美元或者 83.99 美元。Squarespace 的价格是优雅的整数，比如 20 美元或者 30 美元。Namecheap 则选择了看起来完全随机的价格，比如 1.67 美元或者 4.88 美元。

为什么你会看到如此不同的价格？这是因为每家域名供应商遵循不同的价格理论，用不同的定价策略去吸引顾客。在尝试给产品定价的时候，你很可能会用到这三种价格理论中的一种，所以有必要知道它们背后的逻辑、优势和劣势。

魅力定价

GoDaddy 用的是最知名的定价策略中的一种：让价格只比整数少一点点。设置一个以 95、98、99、89、49 等结尾的价格，就叫魅力定价。这种模式随处可见，从便利店（3.99 美元一袋的薯片）到流媒体服务（15.99 美元每月）再到智能手机（849 美元的 iPhone）。

GoDaddy 上的域名价格。　　资料来源：GoDaddy 4

这里的逻辑很简单：人们从左到右阅读，所以他们的注意力更多集中在价格的前一两个数字上。把价格定为 2.99 美元会让人把它看成 2 美元而不是 3 美元，这让人们更倾向于购买。

不过也不仅仅是不要取整那么简单：数字"9"对人类有一些不同寻常的吸引力。比如，有研究表明一条裙子标价 39 美元时比标价 40 美元时会有更多人买。这并不奇怪。但这个研究还发现这条裙子标价 39 美元时甚至比标价 34 美元时还有更多人买。是的，你没看错，当价格上升时仍有更多人买！这背后的心理机制仍不明确，不过看上去数字"9"在人们的意识中等价于"特价"或者"划算"。

因为"9"或"99"这样的结尾太经常被使用在沃尔玛等特价商店，它们已经与便宜或折扣联系在一起了。如果你公司品牌定位的核心是便宜，那么这会成为一项营销资产。GoDaddy 对外宣传自己是面向非技术人员的便宜的、不提供不必要服务的域名商店。GoDaddy 的老广告由超模出演，暗示它的目标用户是普通人而不是 IT 管理员或者 CEO。GoDaddy 的"99"定价于是完美贴合其"域名供应商的沃尔玛"的品牌形象。

然而与便宜联系在一起并不总是一件好事。星巴克选用进口咖啡，内部装修时髦，营造出欧洲咖啡馆的氛围，以其高品质品牌而自豪。如果星巴克的价格中出现很多"9"，那只会让它看起来像唐恩都乐甜甜圈（Dunkin' Donuts）。

这就是为什么星巴克更喜欢以高级的"5"作为价格的结尾，比如 4.95 美元。举个例子，看看一所位于宾夕法尼亚州的大学里冷咖啡的价格。

饮品	大杯	超大杯
冰拿铁	$4.65	$4.95
冰美式咖啡	$2.65	$3.15
冰焦糖玛奇朵	$4.65	$4.95
冰调味拿铁	$4.45	$4.95
冰咖啡	$2.65	$2.95
冰咖啡加牛奶	$4.65	$2.95

声望定价

与魅力定价相反的是声望定价，这种定价方法特意将价格定为整数，以表明你不是在提供特价或者折扣。

声望定价，正如它的名字所暗示的，在奢侈品中很常见。它们想要避免与像沃尔玛或者 GoDaddy 这样的公司产生任何联系。法拉利的标价会用像 625,000 美元这样的数字，而不是 599,999 美元，甚至不是 599,000 美元。米其林星级餐厅的收费是 355 美元而不是 349.99 美元，就连稍微上点档次的餐厅也会在菜单上写 25 美元或 35 美元，而不是这些价格的魅力定价版本[1]。

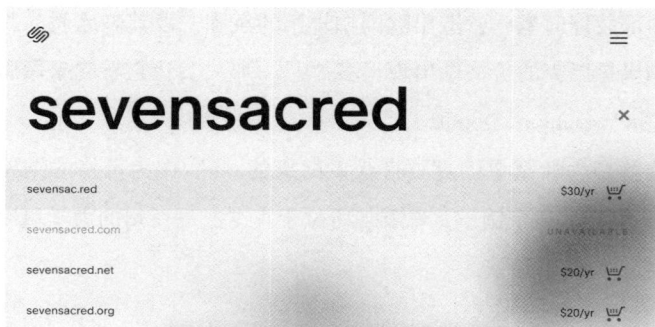

Squarespace 上的域名价格。　　资料来源：Squarespace

Squarespace，像我们之前看到的那样，用的是声望定价，收费金额是像 20 美元或者 30 美元这样的整数，美分都没有出现。这呼

1　我们对苹果公司没有使用声望定价感到惊讶，即使是在公司最昂贵的产品上也没有使用这种定价方式。

应了 Squarespace 为内行顾客提供时髦、有创意的服务的品牌定位。Squarespace 力图与 GoDaddy 截然相反，它的定价策略在其中发挥了作用。

除了表示内行外，声望定价还有其他作用。整数更好看，也更容易理解。打个比方，80 美元的价格读起来像糖浆一样顺口，而 78.49 美元却像有块状物的汤一样难以下咽。因为整数价格更容易理解，它更容易调动人类意识的情感部分而不是理性部分，引导人们基于情感做出决策而不是基于事实。由于奢侈品满足的是人们的情感而不是他们的钱包，使用整数价格有助于卖掉更多产品。科学也证实了这一结论：有研究发现香槟定价 40 美元比定价 39.72 美元或者 40.28 美元卖得更好。

离奇定价

第三个价格理论有一点点奇怪：它建议你选择一个不寻常的价格，类似于 4.77 美元或者 6.32 美元。这个定价策略不常见，但一些折扣商店可能会用这个方法。例如，在欧洲和美国部分地区非常受欢迎的超级高效、经济实惠的连锁食品杂货店 Aldi，它的货架上有很多奇怪的价格。虽然很多 Aldi 的商品用的是诱人定价，你也不难看到 0.44 美元一根的香蕉、1.18 美元一盒的鸡蛋，或者 1.35 美元一盒的曲奇[1]。

这些离奇的价格传递了一个明确的信息："我们不会试图在价格上要小聪明，我们尽最大可能给您提供最低的价格。"它展示了卖方一直在为消费者尽量压低价格而不是为自己抽取丰厚利润。

1　如果你习惯了在全食超市（Whole Foods）购物，你可能会被这一场景惊掉下巴。

Namecheap 上的域名价格。　　资料来源：Namecheap

这个策略对重视成本压缩的 Aldi 来说效果很好：它的员工数量比其他超市少很多，不提供免费的袋子，超市内只有最简单的装修，并且严格控制营业时长。这个策略也很适合 Namecheap，它的品牌就是以极便宜的价格向你提供网站。它的名字已经说明了一切：以便宜（cheap）的价格获得你的域名（name）。

你的产品可以用离奇定价，但一定是像 Aldi 和 Namecheap 那样对控制成本非常重视才合适。顾客需要能够意识到你的利润微乎其微。因此，这个策略不适合软件产品，它们几乎没有边际成本，利润非常可观。没有人会被 4.37 美元每月的订阅价格愚弄。如果你销售的是硬件产品或者你在试图为你的零工经济创业公司收取最低费用，这个方法可能会有用。

变化的价格

一旦你的价格设置好了，你可能就得开始思考另一个问题——是否应该改变这个价格。

首先，降价是有效的，但只有当产品已经吸引到顾客注意的时候才有效。悄悄降价是不会让人迫切地来买你的产品的。但是如果你大胆地删掉原有价格，并用大字亮色突出新价格，人们就会注意到你的折扣，即使降得并不多。如果你将要降价，一定要让它变得明显，因为刺激人们购买的是对变化的激动，而不是数字的绝对差。

虽然降价很简单（而且很受欢迎），但是在不引起顾客抱怨的情况下提高价格要困难得多。因此，如果你对价格不确定，最好还是把价格定得高一些。

把价格设置得过高在短期内可能会牺牲你的市场份额，但从长期来看，这种策略则带给你更多灵活性。通常来讲，高价格的价值是被低估的。更高的价格会让人们更享受这个产品。大脑扫描表明当一瓶酒的标价更高时，人们喝这瓶酒也会更享受。更高的价格也会让你的品牌以高品质闻名，这是星巴克特意提供昂贵咖啡的另一个理由。

看看这个

如果涨价意味着丢失客户，你应该涨价吗？这取决于顾客对价格变化有多敏感！尼尔，一位谦逊的作者，在一场关于 Spotify 是否应该把每月订阅价格从 9.99 美元提升到 11.99 美元的模拟面试中解决了这一难题。

韦伯伦商品

对于一些奢侈品，实际上，更高的价格往往让产品更有吸引力。这类商品被称为韦伯伦商品，它包括跑车、昂贵的手表、钻石，以及

（取决于你向谁提问）苹果手机。这些产品之所以吸引人，一方面是因为它们是独家的，拥有这些商品象征你比其他人更富有。这些商品越贵，就越难买到，因此象征着更高的地位。你可能听过这种更流行的说法：炫耀性消费（conspicuous consumption）。

劳力士网站上的手表系列。它们的起价是 14,800 美元。　　资料来源：劳力士

　　韦伯伦商品有吸引力的另一个原因是人们把更高的价格与更高的品质关联在一起，所以提高价格可以让你的产品更令人向往。（如果你曾在亚马逊上避开一个便宜的商品，担心它的质量不好，然后转而选了更贵的商品，你就知道我在说什么了。）

　　有这样一个趣闻：在一个旅行者常去的沙滩小镇上有一家珠宝店，店里其中一个柜台的珠宝，店主怎么也卖不出去。他告诉店员把柜台里的首饰价格减半，但是店员理解错了，把价格翻了一番——意想不到的是，珠宝立马就卖出去了。在柜台前驻足的富有度假者显然不是珠宝专家，当看到价格很高的珠宝，他们认为一定是珠宝的品质很高，因此值得入手。

挽救低价

我们提到过，你的最优策略是以一个高价开始，然后逐渐降低价格，直到产品的需求量足够大。但是如果以高价开始为时已晚呢？如果你的价格开始设得太低，然而用户已经习惯了，很难把价格涨上去，那怎么办呢？

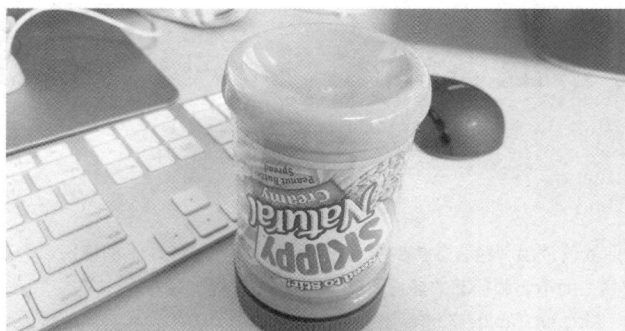

向内缩进去的 Skippy 花生酱罐子底部。　　资料来源：MetaFilter

你可以效仿饱受这个问题折磨的食品行业。Skippy 花生酱的生产商曾观察到他们的利润在下降，但他们的市场团队有比涨价更好的办法。他们给罐子加了一个缩进去的底部，这样做把罐子里的花生酱减少了 10%，但与此同时罐子大小和价格是不变的。这在没有向消费者索取更多的情况下给 Skippy 带来了 10% 利润增长。

如果你曾打开一包薯片，然后很沮丧地发现袋子里大部分是气体，那么你也成了这个策略的受害者。（食品公司说气体可以防止薯片损坏，但袋子里根本没有多少薯片是可以损坏的！）

当然，你不能直接把这些技巧拿来用在科技产品上。理论上，你

薯片包装里的空气占比

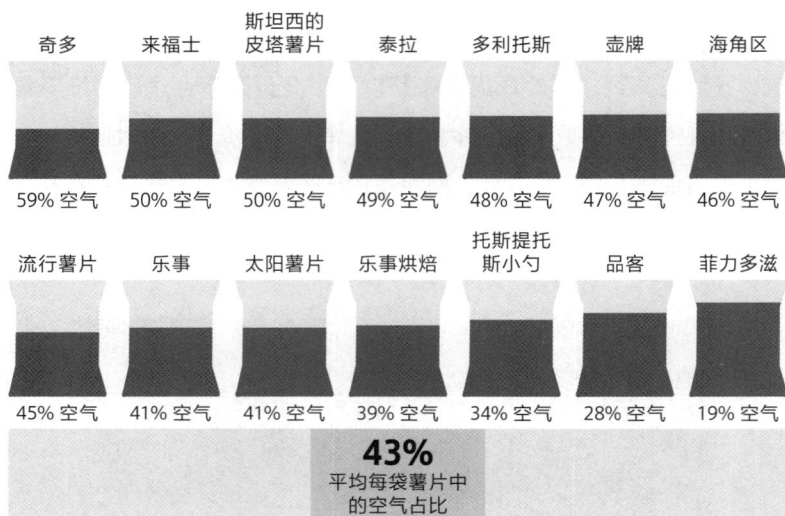

奇多	来福士	斯坦西的皮塔薯片	泰拉	多利托斯	壶牌	海角区
59% 空气	50% 空气	50% 空气	49% 空气	48% 空气	47% 空气	46% 空气

流行薯片	乐事	太阳薯片	乐事烘焙	托斯提托斯小勺	品客	菲力多滋
45% 空气	41% 空气	41% 空气	39% 空气	34% 空气	28% 空气	19% 空气

43%
平均每袋薯片中
的空气占比

几种受欢迎的薯片品牌包装袋中的空气比例。奇多（Cheetos）的情况最为恶劣，有 59% 的空气，而不起眼的菲力多滋（Fritos）是最好的，只有 19% 的空气。

资料来源：Kitchen Cabinet Kings

可以在保持价格不变的情况下缓慢地回滚功能和好处，但是用户往往会发现功能被拿掉了。举例来说，当印象笔记的用户发现公司限制了免费用户在两个设备间同步笔记时，他们非常生气，以至于很多用户转而使用印象笔记的竞品，比如 OneNote。

所以你唯一的选择是保持功能不变的情况下提升营收。但是除了提高价格，你还可以减少折扣。如果你的产品标价是 99 美元，并且长期打折到 69 美元，你可以悄悄地把折扣价改为 79 美元。顾客可能会发现，并且由于仍旧是折扣价，他们依然会开心地购买。[这是锚定效应的另一个例子：购买者以高标价锚定，所以以任何更低的价格购买都是赚到了。这就是为什么产品永远有很高的制造商建议零售价（Manufacturer

Suggested Retail Price，MSRP），但是永远卖得比这个价格低。]

最后，如果你真的不得不涨价，那么让价格看起来合理很重要。一位优步经济学家解释说，在峰值价格是普通价格的 2.1 倍时，比起 2 倍，用户更有可能乘坐峰值价格的优步。为什么？2.1 倍是一个不寻常的倍数，于是乘客认为这是算法得出的公正价格。乘客认为这趟行程值 2.1 倍，因为算法得出的是 2.1 倍。但是 2.0 是一个整数，所以乘客会认为这是有人为了敲诈他们人为抬高了价格。

所以，如果你处于不得不涨价的尴尬境地，你应该让这个价格看起来是某些算法迫使你这样做。没有人喜欢付更多钱，但是他们更能接受的是一个冷血的算法让他们付钱，而不是一个人类的诡计。

一切都是相对的

不过，你可能不只是设定一个单一的价格。你可能有一系列的产品要定价，这在引起新挑战的同时，也打开了一个全新的心理战术的工具箱。

羊群效应（herding）

当你尝试为你的产品定价时，上述三种定价理论只是一个开始。你的产品不是与世隔绝的，你还需要看看你的竞品是怎么做的。

具体来说，你可能已经注意到了，同一领域中很多产品的价格都落在一个小区间里。电影订阅产品、企业软件、电子游戏等似乎都有一个首选价格。

娱乐产品的订阅费

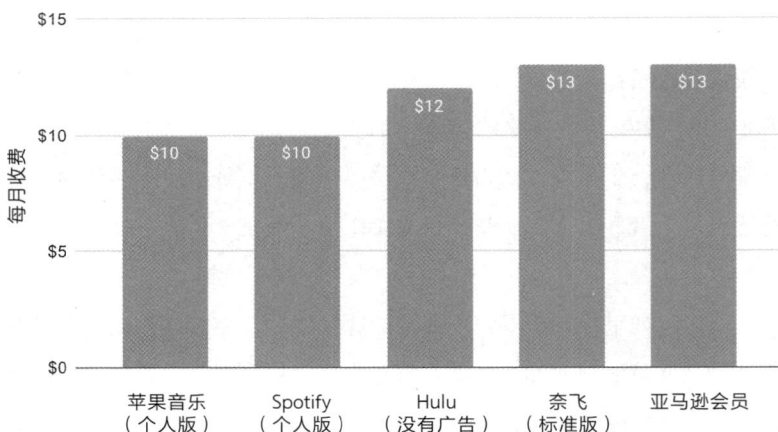

几种娱乐产品按月订阅的价格。 　资料来源：Apple、Spotify、Hulu、Netflix、Amazon

这个直觉是对的！企业生产力软件，从代办事项应用到文件存储，价格似乎都在每个月 10 美元左右。截至撰写本书时，娱乐订阅似乎都"集中"在 12 美元左右。而主机游戏的售价几乎都在 60 美元左右。

造成这种价格羊群效应的其中一个原因是我们对锚定（anchoring）的认知偏差：我们关于好的价格的看法取决于期望和背景。如果消费者习惯每个月给他们全部的企业软件付 10 美元，他们已经把 10 美元锚定为合理的价格。他们会认为每个月 20 美元的软件是荒谬的，即使这个软件客观上就是比其他软件的性能优越一倍。价格更低则会让人觉得不专业。创造这些企业软件的产品经理们一定知道这一点，所以他们把价格维持在"可接受的"范围中。

你也许在日常生活中经历过同样的效应，如果你曾有城市间搬家的经历。研究者发现搬家的人倾向于搬家前后租同样价格的公寓，即使这些城市的生活成本非常不同。如果你在旧金山看到的公寓都是

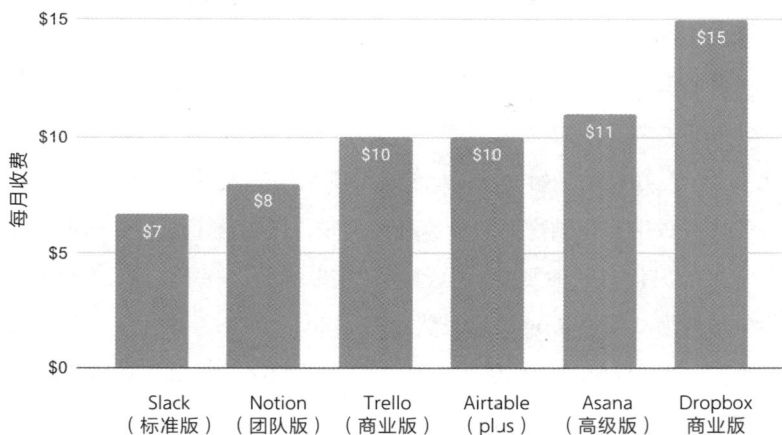

几种企业 SaaS 产品的按月订阅价格。

资料来源：Asana、Trello、Dropbox、Notion、Airtable、Slack

2000 美元一个月，2000 美元在你脑海中变成一个根深蒂固的"合理的"租金，然后当你搬到匹兹堡，你仍会找 2000 美元一个月的公寓，即使这个价格会让你住进一个豪宅。

任意连贯性（arbitrary cohesion）

我们人类可能会认为我们知道物品的价值是多少，我们也知道我们愿意为这些物品付多少钱，但我们真的不知道利用环境信息去分析一笔交易是否划算，并且我们相信环境信息的程度强烈到令人惊讶。当一个飞行员在黑暗中落地时，他需要跑道灯，这样他才知道在哪里停机。当我们人类购买产品时，我们经常是在黑暗中摸索，所以我们会追寻任何能找到的"跑道灯"。

这一现象——人们执着于一个特定价格但没有理智的原因——被称为"任意连贯性"。

著名心理学家丹·艾瑞里（Dan Ariely）用实验展示了这一原则。他让 MIT 学生竞拍巧克力、酒、书以及其他物品。但有一点不同：他让每个学生在行动开始前写下他们社会安全码的最后两位数字。

这些数字与竞拍物品的价值毫无关联，所以这个规则变化不应该对学生的出价有任何影响。但实际是有影响的。写下 0 ~ 19 数字的学生平均为酒竞价 8.64 美元，然而写下 80 ~ 99 数字的学生平均出价 27.91 美元。仅仅是让他们写下一个更大的数字，艾瑞里让人们的出价增至三倍。

正如艾瑞里的实验展示的那样，把人们引导向给定的价格是非常简单的。作为产品经理，你可以有策略地摆放这些"跑道灯"去引导潜在顾客以获得丰厚的利润。

锚定（Anchoring）

我们之前见到过的锚定是一种任意连贯性。在首次发布 iPad 时，史蒂夫·乔布斯知道潜在的购买者对于 iPad 的价格应该是什么样的一无所知，因为这是一个史无先例的产品。所以他知道他可以轻松地让人们锚定一个很高的价格，然后展示一个更低的价格以使 iPad 看起来划算。这正是他当时所做的：他在屏幕上展示了几分钟 999 美元的价格，然后戏剧性地，一个 499 美元的价格从屏幕顶端出现，砸向原来的价格。

如果你在销售系列产品，你可以用锚定提高价格。12 美元一块的比萨一般来讲是贵得离谱，但是如果菜单上其他的比萨是 18 美元、

20 美元、22 美元，那么 12 美元看起来就像是赚到了。换句话说，人们把价格跟附近的其他价格做比较，而不是跟他们脑海中客观的、合理的价格数据集。所以如果你在卖一个手机系列，你不应该只给其中几款手机涨价，你应该同时提高每一款手机的价格，这样它们看起来都是合理标价的。

另一个技巧是，在给他们介绍你的（相对价格合理的）产品之前事先给用户心理暗示，给他们看一些更高的价格。在一个实验中，研究人员把 CD 店开在了毛衣商店旁边。当毛衣商店涨价时，人们会在 CD 商店消费更多——即使 CD 商店什么也没有改变。让用户锚定一个更高的价格有助于合理化未来的高价格。

诱导效应（Decoy effect）

建立在锚定基础之上的第二个任意连贯性的重要类型是诱导效应，指的是添加不相关的产品以引导人们购买你实际上真正想要销售的产品。

诱导效应最有名的例子来自丹·艾瑞里在《经济学人》（*The Economist*）的网站上发现了一个惊人的报价：你可以以 59 美元购买一年期的电子版订阅服务，以 125 美元购买一年期的纸质版订阅服务，或者以 125 美元购买一年期的电子加纸质版订阅服务。

纸质版订阅似乎是一种浪费，当电子加纸质版订阅与其定价一样，但提供的服务更多时，谁会购买纸质版订阅呢？艾瑞里好奇为什么《经济学人》会提供这个选项。

于是作为心理学教授的艾瑞里决定把这个问题放入一项测试中。他向两组学生展示了修订后的《经济学人》价格表。他只向第一组展示了电子版选项和电子加纸质版的选项，而向第二组展示了全部三个选项。也就是说，第二组看到了纸质版的选项而第一组看不到。

由于纸质版的选项肯定不会被选择，艾瑞里认为，两组学生的选择会是一样的。两组学生选择电子版和电子加纸质版的比例会差不多。

但实际情况与艾瑞里想的完全不一样。

选项	当显示两个选项	当显示三个选项
只显示电子（59 美元）	68%	16%
只显示纸质（125 美元）	不显示	0%
同时显示电子和纸质（125 美元）	32%	84%

仅仅是添加了本应毫不相关的纸质版选项，就完全改变了学生的行为。虽然在有两个选项时，仅有三分之一的学生选择了电子加纸质版订阅，但一旦纸质版选项被引入进来，这个比例攀升至 5 ∶ 4 以上。

于是艾瑞里意识到，《经济学人》的意图从来就不是让人订阅纸质版。实际上，纸质版订阅让电子加纸质版这个组合看起来更令人惊喜，于是让人们倾向于选择这个组合。

通常来讲，当你比较产品时，你不得不在两方面做权衡。例如，价格和质量。你可以得到更高品质的产品或者花费更少的钱，但通常两者不能兼得。哪种选择更好是没有定论的，因为每一种都有相比另一种的优势。

于是你可以加入一个诱饵（decoy），这个诱饵稍逊于你想让人们购买的那个选择 —— 也就是目标（target）。在《经济学人》的例子里，纸质版选项就是一个诱饵。请注意，诱饵落于权衡线下方，意味着你几乎不会选择它，因为还有更好的选择。

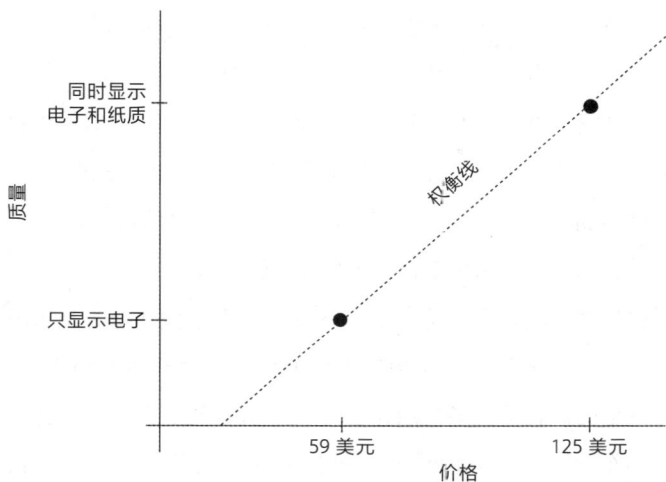

《经济学人》的电子版和电子加纸质版有一个明确的叉衡：你想要更多的访问权限，就要付更多的钱。于是，两个产品落在一条权衡线（tradeoff line）上。

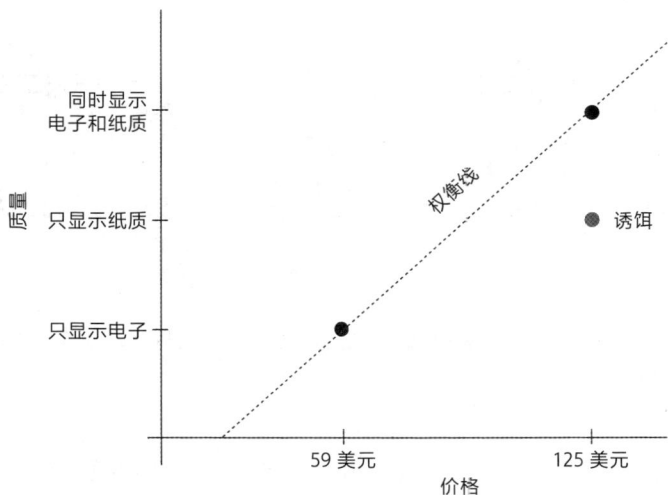

《经济学人》的纸质版选项完全不如电子加纸质版选项：同样的价格，访问权限却更少。于是，纸质版选项是一个诱饵，落在权衡线下方。

这一情景被称为非对称性支配（asymmetric domination）：诱饵完全被目标击败，然而目标和另一个选项（竞争对手）是接近的。

任意连贯性理论的核心原则之一是人们试图比较相似的事物，因为把苹果与橙子相比较太难了。如果你有三辆二手车可以选——两辆野马（Mustangs）和一辆科迈罗（Camaro），你可能会把两辆野马做比较，然后选一辆，比如里程更少的那一辆。

也就是说，当要在目标、诱饵和竞争对手中做选择时，买家会忽视竞争对手，而将注意力集中在更容易比较的目标和诱饵上。（选择目标而不是诱饵就很容易合理化了——"我找到了一个明显比其他选择更好的东西"——人们热衷于做容易辩护的选择。）由于诱饵被有策略地设计得比目标稍稍差一些，于是购买者会涌向目标，购买你想让他们买的产品。

小	大		小	中	大

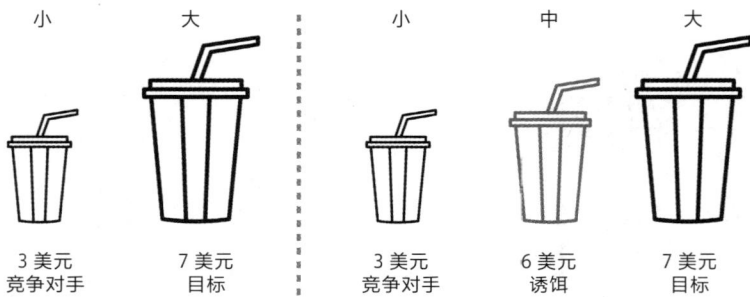

3美元 竞争对手	7美元 目标		3美元 竞争对手	6美元 诱饵	7美元 目标

在这个例子中，中杯苏打水是一个诱饵，它明显比不上大杯苏打水。这会促使观影者购买大杯。

为了学以致用，想一想电影院中的经典例子。假设电影院以3美元的价格提供利润较低的小杯苏打水，以7美元的价格提供利润更高的大杯苏打水。这两种选择大致落在平衡线上，于是消费者可能不会很明显地倾向于其中一种选择。但是如果电影院推出了 6 美元的中杯苏打水，消费者会发现大杯让他们仅仅多花 1 美元就得到更多苏打水，因此更倾向于买大杯。中杯接近大杯但是落在平衡线的下方，所以这个理论确保购买者会去买大杯。（如果电影院想要增加小杯的销量，它们可以推出 2 美元的超小杯。）

让我们举一个来自科技界的更精妙的例子。假设你想购买一台强大的 Mac Pro 台式机。你可以花 6000 美元买到一台 8 核内存的设备，花 7000 美元买到一台 12 核的设备，或者花 8000 美元买到一台 16 核的设备。

苹果的专业版定制页面，基础版是 6000 美元，有 4 种升级方案。　资料来源：苹果

在 8 核内存之后，每增加一颗核要多花 250 美元。这是一个价格和性能之间的艰难权衡：一核的内存对你来说值多少钱？你需要多少核的内存？什么是一个好的平衡点？你也许决定折中，选择 7000 美元的型号，或者其他选择。

苹果专业版：价格对应内核

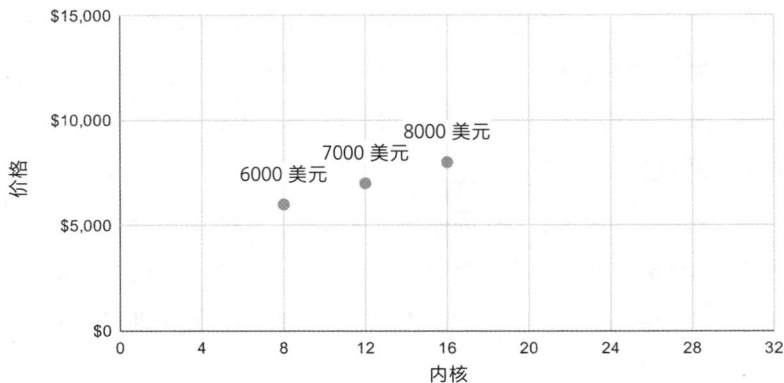

三种你可以买的 Mac Pro 配置。   资料来源：苹果

但是苹果提供的不止这三个 SKU。它实际提供了五个。

如果你仔细地看这张图，你会发现 16 核和 24 核之间有一条巨大的鸿沟。从第 16 核到第 24 核，每核价值 500 美元而不是 250 美元。

苹果专业版：价格对应内核（包含诱饵价格）

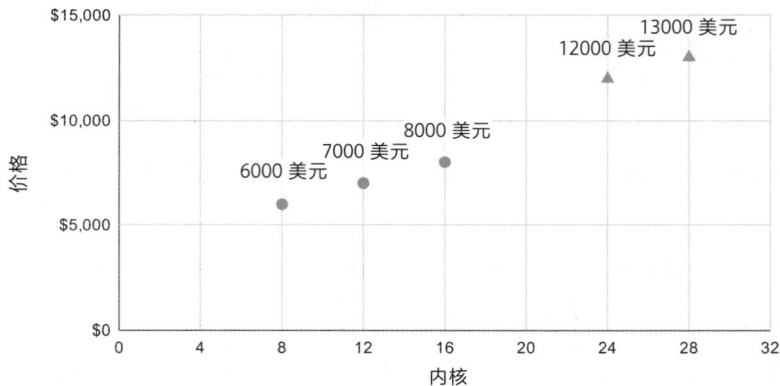

所有五种 Mac Pro 配置。两个三角代表更贵的诱饵。   资料来源：苹果

突然间，8000 美元的 SKU 看起来吸引人多了。在做出过多权衡之前，你会觉得这个选择使你在每核上花的钱更少。于是，苹果说服了你购买更贵的电脑，仅仅是添加了一些你可能无论如何都不会买的价格过高的 SKU。

折中效应（Compromise Effect）

与诱导效应相似的是折中效应，人们通常更倾向于购买中等价位、中等品质的物品，因为它们比极端条件的商品更容易合理化。（请注意，我们人类有强烈的需求合理化我们的决定，所以你作为一个产品经理，应该把利润最高的产品做成最容易辩护的购买选项。）

例如，在一项研究中，实验人员给消费者提供了一些相机。当只有两种相机时，两种相机的购买者数量对半平分。但是当实验人员添加了第三个选项——一种更贵的相机，更多人转向中等价位的相机，其余的购买者在更便宜的和更贵的选项间平分。

相机	当显示两个选项	当显示三个选项
相机 A	50%	22%
相机 B	50%	57%
相机 C	不显示	21%

在这个例子中，你可以想象，一般人不是相机专家，他们不知道一台相机的合理价格是多少，甚至可能不会评估怎么样的相机是好相机。于是人们跟随自己的直觉或者心理捷径：贵的东西通常比便宜的东西品质更好，选择中等价位的东西是最安全的选择。

或者思考一下星巴克的例子：它的菜单上曾经有小杯、中杯和大杯。但后来它加入了超大杯并隐藏了小杯选项。为什么？它知道人们会倾向于选中间的，于是之前买中杯的消费者会转而买大杯（利润率更高）。

面试技巧

折中效应和诱导效应在给消费级硬件定价时经常被用到，所以如果你面试的是一家销售此类产品的公司，一定要正确引用它们。例如，谷歌高端的 Pixel 手机销量很少超过几百万部，但是它们仍然具有战略意义，因为它们促使用户购买其他制造商的更昂贵的安卓手机。

折中效应有时会加强诱导效应。还记得之前的 Mac Pro 的例子吗？苹果把消费者引向 16 核的 SKU，它在 24 核 SKU 的衬托下显得格外优秀，并且它是 5 个 SKU 的中间选项。有时这两个效应很随机。三个选项中间的那个通常是诱饵，但折中效应自然地把人们引向中间的选项。所以当你在设计你的产品组合时，确保你思考了两种效应如何互相帮助或损害。

面试技巧

如果你被问及对一系列产品的定价问题（当你面试高级产品经理或者更高级别的岗位时，这个问题就会变得尤为常见），确保你说出诱导效应和折中效应潜在的冲突。理想情况下，你将能够设置定价，以使诱导效应和折中效应完美重叠。如果折中效应引导顾客选择中间选项，确保诱导效应把顾客引向同一选项。

设计价格表

现在来把所有的技巧用在一起，设计一个你提供的产品的价格表。

首先，确保你知道应该提供几种选择。人们似乎对"三"这个数字有亲近感，在维基百科上有超过十二条"三原则"。因此，那么多菜单和产品线提供三个选择也就不足为奇了。餐厅里有小、中、大三个选择；宝马有 3 系、5 系、7 系；气体有三种辛烷级别；等等。人类不喜欢被迫只有一个选择，但是他们又会觉得选项太多眼花缭乱。（你试过在 20 种冰激凌口味中选择吗？）三个选项是最理想的，所以你应该尽量给你的产品提供三个价格选项。

现在来排列你的产品。人们的视线会自然地落在一个集合的中间，并且人们偏好他们看得更多的东西。于是，你应该把你利润最高的产品放在页面的中间。（这与为什么超市把利润最高的商品放在中层货架是一个道理。）这个技巧可能在水平列表应用得更多，因为人们倾向于更多地看垂直列表里的第一个选项。

这是为什么订阅服务常提供三个选项，把中间选项高亮为"推荐"或"性价比之选"。这是企业软件、娱乐产品甚至杂志的惯例。

你可能也注意到了，昂贵的餐厅不会把美元符号放在菜单上。这是有原因的：看到美元符号会让人开始考虑钱，考虑如何最小化他们的金钱损失。于是，他们会倾向于最便宜的那个选择，而这个选择通常是餐厅利润最低的。通过去掉美元符号，餐厅让消费者思考品质，于是他们会选他们最想要的食物，并且只会在他们选择了食物以后才思考钱的问题。我们不常看到科技产品用隐藏美元符号的技巧，但这值得考虑。

你也不想让人们比较价格，因为这将会让他们寻找最低的价格。这是为什么很多高档餐厅将菜单内容中心对齐，以便将菜名放于菜单中间，且价格不对齐。这使得顾客更难快速浏览价格列表，于是他们不大可能去找最便宜的选项。

折扣和补贴

最后，让我们来讨论一下如何使用折扣和补贴让顾客对这笔交易更满意。

损失规避（Loss Aversion）

首先要理解的是损失规避的概念。人们厌恶痛苦的经历，比如失去，并且失去的痛苦通常超过得到同样东西带来的快乐。以行为科学家阿莫斯·特沃斯基（Amos Tversky）的抛硬币实验为例：如果掷出正面给你 10 美元，掷出反面从你那里拿走 10 美元，你会打这个赌吗？玩足够多的游戏后，你最后的钱会和开始的时候一样多。换句话说，游戏的期望值是 0 美元。于是研究参与者不愿意参与这个游戏。

随后特沃斯基改变了游戏规则，如果人们赢了就给他们 11 美元，如果输了就拿走 10 美元。因此，如果你玩 100 次游戏，你期待赢得 550 美元（50 胜乘以 11 美元），输 500 美元（50 负乘以 10 美元），预期利润为 50 美元，即每局 50 美分。一个理性的人会很乐意无限次地玩这个游戏。

但特沃斯基的实验参与者并没有这么做。几乎没有人选择玩这个 11 美元 /10 美元的游戏。特沃斯基不得不继续提高获胜的奖励。最终，当特沃斯基把奖励提高到 22.5 美元，而输了的罚款仍是 10 美元时，他才让班里大多数人愿意玩这个游戏。这意味着，对他的学生来说，失去的痛苦的强烈程度是得到的快乐的 2.25 倍。这个例子有些偏离常规，很多场景平均下来，失去的痛苦是得到的快乐的 1.31 倍，但它也很好地证明了这一点。

这一点很重要，因为你可以通过两种方式让顾客满意 —— 一种是打折，另一种是增加奖金，即降低成本或者增加收益。出于损失规避心理，打折通常比奖励更有效，因为减少损失比增加同等收益更有效。比起得到 5 美元，人们会选择避免损失 5 美元，即使它们在经济上是相同的。

由损失规避进而得出的一个结论是，收益和损失对情绪影响的边际效应递减。赢得 10 美元并不比赢得 5 美元快乐两倍。这个"敏感度递减"的图形并不是科学确定的，我们可以估计，情绪影响大致与美元变化的平方根成正比。比如，你赚的钱翻两番会让你快乐一倍。

损失模型

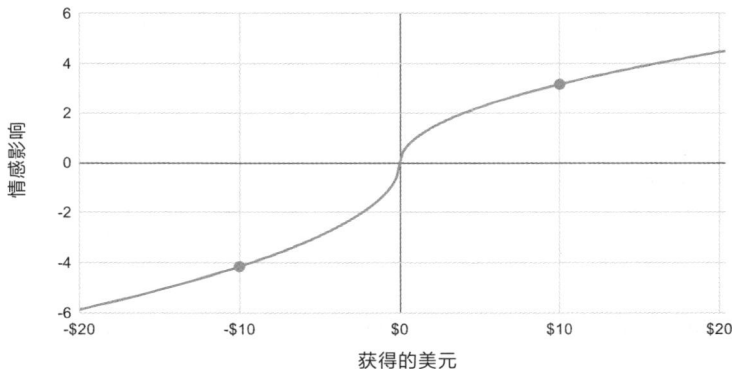

收益和损失的影响是边际递减的，这个图像的凹凸性表明了这个结论。请注意，损失对情绪的影响比收益的大：得到 10 美元的影响因子是 3，而损失 10 美元的影响因子是 -4。

于是，为了使用户的快乐最大化，你会想要将他们的收益分成尽可能多的部分，并把他们的损失合在一起。根据我们的模型，赢得四次 5 美元的快乐大致是赢得一次 20 美元的两倍。（这就是为什么电视购物和汽车经销商会抛出大量小额奖金——"现在购买，我们将免费赠予您 X、Y 和 Z！"）所以如果你打算给用户提供免费的礼物，那么请提供很多小奖励，例如一个手提包加上一张贴纸加上一个月的免费使用，而不是一个大奖励。

另一方面，根据我们的模型，支付四次 5 美元的痛苦是一次性支付 20 美元的四倍。换句话说，人们不喜欢为边际商品付费，他们宁愿一次性付清。这就是为什么人们喜欢自助餐和"全包"旅行套餐而不是单点选择的方式，也是为什么人们宁愿付几千美元买一辆很少使用的车，也不愿为每次乘坐优步去商店支付 15 美元。

这或许就是为什么订阅服务像奈飞和 iTunes 做得如此之好，打败了过去按每首歌曲或每部电影购买的 iTunes 模式。每月支付一笔费用（你甚至可能会忘记），然后免费得到每一部电影或每一首歌曲，而不是每次你想要更多娱乐时都必须掏腰包，这种感觉真是太好了。（换句话说，Spotify 是音乐的"自助餐"，人们喜欢自助餐。）

折扣堆叠

最后，如果你要给你的产品打折，你应该记住：人们对百分数的计算很不擅长。你可以自己算算试试：如果一个产品先降价 20%，然后又降价 25%，最后降价百分之多少？

你可能脱口而出是 45%，然而真实的折扣只有 40%。得到正确数额的计算不太直接：$1-(1-0.2)\times(1-0.25)=0.40$。普通人是不会在脑海中做这个算式的，对他们而言把折扣相加要容易得多。

所以如果你要对产品打折，你应该考虑叠加折扣，以使整体折扣看起来比实际更大。20% 的折扣叠加 25% 的折扣看起来像 45% 的折扣，但实际只是 40% 的折扣，于是对顾客来说这个折扣看起来很好，并且不会像 45% 的折扣那样影响你的利润。

永久折扣

虽然折扣通常是在你的产品定价策略确定了之后应用的，你其实可以从一开始就将折扣作为定价策略的一部分。即使你决定给你的服务设定一个每月 11.95 美元的价格，你不必把 11.95 美元作为初始的标签价格，而是可以把原始价格设为 20 美元，并使产品几乎永久的折扣为 11.95 美元 ——"折扣超过 40%！"

这又将我们带回到本章开头的价格策略上：羊群效应、三种价格理论，等等。如果你可以在早期阶段引入永久折扣，从一开始就为日后的成功做好了准备：你会用折扣来吸引顾客，让人们锚定你的标价以使得打折后的新价格看起来更好，并且给予自己通过减少折扣来提高价格的灵活性。

第十三章　动机

　　现在我们来看看如何运用心理学知识让人们使用你的产品。这个过程分三步：理解用户使用产品的动机、说服他们购买和注册、让用户冒险尝试后留下来。这就是我们本章的重点。不过让我们首先来了解第一步：如何让人们想要使用你的产品。

内在的和外在的

　　关于动机，首先要知道的是动机有两类：内在的和外在的。外在动机需要给人外部激励——钱——去做一件事，而人们自愿做某事是由内在动机驱动的。

　　关于内在和外在动机之间的矛盾，最好的例子是著名的以色列日间托儿所实验。在一家托儿所，约有三分之一的家长接孩子会迟到，给工作人员带来了不便。为了减少迟到率，这家托儿所开始对迟到10分钟以上的家长处以2.70美元的罚款。但这对解决问题毫无帮助。实际上，迟到的家长比例还翻倍了！

　　这是为什么呢？在这个变化之前，家长们大都是准时到达的，因为如果他们来晚的话，他们知道这给老师带来了不便，所以会感到内疚或者羞耻。这是内在动机：没有人想要感到内疚，于是他们会不遗余力地避免。但是当开始罚款后，家长们逐渐感到按时来是出于外部原因（钱）。他们很快算了一下，认为额外的时间值这个钱。突然间，愧疚不再是不迟到的原因了。

这是一个强有力的观点：内在动机远比外在动机强大，但是外在动机往往会"排挤"内在动机。一旦引入外在动机（在托儿所的例子中是钱，或市场规范），人们的内在动机（在托儿所的例子中是社会规范）就会被人们抛到九霄云外再也找不回来了。

究其根本，每个人做一件事都是有原因的。当金钱奖励被引入后，人们就会失去对这件事的内在兴趣，而只是把这件事看作赚钱的手段。这个任务失去了吸引力，并且一旦奖励没有了，没有人会再觉得这件事有趣。

这就是为什么人们做业余爱好不是为了钱，但是一旦爱好给他们带来了钱，他们就会失去动力了。这段来自一位艺术家的话很好阐述了这一点：

> 并非总是如此，但很多时候，当你为别人做一件作品的时候，它变得更像是"工作"而不是快乐。当我为自己工作时，就会有纯粹的创造乐趣，我可以彻夜工作而忽视了时间。在委托的作品上，你得时刻提醒自己做客户想要的。

案例分析：Quora、Yelp 和开源软件

在 2007 年，一家名叫 Mahalo 的创业公司推出了一个问答网站，在这里人们可以通过正确回答社区提交的问题来赚取真金白银。几年

之后，问答网站 Quara 上线了，它与 Mahalo 的想法完全相同，但是社区贡献者得不到一美分。你猜哪一个赢了？

正如你所知，答案是 Quara。Mahalo 的用户数从来没有超过 1500 万，这个项目在 2014 年彻底关闭了。与此同时，Quara 的估值在 2014 年超过了 9 亿美元，并在 2019 年超过了 20 亿美元。

Quara 意识到，它能通过吸引聪明的、广受尊敬的"思想领袖"到这个平台来获得成功，而且创始人们可能知道，如果这些贡献者要求报酬的话，他们开价会很高。不过，创始人们一定是意识到了，如果在网络上出名、为社区做贡献以及帮助他人的内在动机没有被狭隘的金钱问题所排挤，这些才华横溢的贡献者将会免费做贡献。

在很多方面，这与律师为慈善机构和穷人提供免费的专业服务很相似。在一个案例中，律师不愿意每小时 30 美元为年迈的客户提供服务，但是他们完全愿意免费做这件事。为什么？当这项工作被定义为志愿者工作时，律师们会很乐意做出贡献，但在工作被贴上价格标签的那一刻，律师们就会开始将其与普通案件做比较，而后者的回报远高于 30 美元一小时。

通常来讲，高技能的人会给他们的工作一个很高的标价，如果你靠吸引他们的内在动机（如利他主义），你能让他们更好地为你服务。人们愿意免费给你工作，但前提是他们认为工作有意义或者被内在动机驱动时。（与之相反的情况是像 Amazon Mechanical Turk 这样的数字"苦力工作"平台：大多数人不会从为一个不知名的公司做这些琐碎的工作中得到任何内在愉悦，所以外部的激励因素——金钱，是激励他们的唯一途径。不过如果是为了科学研究的话，人们可能会自愿做同样的任务。）

更确切地说，这项利用内在动机的策略对很多依赖用户生成内容的平台（从 Quora 到 Yelp 再到推特）是非常有效的。请记住，这些平台有时也会给用户提供一些外部奖励，但都不是以金钱的形式。比如说，美食家喜欢在 Yelp 上评论餐厅，因为这让他们感觉自己内行和有影响力（内在动机），但顶尖的评论者们也被邀请进"Yelp 精英"俱乐部，这给他们炫耀的权利和去高档晚宴和派对的通行证（外在动机）。尽管这样，这些外在动机只是蛋糕上的点缀，不是蛋糕本身。很少有人会为了免费的饮料而花费数千美元外出就餐，并撰写数百条 Yelp 评论。

最后，内在动机是开源软件运行良好的原因。开源项目，例如 Firefox 网页浏览器、支持安卓等操作系统的 Linux 内核以及知名开发者工具（比如 D3 和 Bootstrap），主要由志愿者创建和维护，任何人都可以查看和贡献代码[1]。人们乐于为这些社区驱动的项目做贡献，就像律师乐于做公益工作。如果把金钱考虑进来，这些技术很牛的开发者可能会失去兴趣，除非支付给他们一大笔钱。

自我决定理论（Self-determination theory）

那么，是什么让人们有内在动力做一件事呢？有很多框架可以解释这一问题，但是一个最有效的框架是自我决定理论，也叫 SDT。SDT 解释了人们想要满足三个与生俱来的欲望：胜任（感觉自己擅长做某事）、自主（掌控自己的命运），以及关系（感觉与他人有联系）。

1　还有一类伪开源软件，由营利性公司开发，但是在网上发布和公开计划。谷歌 Chrome 浏览器和脸书的 React 都是这一类。这样的项目需要一家非常有钱的公司提供资金支持。开源项目用小得多的预算取得了今天的成果是非常了不起的。

对一个能够从内在激励别人的任务来说，它必须满足这些欲望中的一种或几种。

当人们能够自信获得技能，并且影响他们的环境时，他们感到自己能胜任。有一点尤其重要，人们遇到的挑战和他们的技能水平需要是匹配的。这也是为什么人们进入心流状态之后，他们的表现会很好。在心流状态下，人们可以在自己的能力范围内的任务上花费无尽的时间。

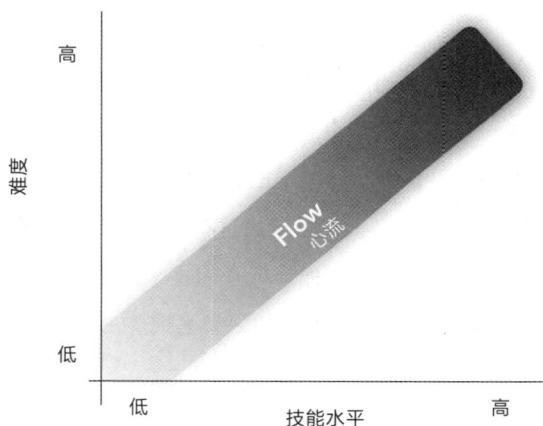

当任务的难度与你的技能水平相当时，就会出现心流状态。

如果你的产品能让人感受到心流状态，他们就会爱上这款产品。电子游戏如此让人上瘾，正是因为它们接近心流状态：成功的游戏总会抛给你新的挑战，这个挑战匹配你的技能水平，并且当你进步后会推动你继续提升。

自主是关于感觉独立并能采取符合你愿望的行动。在自主方面做得出色的产品让用户可以控制他们如何使用产品以及如何进步。一个很好的例子是可汗学院，它可以让你在课程间随意切换，而传统的在线课程通常会让你按顺序完成课程。

这里总结的产品建议是建立一个定义明确的世界，然后让用户自由支配它。可汗学院、维基百科和大多数博客都让你能在任意时间在知识库学习任何东西，而很多电子课程给你严格的课程结构。Fiverr等自由职业平台让你自己决定要接什么工作，而像优步这样的应用本质上是迫使司机驶向任何公司想让他们去的地方。

关系是一种归属感与他人的联系。虽然科技产品在这一领域涉及得比较少，但这是用户之所以如此紧密应用社交媒体的原因。

案例研究：推特

很多成功的应用能够满足自我决定理论的全部三个核心要素。推特就是一个绝佳的例子。你可以衡量你的推特技能的进步，因为你积累了更多的粉丝、点赞、转发，并且精心制作了你关注的话题和人的完美列表。你可以完全决定你想要发什么以及关注谁，任何人都可以面向大众写作。你可以与朋友、家人以及任何有趣的公众人物互动。

人们热衷于为维基百科、论坛或开源软件做贡献，因为这些产品也符合 SDT 核心要素。你可以缓慢地增长你的粉丝数目，并且对你发布的内容感到自豪。你可以在你看到的任何需要的地方做贡献。你可以遇到志同道合的人，甚至变得小有名气。

员工激励

一个有趣的题外话，这个理论与公司组建优秀团队的关键是一致的。员工在他们能自主做决定时活跃而高效：一个康奈尔大学的研究发现，给员工自主权的企业的增长速度是依赖于自上而下领导的企业的四倍，人员流失率则只有三分之一。

一个经典的例子是谷歌的 20% 时间，它允许员工将部分工作时间用于公司的独立项目。AdSense、Gmail、Google News 等著名的产品都出自这一时期。（有趣的事实：谷歌不是这个策略的首创，在 20 世纪 40 年代，3M 开始让员工花 15% 的时间在自己选择的项目上。便利贴就是在这个项目中员工用闲暇时间发明的！）

动机 3.0

自我决定理论有很多不同的解释。丹尼尔·平克（Daniel Pink）提出了一个相似的理论，动机 3.0。人们需要感到精通（类似胜任）、自主和目标，并且满足这些渴望可以帮助你激励人们采取行动。最后这部分——目标，解释了为什么人们热衷于志愿活动。（之所以被称为动机 3.0，是因为它是基于动机 1.0 和动机 2.0 的。动机 1.0 认为古人可以为所欲为，动机 2.0 则认为人们受到粗鲁的惩罚和外部奖励的激励，即胡萝卜加大棒。）

四个器官

到目前为止，我们已经看到几种对奖励进行分类的方式。内在的和外在的奖励满足了我们心智的不同元素。自我决定理论的胜任、自主、目标三重奏帮助我们感觉自己是更完整的人类。最后一种，可能也是最具体的考虑奖励的方法，是来自纽约大学教授斯科特·加洛韦

（Scott Galloway）的框架。

加洛韦认为，产品可以奖励四个器官中的一个，比喻地说：大脑（知识）、心脏（爱）、胃（消费）和性器官（性吸引）。想要获得快乐，你应该把你产品的奖励定位在这四个器官中的一个。

大脑

从身体的最上方开始，第一个需要被满足的器官是大脑。大脑寻求学习、理解和成长。谷歌搜索是一个典型的供养大脑的产品的例子：每次得到搜索结果的时候，你都会感到更聪明、更强大了。仅仅是搜索的这一动作也让你感觉像是给大脑插入了一个可以捕捉到银河中任何信息的神奇的机器。

谷歌文档提供一系列令人印象深刻的快捷键。学习这些快捷键会让你感觉自己像一个会用键盘变魔法的巫师。　　资料来源：谷歌文档

我们要补充一点，当一个产品让你感觉你学到了一些东西或者获得了一项新技能时，它就是在奖励你的大脑。这就是为什么具有学习曲线的产品在开始时常常很难用，但一旦你掌握了使用方法，它们就会非常有益。无论你是在多邻国（Duolingo）上精进西班牙语，学习如何制作令人难以置信的 Photoshop 作品，还是钻研如何在 Excel 里使用复杂的指令，这个学习的过程都是很有意义的。你感觉你的大脑在发育，并且可以做到一些之前做不到的事。

心脏

向身体下方移动，我们来到了心脏，它需要爱、友谊、幸福和人际关系的给养。脸书是这个器官的专家，因为它的产品是我们与亲人保持联系、与老朋友重新联系、感受社会认同（通过给我们的帖子点赞）以及成为社会群体的一部分（通过群组和群组消息）最受欢迎的方式之一。

更广泛地说，任何让用户感到受欢迎、被爱、人际联系广泛、被接受和地位高的东西，都是给心脏的奖赏。社交媒体应用显然可以帮助用户获得这些感受。谁没有因为自己在照片墙上发的图片获得大量点赞和评论而感到兴奋过呢？红迪网、Quora 和 StackOverflow[1] 等在线论坛和交流平台也帮助人们感觉到自己是社区的一员，这也是这些平台经久不衰的重要原因。

邮件也利用了对社会认同的需求，因为有一种不言而喻的社交压力迫使你回复邮件。回复邮件也会让你感觉自己是一个助人为乐的好人。

适当的友好竞争没有什么坏处。与你的朋友在多邻国这样的应用

1　译者注：StackOverflow 是一个计算机编程领域的问答网站。

中对战，让你和朋友竞争学习一门新语言，帮助你与朋友维持亲密关系（心脏奖励），同时也让你感到成长和成就感（大脑奖励）。另外，感觉自己比朋友更聪明总是一种不错的感觉。

胃

再向身体下方移动一些，我们来到了胃部，那个对消耗着迷的器官。贪吃的胃部想要获得和吃掉尽可能多的东西。亚马逊让我们在短短两天内就能得到我们心中想要的任何产品，简直就是在喂饱我们饥饿的胃。

我们可以把这个"东西"的概念分解成资源、信息和金钱。大胃王、收集癖、强迫症囤积者热衷于收集食物和有形商品等物质资源。这种冲动是可以理解的，我们人类是在稀缺的环境中进化的，饥饿永远在某个角落中存在。收集尽可能多的食物、工具和其他的好东西是并没有什么坏处的。

科技产品有时可以满足这种对于物质资源的需求，最好的例子是电商产品。不过，对于科技产品，更普遍的是满足我们对于信息的需求。科技产品更有可能帮助人们囤积信息。向读者免费提供小窍门和洞察的新闻简报，推特和缤趣滑不到底的故事和内容列表，以及 Buzzfeed 上令人上瘾的列表文章都充分利用了我们渴望收集信息的欲望。

与物质资源一样，我们对信息如饥似渴也是有充分理由的：信息帮助我们的祖先避免了死亡。知道如何区分有毒浆果和美味浆果，或者知道飞奔而来的猎豹会发出什么样的声音，对生存是很有帮助的[1]。

---

1 现代人类正面临着与之相反的问题：我们不是缺乏食物、资源和信息，而是这些太多了，令我们应接不暇。

最后一种胃部奖励，也是最不言而喻的一种，就是金钱。电商网站的折扣、注册奖金、邀请朋友的激励措施以及"买二赠一"的优惠都激发了我们囤积金钱的欲望。

性器官

身体的最后一个器官是性器官。任何生物都需要繁衍，于是我们人类被任何可能提高我们性吸引力的东西深深地吸引。加洛韦认为苹果公司是取悦这个器官的专家：它的闪亮、高端、奢侈的产品可以帮你向潜在伴侣彰显你的财富和成熟。苹果的各种配件也为你提供了多种展示财富的方式：戴在头上（AirPods）、戴在手腕上（Apple Watch）和握在手中（iPhone 或者 Apple Card）。

奢侈品和约会应用为你的真实的（或感知的）性吸引力提供明确的奖励，但是很多其他产品以更巧妙的方式满足这一需求：社交媒体应用让你向潜在伴侣展示受欢迎程度；照片墙上的图片滤镜让你看起来更有魅力；时髦的爱彼迎让你在派对上炫耀很酷的旅行；等等。

面试技巧

从四个器官框架中得出的一个见解与心理学并不是特别相关，但也很有趣：越往身体下面走，你的边际利润越丰厚。人们往往为食物和性付的钱比为信息付的钱多。

苹果在陷入困境的 20 世纪 80 年代和 90 年代就意识到了这一点。在那时，公司与消费者的大脑对话，提供比竞争对手有更优界面和更高规格的电脑。极客们喜欢它，但这并不性感。但是随着 2000 年 iPod 的问世，苹果开始销售帮你在四处奔波时炫耀财富的奢侈品设备。因此，苹果转而专攻高利润率的"性器官"，后者帮助苹果在 2000 年至 2010 年成为利润丰厚的巨头。

结合奖励

然而，产品不是为一种器官定制的，它们可以通过一次服务多个器官来奖励用户。

一个好的例子是谷歌相册，它允许用户存储无限数量的照片，创建相册和剪贴簿，并与他们的好友分享照片。谷歌相册取悦了全部四种器官。

首先是大脑。谷歌相册让我们很容易回忆起以往的假期，并且瞬间提取出我们最喜欢的回忆（你可以搜索"酒吧"，所有你在酒吧拍的照片就会自动被找出来）。这让我们有第二个大脑可以记忆，与谷歌搜索的作用相似。此外，拥有无限的照片存储吸引了我们大脑的逻辑部分，因为我们不再需要花钱购买云存储或者移动硬盘了。

谷歌相册让你打印你最喜欢的照片制作照片集。这些是非常棒的礼物。
资料来源：谷歌相册

其次，谷歌相册对心脏就更有益了。这个应用自动标记照片中的人物，然后你可以自动创建相册，其中包含你与某个朋友或家人一起拍的每一张照片。这些相册是重温美好时光的绝妙方式，或者只是在你朋友生日那天找一张不错的照片发给他也很好。此外，你可以直接在应用里打印照片书和画布，这些是送给你生命中重要的人的非常棒的礼物。

再次，无限的免费存储空间使得谷歌照片对你的胃是完美的，它给你想拍多少照片就拍多少的自由。于是你可以存储记忆而不用担心负面影响。"无限"的诱惑永远能让用户开心。（问问尼尔就知道了，他的谷歌相册里有超过 10 万张照片。）

最后，谷歌相册尽其所能地取悦你的性器官。这个应用给你多种多样的编辑工具，从裁剪到调整亮度再到运用十几种滤镜。这些帮助你在应用里制作令人印象深刻的有吸引力的个人资料照片。谷歌相册还可以自动增强你的照片 —— 通常你甚至不需要告诉它这样做 —— 这使得你无须做什么就能看起来很好看。

把这些功能结合到一起，你就有了一个可以同时取悦全部四个器官的产品。这是一个让用户在产品上花大把时间和精力的可靠秘诀。

获得点击

一旦你理解了为什么人们想要用你的产品，下一步是让他们注册、购买、输入邮箱地址或信用卡信息，或者采取其他行动。这是一个劝说的游戏，你可以使用大量的心理学技巧来获得那个决定性的点击。

最稀缺资源

我们已经讨论过如何让人们想要用你的产品。但仅仅有动机是不够的。不管你有多么想注册迪士尼（Disney）的流媒体服务 Disney+，如果没有钱，你是不会这样做的。即使你爱上了城市里的一家米其林星级餐厅，如果没订到位置，你也不会去的。

换句话说，要让别人用你的产品，你需要确保他们能够这样做。人们在这四种资源足够的时候是有能力做某件事的：时间、金钱、体力和精力。如果他们缺少其中一种，他们就不会采取行动。人们可能真的想下载你的免费应用，但是如果他们不能在默认的应用程序商店找到这个应用，那么找到这个应用就会消耗他们太多精力，大多数人会失去兴趣。

因此，如果有人没有采取你想让他采取的行动，你需要减少对他当下最稀缺资源的使用。

NETFLIX   Sign In

⊘

三步中的第一步
选择你的计划

✓ 除非免费月份过期，否则你不会被收费

✓ 我们会在试用期结束前三天提醒你

✓ 没有任何附带要求，可以随时取消

[SEE THE PLANS]

奈飞的注册表强调没有金钱风险。　资料来源：奈飞

奈飞的免费试用

想一想奈飞让人们注册付费订阅的目标吧。注册只需要一分钟，所以时间不是问题。你几乎可以在任何设备上注册。而且注册表非常简单易填，你只需要提供基本信息，像是你的邮箱地址和信用卡号，一些浏览器甚至会自动填写信息。因此精力也不是问题。

考虑到奈飞每月需要不少钱，人们最稀缺的资源实际上是钱。潜在的消费者可能会担心把钱给到奈飞后，发现并不喜欢这个产品。这就是为什么奈飞力推免费试用，并且提醒你注册没有金钱风险："24小时随时在线取消""只需两步即可轻松在线取消你的订阅服务""没有取消费用"，等等。

这些策略减少了潜在顾客对钱的顾虑，这是他们在这个场景中最稀缺的资源。现在，几乎没有什么障碍可以阻止人们注册，这对奈飞来说是个好消息。

谷歌我的商家（Google My Business）的反滥用功能

你也可以反过来应用这个原则：阻止用户做你不希望他们做的事情。

以"谷歌我的商家"为例，该工具可以让企业主创建谷歌地图列表，从而进行编辑、添加照片和营业时间以及与顾客互动。业主们可以从自动生成的列表中"认领"他们自己的门店。

自然地，一家公司的真正所有者是有强烈的动机认领它的，但他们的竞争对手也是如此。一家不道德的比萨店的老板可能会冒领竞争对手的店，设置虚假的营业时间，发布令人反胃的比萨照片，或者以其他方式故意破坏他们的生意。问题变成了：谷歌怎么能让合法所有者认领他们的门店，而让冒领者不想这样做呢？

答案就在采取行动的资源中。创建者认领一个列表是免费的，所以没有金钱上的限制。填表需要 5 分钟，只是询问一些基本信息，像是你的公司名称和电话号码，所以时间和精力也不是问题。

谷歌决定让这个过程消耗大量的精力。它会向你的公司地址寄明信片。只有当你输入了明信片上的代码，你才可以认领这个列表。明信片需要几天甚至几周才能到达，并且需要你关注你的邮件，所以这对用户的精力（和时间，某种程度上）来说是一笔巨大的开销。

这些障碍让合法店主认领门店都变得很难。你会认为一些有进取心的谷歌产品经理会取消明信片的要求，以鼓励更多店主认领门店。但是这里增加的障碍是有必要的，虽然这给合法店主带来了精力负担，但它给冒名顶替的店主带来的精力负担更重。如果你不是真的拥有一家餐厅，让这张明信片寄到那里会变得难很多。这不是不可能的，但这是一个你不会想要费心的障碍。

所以，虽然减少用户需要花的时间、金钱、体力和精力通常是一件很好的事情，但增加要求有时对于抵御不良行为者非常有帮助。

第十四章　默认的力量

　　如果你能激励人们使用你的产品，并且消除他们使用产品的资源障碍，那么你有相当大的把握赢得他们的支持。花一番功夫劝说会起作用。

　　但赢得用户支持的最简单的方式是压根不需要劝说他们！人们有很强的倾向遵循默认选项，所以如果你把人们的默认选项设置成对你最有利的那个，你完全不需要积极地说服他们。

　　最有名的相关案例研究发生在欧洲。一些国家让居民可以选择死后捐献器官，而另一些国家则默认居民死后捐献器官。第二组国家把器官捐献作为默认选项，并使得退出很难。结果呢？选择捐献的国家只有15% ~ 20%的居民选择加入，而默认捐献的国家几乎没有居民退出，同意率近乎百分之百。

　　这个模式的例子比比皆是。金融服务公司先锋（Vanguard）发现，在默认参加401K退休计划时，91%的新员工会将资金投入到这个计划中。而当参加401K不是默认选项时，只有42%的新员工把钱放入这个计划中。迪士尼餐厅发现，儿童餐的默认选项从苏打水和炸薯条改为果汁和蔬菜后，公园里的孩子"摄入的卡路里减少了21%，摄入的脂肪和钠减少了40%"。

　　为什么会有这样的效果？人们喜欢心理捷径，并且提供默认选项可以让人们少做一次选择。人们还发现，选择默认选项的人知道他们在做什么，并且他们倾向于信任这个选项，尤其是当人们在处理他们不熟悉或者复杂的领域时。

对产品经理来说，一个常见的技巧是，预先选上复选框里那些对用户没有那么重要、用户不会主动选择的选项。这个技巧在隐私设置页面和新用户引导流程中很常见。很多产品会让用户默认地给出大量数据。而且几乎所有互联网服务都自动把新用户加入它们的邮件列表。于是，你必须非常谨慎地使用这个技巧，因为用户已经了解了这个技巧，而且不会信任、过度使用这个技巧的产品。

默认的力量还可以帮助你支持没那么成功的产品。苹果地图一直以来是 iOS 的默认地图，使得它的普及度是谷歌地图的三倍，直到 2015 年，人们都认为它就是更好的。还是那句话，谨慎地使用这个技巧。几十年来，微软一直把 IE 浏览器作为 Windows 系统的默认浏览器，这提高了这个浏览器的受欢迎程度，但是也让微软在 2009 年引来了欧洲反垄断监管机构的指控。

框架（Framing）

你会用比其他信用卡返现更少、不让你在网上付款，甚至连卡号都没有的信用卡吗？也许不会。但是你会用不收取年费、配有易用应用程序、安全功能卓越、保证财务数据隐私的时尚钛合金卡吗？很可能会！

你可能已经猜到了，我们说的这两种情况其实都是一张卡：苹果信用卡[1] 于 2019 年首次亮相。这表明了你淡论产品的方式与这个产

---

1 这个信用卡已经克服了它在 2019 年受到批评的一些缺陷。

品本身一样重要。完全相同的事物可以极好或极差，取决于你如何谈论它。

这个心理学概念叫框架：人们看待事物的角度对理解事物有很大的影响。中立、不偏不倚的观察者是不存在的。每个人看待事物的视角都受到所处环境的影响。一个有 10% 失败概率的手术听起来比 90% 成功概率的手术感觉糟糕得多，但它们实际上是一回事。

你必须使用这个理论让你的产品看起来更吸引人。如果你不这样做，你将无法控制人们看待你的产品的视角。

消极偏见（Negativity biases）

这个理论的一个实际应用是给网站的着陆页和行为召唤按钮（call-to-action button）配文的时候。回忆一下损失规避：失去的痛苦比得到的快乐更强烈。这意味着把你的产品描述为消除损失的东西比描述为增加收益的东西有效得多。例如，假设你在销售一种产品，可以帮助电商公司增加在它们网站上下单的用户百分比（你增加了转化率）。告诉电商公司"停止顾客流失"会比"得到更多的顾客"更有冲击力，因为失去的痛苦超出得到的快乐。

相似地，相比积极的情绪，人们更重视消极的情绪。这是为什么很多产品宣传它们是在解决用户的痛点。与其说"更多的娱乐"，不如说"没那么无聊"；与其说"领先他人"，不如说"别被落下"；诸如此类。

百分比

人们还倾向于认为大数字比小数字更有说服力，而且常常过于重视他们听到的有关产品的负面信息。这是为什么"99% 脱脂"酸奶比"1% 脂肪"酸奶卖得好：你最好宣传一个大数字而不是小数字，强调正面效果而不是负面效果。

一个垃圾邮件拦截器可以拦截 96% 的垃圾邮件，但有 4% 的被允许通过。框架原则指出，你应该强调正面的（96% 被拦截）而不是负面的（4% 被允许通过）。
资料来源：Mobile Spoon

描述百分比的另一个例子是，假设你的产品起初的订阅价格是 60 美元 /12 个月，你把价格削减至 40 美元 /12 个月（或者相当于 60 美元 /18 个月）。你可以表述为降价 33%（从 60 美元到 40 美元）或者延长 50% 的订阅时间（从 12 个月到 18 个月）。由于人们认为更大的百分比是更好的，所以你最好强调"时间延长了 50%"而不是"降价 33%"。

把弱点变为优势

框架是非常有效的，实际上，你可以用它把产品的弱点变为优势。

有一个很好的例子是夜间感冒药。NyQuil[1] 和泰诺安这样的药旨在减缓感冒、发烧和过敏症状，但是它们意外地有引起嗜睡的副作用。

这在正常情况下会被认为是一个弱点，但是这些产品的营销人员通过将这些药物宣传为"夜间感冒药"，把弱点变成了优势。人们认为应该在晚上服用这些产品（"硬件工程师"和"产品经理"是这么来的），所以它们现在有了镇痛和安眠的双重作用。本来是一个好处和一个副作用，现在你得到了两个好处！于是，巧妙的产品框架把问题产品变成了轰动市场的产品。

你也可以把这个原则应用于你的产品。你不是忽略了一个功能，而是故意不做这个功能，于是你可以专注于真正重要的东西。你不是缺少对某种操作系统的支持，而是为使用你所支持的操作系统的用户打造量身定制的体验。

谷歌的 Chromebooks 很擅长把弱点转为优势。它们的笔记本不支持你在本地应用上做太多工作，而是让你在云端上做大多数工作。与 Windows 和 macOS 相比，这可能会被认为是一个弱点，但是谷歌扭转了这一事实。谷歌主张 Chromebooks 非常适合学生，它们可以在设备间切换而不用担心重要的文件被落在另一个设备上。相似地，Chrome OS 不能运行像 Microsoft Word 或者 Photoshop 这样的桌面应用。这可以被视为一个巨大的劣势，但它也让谷歌强化了 Chromebooks 不需要杀毒软件的宣传点，因为危险的东西从一开始就不会被下载下来。

1　是一种在美国非常流行的非处方药，主要用于缓解夜间感冒和流感症状。

免费！

"免费"这个词被认为是英语中最强大的五个单词之一[1]。人们热衷于免费的东西，而且当他们看到"免费"这个词，他们就会做出非理性的反应。丹·艾瑞里把免费称为"情绪上的敏感点"，它总能吸引客户的注意。

面对免费的东西，人们往往会做出非理性行为。在一个实验中，学生们可以选择用 7 美元买一张价值 20 美元的礼品卡，或者免费得到一张价值 10 美元的礼品卡。20 美元的选择更好，因为你将得到 13 美元的净收益。但是大多数学生都选择了免费的 10 美元礼品卡。冰激凌连锁店 Ben & Jerry's 每年 4 月 9 日都会发放免费的冰激凌，这引来了人们在门外和街区周围排起长队。花那么多时间排队买一个通常只要几美元的冰激凌蛋筒是完全不合理的，但是人们太爱拿免费的东西了，所以他们很乐意这样做。

为什么"免费"这么有效？这是因为人们的损失规避心理：免费的东西实际上是零成本，所以没有任何不好的地方。这意味着免费的东西都是有利的，这会使我们的大脑短路，渴望得到尽可能多的免费的东西。

免费门槛

你现在知道免费试用有多强大了，但是另一个有趣的策略是把"免费"的东西摆在用户面前，诱惑他们做你想让他们做的事。例如，

1　另外的几个单词是"你""因为""立刻"和"新的"。

在 20 世纪 90 年代末，亚马逊开始为超过一定金额的订单提供免费配送服务。世界各地的人们纷纷往购物车里添加他们不需要的东西，只为了超过这个金额门槛，得到广受欢迎的免费配送服务。这个趋势在除了法国以外的每个地区都存在。法国的平均订单金额没有增长。不同之处在于，法国把配送费设置为了 20 美分，而不是免费。但即使是这一点点费用，也足以让人们对它望而却步。当法国也把配送政策改成购物到达一定金额免配送费后，法国用户也与全球用户一样，疯狂加购物车了。

这个技巧从那时起沿用至今：一家电商初创公司设置了免费配送门槛，订单平均金额增加了 7%。这个策略也适用于电商之外的其他行业。比如，Kickstarter 的项目通常会向捐赠超过一定数额门槛的人免费赠送礼物——贴纸、证书、与创始人的对话，等等。你可以考虑一下，你的产品如何能利用这一技巧鼓励你想要的行为。

增量免费

我们之前提到过，失去金钱带来的痛苦边际效应是递减的。在我们的模型中，你花的钱翻两番，感到的痛苦只会多一倍。这意味着人们喜欢"自助餐"模式，他们先支付一大笔费用，然后免费得到所有东西。大笔支出带来的钝痛比许多小额支出带来的刺痛的总和要少很多。这反过来解释了像奈飞这样订阅制、自助式的产品的成功。

由于人们对免费商品的反响异常强烈，这种增量免费商品的模式效果更好。我们认为这是因为大多数购买行为伴随着内心的愧疚：你脑海中总是在想这个东西值不值。毕竟，这是买家懊悔（buyer's remorse）的原因。

但是，当你逐渐获得免费的商品和服务时，这种负面影响永远不会出现，因为你此时没有在花钱。因此，增量免费的商品把你从买家懊悔（一种将人反复拉回懊悔情绪的强效药）的愧疚中解放出来。人们对大到全包式邮轮、小到快餐店的免费续杯饮料的疯狂是有原因的。因此，创造自助的商业模型不仅仅是让用户订阅的好方法，还是提高用户满意度的有效办法。

免费试用的弊端

然而，免费的东西可能会太过于有诱惑力。获取免费的东西是没有坏处的，因此对产品完全不感兴趣人们也会接受它。这意味着对西蓝花不感兴趣的人仍会在好市多超市领取免费样品。这一点对科技产品来说影响更恶劣，对付费版没有兴趣的人也会注册免费版。

这对企业软件初创公司来讲尤其是个问题，它们跟进大多数（如果不是全部）注册免费试用的客户，向上销售，试图让他们变为付费版客户。但是如果太阳下的每一个人都注册了免费版，那么你的销售团队将会浪费很多时间追逐永远不会变成付费客户的销售线索。

出于这个原因，在免费版的注册流程中增加一点阻碍通常有助于赶走不是真的需要免费试用的人。让人们预先输入他们的信用卡信息是一个很好的办法 [1]。

1　这也让人们更有可能在试用期结束后留下来，因为他们的信用卡信息已经在了，于是可能就懒得改了。

Chapter 15

第十五章　黏性

一旦有人来注册你的产品，你就需要把这些人留住。这是关于黏性的科学，黏性是关于如何让人们日复一日地回到你的产品。科技产品是极具黏性的。我们每天看手机将近 100 次，也就是说，我们清醒的时候每 10 分钟看一次，并且 61% 的人会在醒来后 5 分钟内查看手机。你很清楚推特、照片墙以及其他产品有多容易令人上瘾。那么这些产品是怎么做到的呢？你又怎么能像它们一样让用户保持黏性呢？

培养习惯

保持用户回头率的最有效方法之一就是让产品成为用户日常习惯的一部分。使用频率高、实用性强的产品更容易让人养成习惯，但人们也可能会对低效用行为养成习惯，只要它发生得足够频繁。

流行的上瘾模型（the Hook Model）解释了如何塑造用户的习惯。首先，利用外部触发，让别人访问你的产品。外部触发包括付费广告（付费型触发）、正面的媒体报道（回馈型触发）、口碑相传（人际型触发），以及推送通知（自主型触发）。这些外部触发会促使用户下载或者打开你的应用。

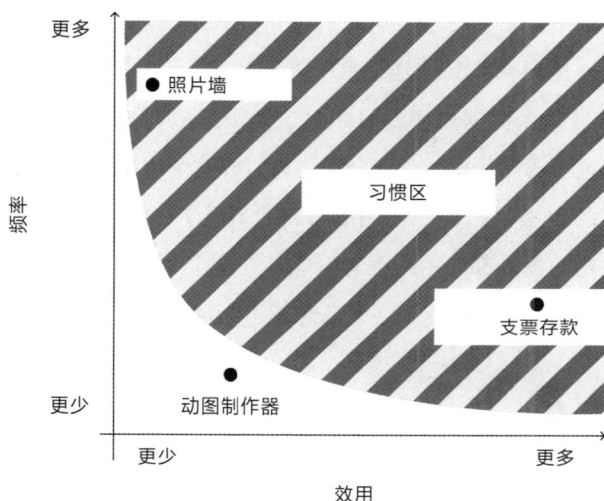

为了让一种行为成为习惯，它需要发生得足够频繁并且有足够高的效用。既没有用也不常被用到的产品是不容易成为人们的习惯的。

资料来源：苏米特·加格（Sumit Garg）

你的目标是停止对外部触发的依赖，因为外部触发可能是很贵的。你需要让用户出于内部触发打开应用，换句话说，让用户出于习惯用你的产品。为了让他们这样做，你需要带领用户经历几次上瘾模型的循环，每次都让习惯加强一点。在每个周期中，你都会给用户一些奖励，让他们采取行动（比如打开应用程序），然后让他们对产品有所投入。投入设置了下一轮触发，将用户拉回产品。最终，用户不再需要外部触发（回忆动机章节的框架）。用户无聊的时候就会打开奈飞，孤独的时候就会打开脸书，感到自己落后于潮流时就会打开推特。

这个模型一个很好的例子是像瓦次艾普或者色拉布这样的消息应用。用户因为朋友间的口口相传（外部触发）下载应用（行动），查看有没有人给他们发消息（酬赏），然后发送消息（投入）。当有朋友回消息时，用户会收到推送提醒（外部触发），于是被拉回循环，但这一次会是更深度的使用。最终，这个消息应用成为用户的一个习惯：人们想与朋友分享时，就会本能地打开这个应用。

这里的想法是，每一轮的酬赏都会让用户对产品的感觉更加积极。每一轮的投入都让用户更有可能留在这个产品中。人们喜欢一致性，所以他们不太可能离开一个已经花了大量时间和精力的产品。

多变的酬赏

形成这个上瘾循环的秘密是多变的酬赏。科学研究表明，人们不是从奖励中得到快乐，而是从对奖励的期待中获得快乐的。从科学上讲，多巴胺（绰号"快乐激素"）的释放在你得到奖励之前达到峰值。

然而，真正让你的多巴胺释放的是随机性。我们人类喜欢在事物中发现模式，从进化角度讲，多巴胺的作用是把我们的注意力吸引到我们还没有匹配模式的新事物上。根据定义，随机性是不可能适用于某个模式的，于是随机奖励将始终保持我们的多巴胺活跃。多巴胺是我们上瘾的一个很重要的原因，也可以说，是随机性让我们上瘾。这也是老虎机在美国每年营收高达450亿美元（占所有赌场营收的四分之三！）的原因，它太让人上瘾了。

这意味着产品不能每天都给用户一样的酬赏，无论是信息、更新、工作机会，还是消息。一样的奖赏会让人很快失去兴趣。相反，产品需要在用户每次打开时给用户新的酬赏以娱乐用户。社交媒体在这一点上做得很好，永远都有更新，你永远不知道你的帖子会获得多少点赞和评论。油管、奈飞、Spotify 的自动播放视频和视频推荐也是随机酬赏的一种形式，因为你永远不确定你会得到什么。

推特、缤趣以及红迪网可以无限滚动的列表也提供了多变的酬赏。每次下滑就像把你的手伸向一个数字曲奇罐——你永远不知道你将会得到什么，但是你知道这将是一个新的、令人激动的体验。无限滚动甚至被称为"互联网的老虎机"。

可变的酬赏对娱乐产品很有用，但是不太适合工具类产品。你希望像银行应用之类的产品每次都给你严肃的信息，而不是让你玩令人分心的游戏。同样地，如果优步随机地给你 10% 的折扣或者 10% 的加价，你可能会很生气。但是像这样的应用仍然可以引入一些随机性，比如优步让你有 5% 的概率获得一周折扣卡，或者如果你的银行应用随机地为你找到一些有用的信用卡优惠。

虽然可变的酬赏是强大的，但用户对这个技巧已经很熟悉了。人们现在可以辨别出意图让人上瘾的产品设计。人们知道社交媒体可能会不健康，也知道产品经理可以使用的小技巧。

这个知识甚至引起了议会的注意。2019 年提出的一项法案就旨在停止社交媒体网站使用令人上瘾的自动播放和无限滚动功能。

转换成本

另一种留住用户的方法是让用户很难离开，换句话说，就是提高转换成本。用户不愿转换的原因主要有三类：缺乏可携带性、前期投入高、社会压力。

可携带性

　　缺乏可携带性是最主要的原因，无论不可携带的是人、数据还是生态系统。网红们不愿切换到另一个社交网络是因为他们在一个网络的关注者列表很难迁移到另一个网络。日常用户可能会犹豫要不要放弃一个有 90% 的朋友使用的消息应用，转而使用另一个只有 10% 的朋友使用的消息应用。其他类型的数据也很难迁移：你的 Spotify 播放列表、Gmail 邮件、照片墙的照片，以及奈飞个人资料都很难移到这些产品的竞争对手那里。

　　最后一点尤其值得注意。用户可见的数据，比如照片、消息和待办事项列表等，花一些时间是可以移走的。如果你想的话，你永远可以手动将你所有的照片墙的照片保存到你的相册。但是通过机器学习创造的复杂用户模型，比如奈飞对于你的观影品味的详细档案，对用户来说是不可见的，因此也是不能迁移的。

　　另外，很多效用来自对其他人的数据的访问。奈飞的协同过滤算法是一个典型的例子，它基于品味相似的其他用户之前看过的电影向用户推荐电影。由于你无法将其他人的数据转移到新的应用程序中，因此这些算法的效用也无法被迁移。

　　另一个例子是脸书的相似受众功能，它可以预测哪些脸书用户的行为与你所选用户的相似，并允许你针对这些用户投放广告。原始数据对广告商是隐藏的，所以他们无法导出。因此，像奈飞和脸书这样的模型是比用户可见数据更强大的"退出壁垒"。

　　生态是可携带性最后一个组成部分：通常围绕一个产品构建的大型生态不易迁移到其他产品。银行和其他金融机构与 Excel 生死相依，并且 Excel 有一个庞大的、专为 Excel 用户研制的拓展应用生态系统。

这使得用户很难迁移到像谷歌表格这样的竞争对手那里。尝试启动一个新的操作系统是困难的，因为还没有人在这上面建造任何应用。尝试启动一个没有任何插件的新浏览器也很难，这样的例子还有很多。

你使用的产品系列也是一种生态系统，将其中一个产品替换为与其他产品没那么兼容的新产品可能会给你的生活带来不便。微软办公工具彼此非常紧密地集成在一起，所以如果你的公司用的都是微软的产品，那么从 Outlook 离开转而使用 Gmail 或者从 Teams 离开转而使用 Slack 会很难，因为你会失去很多集成工具。

前期投入

另一个人们不愿切换到其他产品的原因是学习或者设置一个新产品需要花的时间和精力太多了。

Dvorak 键盘布局。与 QWERTY 键盘不同，Dvorak 键盘试图帮助打字者尽可能地把他们的手指保持在中间那排。　资料来源：维基媒体

一个经典的例子就是 Dvorak 键盘，它是创建于 20 世纪 30 年代的 QWERTY 键盘的竞争者，通过把更多按键放在"主行"（你的手指通常所在的中间行）提高打字速度。Dvorak 声称可以将打字速度提高 70%，并且将手指移动的距离缩短 67%。

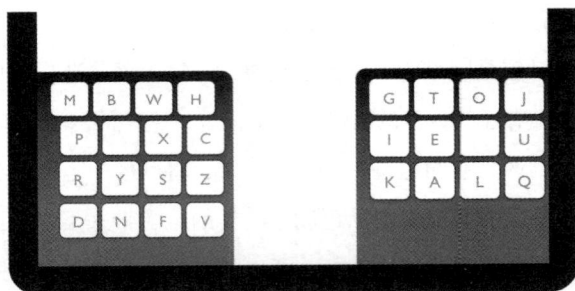

2013 年推出的 KALQ 键盘布局将按键放在屏幕的两侧，对使用大拇指打字更方便。
资料来源：New Atlas

后来又有了 KALQ，一种更不为人知的、针对触屏进行优化的键盘布局。KALQ 把键盘分成两半，靠近屏幕两侧，使得比起全宽度的 QWERTY 键盘更方便大拇指打字。研究表明，与 QWERTY 键盘相比，KALQ 键盘将手机上的打字速度提高了 34%。

不过，如你所知，这些键盘布局都没有得到大规模的采用。虽然两个键盘布局的表现都远超 QWERTY 布局，但对大多数人来说，学习它们所需的数周的训练并不值得。更不用说，如果你使用的设备仅支持 QWERTY 键盘，所有的训练都毫无用处。QWERTY 键盘背后广泛的教育和技术基础设施使得我们的社会几乎不可能离开它。

这个问题在企业科技中也很常见，在这个行业，主导者已经根深蒂固。例如，几代员工都是使用 Microsoft Office 和 Windows 长大的，转到像谷歌文档这样的竞争对手会迫使公司重新培训员工，而很多员工都不愿意这样做。

有时切换需要花费太多的时间和精力。想想云计算平台：你可以将所有客户数据和后端服务器从 Amazon Web Services 移到微软的 Azure，但是尝试迁移一切的风险太大了。关掉服务器再将它们转移又会使你的服务对客户不可使用，并且很难完全确定一切会在新的云服务上运行正常。在这之外，云供应商的数据格式通常互不兼容（一个可携带性的问题），于是你就明白为什么厂商锁定是一个严重的问题。

这个问题在消费科技领域中也存在。例如，我们喜欢 Int 的金融工具 Mint，它把你所有的金融数据收集在一个简洁的界面中，包括银行账户、信用卡、账单等。一个名为 Personal Capital 的竞品提供许多相同的功能，并且，在 2018 年，如果被朋友推荐来的新用户关联了银行账户，它甚至会给新用户 100 美元的奖励。我们本想尝试这个产品，但是导入所有金融账户太麻烦了。

这就是为什么硅谷流行这样一句话："新产品必须比竞争对手好10 倍才能取代竞争对手。"如果没有好这么多，用户就不愿意经历切换的麻烦。

社会压力

最后，离开强大的品牌通常是困难的，因为它们已经创造了一种同伴压力，让人坚持使用它们，或者已经给竞争者带来了不好的名声。

举一个同伴压力的例子，看一看苹果的 iMessage 就知道了，它给 iPhone 用户令人愉悦的蓝色气泡，而给安卓用户普通的绿色气泡。颜色的差别还让 iPhone 用户识别和看不起没有用上 iPhone 的安卓用户。

几十年来，传统的科技公司通过让新贵竞争对手出丑而保持强大。英特尔一直被看作计算机芯片的黄金标准，这个公司成功地使顾客对它的芯片制造竞争者，比如 ARM 和 AMD，产生怀疑。即使竞争对手生产了性能明显优越的芯片，你还是只想买英特尔的东西。

在厌恶风险的大型企业中，那些长期存在、享有良好声誉的老牌公司更有影响力。你可能已经听过这个 20 世纪末的说法，"没有人会因为购买 IBM 而被解雇"。代表公司采购的人通常会选择风险最低的选项，被看作安全的大品牌正是利用了这一心态。

案例研究：彭博终端

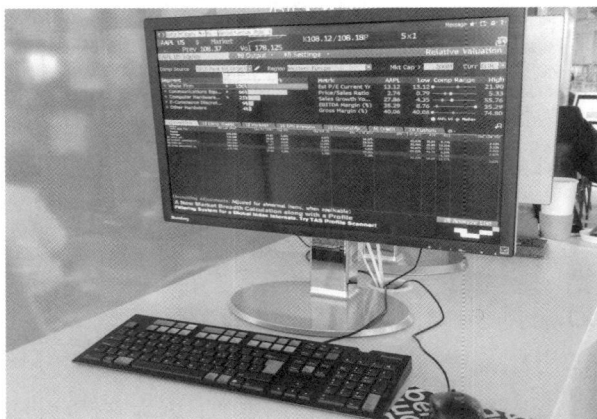

一台彭博终端，它在华尔街的操盘手中间很流行。　　资料来源：维基媒体

在金融领域，几乎每一个投资者都使用彭博终端，一个由亿万富翁彭博设计的硬件／软件套件。这个计算机让你可以调出几乎所有公司的数据，与世界各地的交易员交流，以及获得重大金融新闻。它有一个彩色的自定义键盘，键盘上有很多用于常见金融任务的快捷键。例如，查找抵押贷款数据或者调出公司的股票价格。

然而，每台彭博终端机器每年要花 2 万美元，与 Windows 操作系统锁定，并且有着所有人都觉得有些过时的用户界面。尽管数不清

彭博终端的键盘。最上面的两行按键是自定义的，它们是快捷键，可以获得政府新闻和股票价格等。　资料来源：Travis Wise

的创业公司提供过更便宜、更新鲜的体验，但是彭博终端仍旧是主导者。

彭博终端利用了三个转换成本要素，让客户很难转移到其他产品。终端最受欢迎的功能之一是让全世界的银行家和交易员通过终端沟通的社交网络。这个网络上的人，或者说这个社交图谱，不容易迁移。离开终端你就会失去轻松接近同事的机会。网络效应是可携带性问题的一个主要类型。

离开彭博终端还需要付出巨大的前期成本：软件甚至键盘都是高度专业化的，金融从业人员多年来一直使用它接受使用训练。安装新的硬件然后重新培训员工会是一个沉重的负担。这个风险可能会很大，因为让交易员停工几天或者几周可能会让你失去利润丰厚的交易机会。

最后，社会压力也是留在彭博终端的原因。金融从业人员习惯了终端，他们中的很多人很喜欢它。（还有哪个金融工具能内含高端版本的 Yelp 和能购买奢侈品的系统？）对很多人来说，在华尔街工作等同于使用彭博终端。任何没有使用彭博终端的商店都容易看起来不属于华尔街。

沉没成本谬误

转换成本如此强大，背后的心理学原因是沉没成本谬误，它描述了人们倾向于坚持使用低于标准的东西，因为他们已经在上面投入了大量的时间和精力，如果他们把它扔掉会感到很糟糕。这是一个谬误，因为你已经做了投资，并且没有办法把你的投入拿回来（它是沉没成本），所以坚持低于标准的东西并不能真正地为你节省任何时间和精力。

沉没成本谬误的一个特殊且相关的版本是禀赋效应（endowment effect），它解释了人们如何非理性地高估他们已经有的东西的价值。例如，在一项研究中，一组参与者被要求拿着一个巧克力棒30分钟，过后，他们被问到会以多少钱卖掉这个巧克力棒。这组提出的平均价格是 1.72 美元。但是另一组的参与者没有分到巧克力棒，他们只是在看到了巧克力棒后被问到会以什么价格卖掉。这组提出的平均价格是 1.35 美元。也就是说，人们认为同样的巧克力棒价值高 37 美分（或者 27%），只是因为他们拥有过这个巧克力棒！

这意味着免费试用特别有效：一旦人们让产品成为他们习惯和工作流程的一部分，即便试用期结束，他们也不太可能放弃这个产品。由于试用过的顾客感觉这个产品是"他们的"，于是他们比没有试用过产品的顾客更认同这个产品的价值。

更具体的是宜家效应（IKEA effect），它解释了我们过度估计自己创造的东西的价值，比如宜家家居。一项研究发现，当参与者被要求制作折纸，他们认为自己的作品值 19 美分，而认为其他参与者的作品只值 5 美分。产品经理们于是可以通过让用户定制和装配他们自己的产品来留住用户。例如，安装 Slack 机器人、创建 Trello 面板，或者策划要关注的推特列表。

一般来说，人们在你的产品上投入越多，他们就会越喜欢这个产品（就像人们喜欢他们的改装车一样），所以要利用一切机会让用户觉得产品是自己的。

克服转换成本

以上这些并不是说转换成本不能被克服。他们可以，所以你应该在你的产品中采用这些技巧，并且让竞品很难使用它们。

为了克服前期投入成本的问题，你可以分阶段部署：让用户慢慢迁移到你的新解决方案，而不是迫使他们一次性全都移过去。这样可以降低迁移成本并降低风险。

例如，当阿迪在微软 Azure 工作时，他发现很多公司没有将本地数据中心迁移到云端上。很多公司只是升级他们的本地服务器上的 Windows 服务器软件，就能花上十几年！事实是，公司对于将所有东西迁移到云端是很犹豫的，因为他们想要特定的工作负载立即完成。例如，那些必须以最小延迟运行的任务。

于是阿迪的团队创造了一个超融合混合云系统，客户可以在把重要的东西留在本地的同时，逐渐把工作负载从本地迁移到云端。这个策略很有效：之前犹豫的客户开始用混合系统，微软 CEO 萨蒂亚·纳德拉（Satya Nadella）将此策略称为 Azure 飞速增长的主要贡献者。

为了克服缺少可携带性的问题，一个简单的办法是建造一个工具，让用户把数据从竞品导入到你的产品中。举例来说，任务管理工具 Asana 让你简单点击几下就能从 Trello、Airtable、Monday.com、Sartsheet 甚至谷歌表格等竞品导入数据。

你还可以"导入"用户的肌肉记忆。谷歌表格实现了大多数 Excel 中的功能、快捷键和特性，于是用户更容易切换。（诚然，很多 Excel 中的高级功能谷歌表格中没有，但是谷歌表格对普通用户来说已经有足够的相似度了。）

游戏化

自我决定理论告诉我们，人们喜欢感到自主和能胜任，而常识告诉我们，人们喜欢玩得开心。游戏让我们体会了所有这些感受，这是我们如此热爱运动、棋盘类游戏、电子游戏以及其他游戏的一个重要原因。你可以通过加入游戏化设计或者引入游戏的机制和设计原则来使你的产品更受喜爱，从而更有黏性。

游戏化的七个部分

游戏化并不是把你的产品变成游戏。将你的待办事项列表变成一个吃豆人游戏是有趣的，但是不能给用户深度的满足感。你需要将成功游戏的七个关键机制纳入产品的核心设计中。

第一部分，用户（和玩家）需要有目标。我们人类有寻找人生目标和方向的心理需求，而目标给了我们具体的奋斗方向，无论是熟练掌握曲线球、打败大 boss，还是学习如何用西班牙语进行对话。完成目标让我们感到快乐，并且带给我们精神上的刺激。

　　游戏是由一系列重叠的目标构成的：完成关卡、得到宝可梦徽章、赢得游戏，等等。当你尝试将游戏化添加到你的产品时，请思考用户可能会有的目标。他们想高效产出吗？他们想学点东西吗？他们想找工作吗？

　　第二部分，一旦你找到了用户的目标，你需要给他们一些规则，让他们可以朝着目标前进。他们如何能一步步接近胜利？在网球赛中，目标是赢得比赛，规则包括如何得分和如何发球。在 Inbox Zero 的电子邮件技术中，目标是清空你的收件箱，规则是对每封邮件进行回复、删除、稍后提醒，或者委托（你不能仅仅是忽视它）操作。规则必须明确，一个无法知道如何获胜的游戏根本不可能好玩。

　　第三部分是反馈：用户（和玩家）需要能够轻松衡量他们实现目标的进度。其中包括进度条、点数以及其他指标。大多数游戏这一点都做得很好：游戏的输赢是非常清晰的反馈，而进球得分或者 KO 等中间点可以告诉你在游戏中的表现。生活中的其他事情的反馈则模糊得多，你如何衡量自己是否成功地学习了一门语言，作为一个朋友做得怎么样，或者事业是否成功？游戏化试图给这些模糊的话题加入具体的、可衡量的反馈。

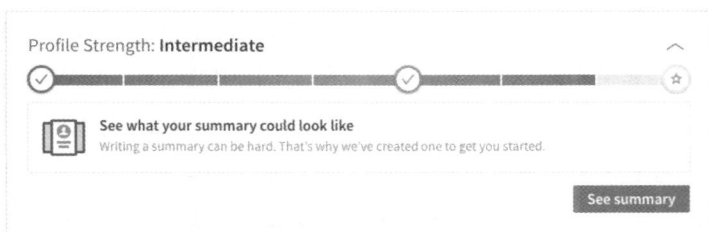

领英的用户资料填写进度条。它游戏化了完善用户资料的过程。　　资料来源：Pointzi

反馈的一个要点是玩家讨厌进度倒退。我们的心智模型是你在游戏中只能前进，倒退是很令人沮丧的。（这是人们如此讨厌被《马里奥赛车》的蓝色贝壳击中的原因。）所以，举个例子来说，你通常应该避免扣分或者缩短进度条，除非用户同意你这样做。

　　游戏化的第四个也是最著名的部分是奖励：达成目标的内在和外在的奖励，它们让你有理由朝着目标努力。大多数游戏的奖励是内在的，但是在游戏中赌博的奖励是外在的。在产品的游戏化中，最常见的奖励形式是积分、徽章和排行榜，由于它们常常一起出现，被一起称作PBLs。

　　但是人们不会仅仅是为了分数、徽章和排行榜做一件事。人们重视PBLs，是因为它们证明了他们的成就，而不是因为PBLs本身是有价值的。你不能期望仅仅是给琐碎的工作配上徽章，人们就会去做这样的工作。相反，你首先要考虑你希望奖励什么样的成就，而不是你要设计什么样的PBLs。例如，用户不会因为想要看到进度条填满，就会去填完他们的领英档案。他们做这件事是因为喜欢完成一件事的快感，游戏是生活中为数不多的你可以百分之百完成的事情。完成个人资料会给人们一种掌控感，这是真正的奖励，而屏幕上的分数不是。

　　请注意，正确的奖励方式取决于产品。星巴克会员和航空公司的常旅客里程等忠诚度计划是一种游戏化，由于你需要付费才能"赢得"这些游戏，顾客期待的奖励也是金钱奖励，像是免费航班或者免费咖啡。如果你给星巴克的顾客虚拟徽章，以奖励他们喝的咖啡最多，他们可能不会满意。同时，用户不会期待做不花钱的事情能得到金钱的奖励，例如在谷歌地图上评价商店。利他主义和成就感就足够让他们开心了，给他们简单的回馈，像是免费的袜子，他们就会很高兴。

　　换句话说，奖励需要与用户的动机联系在一起，这也是游戏化的

第五部分。如果人们想要赚钱或者找到优惠（胃部奖励），那就给他们这些。如果他们想要感到自己正在改变世界，请设计你的系统，使得当用户的社交影响力越大，他们得到的奖励就越多。

最后两部分是选择的自由和失败的自由。如果玩家被迫进入游戏，或者如果他们在犯错误的时候会受到严厉的惩罚，游戏就不再有趣了。选择的自由意味着你的游戏化应该始终是产品的附加组件，而不是产品的核心。如果用户不喜欢游戏化，他们可以随意忽视它。举个例子，不要把关键功能隐藏在达到某个"等级"之后。失败的自由意味着用户应该永远可以再次尝试。因此，在其他地方得不到的限时"探险"奖励实施起来是有一定风险的。但是如果这样的"探险"是一个反复出现的系列，就让人更能接受了。

案例研究：Robinhood 的点击游戏

免手续费的理财应用 Robinhood 提供了一个教科书级的游戏化应用。在 2019 年，Robinhood 宣布它要发布一款新借记卡并且创建了一个申请者候补名单。

不过，这不是一个普通的候补名单，你不能只是输入你的邮箱地址然后等待收到邀请。Robinhood 把这场等待变成了一个游戏。候补名单上的每个人每天可以点击借记卡图片一千次，点击次数更多的人排名可以提前。Robinhood 甚至会实时显示你的位置，并且告诉你每次连续点击把排名提前了多少 —— 计数器里的数字会像老式计程车的里程表一样跳动。

不过，锦上添花的是，Robinhood 允许你通过邀请朋友加入候补名单来往前插队。考虑到队伍前列的"玩家"都很投入，达到一定排

Cash Management
#526,685

OUT OF 1,258,933 People
UP 62 Spots Today

▲ 12

debit

Features

Earn 0.30% APY
Your cash is moved to banks in our program

一个用户点击借记卡图片以提前他在 Robinhood 借记卡（名为现金管理）候补名单中的位置。

名后，仅仅通过点击不再能提前你在队伍中的位置了。邀请朋友是赢得游戏胜利的唯一办法。

　　这款游戏非常受欢迎：正如你在图片中看到的那样，候补名单中的人数常常超过 100 万。这是因为这个游戏在游戏化的七部分中的大部分都做得很好。

　　第一部分，玩家目标，是相对明确的：在候补名单中排名足够靠前以得到邀请。然而，Robinhood 从没有告诉你排到第几名你就可以得到邀请，这可能是故意设计的，以使玩家不断朝第一名努力。

　　第二部分，规则，也很明确。点击的次数和邀请的人数足够多，你的位次就会提前，如果跟不上竞争者的步伐，你的位次就会落后。名单最靠前的部分有一点奇怪，出于一些奇怪的机制，有的人用尽了全部的点击和邀请，排名还是会下降。但是对大多数人来说，规则是很清晰的。

第三部分，反馈，做得也极好。每次点击卡片，你都会看到位次提前了多少。

第四部分，奖励，也不错，每个人都知道他们是想要得到借记卡。（不过，你是否一定要玩这个游戏才能得到卡片这件事是不清楚的，Robinhood从未发布过截止日期。）

第五部分是用户的动机，在这一点上，这个游戏让人感觉有一点蠢。人们想要一张借记卡，那么他们为什么要玩一个被美化了的点击游戏？它让人感觉是Robinhood浪费人们时间和病毒式传播的低劣的手段。尽管如此，它还是奏效了。

第六部分，选择的自由，也处理得很好。你当然不必玩游戏就可以使用Robinhood的其他功能，这一点是好的，尽管Robinhood没有明确说明你是否能在不玩游戏的情况下得到卡片。

第七部分，失败的自由，稍微弱了一点，因为你一天不玩位次就会落后。幸运的是，重新排到前面不是不可能的。

我们可以给Robinhood的游戏在游戏化过程的每一部分给出一个主观评分：

序数	部分	等级
1	目标	B+
2	规则	A
3	反馈	A+
4	奖励	A
5	动机	C
6	选择的自由	A−
7	失败的自由	B+

总体来说，相当不错——并且非常有效。

案例研究：Todoist

有的时候，游戏化的目标非常简单，在 Robinhood 的例子中，目标是最大化候补名单中的人数。尝试通过游戏化来最大化公司的营收也不难做到。

但有时你的游戏化是为了帮助用户达到他们的目标，而不是你的目标。这在旨在帮助人们改善身体健康、学习新技能或者提高工作效率的自我提升应用中很常见。在这种情况下，明确你应该优化的事情会更困难，因为用户的目标非常多样化。因此在这种情况下，把游戏化做好要难很多。

效率类应用 Todoist 是一个做得很好的自我提升产品游戏化的例子。从表面上看，它是一个待办事项应用程序，因此用户的近期目标是很明确的：完成他们待办事项清单上的事情。但是当你深入观察时，就不是那么明朗了。首先，为什么人们要用待办事项应用呢？

Todoist 察觉到人们想要给他们的生活带来系统性的改变。他们不是仅仅想要记住重新安排看牙医的时间。他们想要成为更高效的人士，养成更好的习惯，培养更优秀的管理技能。

于是 Todoist 使用了一个游戏化系统，奖励长期坚持达成目标的行为，并且在目标之外，帮助人们朝着成为更高效的人的目标努力。

Todoist 通过建立一个"业力"系统来跟踪你的进度。你可以通过持续完成任务来获得业力和达到里程碑，然而如果你达不到目标，你可能会失去业力。这些分数是你人生的记分板，告诉你在自我提升的路上走了多远。

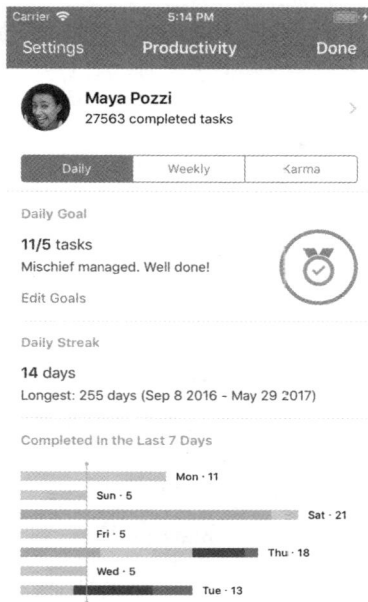

一名用户的 Todoist 面板，显示了她达成目标的进度。　　资料来源：Todoist

　　业力系统的规则决定了你会如何得到或者失去业力，从而为用户提供了明确的行为准则。你可以通过添加任务、按时完成任务、实现每天和每周的目标以及连续多日完成目标得到业力。如果你的任务逾期超过四天，你甚至会失去业力！（这是一个少见的拿走用户的分数可以被接受的例子。不过这个严苛的功能是有选择的，因为用户可以通过不为任务设置截止日期来避免失去分数，或者他们可以完全关闭业力系统。）

　　这些规则告诉用户如何"赢得"游戏，从而改变用户的行为。如果我因为任务逾期失去业力而沮丧，我将会学习如何更现实，学会不要设置过于乐观的截止日期——于是我在游戏中做得更好，并且成为一个更高效的人。当游戏中的成功等同于用户目标的成功时，游戏化就会起作用。

最新更新

8 小时前	**4600**	-12 ⚠
19 小时前	**4612**	+16 ✓
21 小时前	**4596**	+24 ★
1 天前	**4572**	-12 ⚠
2 天前	**4584**	+8 ✓ -12 ⚠
3 天前	**4588**	-9 ⚠
4 天前	**4597**	+8 ✓

Todoist 的业力系统会在你达到目标时奖励积分，并在你达不到目标的时候扣除积分。

　　Todoist 的业力系统给用户清晰的反馈，数据面板会告诉你每一次得到或者失去的业力。当然，业力就是奖励，并且它完全是内在的。你也可以通过累计足够的业力"升级"。得到一万业力，你会成为大师。得到五万业力，你将成为开悟者。你甚至可以在社交媒体上炫耀你的等级——这是一种外在的奖励。

　　Todoist 给了你选择的自由，因为你可以随时打开或者关闭业力系统。即使打开业力系统，也不会因为业力过低而无法有效使用这个工具。Todoist 确实缺乏一些失败的自由。离开 Todoist 足够长时间后，你所有的业力都会消失。这多少会减少用户回到这个应用的动力。或许是为了减轻打击，Todoist 允许你进入假期模式。这个模式会在你离开的时候冻结你连续多日完成的记录和业力（只要你记得打开它）。

你是中级用户。你的业力是 4600。

0→499	初学者	
500→2499	新手	
2500→4999	中级	你当前的等级
5000→7499	专业	
7500→9999	专家	
10000→19999	大师	
20000→49999	大宗师	
50000++	开悟者	

Todoist 的业力系统有不同的"等级"，你可以通过得到更多的业力解锁更高等级。

为什么游戏化会失败

与普遍看法相反，游戏化并不是万能良药。据估计，80% 的游戏化尝试都失败了，很大程度上是因为产品经理们不知道什么场景下游戏化是合适的。你不能只是一股脑儿地把点数和徽章加到你的应用里，然后期望它们解决问题。

如果你选择了错误的奖励，游戏化可能会失败。例如，捷步曾经在购物者"收藏"某双鞋以及买好几双鞋时，向他们赠送徽章和虚拟积分。用户认为这很奇怪，而且有点不公平。他们花的是真实的钱，而捷步却只是给他们虚拟奖品？用户习惯了飞行常旅客项目给他们的免费航班、酒店忠诚度计划给他们的免费住宿，他们期待从电商奖励系统获得金钱上的奖励。捷步最终停止了这项工作，因为这损害了它们的品牌形象。

如果规则不明确，游戏化也可能失败。以 Klout 为例，这是一项 21 世纪 10 年代中期推出的服务，它用分数衡量你在社交媒体中的重要性和受欢迎程度。Klout 的奖励和反馈系统很明确，你会得到一个从 1 到 100 的分数，并且你可以向朋友和同事炫耀这个数字。

问题是这个分数系统是反直觉的。人们发现，当他们连接了新账户时，他们的分数会下降，于是为了提高分数，他们就会删除某些账户。Klout 后来增加了一种让你给平台上其他人"+K"表扬的方式，但奇怪的是，这并不会影响你的分数。Klout 的评分系统既令人困惑，又容易上手，这使得体验令人烦躁和沮丧，而不是有趣。

你还要确保游戏的玩法不会过于深入和复杂，以免掩盖产品的实际目标。你希望它是一款带有游戏功能的产品，而不是一款带有一些实用性的游戏。

想一想习惯追踪应用 Habitica，它让你扮演一个幻想的角色，并且随着改善习惯升级、打怪以及收集物品。这是一个非常有趣的应用，但它太复杂了。游戏中有宠物、工会、治疗药水、食物，等等。学习这个游戏比学习如何追踪你的习惯花的时间还要久。

一段时间以后，你会发现你自己在寻找优化角色装备的方法（这个应用里有超过一百种剑、法杖、盾牌、长袍之类的）和收集所有的宠物（有超过 200 种宠物），而不是尝试养成更好的习惯。

尼尔就遇到了这个问题，他一年多来一直是一个狂热用户，但是当他意识到他花了几个小时寻找稀有宝剑而不是去健身房时，对他来说这已经是个游戏了，而不是一个应用程序。因为游戏如此复杂和沉浸，它变得令人分心。换句话说，游戏化已经走得太远了。

结论

　　短视频应用 TikTok 在 2018 年突然出现在科技圈，在第二年就累计下载超过 7 亿次，在应用商店中位居第二名，仅次于瓦次艾普。任何用过 TikTok 的人都可以证明它有多么让人上瘾[1]。社会学家称它为"数字可卡因"。它是如何在我们打开应用程序的那一刻就紧紧抓住我们的注意力并且让我们无法逃脱的呢？

　　在某种程度上，答案是 TikTok 对人类心理的深刻理解。首先是用户动机。TikTok 知道年轻人，也就是它的目标用户，渴望娱乐和社会认同，但是在传统社交媒体应用上，比如照片墙或者脸书，得不到这些。

　　传统社交媒体应用都是关于与你知道或者欣赏的人保持联系。如果有任何娱乐价值，都是偶然的。作为一个用户，你需要寻找有趣的账号关注或者寻找有趣的小组关注。TikTok 不同。它的主页不会显示你的朋友发布的内容列表，而是显示机器收集的 TikTok 上流行和有趣的内容，无论是谁发布的。这有点像将照片墙或者推特的"探索"页面放在中心舞台上，而不是你关注的人的内容。用户来 TikTok 寻求娱乐——他们享受狩猎的乐趣，而 TikTok 正是提供了这一点。

1　我们已经在 TikTok 上浪费了好几个下午了。它令人上瘾的程度强大到令人害怕。

TikTok 也意识到年轻人，尤其是青少年，渴望得到社会认同，这给了他们内心的奖励，也是自我决定理论中的胜任感。对 Z 世代来说，网上的认同通常来自陌生人的点赞。换句话说，认同来自成为一个有影响力的人。但是在像照片墙这样的社交网络上，成为网红很难。培育一个很长的关注者列表要花很长时间（和很多帖子），并且你得知道如何宣传自己可以让更多人知道你。但是 TikTok 让成名（尽管转瞬即逝）变得容易很多：任何制作了有趣视频的人都会自动被数百万人看到。无须建造关注者列表，创作一些好作品，你自然就有机会得到数字"财富"。这个即时反馈和随机机会的组合使得在 TikTok 上出名成为一个令人上瘾的游戏，而不是一项乏味的工作。

TikTok 还知道如何克服可能阻碍人们使用的转换成本。推特和照片墙仅仅在你已经选择一组人来关注之后才有用，而且社交媒体的新用户可能不会立马知道他们喜欢什么。与此同时，TikTok（如同油管）开箱即用，让你沉浸在无尽的视频海洋中。你不需要告诉 TikTok 你喜欢什么，TikTok 会向你展示大量有趣的内容，并且学习你喜欢什么。由于 TikTok 不是一个社交网络，用户不介意他们的朋友是否使用这个产品，这帮助这个应用避开让很多产品很难起飞的网络效应。

最后，TikTok 比任何人都清楚如何留住用户。TikTok 的上瘾模型出于一种自动驾驶模式：每次你打开应用观看视频，TikTok 就会学习你喜欢什么内容，并根据你的品味自动做出调整。于是你下次更有可能回来，这会再次改进算法，以此类推。TikTok 在多变的酬赏这一点上也很精通。在传统的社交媒体应用上，你大致可以预测你将会在你的订阅中看到什么，因为你选择了关注的人。但是在 TikTok 上每次下滑都给你随机的娱乐体验。这种完全不可预测性让 TikTok 不可思议地令人惊奇，而惊喜会触发多巴胺释放，于是 TikTok 仿佛是多巴胺的瀑布。

　　这样的例子我们可以一直说下去，不过你知道我要说什么了。了解人类心理帮助了 TikTok 成为历史上最具爆炸性的、令人上瘾的以及病毒式传播的应用之一。你同样可以在你的产品中应用这些知识。

Part Four

第四部分
用户体验

下一个伟大的发明就是使上一个伟大的发明变得更便捷好用。

——布雷克·罗斯（Black Ross），
Mozilla 火狐的联合发明者

简介

CT 扫描仪是现代医学的一大奇迹。医生可以通过这个机器看到你身体内部的情况，从而快速诊断疾病、识别损伤以及确定治疗或手术方案。另外，虽然 CT 机使用电离辐射，但是它们对幼童来说也是足够安全的。

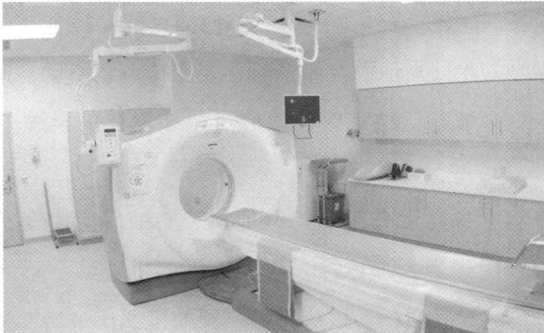

一台标准 CT 扫描仪。　资料来源：维基媒体

问题是幼童通常对把他们送进一个巨大的、冰冷的、看起来不友好的机器感到害怕。CT 扫描仪内部通常是黑暗的，伴有奇怪的灯光和噪声。大多数孩子太害怕了，做不到躺着不动，而 CT 扫描仪在这种情况下无法工作。80% 的儿童在做 CT 之前需要被麻醉入睡。

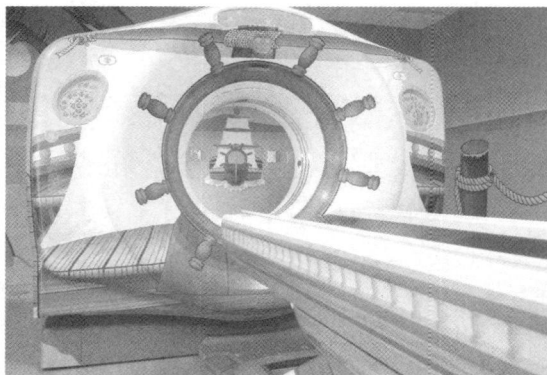

重新设计的 CT 扫描仪，看起来像一艘海盗船！　资料来源：Slate

因此，一家儿童医院的团队决心重新设计 CT 扫描仪。机器不再是不友好、苍白的机器人，它变成了一艘海盗船，上面有甲板、桅杆，以及船长的舵轮。孩子们进入 CT 扫描仪前会被告知他们是在驾驶一艘海盗船，并且当他们在船上时，要保持一动不动，这样他们就不会晕船。在"航行"结束时，他们可以在海盗的金库中挑选一样宝贝。

这个机器本身并没有改变，但是孩子们的反应改变了。在这之前，孩子们一想到进入那冰冷、令人生畏的机器就会感到焦虑和担忧。现在，一个六岁的小女孩从海盗主题的机器出来后，扯了扯母亲的裙子，问道："妈咪，我们明天可以再来吗？"团队不再需要给孩子打镇静剂了，患者满意度得分提高了 90%。这项新设计非常有效，实际上，这家医院遵循"冒险机器"的主题重新设计了九种不同的机器。

这表明，仅仅一个创造功能性产品是不够的，为了让用户开心，你需要创造出迎合用户喜好的体验，并且避开他们不喜欢的。

如果你理解了这一点，你就踏上了为产品创造美好用户体验（User Experience，UX）的旅程。

请注意，区分用户体验和用户界面（User Interface）很重要。用户体验是关于用户与你的公司或产品交互的整体体验，而用户界面更聚焦于使屏幕上的界面元素看起来具有吸引力、直观性和功能性。

用户体验是关于理解用户旅程（User Journey）和解决用户问题的，所以它更多的是产品经理要掌控的。而用户界面更倾向于品牌和视觉设计。于是，我们在这一部分将会主要覆盖用户体验，但是偶尔也会触及相关的用户界面话题。毕竟，你需要两者兼具：好的用户体验配上糟糕的用户界面是一块看起来像一堆糨糊的美味蛋糕，而好的用户界面配上糟糕的用户体验则是一块裹着精致糖霜但尝起来像臭鸡蛋的漂亮蛋糕。用户体验让一个产品有用和有趣，而用户界面让它符合直觉和美观。

第十六章　认知

你会震惊于移除一个按钮可能引发怎样的灾难。当微软在 2012 年发布 Windows 8 的时候，它的产品经理决定从头开始思考整个 Windows 体验。

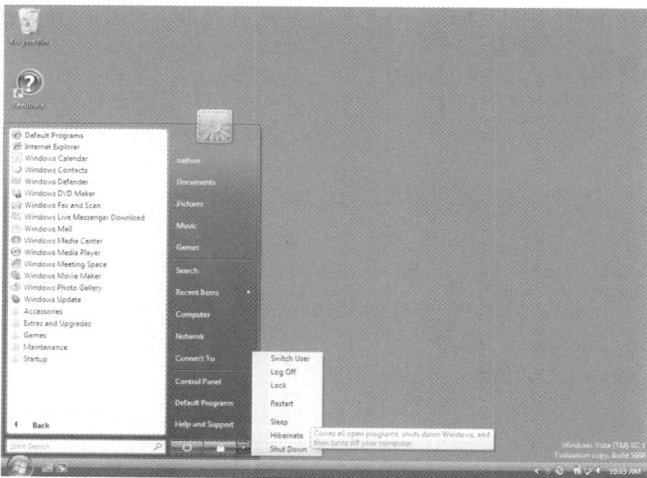

Windows Vista 的"开始"菜单。　资料来源：ToastyTech

这些改动中最臭名昭著的是移除"开始"按钮的决定，这个按钮是自 1995 年一直装点 Windows 的小组件，并且戌为操作系统最具标志性的功能。在某些人看来，它是微软最著名的产品。一个 Windows 产品经理声称，用户数据显示，人们越来越多地把应用固定在屏幕底部的任务栏，而不是在"开始"菜单搜索应用，于是这个按钮就被砍掉了。

Windows 8 的 Metro 用户界面，它在主屏幕上以彩色磁贴的形式展示，但是没有"开始"按钮。　资料来源：ToastyTech

抱怨来得很快，也很残酷。移除"开始"按钮是 Windows 8 最常被抱怨的点。"开始"按钮被替换为"开始屏幕"，应用程序以彩色磁贴的形式展示[1]。这提供了与"开始"按钮几乎一样的功能，但是评论者和用户都抱怨必须重新学习如何启动应用程序以及在操作系统中导

1　实际上你还是可以通过把鼠标移动到屏幕左下角访问"开始"菜单……不过这个功能很难被发现。

航。"开始"按钮被比作难以导航的"闪光灯迷宫",并且几乎没有人能够搞明白为了有效使用屏幕需要学习的全部的快捷键(比如输入一个应用的名字来搜索它)。

这种令人失望和混乱的体验无疑是 Windows 8 最大的问题之一。新版本的 Windows 从来没有真正成功:甚至在 2013 年 9 月,当 Windows 8 的市场份额达到 8% 的峰值时,Windows 7 仍旧控制着 46% 的全部个人计算机。(Windows 7 的渗透实际上在之后的几年增至 61%!)由于错过了整个升级周期(以及因此损失的大量的操作系统和个人计算机的销售收入),Windows 在 2015 年把老式的"开始"按钮放回了 Windows 10。

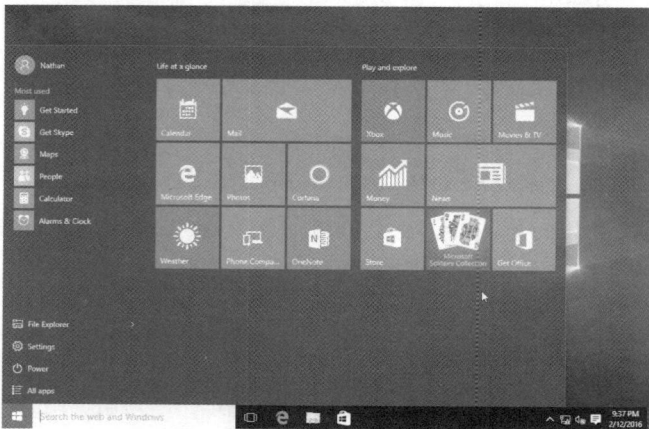

Windows 10 恢复了原先的"开始"按钮。　资料来源:Toasty Tech

Windows 的用户对于使用 Windows 电脑有一个非常具体的心智模型。而这个心智模型正是以"开始"按钮为中心的。他们已经被训练用"开始"按钮 20 多年了。当 Windows 8 将"开始"按钮移除,所有用户的思维捷径、知识积累以及对产品的"感觉"都一起消失了。

　　当你尝试设计一个很棒的用户体验时，你需要从了解人们的大脑如何理解技术开始。因为我们并没有进化到可以使用电脑、手机、智能手表之类的程度，所以我们的大脑不得不发展出一系列复杂的工具来帮助我们理解这些设备。只有了解这些大脑模式，你才能避免创造令人沮丧和困惑的体验，像 Windows 8 所做的那样。

心智模型

　　关于用户认知的理解开始于心智模型：人们对于事物如何运作的直觉。当你拿起一支笔，你的大脑立即知道如何使用它（或者，至少，大脑认为你应该如何使用它）：如果笔的顶端有一个按钮，按下这个按钮，或者如果它有一个笔盖，拔下笔盖。这是基于你可能见识过的上千支笔得出的经验，让你可以想都不用想就拿起一支笔用起来。

尼尔曾经有一支这样的可擦笔。它让尼尔的所有朋友都感到困惑，因为他们看到笔顶部的小凸点的反应都是按下去，期待笔尖滑出，但是什么也没有发生。原来那个小凸点实际上是橡皮擦。而让笔尖滑出的方法是按下笔侧的夹子。这支笔很好用，但是它破坏了人们关于如何使用一支笔的心智模型，导致不熟悉这支笔的人感到困惑。
资料来源：Pens and Pencils

我们对任何事物都有心智模型，当它们被打破时，我们就会感到困惑。西方读者所知道的阅读一本书的方式是将书脊朝向你的左手边，用右手翻开第一页，然后从右侧翻页继续读下去。当西方人拿到一本方向相反的日本书时，他们通常感到困惑：他们打开所认为的第一页，却发现这实际上是书的结尾，然后意识到他们不得不以一种对他们来说像是"从后往前"的顺序读书。

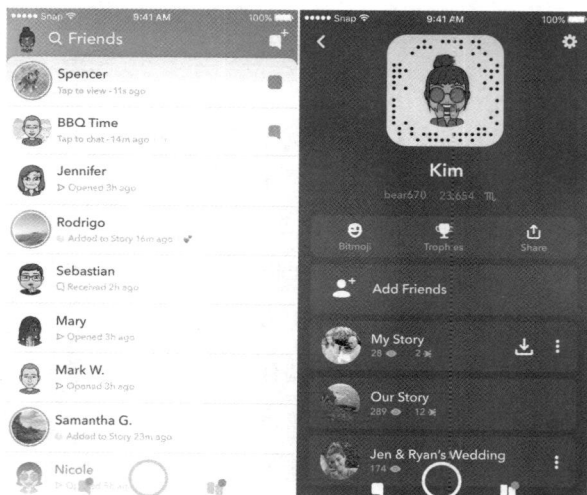

色拉布在 2018 年备受争议的新设计 ——把好友列表和故事页面合并了，这让很多用户感到困惑甚至生气。　资料来源：Business Insider

同样的困惑也发生在科技产品上。你已经见过 Windows 8 的例子。另一个例子来自色拉布，多年来，色拉布用户已经习惯了这款应用简单的三屏布局：左侧的近期消息列表、中间的录制屏幕以及右侧的朋友故事列表。但是，在 2018 年，色拉布推出了一项有争议的新设计，将故事移入消息屏幕，导致界面令人困惑且凌乱。人们的期望被打破了，他们表达了自己的不满：120 万人签署了请愿书，要求色拉布恢复原来的设计，色拉布的用户情绪得分几乎瞬间下降了 73%。而色拉布股票也在这项新设计发布一天内猛跌了接近 20%。

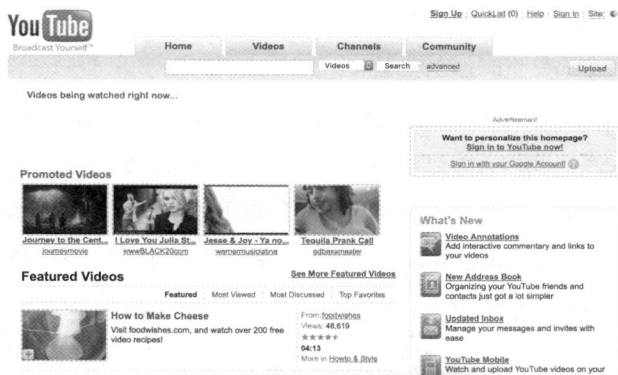

油管在 2008 年的主页。很多设计已经发生了改变，但是熟悉的元素，像是视频列表和搜索框依然存在。　资料来源：Internet Archive

　　这不是说重新设计都是不好的：那些保留或者温和更新用户的心智模型的新设计或许会成功。油管这些年所有的重新设计，都保留了它的核心机制，在顶部的搜索框搜索视频，创建播放列表，订阅创作者，等等。——这些足以确保同样的心智模型可以应用。即使有人上次使用油管是在 2008 年，使用更现代的版本也不会太难。（作为奖励，像油管和脸书这样的应用让用户有选择地使用新设计，于是他们可以逐渐过渡到新的心智模型，而不用立即抛弃旧的。）

　　另一个潜在的挫败感（甚至是危险）来源是用户不知道应用什么心智模型。在 2016 年，一位名叫约书亚·布朗的特斯拉爱好者以自动驾驶模式在一条佛罗里达的高速公路上驾驶他的特斯拉。一辆卡车突然转道至他的前方。布朗和他的本应该自动驾驶的汽车都没有注意到这辆卡车。车子直接撞上卡车，布朗当场毙命。

特斯拉的技术在那时还没有完全成熟，一个分析发现，汽车的摄像头无法将卡车白色的一面和它后方的明亮天空区分开。但是另一个原因是布朗忽视了汽车反复发出的把手放回方向盘的警告。有传言说这场致命车祸发生时他正在看电影。

布朗本应该更加小心，但是他的行为与特斯拉令人困惑的用户体验不无关系。我们人类已经为驾驶汽车（你始终保持警惕，把手放在方向盘上）和乘坐汽车（你不用参与，坐下放松就好）发展出很好的心智模型。但是 2016 年的自动驾驶要求用户处于一种奇怪的混合模式：他们可以一定程度上让汽车自动驾驶，但是他们也必须时刻保持警惕，并且准备好夺回控制权。

布朗和大多数特斯拉的用户一样，没有正确的成为一名混合动力车手的心智模型。因为这个产品被叫作"自动驾驶"，他很可能认为应用乘客模式是没问题的。他选择了错误的心智模型，因此他不够小心，没能避免灾难。虽然布朗有做得不对的地方，但是特斯拉也误导他选择了错误的心智模型。

希望你不是在如此生死存亡的领域工作，但重点是：如果你的用户找不到正确的心智模型来使用你的产品，他们就会有不愉快的体验。

重新使用心智模型

我们已经说明，强迫用户使用新的心智模型，或者破坏他们珍视的旧心智模型，可能会导致沮丧，并且在更坏的情况下，还会带来危险。因此，当你构建一个新产品时，最简单和最容易的方法是复用人们已经建立的心智模型。这在用户体验圈子中被称为雅各布定律（Jacob's law）：用户把大部分时间花在你的产品之外的产品上，于是他们更喜欢你的产品表现得像他们习惯的那样。

例如，几乎每一个电子商务网站，从亚马逊到鲜为人知的代发货商店，都把购物车放在页面的右上角。没有特定的原因为什么它要在那里，而不是别的地方，但是这已经成为常规了，并且如果某个网站没有这样做，会让用户感到困惑，他们已经习惯了在右上角寻找购物车。相似地，搜索框往往在顶部中央，用户登录键往往在右上角，而且公司 logo（通常引导你进入主页）往往位于左上角。你将在无数的网站上看到相同的模式，网站开发工具包就是假设你会用这个模式并且不支持替代方案。

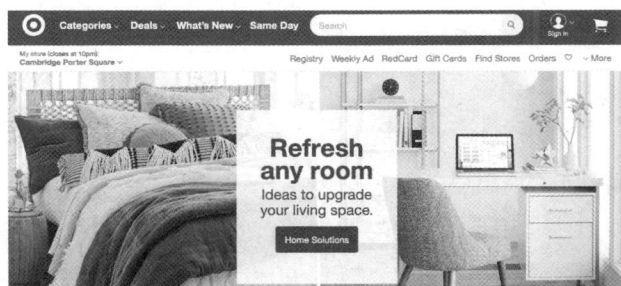

塔吉特的网站遵循了与几乎所有电商网站一样的设计模式：购物车在右上角，账户在它的旁边，搜索框在顶部中间，主页键在左上角，等等。这是因为用户有一个明确的关于电商网站应该如何使用的心智模型，并且任何不符合的模式都会让他们感到困惑。　资料来源：塔吉特

当你要推出一款新产品时，遵循既有心智模型是确保用户不会害怕转换到你的产品的关键方法。例如，谷歌文档和表格明确针对 Microsoft Word 和 Excel 的用户，于是它们复制了微软的界面，谷歌文

档借鉴了 Word 文档经典的粗体—斜体—下划线三元组、文件—编辑—视图—插入—格式—工具菜单等。同时，谷歌表格复用了大多数 Excel 的公式。这意味着有关使用微软 Word 文档和 Excel 表格的心智模型可以很容易带入到谷歌的 Docs 文档和 Sheets 表格中，从而使转换变得更容易。

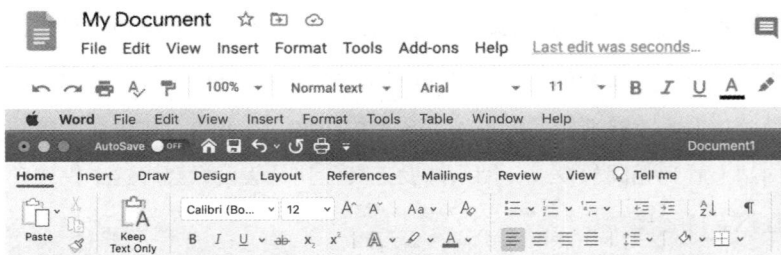

谷歌通过保持与 Word 大致相同的工具栏和菜单结构，使得谷歌文档对有使用 Word 的心智模型的用户来说变得很容易使用。

事实上，如今大多数消费应用看起来非常相似：无衬线字体、柔和的颜色、充分的留白。通过与用户的期望保持一致，这些产品的创造者可以最小化用户的困惑。更重要的是，把他们的精力投入到创造真正能够让产品与众不同的功能和体验上。这与大家知道的贝拉克·奥巴马和史蒂夫·乔布斯几乎每天都穿同样的衣服是一个道理，这让他们把精力腾出来专注在更重要的决定上。

面试技巧

如果你在白板上为一款新产品绘制用户界面，你可以（并且应该）重度依赖既有心智模型和设计模式。如果你说你将会复用很多谷歌产品用到的汉堡包菜单模式，你就不需要画出侧边栏菜单是如何布局的。

　　同样的建议在你设计新的功能时也是适用的，如果你想要往应用程序添加社交网络功能，你只要说你将会借鉴推特的模型即可。这让你很容易地添加关注者、线程、点赞、转发等概念，而不用重新推导一遍。通过引用知名的产品模式，你可以让面试官更容易可视化你的想法，而不必解释每一个细节。

文化多样性

　　心智模型与人们的文化、历史和地理是紧密相关的，因此世界各地的心智模型不同也就不足为奇了。最明显的例子是颜色在不同文化中不同的内涵。红色在很多西方文化中象征着危险，但是在很多亚洲文化中寓意着幸福和好运。白色在西方象征着纯洁与和平，而在中国却象征着死亡和厄运。（很巧的是，蓝色在很多文化中都有积极的含义，在西方是和平与信任，在很多中东地区是驱邪，在东亚是永恒，这可能是很多应用程序的图标都使用蓝色的一个重要原因。）

　　这种多样性会延伸到人们的心智模型。人们使用技术的历史对他们今天所建立的心智模型有巨大的影响。例如，在美国和欧洲长大的人从小就用电脑，这在他们的文化中植入了特定的使用技术的心智模型：Windows 中的应用程序，大量打字，通过菜单点击（主要通过鼠标和触屏），等等。这些交互机制有时被称为 WIMP，以它的主要四个组成部分命名：视窗（window）、图标（icons）、菜单（menus）、指针（pointers）。如果你仔细思考，西方人使用手机和使用电脑的方法差不多：把大屏幕换成小屏幕，鼠标换成手指，实物键盘换成虚拟键盘而已，并没有太大的不同。即使是人们拿手机通话的方式也与他们过去使用固定电话的方式相似：拿起来放到脸的一侧。

与此同时，一位美国科技公司高管在 2012 年访问中国时，被中国人使用手机的方式震惊到了。他们把手机放在前面对着手机说话，使用语音完成任务，而不是点击手机的菜单。

为什么会有这个不同？其中一部分原因也许来自文化，但是更多的来自人们与技术交互的不同历史。在西方，人们大多接受了使用电脑的心智模型（用你的手指与眼前的屏幕交互），而后将它迁移到手机上。（的确，微软在 21 世纪初发布的第一款手机看起来非常像 Windows XP 的迷你版，因为这是人们熟悉的计算范式。）但是在西方以外的地方，很多人在手机面世之前从来没有体验过电子技术，于是他们创造了以手机为中心的心智模型，因而出现了那位高管所看到的场景。

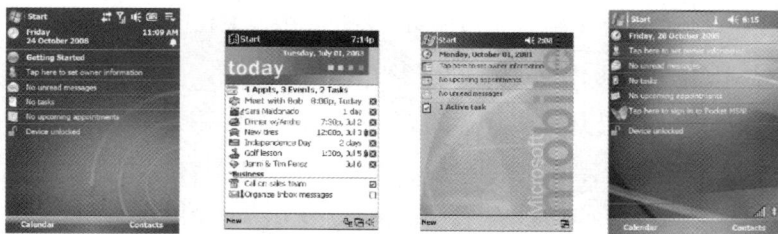

一部 21 世纪初的 Windows 手机的屏幕。　资料来源：维基媒体

心智模型的区别不仅仅是你拿手机的方式。西方关于手机操作系统（继承自桌面操作系统时代）的心智模型在中国并不适用。在中国，大多数人仅仅使用一个应用 —— 微信 —— 来做任何事，从转账到玩游戏再到打车。说微信在中国是操作系统也毫不为过。

事实上，跳过桌面操作系统直接快进到手机操作系统帮助世界上的一些地区比西方更早想到一些新技术。非洲人很自然地想到用手机汇款的想法，对他们来说，手机一直是可以做任何事的设备。MPesa 发布于 2007 年，是一个流行的非洲支付系统，它让人们通过功能手机互相汇款，比 Venmo 在美国的出现早了整整两年。

同样，信用卡在西方历来是最高科技的购物方式，但是这项传统在中国没有那么强大。于是中国人直接从现金支付转向用 WePay 和支付宝等数字支付产品，以至于在中国几乎没有人用信用卡了。无论你是要付给商家、街头艺人又或是乞丐，你都可以扫描二维码然后通过手机应用转账。（在美国，朋友之间抢着放下信用卡支付餐厅账单很常见，但是在上海的一家地下酒吧，会看到一群朋友争抢着扫二维码！）

比喻

那么，人们的心智模型到底是如何形成的呢？一个关键的构成要素是比喻，它让我们通过把新事物与我们已经理解的事物做比较来理解它们。你可能不知道飞盘运动是如何运作的，但是如果有人这样向你解释，"有点像足球，但是用飞盘玩"，你就会对这个游戏有不错的理解 [1]。

比喻对理解现代技术尤其重要，因为它们通常是抽象的，并且很难可视化。要想理解一个吐司机如何工作，你完全可以把它拆开看看

1　玩极限运动的朋友会告诉你这项运动与踢足球有许多不同之处，但是对新手来说，像踢足球不失为一个容易理解的比喻。

内部构造，但是对互联网、平板电脑、亚马逊 AWS 之类的东西做这样的事可不容易。就连精通技术的人也需要用比喻来理解这些。

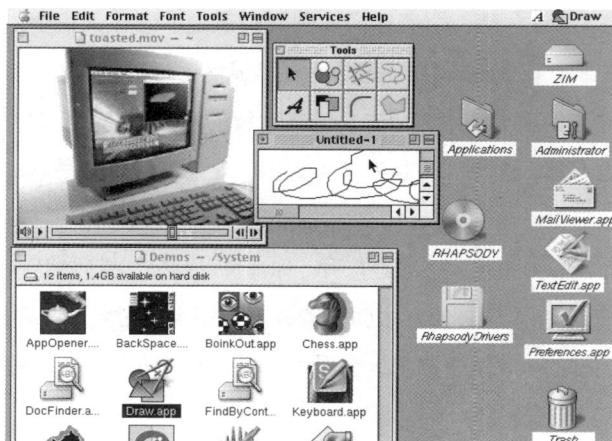

20 世纪 90 年代末的 macOS 原型版本的 G 用户界面，展示了桌面的比喻。
资料来源：Toasty Tech

比喻在技术的历史中出现得非常早，出现在人们建立强大的心智模型之前。现在大多数人知道电脑是如何运作的，但是当施乐 PARC 团队在 20 世纪 70 年代为 PC 创造第一个用户图形界面，或 G 用户界面的时候，他们需要一个便捷的比喻去向人们解释应该如何操作这项新奇的技术。

他们最后定下来用桌面做比喻，把个人电脑比作一个实物桌子。主要的用户界面是一块空的画布，周围散落着各种应用和文件，这与你把纸、计算器、便利贴丢在桌子上非常相似。你可以通过移动鼠标（用一只小手表示）并点击来抓住一样东西。你的信息会被存储在"文件"中，而文件又会被存储在文件夹中。你不再需要的文件会被丢到废纸篓中。很多应用基本上是当时白领使用的办公工具的电子版本：计算器、笔记本、名片盒、用于整理文件的活页夹、打字机之类的，甚至是（如果你感到无聊）棋盘。

这在今天来看都是再寻常不过了，但这在当时是一个巨大的突破，白领们终于理解了这个像四四方方的低分辨率屏幕、外形奇特的塑料鼠标，以及键盘可以为他们做什么了。

我们今天不再从字面上理解桌面的比喻，但是一些基本的原则仍被使用，甚至在最新款的手机里：文件、垃圾、用手指拖拽东西甚至工具的图标（从奈飞到谷歌地图）都显示在一个空白的主屏幕上。

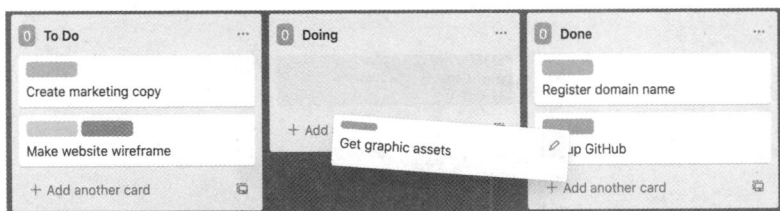

Trello 允许你可以像在白板上移动便利贴一样拖拽卡片。这创造了一个强大的比喻，可能会让你想起激动人心的头脑风暴会议，这让 Trello 比寻常的待办事项应用有趣多了。　资料来源：Trello

现代应用，如果你仔细观察，也全都是比喻。Tinder 风格本身就是一个卡片游戏，你可以把潜在浪漫对象的卡片滑到右侧的"喜欢"列表或者左侧的"跳过"列表。这个比喻太让人上瘾了，以至于几乎所有的主流约会应用都采用了这种模式。在桌子上的不同区域之间移动索引卡片（带有颜色标签和附件）的看板。比喻是一个管理任务和项目的强大方法。

用户交互比喻

当你创造用户界面的时候，比喻尤其普遍。当用户按下按钮、拖拽、滑动、点击，或者与他们的设备做其他交互时，他们期待这些设备的反应与现实世界的类似物体一样。当你按下按钮时，它们应该被"按进去"；当你把页面拉远时，物体应该变小；当你用手指轻弹物体时，它们应该平稳地滑动；等等。

因此，为了让用户交互更容易理解，许多设计框架明确地采用了物理比喻。最著名的是谷歌的材料设计（Material Design），它把所有

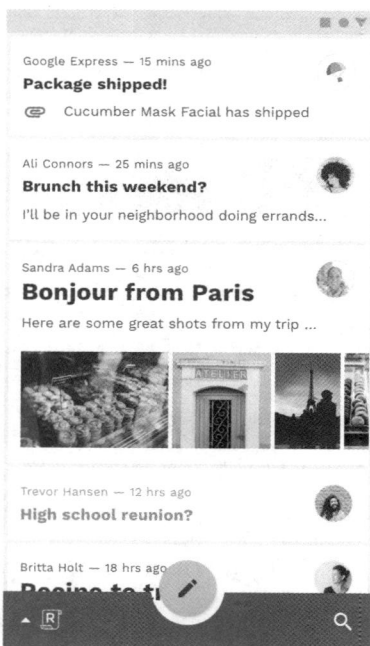

一个用谷歌的材料设计搭建的应用的 demo，它有着材料设计著名的悬浮按钮、固体颜色，以及几何形状。　资料来源：Material

的用户交互元素看作纸片，可以触摸、叠加、折叠等。材料设计把屏幕看作一个用彩纸铺设的舞台，一盏灯从舞台上方照下来，于是层次的不同和纸张的运动会产生不同的光影图案。我们在这里不深入讨论设计哲学，这个想法是让用户想象他们在与彩色卡纸进行交互——他们对这一点已经建立了心智模型——而不是一堆很难预测的像素。

　　配色方案也常常使用比喻。在 21 世纪初，史蒂夫·乔布斯这样总结他理想中的苹果产品的"外观和感觉"："按钮如此之好看，以至于你想要舔它。"他的用户交互框架，特点是按钮看起来像是用凝胶做的，并被赋予明亮的糖果色，包括红色、黄色和绿色。被移除的物品会随着一股烟一起消失，扔到面板上的小部件会像在池塘里一样引起涟漪。在不同的时间点，快捷任务栏又会看起来像刷过漆的金属或者结雾的玻璃。据传，乔布斯通过将 Lifesaver 糖果贴在设计师的显示器上提醒他们这个比喻。

　　（你可能还记得，这个奢侈的、"极繁主义"的比喻在 2013 年之后消失了，那时苹果公司宣布要在 iOS 7 改用"扁平化设计"。对设计

2013 年的 MacOS 10.8，展示了它光滑的、色彩斑斓的、闪亮的用户交互框架。

爱好者来说幸运的是，iOS 的新比喻仍旧有毛玻璃的质感，大量使用了模糊和照明。）

新和旧

正如桌面比喻所展示的那样，比喻对人们还不能理解的新产品线最为重要。但是随着技术的成熟，人们的心智模型会逐渐变强，他们不再需要显式的比喻，这时候持续使用比喻就会让你看起来落伍了。

例如，当互联网刚被创造出来的时候，很难向普通人解释它是如何工作的。大众媒体不知道如何去描述它：一期《时代周刊》的封面上，充满威胁的红色屏幕飞向黑暗的山区，宣称"奇怪的互联网新世界：网络空间前沿的战争"。为了理解它，人们发明了一堆比喻："链

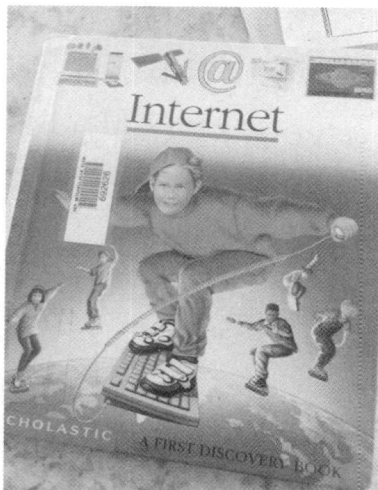

一本出版于 2000 年左右的书，它使用"冲浪"的比喻向孩子们解释互联网。
资料来源：DevRant

接""网络""信息高速公路"或者你可以"冲浪"的浩瀚内容海洋。
"冲浪"的比喻尤其贴切，它是早期形容互联网与电视相比有巨量的
可得信息的比喻。

当然了，大多数如今的技术被发现使用这些比喻也不会怎么样。
这是因为当今的文化中蕴含着关于计算机和互联网是如何工作的基本
心智模型。实际上，人们已经很了解电脑和网络了，甚至用它们作为
比喻去解释更新的概念：早期的苹果手机被形容为"口袋计算机"，
而网络如今被用来解释像区块链这样的新技术。

正如我们所提到的，人们多大程度上需要依靠比喻理解新技术取
决于新技术有多难被可视化。AR、VR 和可穿戴设备之类的相当容易
理解，因为你可以看见它们在做什么，并且有些时候甚至可以触摸到
它们。但是像神经网络和云计算这样的技术就更难可视化，因此需要
用比喻来辅助理解："容器""防火墙"和"集群"等术语帮助人们更
好地理解云计算。拿容器来举例，如果你说这段话，大多数人会变得
眼神呆滞：

> 容器是打包代码及其所有依赖项的标准软件单元，以
> 便应用程序从一个计算环境快速可靠地迁移到另一个计算
> 环境。

但是如果你说你可以把一个应用打包到独立的运输容器，它可以
被运送到世界上任何"港口"或者"港湾"，而不需要任何外力，人
们或许能恍然大悟。确实，像 Docker（确实用了船运的比喻）这样的
公司的成功归功于大量比喻的使用，这些比喻帮助潜在顾客"了解"
一项技术是什么。

拟真（Skeuomorphism）

像我们看到的那样，让一项新技术容易理解的一种方式是复用已经存在的心智模型。或者你可以用更老的技术作为比喻的基础："X 与 Y 相似，除了 Z 这一点。"

把这些结合在一起，你就得到了拟真，指的是一项新技术复制前一代技术的设计元素，使其对熟悉前一代技术的人更容易理解和接受。

现代有篷马车。它在 1800 年盛行。　资料来源：维基媒体

拟真已经存在很久了。在维多利亚时期的英国，一种盛行的马车风格是有篷马车。

当第一辆汽车在 1900 年左右问世时，它复制了许多马车的设计元素，以使得汽车看起来像是简易替换了马车器件。例如，一个 1899 年流行的设计实际上就被称为有篷马车，看起来也几乎一样。

一辆 1899 年的汽车"有篷马车",它看起来就像老式的马车一样。这是拟真的经典例子。　资料来源：维基媒体

（有趣的是，汽车的基本设计几乎没怎么变。驾驶员座椅被移到了内部，但是封闭式车厢的核心想法没有变。车厢有窗户，前面有一个电机来模拟马在车前。就连我们对汽车的"马力"的概念也是马车时代遗留下来的。）

各种现代物体也都是拟真的产物。人造皮革、看起来像蜡烛的 LED 灯以及看起来像水晶高脚杯的廉价塑料杯都是活生生的例子。

LED 小圆蜡烛看起来跟常见的蜡烛一样，大概这样你就能毫不疑惑地使用它们。
资料来源：Northerm Lights and Trees

但是可能你听到拟真最多的场景是在数字界面的设计中：在计算的早期，电子应用的用户界面与它们在真实世界的对应物相似是很常见的。苹果在 2013 年左右就因此闻名：游戏中心应用程序的用户界面用了绿色毛毡和漆木，看起来像一张赌场桌子，笔记应用程序实际上看起来像一个黄色线装笔记本，语音备忘录看起来像真实的灰色麦克风，联系人列表看起来像皮革装订的电话簿，iBook 有一个装满纸质书的木制书架，等等。

MacOS 的日历曾经看起来很像真的日历，顶部有装订皮革和"可撕"的纸。
资料来源：MadeByMany

这些拟真不仅仅局限于应用程序的用户界面：当你用相机应用拍照时，"点击"的声音听起来就像是你用真实相机的听觉拟真，电子书阅读器翻页的"滑动"交互也是与真实书籍的交互式拟真。著名的 iTunes 标志包含了一张 CD，可能是为了提醒人们这个应用程序可以为他们做什么。

iTunes 在 2006 年至 2010 年的标志。　　资料来源：Logos Fandom

拟真的价值

这些拟真设计被称为"丑陋的""庸俗的"和"媚俗的"。并且，从现代的眼光看，它们确实是！但是它们在科技的生命早期发挥了重要作用。通过使数字工具看起来更熟悉，设计师可以让用户更容易地开始现代计算，而不用抛开他们的旧心智模型。做一个与实体多功能计算器有着相同布局的计算应用程序提高了可用性，让日历应用程序看起来像你的冰箱日历也是一样的。

拟真也帮助了人们弄清楚如何与他们不太熟悉的数字用户界面交互。你电脑中的"被删除的数字对象分区"可能很难理解，尤其是如果你刚刚接触计算机的话，但垃圾桶图标是一个让你立即能理解的有用比喻。文件、文件夹以及垃圾桶的图标的使用也帮助用户或者你，更好地发现可以与物体交互的方式。用户意识到他们可以在文件夹和垃圾桶之间拖拽文件（一个除此之外无法被发现的示能），因为这模仿了他们如何在现实世界用手移动文件。把文件拖拽到垃圾桶就像用手把纸扔进一个真实的垃圾桶一样自然。

扁平化设计

但是在 2010 年左右，拟真渐渐衰亡。苹果在 2013 年的 iOS 7 和 2014 的 macOS Yosemite 中，用简单、抽象的设计取代了俗气的人造材料。与此同时，苹果抛弃了它光滑的用户界面，转而采用扁平化设计，渐变和光泽被简单的色彩和柔和的阴影所代替。这些变化必须一起发生，因为拟真用户界面在扁平化设计的世界中看起来很怪，并且在扁平化设计中模仿复杂的物理对象也是行不通的。

左边是 iOS 6，右边是 iOS 7。从光滑设计到扁平化设计的转变可能是 iOS 历史上最大的变化了。　资料来源：红迪网

　　苹果并不是唯一这样做的：谷歌在 2014 年采用了它著名的扁平化材料设计，Windows 则在 2012 年抛弃了 Windows 7 中光滑的设计，转而使用 Windows 8 的扁平化"大都市用户界面"。

　　这种趋势并不是一时的狂热：拟真已经存在太久了，它已经不再有用了。随着人们习惯了电脑和手机，他们建立了成熟的心智模型，不再需要拟真设计这根"拐杖"了。在某种程度上，拟真不再有帮助，而成了不必要的杂乱。拟真训练人们接受新的心智模型，但是在这之后它就不再有必要了。

拟真的周期性

　　拟真的周期性在很多新技术中反复体现。我们已经详细了解了拟真在个人计算机的周期。同样的事情也发生在汽车上：早期的汽车看

起来就像它们所取代的马车一样，但是过了几十年，汽车已经可以自由地采用它们自己的设计（虽然一些历史的痕迹仍然存在）。

　　同样的周期也发生在更新的技术中。很多智能手表模仿老式手表，它们有圆形的表盘、指向数字的时钟指针，以及可用于控制设备的侧面的"表冠"。像苹果手表这样的手表没有采用这些设计，但事实上，它被称为"手表"而不是"iBand"或者其他的东西，这多少有点拟真的意思[1]。

早期的智能手表，与传统手表看起来非常相似。　　资料来源：Pebble

　　另一个例子来自加密数字货币，虽然它在设计意义上不是严格的"拟真"。加密电子货币与传统的股票和债券非常不同，但是很多流行的交易应用程序让你可以像操作股票一样购买、售出以及追踪加密数字货币。它们在同样的仪表盘上展示，用同样的图表和统计数字。虽然这个方法隐藏了加密货币背后很多有趣的复杂性（区块、地址、奖励、减半等），但这让交易者更容易理解这款新的金融产品。

1　在这一点上，可以看看 AirPods 这样的产品，它们甚至不会尝试将自己与非数字对象相提并论。

第十七章　用户体验原则

1979 年 3 月 28 日，在宾夕法尼亚中南部的一座核反应堆中，一些用来冷却放射性燃料的水泵发生故障。一个阀门卡在打开状态，冷却水喷涌而出，于是剩余的少量的水不足以冷却燃料棒。工厂的员工对这个情况毫不知情。最终，燃料棒被加热过度，以至于他们将金属容器熔化了，充满放射性气体的烟雾飘散到附近的乡村。超过 14 万人不得不被疏散，以逃避危险的氙气和氪气。

这次三哩岛核反应堆堆芯熔毁的原因并不全是员工的过失。问题出在控制面板的一个特定指示灯上。员工认为当阀门打开时，灯就会亮起；当阀门关闭时，灯就会熄灭。但是他们错了：这个灯在关闭阀门的指令发出时就会熄灭，而不是在阀门关闭以后。通常这不是什么大问题，但是在这个事件中，阀门关闭的指令下达了，但阀门卡住了——于是在阀门还是打开状态时指示灯熄灭了。员工不会想到出了问题，直到他们注意到堆芯熔毁。（控制面板甚至没有测量仪器去衡量燃料棒是否充分被水覆盖！）

换句话说，令人困惑的用户体验导致了堆芯熔毁。这不只发生在核反应堆上：有着糟糕的用户体验的科技产品会让用户感到沮丧，招致差评，导致产品的失败。

所以是什么让产品具有良好的用户体验呢？关于这个话题的书可

以装满一整个图书馆，但是我们将把这个问题简化成一个包含四条关键法则的模型。一个好的用户体验是可视的、可反馈的、具有宽容性的以及直观的。在设计产品时，请牢记这四点。

原则 1：可视性（discoverability）

传奇设计师唐·诺曼（Don Norman）喜欢拿一些生活中最常见的但设计得很糟糕的东西举例子，比如门。通常你不可能知道一扇门应该推还是拉，尤其是那些令人困惑的金属把手在很多办公楼里都常见。很多门看起来像是需要推开，但其实需要拉开，反之亦然。如果你经历过足够多次用肩撞向需要拉开的门，或者猛拉需要推开的门，你就会同意不应该把这么简单的事变得如此令人困惑。

一个设计糟糕的门的例子：你根本不可能知道这扇门需要推还是拉。
资料来源：Sam Danner

诺曼把它们称为诺曼门：其设计让你做与你应该做的事完全相反

的物体。一个简单的解决办法是给门贴上"推"或"拉"的标签，但是诺曼认为门的功能应该很显然才对，如果你需要给门贴标签，你已经失败了。

门把手不应该让人用起来如此困惑，甚至需要贴标签。　资料来源：Neil Paricha

发现特点

诺曼门将我们引向第一个原则：可视性。当你查看一个对象时，它应该准确告诉你可以用它做什么，以及如何与它交互。更正式一点的说法，功能可视性——那些按钮、滑块、门把手以及其他用于与对象交互的物体，应该容易找到并且容易理解。

诺曼门是可视性的彻底失败。与此同时，大多数电脑电线都是可视性很强的。当你看到 HDMI 线独特形状的接头时，你就准确地知道在你的电脑或显示器上找什么样的端口。（方头 USB 线是个例外，你不可能知道插入它们的方式。感觉每一次使用都要翻转它！）

诺曼还引用了不起眼的胶带分割器作为可视的产品。胶带分割器最明显，或者说显著的特征是锋利的金属刀片，胶带从这里经过。你一看到它，就知道如何使用它：向外拉胶带，然后用刀片割断。

同时，笔记本电脑的触控板虽然光滑，但并不可视：仅仅通过观察它，你并不能确定应该把手放在上面、滑动手指还是点击等。我们通过足够的练习来学习基本的功能，但即便如此，许多更复杂的功能，比如三指滑动和两指点击，除非你阅读指南，否则是很难发现的。（你知道你可以通过把大拇指和三个手指向内捏起来在 MacBook 上展示你的应用程序吗？）

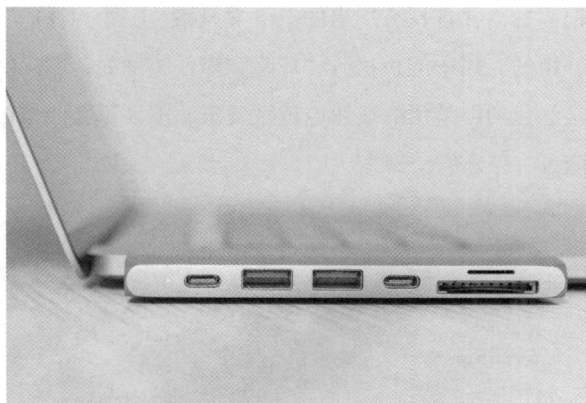

电脑接口相当符合直觉：你知道椭圆形的 USB-C 线应该接入椭圆形孔，薄 SD 卡应该接入薄矩形孔，而方形的 USB-A 线应该接入方形孔，唯一反直觉的是该如何插入 USB-A 线。 资料来源：Karolina Grabowska

然而，这不仅仅是为了让示能容易被发现：产品必须要像人们预期的那样表现。（它必须符合你的心智模型！）

当你应用这些规则时，你开始搞明白如何确保你的示能是可视的。诺曼建议"推"门装配金属板，而"拉"门装配把手，就像汽车上的把手一样。在每一种情况下，你立马就知道要做什么，并且作为额外的好处，用金属板拉门是不可能的 —— 于是用户除了以正确的方式开门外别无选择。

在用户界面设计中

当你设计数字产品时，工具包会变化，但核心理念不变。用户看一眼你的产品，他们就应该立马知道可以做什么以及应该怎样做。

具体来说，这意味着你的"行为召唤（CTA）"按钮需要容易被找到，标记清楚，并且具有适当的上下文风格。一个"注册"按钮应该是大的、粗的、居中的，执行"危险"操作（例如，删除文件）的按钮应该是红色的，禁用的按钮应该被置灰，不太重要的按钮在视觉上也不应该占主导地位，等等。

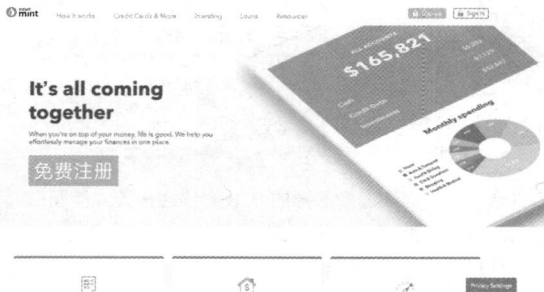

Mint 的主页在可视性上做得非常出色。明显的橙色"注册"按钮把用户指引向他们可能会做的最重要的行为。　资料来源：Mint

同样地，产品的各种功能也应该容易被找到。不要把重要的东西隐藏在菜单深处，尤其是不相关的菜单。例如，银行网站在把功能放在菜单几个层级的深处这件事上声名狼藉。Windows 8 在这一点上也受到批评，因为它的"关机"按钮几乎不可能被找到：你得去设置菜单里才能找到它。

原则 2：可反馈

另一个来自诺曼的原则是可反馈：对象应该告诉你操作是否有效。拧紧番茄酱瓶盖时越来越大的阻力，胶带分割器的撕裂声，以及黑胡椒研磨器的隆隆声都是对象给你反馈的实例。

举一个科技界的例子，你也许注意到了笔记本电脑的"F"键和"J"键上的小凸起。这些是提供反馈的重要的方法：它们让你不用向下看就知道你的手是否放在了正确的位置。更确切地说，键盘上的所有按键都会给你反馈，帮助你仅仅通过触摸找到并按下按键。这是为什么当苹果公司在 2016 年的 Macbook 中移除实体退出键，转而使用 Touch Bar 上的数字按键时，那么多用户怒吼的原因。

没有反馈，你就无法知道自己是否真的做出了想要的改变。如果你的汽车在你上锁时没有发出哔哔声，你可能会感到困惑然后走回去再试一次。如果你按下按钮提交表格但是没有任何反应，你可能会尝试再按一次 —— 这实际上会很危险，因为你可能会下单两次。

多种感官的可反馈

当多种感官参与进来时，人们更容易注意到事情。如果你的烤面包机中的吐司着火了，你将会通过视觉、嗅觉（烟的气味）以及味觉（烟雾的味道）来发现这件事情。

科技产品通常很难在多种感官上与用户交互，因为用户主要与产品交互的方式是通过一块平板玻璃。视觉反馈，比如看到按钮被按下去，是很好的，但还不够。这是为什么触觉反馈——在某项操作时发出轻微震动，从而引起触觉，并产生了一点声音——在手机操作系统中如此受欢迎。

如果做得好，感官反馈可以克服产品用户体验中的其他缺点。我们之前提过笔记本电脑触控板的可视性非常差。幸运的是，大多数优秀的触控板在你点击时会给你提供多感官反馈：视觉上触控板被按压、轻微的点击声，以及对手指的轻微阻力。苹果广受欢迎的压力触控（Force Touch）板在这基础上更进一步，增加了两个"级别"的点击：浅层的点击给你轻微震动，深层点击触发更强的震动[1]。丰富的反馈是触控板仍然受欢迎的一大原因，尽管它们存在可视性缺陷。

糟糕的反馈

不提供反馈的对象是最严重的违规者，但提供错误或误导性的反馈也很糟糕。如果你双击打开一份文件，过了几秒无事发生，你可能会再次点击它，连续尝试几次，然后一下子弹出几个不同的弹窗。

另一个有问题但不易察觉的反馈模式是，如果对象在你采取行动时给你反馈，但是没有关于行动是否有效的反馈（称为"结果反馈"）。经典的例子是车库门遥控器：当你按下它来打开或关闭你的车库时，指示灯会闪烁，但是灯光仅仅告诉你遥控器是工作的。它没有

---

[1] 更酷的是，你实际上不是真的点击了压力触控板：触控板从来没有被按下去。但是苹果的触觉反馈做得太完美了，以至于你以为按下了它。

告诉你车库门实际上是否打开或者关上了。唯一知道的办法是去看一看门或者听门的隆隆声。

你或许可以容忍你的车库门遥控器缺少结果反馈，但是三哩岛的工程师就没那么幸运了。回忆一下，他们的控制面板上有一个指示灯，这个灯可以显示出是否下令关闭阀门，但是这个灯不会告诉他们阀门是否真的关上了。所以当这个阀门被卡在打开状态，他们也不知道，这导致了灾难性的熔毁。

最后，有的对象或许能够给你反馈，但很难衡量。液体量杯有这个问题：你在站着倾倒液体，但是你仅仅在杯子处于水平视线时才能看到测量值。这意味着你不得不经历有些恼人的倾倒过程，倒一点，弯下腰看看你倒了多少，站起来再倒一点，等等。这些量杯理论上讲是给你反馈的，但是它太令人失望了，以至于很多人与其用量杯，更愿意仅仅是用眼睛去衡量。

幸运的是，厨房用具品牌 OXO 发现了解决这个问题的办法。他们创造了一种量杯，它的标签呈一定角度，于是你可以在倾倒时看到它们。这样你无须弯下腰，就可以得到准确适量的液体。

OXO 有名的刻度斜置量杯，让你无须弯腰就可以准确地看到你倒了多少液体。
资料来源：Sur la Table

在用户界面设计中

在数字产品中提供反馈遵循类似的模式。用户应该永远知道他们在产品中的位置，当前行为的状态，接下来会发生什么，以及最终的结果是什么。面包屑导航[1]展示了用户在产品哪个位置并且帮助他们"往上钻"到更高的层级的组件，对于第一次访问的人是非常重要的。显示完成程度的进度条、显示错误或完成的消息，以及展示重要信息的弹出模式对话框都对于之后的选项很有用。

电商网站通常充分利用面包屑导航来帮助用户浏览产品的多个层级和类别。
资料来源：百思买

另一个有用的经验法则是从牛顿的物理学定律中借鉴来的：每一个行动都应该有相同或相反的反应。按钮应该在点击时看起来像"被

1　面包屑导航（Breadcrumb Navigation）这个概念来自童话故事《汉赛尔和格莱特》，当汉赛尔和格莱特穿过森林时，不小心迷路了，他们在沿途走过的地方都撒下了面包屑，想让这些面包屑来帮助他们找到回家的路。所以，面包屑导航的作用是告诉访问者他们目前在网站中的位置以及如何返回。

按下去"，复选框应该在被选中时亮起，手机应该在收到警报时振动或者显示推送通知，等等。大多数用户界面设计库和框架都替你考虑到了这些，但在你构建产品时也请留心反馈。

原则3：宽容性

在棒球比赛中，如果你在第二场落后了 12 分，你几乎没有机会追平比分 —— 这样的比赛打起来士气低落，并且观众看起来也没有多大乐趣。

大多数运动的记分系统都是这样运作的：双方从开始到结束都在收集分数，最后赢得更多[1]分数的人获胜。并且大多数压倒性胜利的比赛观赏性都不强。

然而网球已经发展出一种独特的记分系统。你在每次击败对手时得分，得到像 40：15 这样的分数，得到足够的分数你就能赢得一局。赢得足够的局你就赢得一盘，赢得足够多盘你就赢得了比赛。

关键的是，在一局中赢得的分数不会被带到下一局中，并且在一盘中赢得的分数也不会被带到下一盘。这意味着，即使你在某一盘以 7：0 被击败，你在下一盘中又回到了平等地位。你在游戏某一部分犯的错不会影响剩下的比赛。这意味着选手永远都有机会一搏，无论他之前表现得有多糟糕，于是对粉丝来说永远都有令人兴奋的事情。

关键在于网球的分数系统是具有宽容性的：如果你犯了错（人们

1　或者更少，在高尔夫中。

都会犯错），你也不是没救了。相似的原则也适用于设计良好的产品，这帮助了用户避免错误和改正错误。具体来说，宽容的用户体验最小化犯错的机会，减少错误造成的损失，并且使得错误容易撤销。让我们逐一介绍。

避免错误

让产品有宽容性的最好方式是从一开始就帮助用户避免犯错。

第一种方式是隐藏"危险"或者不可逆转的行为，以免用户意外地点击它们[1]。多年来，iPhone 的邮箱应用把"删除"按钮放在"回复"按钮的旁边，导致很多用户不小心删除了邮件。同时，iOS 上的 Gmail 默认隐藏了"删除"按钮，而用没那么危险的"归档"按钮代替，如果用户需要的话，他们可以在设置中切换按钮。

在避免错误点击的话题上，你要确保你的触碰目标——按钮、复选框以及其他组件——不会太小。研究表明，触碰目标应该至少 9 毫米（0.35 英寸），以最小化错误点击的风险。相似地，增加"安全门阀"是有帮助的，这样用户就不会不小心做一些事情："滑动解锁"手机锁屏就避免了很多尴尬的"误拨电话"。

你还可以让用户在采取危险行为之前三思而后行。Github 让想要删除代码仓库的用户在下令前输入仓库的名称。这个不寻常的用户体验模式抓住了用户的注意力，警示了他们这一举动的危险，并且确保他们在"自动"模式下不会意外做出破坏性的动作。

1　在动画《恶搞之家》（*Family Guy*）中，针灸师凌医生把他的针盒放在装毒针的针盒旁边。千万不要像凌医生那样！

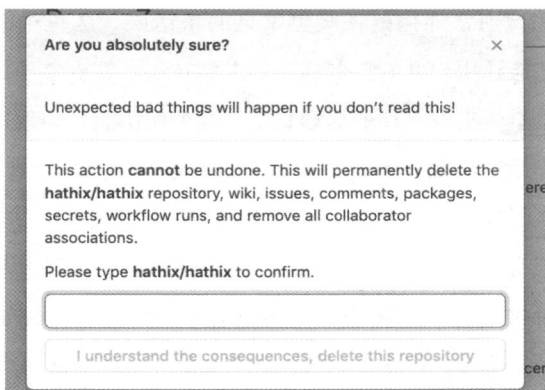

Are you absolutely sure?   ×

Unexpected bad things will happen if you don't read this!

This action **cannot** be undone. This will permanently delete the
hathix/hathix repository, wiki, issues, comments, packages,
secrets, workflow runs, and remove all collaborator
associations.

Please type **hathix/hathix** to confirm.

I understand the consequences, delete this repository

GitHub 故意给代码仓库删除流程增加摩擦，这样用户就不会粗心犯错。
资料来源：GitHub

最后，你需要确保你的产品不会引导用户犯错。避免使用可能会
让用户迷失的行话和令人困惑的语言，确保用户在执行某项操作之前
完全了解这个行为有多么危险。GitHub 在这一点上又是一个很好的例
子：它用红色的按钮标记出了全部高风险行为，并将它们放入一个明
确标记的"危险区域"，这一做法对用户很有帮助。

让错误没那么危险

有了以上的步骤，你应该可以减少犯错的可能性，但你仍需要加
上另一道防线：确保错误不会造成太大的代价。

一种方法是自动地修复小错误。谷歌搜索的自动更正就是一个很
好的例子：它确保了一个拼写错误不会让你的查询变得没有用处。确
实，任何类型的自动更正，从手机键盘把"grllo"变为"hello"，到
Excel 给你的公式增加缺失的括号，都属于这一类。

用户测试通常能揭露一些更常见的小错误。这些对你来说很容易，但确实能让用户开心。例如，如果你在谷歌航班上预订航班并且输入了一个早于出发日期的返程日期，这个应用会自动地把两个日期对调。应用里这些简单的"知道你什么意思"的实例令人非常满意，做起来却也不难。

当用户犯了你无法自动修复的错误，确保它不会让用户损失太大。我们都经历过：你在填一个很长的申请银行账户或是什么的表单，点击了"提交"按钮，却意识到你填错了一项，现在你要重新填写整张表单。如果正确的信息都保留下来，那将是最好的，或者，如果不正确的字段在你提交表格之前就被标为红色，那就更好了。

你还可以帮助用户在错误变得危险之前就发现错误。例如，安卓

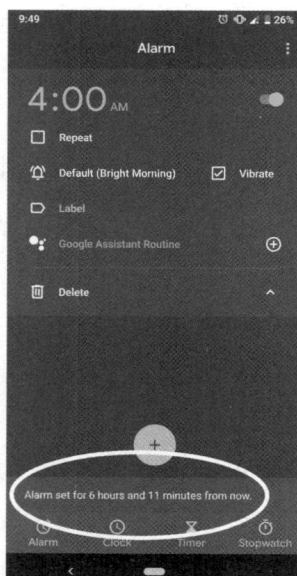

安卓的闹钟应用告诉你闹钟还有多久会响，帮你发现错误。

268

默认的闹钟应用有一个救命的功能，它会在你设置后告诉你闹钟会在多久后响起。如果现在是凌晨 1 点，你想要凌晨 5 点起床赶飞机，那么正确地设置闹钟至关重要。如果你不小心把闹钟设置成下午 5 点，这个应用会提醒你闹钟会在 16 小时后响起，这样你就会立马知道你设置了错误的时间，避免错过航班。

可逆性

一个最简单、最受欢迎的让产品的用户体验宽容的方法是给每个操作提供某种"撤销"按钮。Dropbox 可以让你撤销意外的文件删除，Gmail 可以让你在某些情况下"撤回"发出的邮件，等等。这让你从错误的操作中快速恢复。

但是不要将自己局限于字面意义上的"撤销"按钮。每一个不是明确不可逆的指令（例如，从数据库中删除数据或者汇款）都应该有相反的指令。因此，"添加"按钮应该与"移除"按钮相伴，"确认"按钮应该与"取消"按钮相伴，"安装"按钮应该与"卸载"按钮相伴，等等。这确保用户永远不会进入一种状态而出不来，并且它也帮助用户简化了他们的心智模型。

你还可以向用户提供中间状态，让他们可以在采取行动前仔细考虑他们的决定。电商网站的购物车和操作系统的回收站就是起到了这个作用：它们让你在做出不可逆转的行为（例如，汇款或永久删除文件）之前可以退出。

很多产品经理在建造可逆性时没有考虑其他让产品具有容错性的方式。最好的用户体验是用户从一开始就不会犯错——所以把"撤销"按钮之类的东西当作最后的手段而不是主要的解决方案。

错误信息

尽管你（和你的用户）做了最好的打算，错误还是会发生。这是不可避免的。这是为什么说好的错误消息是很重要的。与其给一些晦涩的错误编码或者像是"不正确的信息"的模糊信息，你应该解释清楚是哪里出了问题以及用户可以做什么。确保这是用对话性的语言并且使用了主动语气，以使得表意更清楚。一个平庸的错误信息可能看起来是这样的：

> 密码错误，请重试。

与此同时，一条好的错误信息可能是这样的：

> 你输入的密码中包括了你的生日，这是不被允许的。请将生日从密码中移除，然后再试一次。

这告诉了用户他们做错了什么以及可以如何修复。一个出色的错误信息可能会包含一个按钮，让用户生成随机密码，于是他们只需轻点一下就可以修复错误。

原则 4：直观

最后，良好的用户体验是直观的：它符合我们的心智模型，因此是可预测的且易于学习的。不直观的产品用起来非常不顺手。回想一下尼尔的朋友尝试使用他的可擦笔时是多么困惑。很可能你在使用科技产品之前就已经体验过这些短暂的困惑。

隐藏功能

当一个重要的信息被隐藏时，这个问题就会出现。你有多少次打开一小盒冰激凌然后跑去找勺子，后来才发现盖子里面藏着一个小木勺或塑料勺？

受欢迎的科技产品也没能幸免。很多年来，Dropbox 的手机应用程序让你点击"标记为收藏"按钮离线下载文件。但是这个联系毫无道理——为什么收藏的文件必须离线，为什么没有收藏的文件就不能离线保存？用户感到困惑，把"离线缓存"的按钮找了个底朝天，却没意识到他们所找的按钮一直就在他们面前。人们感到如此困惑，实际上，Dropbox 不得不在帮助中心发布文章来解释这个按钮。

心智模型

在上一章中，我们提到了产品符合人们既有心智模型的重要性。如果一个产品不这样做，它就是不直观的。例如，普通用户关于如何操作博客播放器的心智模型包括了这样的期望：你可以随时收听任何一集。但是，有一个受欢迎的播客应用不让你这样做，除非你订阅该播客——这是一个令人恼火和困惑的体验。

请注意，你不必遵循每一个相关应用的惯例——如果你这样做了，你的应用很难与众不同！你可以打破一些标准的假设，但是确保它对用户的心智模型来说是清楚的，以免他们感到困惑。约会应用

Coffee Meets Bagel 有意每天给用户提供有限数量的匹配，这与大多数应用不同，它们往往都不限数量。不过，这并不会让用户感到困惑，因为 Coffee Meets Bagel 给这一点找了个很好的理由：它迫使你认真选择。这与应用程序寻找长期关系的品牌定位一致。

当用户对产品如何使用形成不言而喻的假设，却发现他们错了时，这个困惑也会发生。例如，在推特上有三种与推文互动的方式：点赞、评论和转发。大多数推特用户有这样的心智模型，如果有人转发或者评论了一条推文，他们所有的关注者都会看到这条推文。

但是，另一方面，他们希望点赞更加私密，并且不会把点赞传播给你的关注者——如果"点赞"按钮就像转发一样，那有什么意义？问题是，推特有时展示一些人点赞的推文给他们的关注者，有点像半转发。更麻烦的是，这个行为是不一致的，你找不到明显的规律或者原因，为什么有的点赞会出现在一些人的时间线中。这导致用户非常困惑，并催生了无数试图找到关闭这个神秘功能的方法的文章。

你可能注意到这里的一个主题：如果你感觉有必要写一篇帮助中心文章来解释一个功能的工作原理，或者如果你注意到第三方撰写了有关如何使其工作的文章，这是一个功能不直观并且需要被改进的迹象。与其写一整篇文章解释如何用"收藏"按钮离线缓存文件，Dropbox 应该把按钮改为"离线缓存"。（值得赞扬的是，Dropbox 最终这么做了。）

映射（Mappings）

直观性的一个重要子集是可预测性：用户应该能够预测任何交互的结果。如果控制操作和结果的映射不清楚，用户会感到困惑，并且

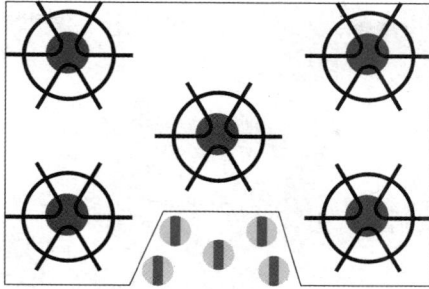

一个符合直觉的灶具，它的旋钮和炉灶有空间映射关系。你可以很容易预测每个炉灶对应的旋钮。

会不可避免地犯错。

　　灶具是一个经典的例子。它们通常有四个或者更多炉灶，每一个都受到相关联的旋钮的控制。一个精心设计的灶具会使旋钮的排列看起来与炉灶的排列相似。这样的话，旋钮和炉灶的空间映射就很清楚了。左上角的旋钮控制左上角的炉灶等。相反，一个设计糟糕的灶具会把旋钮排成一排，而炉灶却是不同的排列方式，让人很难知道哪一个旋钮控制哪一个炉灶。

　　如果旋钮被贴上标签，那么一个旋钮排列混乱的灶具或许能用，但是——正如我们之前所说——最好的界面根本不需要标签。直观的界面，从定义上讲，不需要标签或者使用说明就能轻易使用。

　　另一个很好的例子来自梅赛德斯奔驰汽车，它的驾驶员座椅控制器与座椅是同一个形状的。这样驾驶者可以轻松搞明白每个按键的作用，并且可以快速调整头枕、座椅靠背、座位底部以及座位的其他部分。这比把按钮排成网格状要好多了，那样的话驾驶员还需要记住哪个按钮控制座位的哪一部分，这种方式甚至可能需要令人生畏的标签。

这款梅赛德斯奔驰的座椅控制按键设计得像一个座椅，使得预测每个按键控制座椅的哪一部分非常容易。　资料来源：Pikist

　　当你开发软件产品时，创造一个好的空间映射相对简单，因为你可以把点击目标放在几乎任何位置。一个好的经验法则是把对物体的控制放在物体自身上面，而不是屏幕上的其他地方。例如，如果你的应用程序有一个联系人列表，用户应该能够点击每个联系人以调出删除选项，而不是勾选联系人上的复选框，然后在屏幕的某个角落里点击删除键。

以色列报纸《国土报》的希伯来语网站，将我们在从左到右的世界中习惯的空间映射反转了。菜单按钮在右上角而不是左上角，更多故事的侧边栏在左侧而不是右侧，文字说明在图片的左侧而不是右侧。　资料来源：《国土报》

另一种映射是文化映射，用户的文化背景影响了他们对映射的期望。在从左到右书写的语言中（比如英语和印地语），我们期待返回按钮放在左侧，下一步按钮放在右侧。但是在从右到左书写的语言中（比如阿拉伯语和希伯来语），用户的期望则完全相反。

这不仅局限于人类文化：人们体验事物的更广泛的背景决定了他们期望事物如何表现。例如，Mac 电脑用所谓的"自然滚动"，在触控板向上滑动手指可以将页面内容向下移动，向左滑动手指可以将内容向右移。（这是"自然的"，因为有触控板的设备通常都是这么操作的。）

同时，Windows PC 通常使用传统的滚动，手指上滑，内容上移。所以如果你在为 Mac 开发应用，用户会期望滚动是"自然的"，但是如果在 Windows 开发这个应用，用户会期待传统滚动方式。

试试这个

现在你知道了什么是好的用户界面，试试这个半开玩笑的游戏，它让你挑战使用一些过去创造的绝对糟糕的，也很荒谬的用户界面设计模式。

第十八章　易用性

　　当产品经理思考是什么造就了一个出色的产品时，我们通常会想到强大的功能，聪明的增长黑客，或者好看的用户界面。但是一个我们经常忽略的事情是简单的用户友好度。

　　易用性已经使得很多有名的产品取得卓越成就。由施乐和苹果在20世纪70年代普及的用户图形界面（GUI）是革命性的。用户不再需要记忆长长的计算机指令列表，只需要点击即可。Apple II 的用户图形界面让苹果声名大噪，在那个很少人听过个人电脑的时期，苹果售出了超过两百万台电脑。

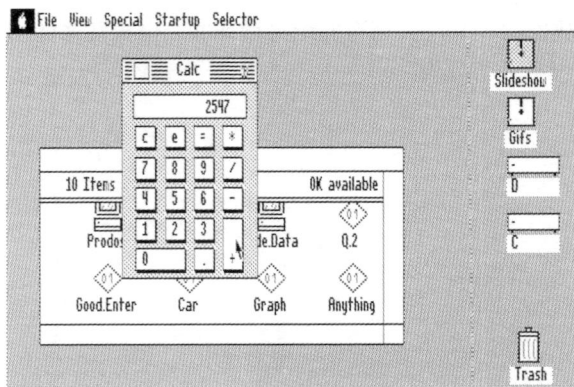

Apple II 的 G 用户界面。　　资料来源：Toasty Tech

苹果公司再次推出了 iPod 著名的点击轮。它只有五个按钮和一个转盘，难以置信地易于使用。从没用过手持电子设备的人也对它很满意，iPod 售出了数亿台。

然后谷歌推出了基于网络操作系统的 ChromeOS。这是一个启示：你不再需要在防病毒程序上花心思，不用担心管理驱动和系统库，也不需要持续检查操作系统更新。就连界面都是简洁的：桌面从一个按钮（浏览器快捷键）开始，令这个操作系统惊人地直接。ChromeOS "刚刚好"，比起 Windows PC 更不容易搞砸，并且它很快成了爷爷奶奶和孩子们间的爆款。

像这样的例子还有很多，但是它们的主题都很清楚：创造简单易用的、解决人类弱点的产品是创造人们喜爱的产品的好办法。这听起来可能没那么吸引人，但是专注于可用性是会带来收益的。

内存限制

你可能见过这些疯狂传播的图片，关于"爷爷奶奶友好型"遥控器：它们的大多数按键都被胶带盖住了，只剩下必要的按键。例如，电源、频道以及音量。这减少了遥控器的功能集，但是这样做使得遥控器对用户更友好了——于是，尽管能做的变少了，但更有用了。

人类并不是完全智能的机器人：我们会感到困惑和压力，尤其是当我们面对过量的选择和信息时。"爷爷奶奶友好型"遥控器的兴起表明这个问题的普遍性。在我们购物时也有这个问题。在一项研究中，实验者在食品市场搭建了两个展示台，一个提供 24 种果酱，另一个提供 6 种。你可能觉得提供更多选择的摊位就会有更多消费者购

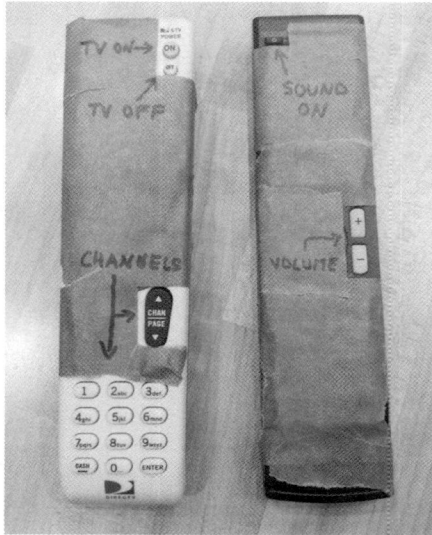

一对"友好型"遥控器，它们只剩下电源键、频道键以及音量键可用了。
资料来源：红迪网上由 thecre 8ivewon 发布

买，但是你错了，24 种果酱的摊位确实有更多人光顾，但是光顾提供
6 种果酱的摊位的人购买率是另一个摊位的 10 倍。

苹果电视灵巧的遥控器，它删掉了除了必要按键之外的所有按键。
资料来源：维基媒体

这个问题有很多名字，从分析瘫痪到选择悖论再到希克定律（Hick's Law），但是想法是一样的：人们面临的选择越多，他们要花的时间就越久，而且他们面临的压力会更大。那个永恒的建议"保持简单直白"在这个问题上永远适用。

一个希克定律的示例

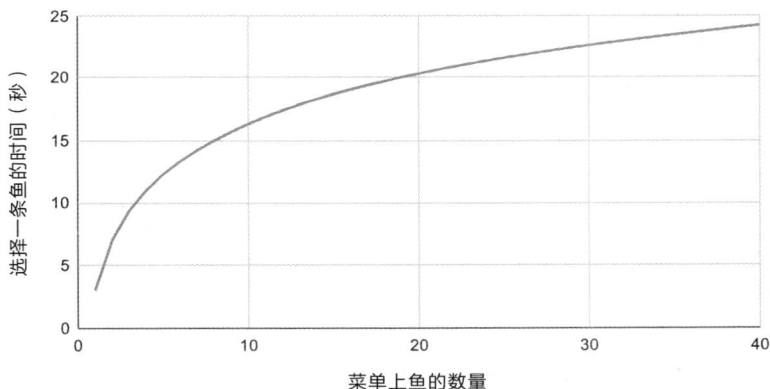

一个希克定律的示例用了餐厅菜单的数据。这个定律说的是人们做决定所花的时间会随着选项的数量增多而增长。公式是 $r=a+b*\log 2(n)$，其中 r 是做决定所需要的时间，n 是选项的数目，a 和 b 是任意常数。 资料来源：交互设计

移除不相关的选项

每个人在被信息和选择轰炸时都会感到痛苦，所以一个好的产品会围绕这一点做设计。冥想应用 Headspace 在这一点上做得很好。与其他应用让用户填一大段文字或者要求用户设置一个复杂的冥想流程不同，Headspace 的新用户引导只问了一个问题：你为什么要冥想，并强调了没有错误答案。这是一个恰如其分的禅修新用户引导流程。

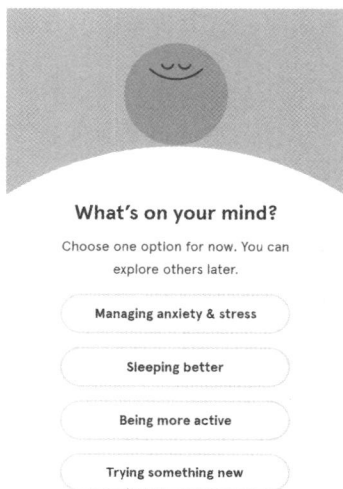

What's on your mind?

Choose one option for now. You can
explore others later.

Managing anxiety & stress

Sleeping better

Being more active

Trying something new

Headspace 的新手引导流程是一个简单的问题，没有错误答案。
资料来源：Headspace

  TurboTax 尽管存在种种缺陷，在简化复杂和令人困惑到可怕的报税流程上却做得很好。它没有把人们扔进一个巨大的有着几百个填写项的表格，而是引导用户完成一系列简单的问题，每个问题只有几个答案选项，通常只是"是"或"否"这么简单。将税法化为简单的问题，同时让用户一次专注于一个问题，是减少报税的认知负担的好办法。

米勒定律

  这里的总体主题是，人类大脑一次能处理的信息就那么多，无论是遥控器上的按键、桌子上的果酱，还是税务报表上的问题。一个成功的产品会减少信息量来避免让用户崩溃。

这个问题的一个有趣的特例会影响我们的工作记忆（working memory），它是我们尝试记住某人告诉我们输入的电话号码时使用的超短期记忆。我们的工作记忆只能记住 7 加减 2 个物体。如果我们尝试往大脑中塞入更多内容，我们将不可避免地会忘记一些。这种关系，被称为米勒定律（Miller's law），解释了为什么记住别人念给你的 10 位电话号码很难。

一个实际的影响是，在设计用户界面时，你应该把内容分成几组，每组有五到九个物体。这就是为什么工具栏的每部分只放几个选项、每张幻灯片的要点不超过 7 个以及屏幕中的销售商品不要超过 9 个等的原因。

复杂性守恒

每个产品都有一定程度的不可削减的复杂性：一定数量的信息或者必须完成的任务。例如，当你发送一封电子邮件时，你不必包含正文内容、签名、附件甚至是主题。但即使是最精简的电子邮件都至少有两个字段：收件人和发件人。这两点信息是发邮件不可削减的复杂性。

用户界面设计师拉里·特斯勒（Larry Tesler）认为，每个产品都有不可削减的复杂性，总有人需要处理这一点：要么是开发人员，要么是用户。这被称为特斯勒定律或者复杂性守恒定律。用户友好产品的开发人员会尽可能多地承担不可削减的复杂性，从而最大限度地减少用户需要做的工作。在电子邮件的例子中，邮箱应用会自动填充发件人信息，于是用户只需要填写收件人信息。复杂性没有消失，它只是由软件承担了。

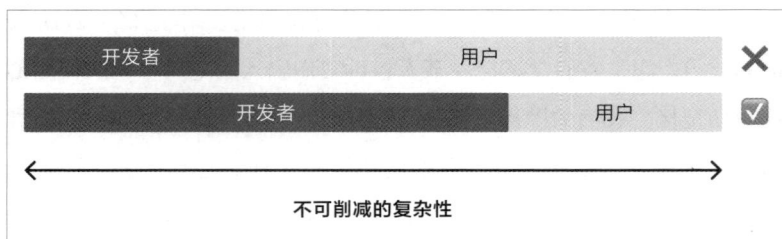

每个产品有一定程度不可削减的复杂性。精心设计的产品把复杂性的负担从用户那里转移到开发者身上。 资料来源：哈里什·何塞（Harish Jose）

另一种思考这个问题的方式：想象 100 万用户花一分钟做一件他们不需要做的事，例如输入邮件的"发送人"字段。如果开发人员花几小时就能自动做到这件事，数 10 万小时的用户时间就能被节省出来。

这里有许多小的摩擦点，开发者可以为用户节省一点时间。例如，当用户在网站上输入他们的信用卡信息，网站需要知道用户的信用卡号、有效日期、网络（例如，Visa 或者 MasterCard）以及一些其他信息。大多数精心设计的网站会基于信用卡号自动识别网络，于是用户就不用手动输入了。最多几小时的开发时间可以为百万用户每个人省下几秒钟的宝贵时间。

人脸验证是另一个很好的例子：这个系统验证登录者的身份。要求用户使用用户名和密码登录对程序员来说是简单的，但是对用户来说是痛苦的。人脸验证实现起来更难，但可以为用户节省大量时间。

减少用户的负担也可以在其他方面帮助你的产品。有一种理论认为，用户愿意在你的产品上投入的精力是固定的，所以如果你减少他们在简单任务上花费的精力，他们就会有更多精力来做更复杂的任务 —— 于是他们会变成"超级用户"，更多地使用产品，并且更有可能付费。

可访问性

据估计，世界上有 15% 的人口患有残疾，因此如果产品想要真正可用，就必须顾及用户可能面临的挑战。

我们将会在之后的章节讨论建造无障碍产品的策略，现在只要知道考虑残障人士其实是改进产品用户友好性的放大镜就足够了。找到残障人士可能会在你的应用程序中遇到困难的地方可以帮助你找到为每一个人改进你的产品的机会。

这方面的经典例子来自厨具行业。在 20 世纪 90 年代，一个叫山姆·法伯（Sam Farber）的商人与他的妻子在法国南部度假。一天，他走进厨房，发现妻子在哭，因为她的关节炎让她无法使用金属削皮器削苹果来做苹果塔。法伯的妻子贝齐抓起一块黏土，开始为削皮器设计一个对关节炎患者友好的手柄。

山姆突然醒悟，有关节炎的人需要更舒适可用的厨房器具，于是他把贝齐的解决方案变成了 OXO，生产一系列符合人体工程学设计的厨房器具，种类从削皮器到刮刀，从打蛋器到滤锅。

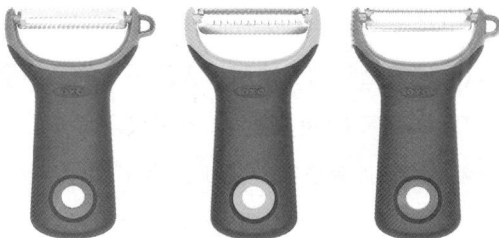

OXO 的人体工程学水果蔬菜削皮器。　　资料来源：The Pepper Mill

事实证明，不仅仅是患有关节炎的人，每个人都喜欢 OXO 舒适的橡胶手柄和易于持握的设计。OXO 器具现在为全世界的厨房增添色彩 —— 也许也包括你的厨房。这说明了每一个人都可以从产品的可访问性设计中受益。

举一个科技产品的例子，微软的一个包容性设计团队调查了如何使公司产品更适合盲人使用。这个团队想到可以做一个自动为幻灯片创建字幕的工具，后来演变为 Skype 的实时字幕功能。任何曾经与不同母语者参加会议的人都知道这样一个功能有多有用，不仅仅是对有残疾的人。还是这个团队，他们改进了文本换行和格式以帮助阅读障碍者读起来更容易，这项改进最终甚至帮助没有阅读障碍的人提高了阅读速度。

仿真

当你尝试改进你产品的用户体验时，与有特定残疾的用户合作是有帮助的，你甚至可以自己去模仿有残疾的人，来寻找你可能从没注意过的可用性问题。一个常见策略是用人为的模糊产品的用户界面来模拟视觉受损的人（或者近视的人）的体验。你会很快注意到你的行为召唤按钮是否很难被发现，重要的警示是否容易被忽略，等等。

或者你可以强迫自己只用非惯用手去使用手机，模拟一个有运动障碍的人在你的应用程序中的体验：你会很快发现你希望你的应用在哪里接受语音输入，或者哪里需要更少的点击操作。（当然，没有什么比与有残疾的用户一起使用产品更好。）

一些用户体验设计师甚至喝醉，然后使用他们的产品，来看哪些地方容易让人困惑或者哪里变得更容易出错（例如，如果删除按钮在编辑按钮旁边）。大多数人不会在喝醉的时侯使用你的产品[1]，但是你可以快速找出赶时间的人或者缺乏技术经验的人可能会遇到的问题。（记住，大多数用户或许不像你的团队一样精通技术！）

约束

不要把可访问性看作是开发末期时必须要跨过的障碍，而是将其视为可以帮助你在设计用户体验时更有创造力的约束。约束驱动创造力。

为了阐释这一点，请你尝试想出一个新的棋盘游戏。把书合上，想一想。

你可能会遇到些麻烦。现在加一个规则：你的游戏必须将吃东西作为核心机制。看看你能想到什么。

如果你像我们一样，加上食物限制后，你或许会想到更多有趣的想法。也许你想了一个游戏"茶点刺客"，每个人都要吃纸杯蛋糕，然后用内部的水果点缀作为线索，找到谁是杀手。或者也许你想到了可食用的你画我猜，玩家闭上眼，品尝食物组合，例如覆盆子和能多益，然后猜出他们刚刚吃了什么。

这很奏效，因为增加的约束给你的大脑提供一些开始想的东西。你有了微弱的光指引你开始探索，而不是在黑暗中摸索。

找到约束的一个好方法是考虑可访问性。例如，法伯发现了一个非常具体的厨房器具的问题——令人痛苦的金属手柄——然后专注在改进这一点上。这个聚焦反过来帮助刺激了他们如今出名的创新。

1　好吧，也许你做的是约会应用呢。

所以，当你在寻找创新性的方式改进你的产品时，不要把可访问性当作障碍来看待，而是将其视为约束的来源。有了它，你将想出很多寻常产品经理想不到的点子。

屏幕布局

设计师和产品经理在创造用户界面时经常忽略的一件事情是用户设备的限制。这指的是，当你在便利贴或者 Figma 创建原型图时，很容易忘记人们通过某种设备使用你的应用程序，而设备的物理性质会引入一些限制。

手机

例如，人们倾向于把手机握在手里，大拇指放在屏幕上，于是在大拇指自然触及区域内的按钮更容易点击。如果你的按钮位于屏幕的

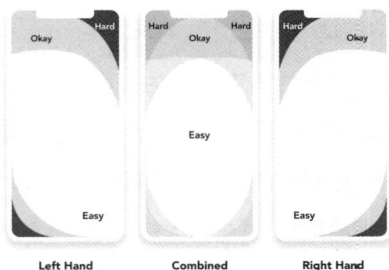

普通手机屏幕的"大拇指区域"。根据用户拿手机的方式不同，大拇指区域会有所不同，把你的按钮放在用户无论怎么拿手机都容易触及的地方。
资料来源：Smashing Magazine

远角，可能看起来很棒，但是用户点击起来非常不方便。（尝试右手握住手机，把大拇指伸向屏幕左上角。这可能会给身体带来痛苦！）

一般来说，人们最想要点击的按钮应该放在用户大拇指半径弧线形成的"大拇指区域"。由于人们可能用任何一只手握住手机（或双手），因此你最重要的按键应该放在屏幕的下方中央，因为这是所有握手机方式中"大拇指区域"相交的地方。

事实上，这正是谷歌材料用户界面所做的：用户界面中最重要的按钮悬浮在屏幕底部，向一侧偏移，但仍位于大拇指区域。你会在许多谷歌应用程序中，甚至全部安卓应用程序中注意到这些悬浮操作按钮（fabs）。

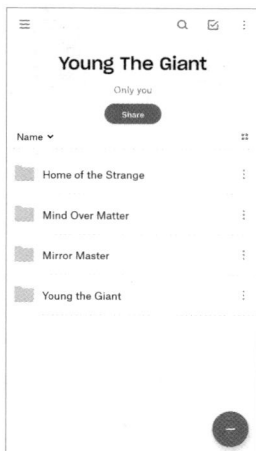

Dropbox 的安卓应用程序具有突出的悬浮按钮，正好位于大拇指区域。

按钮最佳区域的确切大小和形状取决于设备的外形尺寸。你的手掌不能完全包裹大尺寸手机（如果你不知道这是什么感觉，请尝试用一只手横握手机来模拟），于是它的大拇指区域更小更接近于直线，因为你的大拇指被锁定在同一个地方。用户通常用两只手来拿平板电脑，于是它的大拇指区域可能看起来像两个不同的底部区域。你将需要根据你的目标设备的外形尺寸做实验来确定按钮的最佳位置。

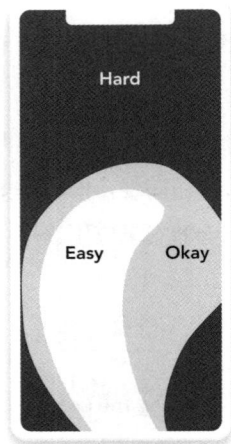

大屏幕手机或者平板电脑的大拇指区域与小手机的看起来不同。用户的手更容易被锁定，所以可以轻松触及的屏幕区域更少。　　资料来源：Practical Ecommerce

笔记本电脑

使用鼠标和键盘与你的用户界面交互的用户会遇到与使用触屏交互的用户不同的限制。毕竟，鼠标与手指完全不同。

对这些用户来说，需要牢记的一个有用的规则是菲茨定律（Fitts's law），该定律指出，移动鼠标到按钮的时间取决于按钮的大小以及鼠标需要移动的距离。距离越远，按钮越小，花的时间就越长。这解释了把相似的按钮放在一起，并确保你的按钮足够大的建议。

菲茨定律也解释了为什么下拉和右击菜单如此有用：它们让用户

无须将鼠标移动太远即可执行各种操作。

菲茨定律中一个不太明显的启示是，弯角是非常强大的。在电脑屏幕上，光标不能超出屏幕之外，因此位于屏幕边缘的按钮实际上是很容易找到的：你不必担心越过目标。点击屏幕角落的按钮甚至更容易：你可以闭上眼睛把鼠标向左上方移动，越远越好，然后你一定会看到光标在屏幕左上角的角落里。这意味着屏幕角落的按钮的有效大小是无限的，因此根据菲茨定律，它们很容易被找到和点击。

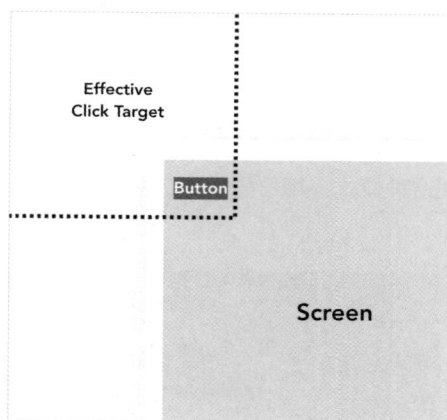

Effective Click Target

Button

Screen

把按钮放在屏幕角落制造了一个有效的无限点击目标。根据菲茨定律，这样的按钮非常容易被点击。　资料来源：维基媒体

这就是操作系统往往把重要的按钮放在屏幕角落的原因。Windows 10把开始按钮放在左下角；Mac把苹果按钮放在左上角，把消息中心按钮放在右上角。

请注意，当用户阅读时，会出现完全不同的模式。很多研究已经生成了用户倾向于浏览网页的热点图，并且发现了几个独特的模式。最常见的是 F 模式，用户从页面左上角开始，读几行之后，在往下读

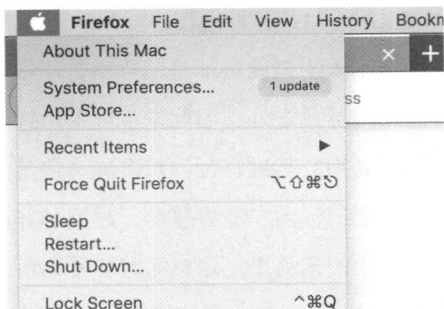

Mac 的苹果按钮位于屏幕的左上角。但是即使你在这个按钮左侧边界区域点击，它也会响应。这个巧妙的创新使得点击这个按钮非常容易：无须瞄准，只要把你的鼠标移到左上角就行了。

的过程只看页面左边。另一个是 Z 模式，用户在信息没那么密集的网站浏览时会出现这种模式，用户的目光从左到右，然后跳到下一行。

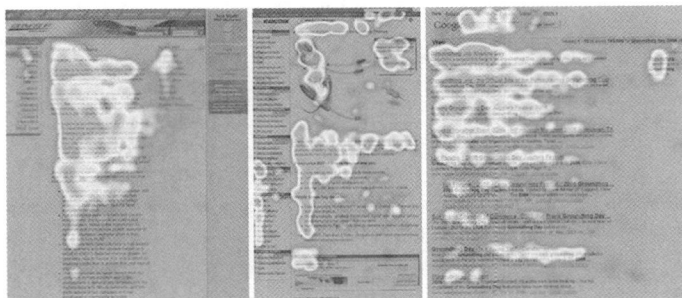

眼球追踪热图显示出用户的眼睛如何在不同的页面上移动。大致呈现出像字母 F 一样的模式。　资料来源：诺曼尼尔森集团

　　一些用户也遵循分层模式，他们阅读标题，然后跳过其他所有内容。另一些用户则创造出斑点模式，他们在页面上跳来跳去寻找某项特定信息，比如电话号码或者链接。因此，适用于阅读量大的产品

（Medium[1]、新闻等）的用户界面布局与适用于行动导向应用的不同。

奖励视频

　　我们已经看到了如何优化屏幕的布局。但是让我们来讨论下一件大事：无屏幕！观看这个奖励视频，学习语音输入如何成为可用性设计的前沿，以及控制下一代操作系统的战争是如何变得白热化的。

1　Medium 是一个内容写作与发布平台。

第十九章　客户 vs 商业

你有没有注意到牛奶似乎总是摆放在超市最里面吗？这绝非偶然：超市故意将牛奶等主食放在商店深处，于是消费者不得不走过整个商店，被各种优惠和购买其他东西的冲动轰炸。超市还会将利润高的垃圾食品放在货架视平线的位置，于是人们会受到诱惑去购买，同样的逻辑解释了为什么结账通道上摆放了那么多糖果。

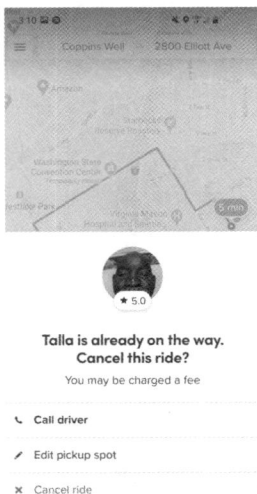

如果你叫车后取消，来福车会收你一笔取消费用。这个应用的措辞会让你感到有一点内疚。

超市非常清楚，用户目标（快速逛完，避免垃圾食品）和商业目标（让购物者买尽可能多的东西）之前经常存在矛盾，于是商家设计了超市陈列来促进商业需求。

科技产品也意识到了这一点：谁没有在从酒吧走出来，公共交通停运而优步向你收取 2 倍高价时感到愤怒呢？或者当你叫了来福车，看到司机绕圈五分钟，然后取消，结果却被扣了取消费？像超市一样，这些拼车公司优先考虑赚钱而不是为了提供良好的客户体验。

其实不必如此。明显地把用户体验放在最后一定会惹得用户不开心，然后他们最终会对你的产品感到厌烦。一个良好的用户体验使得商业目标和用户目标是一致的，于是每个人都会获益，并且这是很多成功的产品和商业的基础。

不诚实模式

在我们研究那些成功地协同商业目标和用户目标的公司之前，让我们调查一些反模式：一些公司用卑鄙的手段推进商业目标，损坏用户体验。这些通常被称为黑暗模式（dark patterns），虽然我们更喜欢称它们为不诚实模式 [1]。

请注意，公司赚钱是没错的：毕竟这是公司必须要做的事情！但是当公司为了挣钱主动与用户对立时，问题就来了。我们已经从超市和叫车公司看到了不诚实模式的例子，但是这个模式的影响范围还要广泛得多。让我们来看几个不诚实模式的例子，它们在科技的各个领

1　我们的想法是"黑暗＝不道德的"，有点像肤色歧视。

域都出现了。

蟑螂汽车旅馆

或许最有名的不诚实模式的例子是那个名字有趣的蟑螂汽车旅馆，它指的是容易注册但是很难退出的服务。这个名字来自蟑螂汽车旅馆，一种流行的蟑螂诱饵装置，它的标语是"蟑螂入住……但是它们不退房！"。

你可能在你的信用卡服务上经历过这种情况。你可以使用在线表格快速注册信用卡，但是取消信用卡需要经过很多环节。你必须拨打客服电话，在你等待的时候忍受折磨人的电梯音乐，在对方唠叨和讲解留下来的优惠的时候跳会儿舞，然后你才能取消。有个健身房甚至让成员打印和填写表格，通过邮寄信件递送申请表，然后才能退出订阅服务。

很多在线服务也使得取消账户变得困难。比如你很难注销你的亚马逊账户。你也许会期待"你的账户"菜单里有这样的按钮，但是并没有。你不得不在屏幕底部找到小小的"帮助"按钮，点击"需要更多帮助？"按钮联系亚马逊，然后在菜单里翻找，直到找到注销账户的按钮。（幸运的是，关闭 Prime 倒是容易得多。）

隐性收费

另一个棘手但是普遍存在的不诚实模式是隐性收费。活动票务公司 Ticketmaster 因利用这种费用提高票价而臭名昭著。据估计，Ticketmaster 将门票价格抬高了 30%，只有在你去柜台结账时，你才能看到这些收费是怎么回事。一张票价 100 美元的门票实际上会让你花掉 130 美元，只有你下定决心付款时才会注意到这一点。更令人气愤的是，一些费用明显是在抢钱。例如，含糊不清的"便利设施""设备""处理"以及"配送"费用。

抨击 Ticketmaster 容易，但是很多其他产品也捆绑了隐性收费。爱彼迎和 Vrbo 等房屋租赁服务的费用通常是租金的 25% 到 50%。但是在一个尤其令人震惊的例子中，一个标价每晚 275 美元的房子费用是 289 美元，令实际价格高达 564 美元。

一个爱彼迎房源在广告上的价格是 275 美元一晚，但实际要花 564 美元，这是一个明目张胆地隐性收费的例子。　资料来源：红迪网上由 MissChang 发布

还有的产品偷偷收取费用，而没有给用户带来便利。例如，在 2014 年，优步给所有订单增加了 1 美元"安全行驶费用"，声称该费用会被用来资助"背景调查""驾驶员安全培训"以及"保险"。但一项调查发现，从这笔费用筹集的资金从来没有被用到安全项目上，而只是增加了优步的利润。

诱售法

Congrats, you qualify for this tax break! Upgrade to **TurboTax Deluxe** to claim it.

Retirement Savings Contribution Credit

$579

(amount added to your refund)

Your current product

Free Edition	Deluxe
Does not cover the new Schedule 3 tax form.	Covers the **Retirement Savings Contribution Credit** which is reported on the new Schedule 3 tax form. See more Deluxe benefits

当你对 TurboTax 的免费版有了足够深入的了解后，它就会向你展示网站的付费专区。除非你付费升级，否则你将失去所有的进度。　资料来源：红迪网上由 Curtain Clothes 发布

　　不诚实模式的例子还有很多，你可以在娱乐性的 subreddits 或者推特账号中看到，我们这里再介绍一个例子：诱售法。这个方法中，产品通过许诺你一个东西让你"上钩"，却给你另一样东西。

　　最有名的例子来自喜剧演员哈桑·明哈杰，他提到了 TurboTax 和 H&R Block 等报税产品。这些公司许诺用户百分之百免费报税——却在他们完成一半的时候给出付费专区，除非他们升级，否则拒绝让他们继续工作。

　　另一个臭名昭著的例子来自微软。微软迫切希望用户从 Windows 7 升级到 Windows 10。一个弹窗出现在 Windows 7 用户的屏幕上，告诉他们设备会升级到 Windows 10。这个弹窗的"×"按钮并不能像人们认为的那样取消升级——它实际上会让设备升级！这项与既有用户体验模式相矛盾并且未经用户同意就为他们升级的举动为 Windows 引来了尖锐的批评。

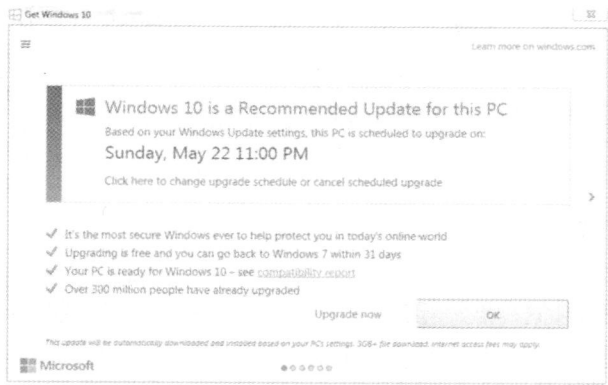

微软向 Windows 7 用户展示的令人困惑的且具有欺骗性的弹窗。它的意图是让用户升级到 Windows 10。　资料来源：Dark Patterns

很多较小的产品在使用这种策略时更加肆无忌惮（这是一个反复出现的趋势）。语法检查网站 Grammarly 因在免费版用户上传的写作样本中"发现"语法错误和抄袭而臭名昭著，这促使用户们升级到付费版查看和改正这些问题。但是当你升级后，这些问题却神秘地消失了。

最卑鄙的是图片存储网站 Photobucket，它曾经给免费版用户发邮件，暗示网站有他们的 NSFW（Not Safe For Work，不适合上班时间浏览）照片，并且只有注册成为付费用户，网站才会允许他们把图片拿下来。不用说，Photobucket 可能根本没有那种图片。

双赢体验

不诚实模式整个概念都基于一个错误的假设，即商业目标和用户目标之间是零和博弈 —— 要想商业上成功，唯一的办法是用户损失。

然而，优秀的产品经理知道这不是真的[1]。一方面，让你的用户对你感到生气对长期发展不利。更重要的是，创造一个既使得用户满意又能实现商业目标的用户体验不难做到。

宜家的英雄之旅

要想证明这一点，看看宜家就知道了。很少有人把选购家具当作有趣的家庭出游，但是宜家的购物者们却不这么看。

一张宜家商店的地图，在这里商店不是令人迷惑的迷宫，而是连续的"冒险"。
资料来源：Shouts from the Abyss

大多数大卖场家具商店是没有灵魂、灯光昏暗的迷宫，目之可及处都是金属和木屑（说的就是你，家得宝）。在这些商店里走的时候，你不知道自己走到哪儿了，每一分钟都是一样的，你一直在期待早点完成购买任务。

---

1 推论：产品使用不诚实模式说明了它的产品经理没有这个重要的经验。

与之相比，宜家商店的布局让你感觉购物就像一场冒险 —— 英雄之旅，借用文学中的一个术语[1]。

你或许没有留意过，但是宜家商店绝不是迷宫：尽管走廊迂回曲折，体验感却是高度顺畅的[2]。冒险的第一部分是寻找家具，你走过客厅、餐厅、卧室和厨房，然后在餐厅稍事休息，吃一个肉桂卷，接着进入"市场"挑选厨具、地毯和墙饰等商品。

然后，在你史诗般的旅程结束后，你进入宏伟的货栈挑选冒险的战利品 —— 巨大的纸板箱，里面装着你用小铅笔和记事本记下又辛辛苦苦找出的商品。听听一位宜家购物者是如何描述她和家人进入仓库的经历。

> 成堆的盒子像红杉林中的树叶一样伸向天空。雪松、松树、栗树和柳树的气息拂面而来，赶走一天的紧张感。孩子们从彩色的拘留室中解放出来，开心呼喊着在场地中奔跑，就像鹦鹉在举行求偶仪式。

这个比喻的重点不是要教你零售商店设计，而是说明宜家的设计既赚到了钱，又让用户感到十分有趣。宜家成了一个有趣的家庭出行地，集冒险、儿童游戏厅、甜点[3]和讨价还价的刺激于一身。简直比旅

1　英雄之旅，也被称为单一神话，指的是《哈利·波特》《星球大战》《圣经》以及印度史诗《罗摩衍那》等很多故事中都能见到的叙事弧。英雄被使命召唤，离开他们的家乡去打败强大的恶魔，然后带着对同胞的祝福归来。

2　因此宜家是一个单行迷宫（labyrinth）而不是多行迷宫（maze）。多行迷宫是一种有分岔和死胡同的迷宫，而单行迷宫只有一条曲折的路。单行迷宫不在于挑战，而在于体验史诗般的旅程。巧合的是，这也是为什么单行迷宫在教堂中很常见。

3　下次宜家之旅你一定要拿上一块代姆（Daim）巧克力。

行一天还有趣。

然而，宜家让购物者自己挑选家具、把它们拖到收银台、组装家具，这有助于降低成本。购物体验的连续性降低了对店员的需求，进一步降低了成本。连续性还确保了顾客看到所有展出的家具，这有助于刺激额外的销售。空气中弥漫的肉桂卷和肉丸的香气也帮助宜家从食品销售中赚钱。结合起来，这些都帮助从前鲜有人知的瑞典商店成为超过三十六个国家和地区购买家具的首选。

简而言之，宜家向我们展示了：利润和用户体验不一定非得有不可协调的矛盾。实际上，它们可以相辅相成、彼此加强，让你两全其美。

Glossier

Glossier 是一家广受欢迎的面向消费者的美妆公司，它有很多令人赞不绝口的用户体验。

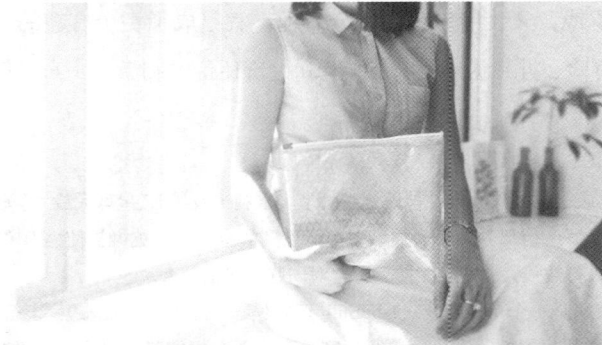

Glossier 标志性的粉红气泡包装袋，所有 Glossier 的产品都是这样包装的。
资料来源：Catalyxta

一方面，实体产品让人开心：Glossier 产品，从护肤品到彩妆再到香水，都用粉色的带有红白相间拉链的气泡包装袋包裹着。这些袋子非常受人喜爱、非常好用，以至于很多消费者把它们用作化妆包、手包、护照夹甚至笔袋[1]。这建立了深深的顾客忠诚，反过来帮助了 Glossier 设置更高的价格以提高收入。

Glossier 鼓励顾客拍摄自己的 Glossier 彩妆照片发到社交媒体上，并打上 "#YesGlossier" 的标签，成为"小网红"。　资料来源：Instagram

另一方面，它还有一个应用，这个应用程序可以让用户看到产品在不同肤色的女性脸上看起来是什么效果。这解决了一个主要的痛点——用户很难知道大多数产品在自己皮肤上的确切效果——这也让所有肤色的用户都感觉被照顾到。接纳被寻常美妆公司冷落的顾客对这些顾客来说是好的，对 Glossier 的生意也是。

但 Glossier 最有创造力的协调商业需求和用户需求的方式是它的社交媒体策略。Glossier 鼓励它的用户拍下他们的 Glossier 妆容，然后在照片墙上发布照片，并打上 "#YesGlossier" 的标签。Glossier 在网

1　你甚至可以在 Glossier 官网上仅仅下单包装袋。

上进一步扩大了客户群体。实际上，Glossier 甚至在它的产品页面使用这些顾客的照片替代专业模特的照片！

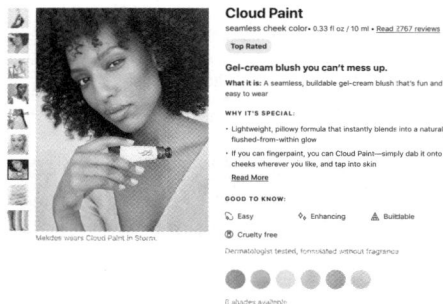

Glossier 在其产品页面上使用顾客提交的照片。如图，一位女性展示了一管腮红。
资料来源：Glossier

这对 Glossier 和顾客来说都很棒。有抱负的网红可以在网上得到曝光，而 Glossier 得到了免费的口碑营销，并且让人们免费为它的产品拍下照片。

Glossier 证明了同时实现用户目标和商业目标是可能的 ——实际上，是值得鼓励的。如果你愿意的话，"诚实模式"不难做到。

结论

 杂货店可能不是最令人愉快的去处。排队结账感觉是在浪费时间，而自助结账台需要你服从机器的恼人要求并且免费为商店工作。另外，机器的声音"装袋区有意外物品，请等待服务人员"让人非常烦躁。

 因此，亚马逊的无人商店 Go 于 2016 年在西雅图问世后火速蹿红。Go 并没有尝试让结账流程更友好或者缩短人工结账的队伍 —— 它完全消除了为产品付款的"界面"。亚马逊用摄像头跟踪你在店里的行动，并在你带着商品走出闸门时自动从你的亚马逊商户结算。

西雅图的亚马逊 Go 商店内部。　资料来源：维基媒体

没有收银员，不用排队，不用等待——这个商店极其方便。并且它也很受欢迎。到 2020 年，亚马逊已经在全美扩展至超过 24 家 Go 商店。

如果便利店恼人的结账"界面"就像那些令人困惑的诺曼门，那么亚马逊 Go 商店就像自动推拉门：界面完全消失了。没有界面，就没有摩擦，没有可访问性问题的来源，也不消耗精力。一旦你摆脱了最开始的不带钱包就能走进商店的惊讶，亚马逊 Go 商店就变得如此简单，就连之前从来没有进过商店的人都可以使用它。简而言之，很多时候最佳的界面就是没有界面。

诚然，你不能总是消除界面：没有 CT 机就无法进行 CT 扫描。并且有些时候人们享受华丽的界面，像那些唱片机或者昂贵的手表。但是大多数时候，人们不会因为界面而用你的产品。没有人走进一个商店是因为他们享受结账的过程，没有人看奈飞是为了去看挑选视频的页面。如果让界面淡出是可行的，这通常是个好主意——看看亚马逊 Go 就知道了。

这种谦逊对产品经理来说是很重要的。人们从你的产品寻求特定的实用性、体验以及快乐。你能提供给他们的越多，他们就越开心。

Part Five

第五部分
数据科学

没有数据，你只不过是另一个有自己看法的人
罢了。

——W. 爱德华兹·戴明，统计学家和教授

简介

2000 年 1 月 13 日，比尔·盖茨从微软 CEO 的位置上卸任，他的长期盟友史蒂夫·鲍尔默接管了公司。鲍尔默从本质上就是个商人：他从斯坦福的 MBA 项目退学后加入微软，并一路高升到销售副总裁。作为一个商人，他知道他的目标必须是提高微软的收入和利润。

鲍尔默在他掌舵微软的 14 年间把 Windows 和 Office 当成公司的摇钱树，他给这两条产品线大量的资源，并且让它们比以往任何时候都更占据市场优势。他抵挡住了来自竞品的冲击，如 Linux 操作系统和 Google Docs 办公软件；他建立了价值 89 亿美元的 Xbox 部门，保护了 Windows 免受索尼 PlayStation 等电子游戏行业的打压；他还通过 85 亿美元并购 Skype 加强了 Office 的优势。他甚至还建立了 200 亿美元的新企业业务部门，创造出了如 SharePoint、Exchange 和 Dynamics CRM 等企业工具。

鲍尔默从一开始就确定要改善公司的财务状况，他也的确做到了。微软的年收入从 2000 年的 230 亿美元，提高到他任期的最后一年——2013 年的 780 亿美元，整整翻了三倍。鲍尔默还把公司的利润也几乎翻了三倍，到 2013 年已达到 220 亿美元。这些数据可以证明，鲍尔默的确是一个非凡的 CEO。

在硅谷（和微软总部）有这样一种说法：拥有数据才能在争论中

获胜。数据决定了你的团队和公司如何衡量它们的成功，它是帮助你思考如何做出战略决定并影响你做出产品上市决定的关键部分。鲍尔默在财务数字上非常注意，在 2000 年期间微软很多的行动都是聚焦财务数字的直接结果。

知道如何衡量数据很重要，知道如何调整你关心的数据同样重要。我们会在这本书里涵盖这部分的内容。但更重要的是，首先需要知道如何选择你所关心的正确数据 —— 这是产品经理最重要的工作之一。我们会在这个章节中着重讲述这部分。

我们会让你意识到选择正确的数据至关重要。在鲍尔默的例子中，如果你稍微转换方向来分析这些数据，你会发现鲍尔默的成就也许并没有那么伟大。

第二十章 数据分布

作为产品经理，你的主要工作之一就是查看数据：用户数据，销售数据，日志数据，经济数据，等等。数据往往会形成一定的图案形状和分布模式，而你需要有能力从中洞察到这些。让我们先开始看看数据能给我们带来什么样子的图案形状吧。

正态分布

优步司机评分分布

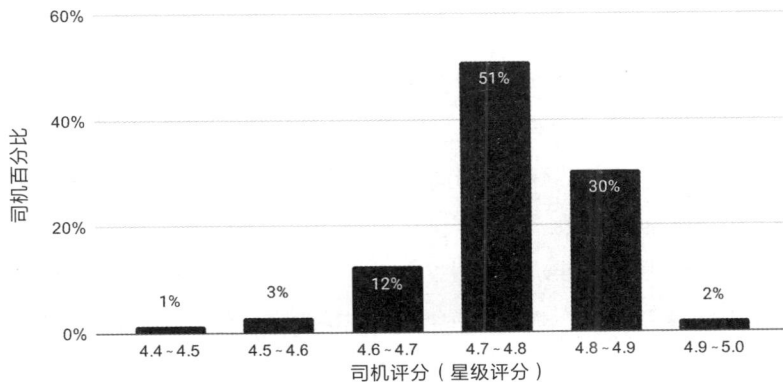

优步司机评分分布（从 1 星到 5 星）。　资料来源：商业内幕（美国商业网站）

可能最有名的数据分布形状就是正态分布，也叫作钟形曲线，或者高斯分布。它展示出数据的分布是集中在一个平均值附近，然后在平均值以上和以下升落；在现实生活中的正态分布的例子包括人的身高、血压，测试成绩，物品价格，等等。

在科技领域，评分（如电商产品的评分，爱彼迎的房屋评分，等等）是经常呈现正态分布的。一个很好的实际生活例子就是 2015 年泄露出来的优步司机评分。

一眼看去，你会注意到这个分布看起来很像钟形，或者说正态分布，虽然它的右侧部分（4.8 ~ 4.9 星）比左侧部分（低于 4.6 星）数据多。顺便说一句，造成这个的原因是优步会禁止评分低于 4.6 星的司机继续服务。

如何描述分布

我们可以使用两个变量或者参数来描述正态分布的形状：平均值，用希腊字母（mu）代表；标准差，用希腊字母（sigma）代表。标准差，简单地说，是衡量分布的分散程度。较高的标准差会导致在平均值附近的峰值较高，并且尾部较小。

我们可以使用符号 N（μ，σ）表示这种分布。参考优步的评分图，评分的平均值大概看起来在 4.7 ~ 4.8 星，让我们就说平均值是 4.75。于是 μ=4.75。

从图中读出标准差有点困难。这种情况下，我们可以使用这个经验法则：大约 68% 的数据点都会包含在平均值左右一个标准差的范围内，95% 会在两个标准差范围内，99.7% 会在三个标准差范围内。这就是被大家熟知的 68–95–99.7 法则。

一个电商平台产品评分的正态分布

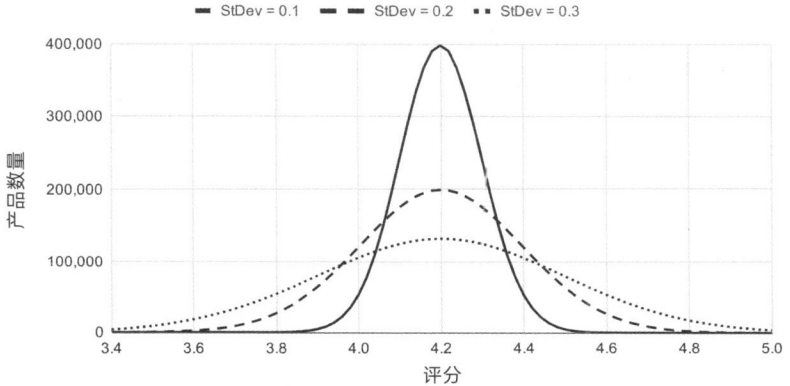

三个正态分布图，每个图的平均值（μ）相同但是标准差（σ）不同。

68-95-99.7 法则

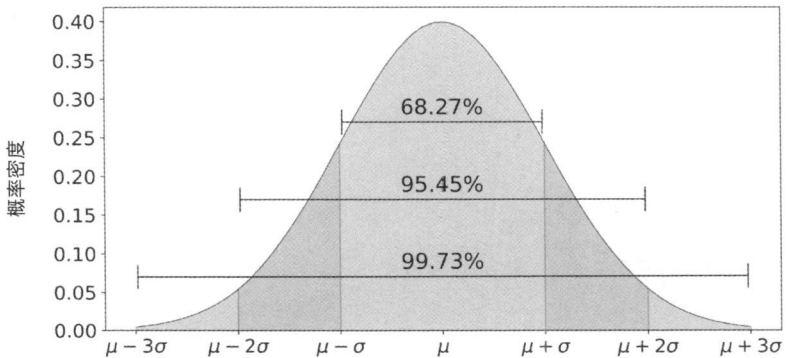

大约 68% 的数据点都会包含在平均值左右一个标准差的范围内。用数学语言描述，就是从 μ-σ 到 μ+σ。95% 会在两个标准差范围内，99.7% 会在三个标准差范围内。　资料来源：迈克尔·盖拉尼克（Michael Galarnyk）

　　根据优步的图形，我们可以看出 93% 的司机（12%+51%+30%）评分在 4.6 ~ 4.9 星。这大概是 95%，所以我们可以说 4.6 的评分低于平均值两个标准差，而 4.9 高于平均值两个标准差。因为每个评分区间的末尾值都和平均值差 0.15，所以 $2\sigma=0.15$，或者 $\sigma=0.075$。因此，如果你是优步的产品经理并且想向一位高层或者数据科学家准确描述司机评分的分布，你可以说这个分布大概是 N（4.75，0.075）。

偏态分布

并非所有的分布都是正态分布，有些甚至差得远呢。许多分布其中一侧数据量更大，或者倾向其中一侧，你会在用户使用数据或者金融相关数据如消费者支出中经常看到这种分布。

比如，美国家庭收入的数据分布。

2017 年美国家庭收入数据分布

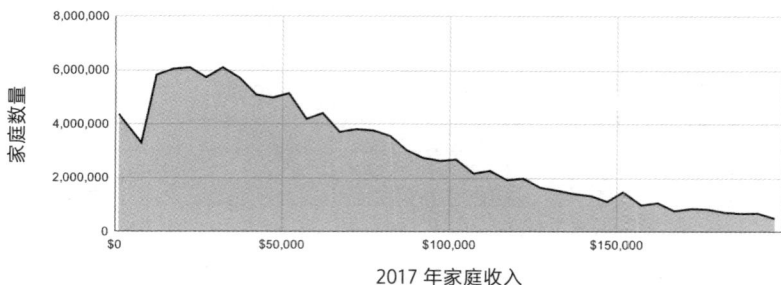

2017 年家庭收入

这个美国收入数据的分布在右侧出现了长尾。这个尾端非常长，实际上，如果要包括年收入超过 10 亿美元的家庭的话，这个图形会比现在的长 1000 倍。
资料来源：美国人口统计局

你可以看出，这个图形看起来有点像向右延伸的正态分布。就像你可能期待的那样，因为更多人集中在分布的低收入部分，而长尾表示了高收入的家庭。（这个图形甚至不包括年收入超过 20 万的人群——也就是说这个尾部其实可以远比现在的长。）

因为这个分布不是对称的，所以平均值在这里不是最有用的度量。因为平均值是每个家庭收入的总和，所以异常值对于这个计算影响很大。在这个例子中，那些异常值可能来自比尔·盖茨、杰夫·贝索斯等人。中位数在这里变得更为有用。因为它可以代表"中产阶级"的美国人并且不会被异常值所影响。如果杰夫·贝索斯每年多赚了几十亿美元，平均值会大幅度上涨，但是中位数保持不变，所以在典型的美国金融相关领域，中位数更具有代表性。

当右边出现长尾时——比如上图——平均值往往高于中位数；当左边出现长尾时，反向亦然。在这个例子里，美国家庭收入的中位数是 61,423 美元，而家庭收入的平均值为 87,643 美元。（如果你很好奇，这是因为每当贝索斯多赚了 10 亿美元，每个美国家庭的平均收入就会多 8 美元，但是中位数会保持不变。）

实例分析：社交媒体

另一个广为人知的右侧长尾分布的例子是社交媒体用户的粉丝数量分布。很多人都有几十或者几百个粉丝，但是少数影响力巨大的网红会有几百万的粉丝。

右边出现长尾的分布，也叫作右偏分布，经常出现在个别人掌握大量稀缺资源的情况下，不论是金钱还是社交媒体粉丝。这种分布对处于低端尾部的人来说还算正常，但是处于高端尾部（右边尾部）的人可以对数字的计算造成很大影响。

新浪微博用户的粉丝数量分布

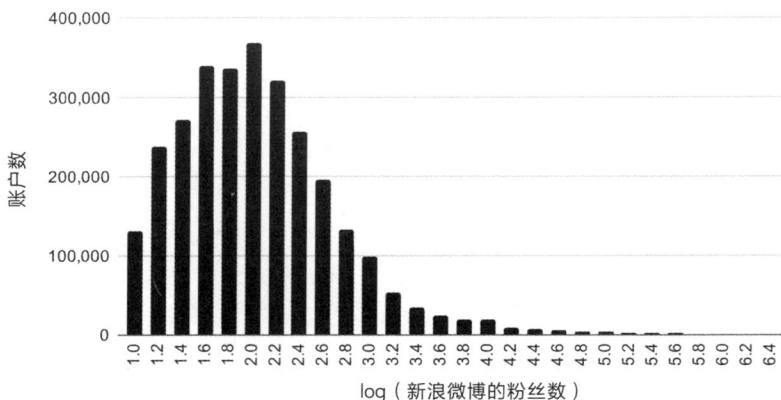

新浪微博是中国版的推特。它的分布是非常偏向右边长尾的。注意 X 轴使用的是对数刻度。　资料来源：周振坤

纳西姆·尼古拉斯·塔勒布（Nassim Nicholas Taleb）把这种情况称为极端情况：因为人类机构会提供非线性的回报，所以有着微小的优势却可以产生巨大的成功。一个特别幸运或者有天赋的机修工可能比他的同行多赚 50%，但是一个特别幸运或者有天赋的制作人可以制作出一部热门电影，赚到其他普通电影 20 倍的收益。[1]

幂律分布

我们之前介绍的几个分布，虽然偏向一边，但是看起来仍然是个

---

[1] 极端主义的结果在产品经理和创业者中也常见：很多人会创造出适度成功的产品，但是只有很少人能做出下一个独角兽。我们希望可以帮你进入后面说的独角兽阵营。

钟形曲线。但是，作为产品经理，你很可能看到更多的分布偏移得非常厉害，以至于它们看起来完全不像一个钟形曲线。这些分布的峰值就在横轴的起点（零点）附近，往右拖出一条非常长的尾巴。

指数分布在你给事物排名的时候经常出现：从排名高的事物到排名低的事物数量上会有陡然下降。例如，你会注意到当你用每月访问量给网页排名时，会出现这种陡然下降的情况。就像谷歌、维基、推特和脸书，它们有几百万的浏览量，但是除了这几个头部网站，其他网站的浏览量会大幅度降低。

这些右偏的分布在你给事物排名的时候也很常见：排名第一的事物显然比排名第二的事物有更高的"柱状图"，但是这个下降通常是非常急剧的。比如全美排名前100的网站分布图。

美国网站访问量的分布图

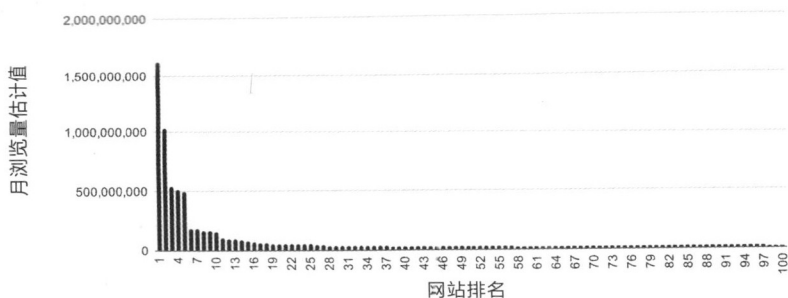

用户浏览量最多的网站分布符合幂律分布。　　　资料来源：Ahrefs

或者思考一下在 iOS 和安卓系统中美国头部软件发行公司应用下载量的分布。最成功的发行公司的下载量比其他发行公司的会多很多倍，造成了一个快速下降和一个长尾（虽然这个尾部比头部网站那个例子的尾部要大一些）。

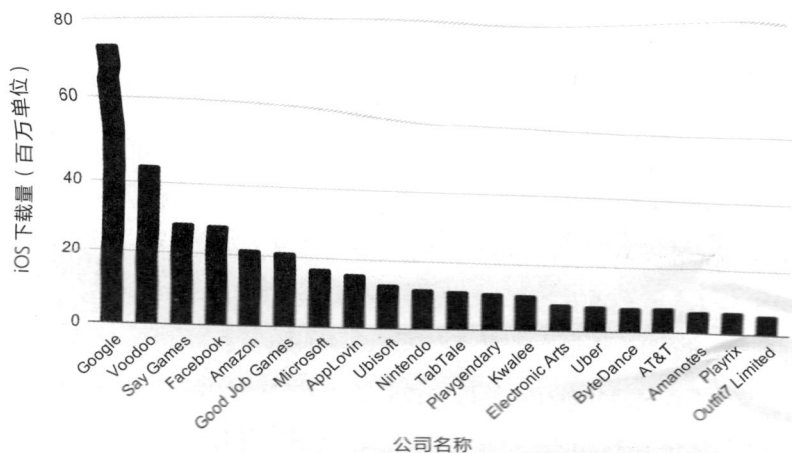

下载量最多的 iOS 应用发行公司的排名符合幂律分布。　资料来源：Sensor Tower

数学基础

从数学上讲，这些右侧长尾的分布经常被叫作幂律分布，因为它的数学等式可以写成 $y=ax^{-b}$，注意输入变量 x 是"指数"增长的。例如，网站点击数的分布就会很接近幂律曲线。[1]

当一个还不错的产品经理知道很多分布都是向右偏时，一个优秀的产品经理已经通过识别这种分布并叫出幂律分布的名字而赢得了数据科学家的尊敬。

1　这个例子中，$y \approx 1,600,000,000x^{-1}$。

得到大量广告收入。

　　需要注意的是，如果每个用户付给你的钱一样多的话，鲸鱼玩家这个概念就不适用了。奈飞的订阅服务就是这种情况。

"二八"法则甚至可以应用在你的产品经理工作中。一个经验是80%的成绩来自你20%的工作——所以你应该把你的精力集中在这20%的工作上，减少你在低产出、低回报的项目上的投入。例如，你的团队可以通过解决最严重的20%的程序漏洞，产生80%的影响力。这样你优化了团队的时间利用，产生了更高的ROI，也就是投资回报。

第二十一章　试验测试

　　产品经理工具箱中最重要的一个工具就是试验了。试验是检查一个产品改变是否离你的预期目标更进一步的最简单最快的一种方法。虽然你可能不会自己写试验代码，但是你或许会被分配任务设计试验、检查数据、弄清楚接下来要做什么。

A/B 测试

　　A/B 测试是众多试验测试种类中最常见的一种。你可以比较产品的两个变量"A"和"B"在你所关心的某些性能评估上的表现。你随机将一组用户分配给 A，另一组用户分配给 B，然后观察性能上是否有变化。这个理论依据是，如果产品版本是区别 A 和 B 的唯一变量，那任何产品性能上的变化可以归因于 A 和 B 之间的不同。（你可以使用类似的方法比较两个以上的不同版本——称之为多变量测试，但是我们这里为了简化问题，主要讲 A/B 测试。）

　　A/B 测试是一种低成本的方法，可以帮助你分析产品的潜在功能和产品上市是否可以达到你的预期目标，在交付产品之前找出可能存在的问题，测试你的产品雏形是否值得继续投入。它是产品经理武器

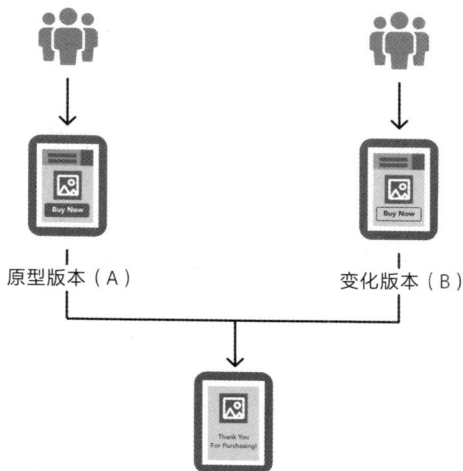

A/B 测试用来展示一组用户使用产品的一个功能变化，而另一组用户还展示了使用产品的第二种功能变化。　资料来源：Optimizely

库中最重要的一件武器。

　　A/B 测试的经典例子是网页上的一个按钮：如果改变了这个按钮的文字内容、颜色、大小，或者其他的功能，会增加多少用户点击这个按钮的次数呢？A/B 测试在很多领域中都被使用：Spotify 使用 A/B 测试检验新的用户交互功能，爱彼迎使用它检验预订房间流程上的改变，优步用它测试 App 应用的不同版本设计。最著名的 A/B 测试的例子则是谷歌在广告产品链接上试了 40 种不同的蓝色，然后发现最有效的一种蓝色将广告收入增加了 2 亿美元。

　　A/B 测试被非常广泛地使用，已经无须再过分强调了。早在 2009年，谷歌运行了 12000 个 A/B 测试，虽然其中只有 10% 带来显著的提高，但是这些积少成多。很有可能的是，你每次打开一个流行的App 应用，在不知不觉中已经加入 A/B 测试了。

显著性检验

现在让我们通过一个例子讲解为什么 A/B 测试很有意义。

假设你在脸书工作，想发布一个让用户们可以在脸书的网页上消磨更多时间的新功能设计。你在两个产品版本上进行 A/B 测试：版本 A 是对照组，也就是不包括你的新功能；版本 B 是试验组，包括了你的新功能设计。你不想你的试验干扰太多用户，所以你的对照组选取了 150 个用户，而试验组只选了 50 个用户。之后，你把试验数据制图如下。

A/B 测试结果

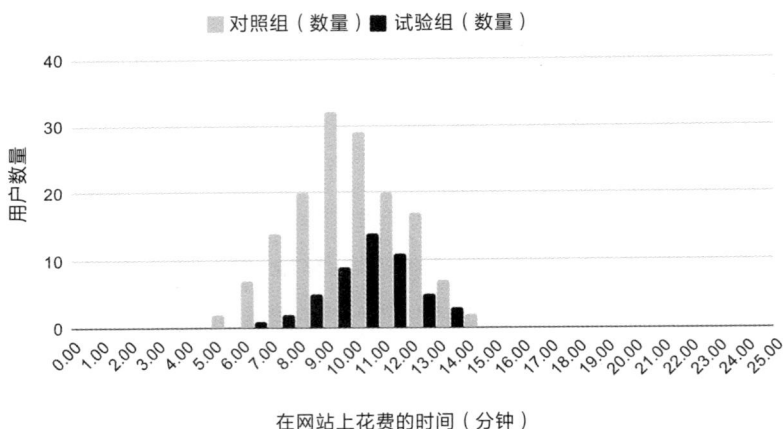

在网站上花费的时间（分钟）

A/B 测试的结果示例，一个新功能是否可以提高脸书用户在网页上花费的时间。

这个结果看起来是个正态分布，但更重要的是，看起来你试验组的用户的确在网站上花费了更多的时间！你使用了这些数字计算出对照组在网站花费的平均时间（ToS）是 10 分钟，而试验组是 10.5 分钟[1]。真的有效！你飞奔向你老板的办公室想告诉他这个好消息。

但是等一下，你不能完全确定。因为你只测试了整个用户群体的很小一部分，所以你不确定你看到的增长是不是真的。也许，你的新功能没有任何效果，你只是碰巧选到了一些在网站上花费更多时间的用户。

可靠区间

为了确定 A/B 测试的结果是否真实可信，你需要做一个数据显著性测试。目的是你有一个虚无假设而你试图推翻它。所谓虚无假设就是最糟糕的情况，即你的新功能实际上没有改变任何用户行为，也就是说你看到的结果不过是碰巧罢了。

为了确认我们是否可以推翻这个虚无假设，我们需要弄清我们在测试中选取用户的方式是不是可以代表整个用户群体。当我们测试了 200 个人，我们看到 ToS 的增长是 0.5 分钟，那如果我们在整个用户群体中测试这个新功能会是什么结果？

为了估计对整个用户群体的影响，我们可以构建一个可靠区间——CI。这个可靠区间可以给出一个实际数值可能属于的范围。

你可以把我们的试验想成向一个靶子射箭。我们瞄准靶心，但是当我们实际射出的时候（让整个用户群体使用新功能），箭可能落在别的地方。可靠区间就是告诉我们箭发出后大概会射中几环。

1　脸书网站的实际用户花费时间接近 60 分钟，我们这里只是示例。

箭靶，靶子中心向外辐射到不同的环数。　　资料来源：NeedPix

　　这个可靠区间是由特定的可靠区间组成的，它代表了我们的谨慎程度。继续使用射箭这个例子，我们可以说我们有 90% 的信心射到五环以内，或者说我们有 99% 的信心射到二环以内。信心越高，我们的可靠区间就越大。在实践中，最常用的可靠区间是 95%，虽然更谨慎的统计学家和产品经理有时使用 99%。

　　为了构建一个可靠区间，我们可以使用学生（或者音译叫司徒顿）双尾 t 检验的方法[1]。你不用自己计算——很多公司都使用统计软件，甚至最基本的 Excel 都可以帮你计算。一言以蔽之，t 检验会给出你可靠区间的均值差异。

　　在这个脸书的例子中，95% 可靠区间的均值差异是 −0.080 到 1.065

---

[1]　这仅适用于你测量的连续变量，比如网站上花费的时间——这种变量可以通过变化尺度进行测量。离散变量是有特定数值的，比如是否点击一个按钮，这时你需要使用皮尔森卡方检验。你最终也会得到一个可靠区间。

分钟，简写成（-0.080，1.065）。这个意思是，我们95%确信，如果我们让全部用户使用这个新功能的话，ToS的变化大概在-0.080 ~ 1.065分钟。顺便说一下，我们99%确信的可靠区间肯定会更大：（-0.261，1.246）。让我们还是使用95%这个区间。

需要注意的是，我们的这个95%区间包括了正负数。这意味着，如果你向全部脸书用户开放这个功能，有很大可能会减少用户花费在网页上的时间！（确切数值是实际均值差为零或者更小，也叫作p值，在我们的试验中是0.092，也就是9.2%。）

当我们的可靠区间包括零时，我们无法推翻这个虚无假设[1]。我们希望我们要发布的新功能有95%的可能性可以提高我们的指标，但是这要求我们整个95%的可靠区间都要大于零。因此，我们的A/B测试不足以判断是否可以向脸书的所有用户发布这个新功能。

如果我们的可靠区间是（0.1，0.9），那么我们就有95%的信心宣布我们的新功能会提高所有脸书用户的ToS。或者，简而言之，如果我们的可靠区间都大于零，我们的结果从统计意义上看就会有显著影响，我们就可以发布这个新功能。（这种情况的p值会小于0.5，也是另一种统计显著性的方法判断是否应该发布这个功能。）

从另一个角度讲，如果你的可靠区间比零还小，比如（-0.6，-0.2），我们也有信心确定这个新功能一定会减少所有脸书用户的ToS，于是我们会取消我们的发布计划。

值得注意的是，得到一个包含零的可靠区间并不代表你新功能的世界末日。如果你的均值大于零，你可以尝试缩小你的可靠区间，这样你的整个可靠区间就会都大于零。缩小区间的最好方法是进行一个

1　你永远无法"接受"这个虚无假设，你只是无法推翻它。

更大规模的测试，比如你在脸书工作并且真的非常想得到像我们例子中这样的结果，你可以下一步选择不是对 200 个而是对 1000 个用户进行测试。[1]

取样

现在你知道如何解释 A/B 测试的结果了，那我们来学习一下把那些样品如何放进 A 组和 B 组。

一方面，你希望在你的试验组中有足够多的人得到好的试验结果。如我们之前提到的，你的样本组越大，你的可靠区间越小，因此你越容易得到统计意义上的显著结果。一般来说，你的样本组每增加四倍，你的可靠区间就可以减少一半（是 $1/\sqrt{n}$ 的关系）。

另一方面，向广大用户推出具有未知参数影响的功能是有风险的；当用户们发现他们的很多朋友可以使用一个新功能，但是他们并没有这个功能的时候，他们可能觉得疑惑或者气愤（记住，你的普通用户并不知道 A/B 测试并且认为每个人使用的产品是一样的）。

大型的高科技公司已经开发出如何平衡这种竞争欲望的经验方法：由谷歌首创的 1% 试验。你的用户整体的 1% 应该对新功能进行试验，而 99% 的用户应该在对照组。如果你的用户基数够大，即使是 1% 的用户也是足够大的样品量了，很有可能给出有结论性的结果。如果你的产品用户规模小——例如，是个初创公司的产品，只有几百

---

1 这就是为什么政治选举需要尽可能多的投票人数，这样可以最小化误差幅度，和可靠区间的概念类似。

个用户 —— 那你很可能需要增加用户取样的百分比而得到一个具有统计意义的结果。

分阶段推广

对产品经理来说，A/B 测试是一种非常常用的工具，许多公司都将其构建到常规的产品部署流程中。比如谷歌和脸书这种公司，绝大多数功能都是在代码完成后自动分配到 1% 的用户中进行测试。在收集几天的数据之后，产品经理会先检查 A/B 测试的结果，保证衡量指标变化看起来不错。只有这样这个功能才会大范围发布。

但是功能发布很少会从 1% 直接到 100% 的用户，这里面有很多中间步骤。新功能是在每个步骤中逐渐发布给越来越多的用户的，这样产品经理可以获得越来越多的影响衡量指标的数据。因此 A/B 测试的每一步都是渐进增加试验样品量的。

在此之后，一个新样品可能会进入公司范围外的 beta 测试。比如，新的 Windows 功能就是在普通民众中慢慢从一开始的 5%，上升到 10%、20%，等等。最终，它万事俱备之时，也并未完全发布到 100% 的用户。在大型科技公司，新功能一般最终在 95% 或者 99% 的用户中发布，剩下的一小部分用户作为保留组，不会使用到这个功能。

这给你最后的机会保证产品发布可以得到预期的影响衡量指标的结果。因为一旦发布到 100% 的用户，就不会再有对照组也不可能再进行 A/B 测试了。只有当你决意发布这个功能时，你才应该发布给 100% 的用户。（实际上，一些功能永远不会达到 100% 而一直是 95% 或者 99%，这样你永远可以进行 A/B 测试。）

知名公司普遍都有工作流程自动完成这些步骤，但是小公司很可能没有 —— 这就需要你 —— 产品经理，来帮助完成。

新西兰策略

到目前为止，我们解释的采样策略非常简单：将功能提供给随机选择的用户子集。当你的试验组和对照组非常类似的时候，这个策略效果很不错；两组唯一的主要区别就是测试组接触到了这个功能，而对照组没有。

如果测试的功能仅影响个别用户，比如"现在购买"的按钮和重新设计了的用户交互界面，那么这种取样策略是可以接受的。但是很多功能依赖于用户之间的互动，因此随机取样不能满足要求。想象如果你发布了一个功能可以让用户互相付账给对方 —— 这个功能只有当一个用户和他所有的朋友一起使用时才可用。但当你做了 1% 的取样试验时，可以使用这个功能的用户可能很难找到他的其他朋友也可以使用这个功能。当推特推广分组 DM 功能时，公司不能把这个功能按照每第 100 个用户进行发布。除非其他用户可以使用这个功能，否则此功能没有用，而且用户们无法给他们的大多数朋友发消息。

这是在社交网络中非常常见的问题。因为没有几个功能是让用户自己单独使用的。大多数的功能，显而易见，是具有社交性的。为了应对这个问题，脸书开发了"新西兰策略"：当 A/B 测试一个新功能时，将这个功能开发给一个又小又独立的国家的全部用户使用，比如新西兰。如果你假设新西兰人主要和新西兰人沟通，既然新西兰的每个人都有了这个新功能，那么他们每个人都可以有效地测试这个新功能。（为什么选择新西兰？是因为作为一个西方国家，他们和美国的文化类似，所以可以很好地估计出这个新功能在美国该如何运作。）

比如在 2017 年，脸书先在新西兰发布了一个叫作"发现有缘人"的新功能，然后才在全世界其他地区发布这个功能。此功能能让用户们很容易找到和他们有共性的其他人：可能是在同一个公司工作的人，或者是参加过同一个活动的人。如果当一个用户通过"发现有缘人"这个功能收到加好友的申请，而他并没有这个功能时，用户体验会非常奇怪，所以这个功能只有在每个人都能参与使用时才能真正有效。因此，这个功能测试使用新西兰策略非常合适。

有意思的是，除了脸书以外，很多其他公司也发现了新西兰测试的强大效力。微软在新西兰率先发布了创建网页的工具 Sway，达美乐在这个岛国测试了使用无人机配送比萨，连 Pokemon GO 也把新西兰人放在最初的那批测试用户中。

面试小窍门

如果你正在面试大公司的职位，新西兰策略是你在谈论 A/B 测试时的一个重要内容。你可以更深入地阐述如何在进入美国市场前，逐步在英语系国家推广新功能。从有五百万人口的新西兰，到五百万人口的爱尔兰，然后进入二千五百万人口的澳大利亚，四千万人口的加拿大，再到六千五百万人口的英国，最后打入三亿三千万人口的美国市场。

更概括地说，你可以在任何小型社区中对你的产品社交功能进行

A/B 测试，只要社区成员主要和同社区成员进行沟通。例如，一个社交网络可以推出一个评判"给 Y 青少年制作的 X 网络哏"的那种网络哏群体中成员的投票功能。

非随性的危险性

这种策略的缺陷在于，你打破了随机性假设，所以你不能保证你的试验组和对照组是一模一样的。（例如，如果新西兰人特别精通技术，他们可能会使用与一般人群不同的功能。）你需要证明你的试验组可以代表一般人群。

另外需要记住的是，同一功能可能在不同文化氛围中对用户产生不同的共鸣。一个经典的例子就是颜色：红色在西方国家中代表危险，但是在东南亚地区代表了好运和灵性；白色在西方国家代表了纯洁和和平，但是在中国代表死亡和哀悼。如果你改变了按钮的颜色，不同国家的用户很可能会有不同的反应，所以仅在一个国家测试常常是不够完善的。（顺便说一句，蓝色一般被认为是"最安全"的颜色，因为它在世界各处都具有正面的意义，所以这也是为什么很多科技公司都在交互页面和公司标志中使用蓝色的一个重要理由。）

陷阱

虽然 A/B 测试是一种强大的工具，但是它在使用中也有很多注意事项和陷阱隐患。你永远不应该盲目使用 A/B 测试并且不管不顾地自动照搬测试结果。

指标并不总是准则

主要是因为指标并不总能讲述出全部的故事。一个经典的例子是谷歌测试了 40 种蓝色才找到适合广告链接使用的最佳蓝色。这个使用激怒了谷歌的设计师们。他们觉得这是另一个谷歌盲目服从 A/B 测试结果而造出一个宛如科学怪人弗兰肯斯坦的怪物产品，这和设计语言完全不一致。也就是说，一个精心设计的产品是在用户交互、配色方案和行为表现方面保持一致的，而在每个用户的交互部分进行一堆 A/B 测试进行微小优化只会创造出大杂烩一样的样式，从而导致产品没有前后一致的设计风格。A/B 测试的很大益处在于它是客观的，但是它无法对像设计这样主观的事物做出解释；盲目服从 A/B 测试最好的情况是激怒你的设计师们，最糟的是你得到一个难看的产品。

一位心怀不满的谷歌前设计师很好地解释了他对这种情况的抱怨：

> 当一个公司充满了工程师时，他们会用工程学解决问题。他们把每个决定都简化为一个简单的逻辑问题。消除了所有的主观性而只看数据结果。如果数据支持你的想法，OK，发布。如果数据显示负效应？那就回到制图板重新开始。等数据逐渐变成做每一个决定的依靠时，它会导致公司陷入瘫痪，并阻碍公司做出大胆的设计决定。

而且，在短期内提高你的指标可能并不会在长期帮助你的业务发展。例如，Bing 曾经有一个试验，每个用户的查询次数上涨 10%，可以让从每个用户得来的收益上涨 30%。这看起来真是一张胜券。

但是，进一步测试发现，这个试验有一个错误导致搜索结果非常糟糕。用户们被迫使用更多的查询和点击来找到他们想知道的问题的答案，这样导致搜索和点击的数量都上升了。但是这个问题让用户们非常失望，会使他们完全抛弃使用 Bing 去搜索。让搜索结果变糟可以暂时提高测量指标但是会造成长期损害。这意味着两件事情：产品经理应该选择一个更好的指标进行优化（比如用户再次使用 Bing 的次数可以捕捉到用户的潜在失望程度），并且不应该一开始就把太多的关注押在指标上。

可选功能

我们看到很多产品经理在进行可选功能的 A/B 测试时都会犯一个错误。习惯规避风险的公司领导们可能会建议产品经理在进行 A/B 测试前做一些有争议性或者风险性的可选功能。因为他们不想冒险将功能提供给没有要求任何风险的普通用户。（这种事情曾经发生在我们身上！）

一个例子就是推特在 2015 年野心勃勃的"2.0"重新设计计划。公司的产品经理们决定把早期的重新设计的版本设成可选，这样仍然喜欢老版本的用户们不会被强制进行版本转换。但是推特的产品经理们决定进行一个 A/B 测试，这样他们可以比较使用新设计的用户和保留老设计的用户之间指标的不同。

问题在于对照组和试验组未免太不相同了。愿意尝试新设计的用户们可能比其他用户群更钟爱推特——所以这样的 A/B 测试结果是不可信的。如果测试结果显示使用重新设计的应用程序的人发了更多的推文，那是因为重新设计的应用程序帮助人们发了更多的推文，还是因为使用重新设计的应用程序的人一开始就发了更多的推文？没有什么好的方法能回答这个问题。

在我们看来，对有风险的功能进行 A/B 测试的最好方法是把这个功能提供给随机筛选出的 beta 测试者的子集。对风险更容易适应的用户们会选择"同意"使用这个产品 beta 版本的有风险性的功能。并且，虽然 beta 测试者和普通大众非常不同，但是如果接触到这个具有风险性的功能的 beta 测试者是你随机挑选的，他们和其他没有得到这个功能的 beta 测试者并没有显著不同。这个策略可以让你进行一个有效的 A/B 测试并且达到风险最小化。当然你需要确定你有足够的 beta 测试者从而确保你的样本量足够大，而且你的 beta 测试组可以代表更广泛的人群。

巨大反响理论

你可能并不总想通过 A/B 测试悄悄地推出一个功能。在有些情况下，使用引起巨大反响的方法可能更有效果。

例如，大公司喜欢在大型会议如谷歌的 GoogleI/O、微软的 Ingnite 和 Inspire，或者脸书的 F8 大会上宣布新产品。这种引起巨大反响的方法可以非常有效地让媒体正面报道，激起用户们的热情，给投资者们展示你的公司正在大步前进。

当然，缺点是一旦公开推出这个产品，你就无法再走回头路了。如果发布后的数据很差，你也无法轻易取消产品发布。当然，你可以一开始仍然在少部分用户中发布这个产品，进行 A/B 测试，然后根据结果调整它之后再发布给世界上更广泛的区域。这就是脸书的约会功能在实际中采取的发布方法。脸书在 2018 年的 F8 大会上宣布了这个产品，然后在 2019 年推广到 20 个国家之后才向世界其他地区进行发布。

这就是说，你可以每次都在一个大会上发布一个大功能，然后根据 A/B 测试再慢慢进行推广。但是，因为你已经承诺了这个大功能，即使衡量指标的结果看起来很糟，你也不能回滚这个功能。当然，A/B 测试还是可以帮助你再把这个功能推广给每个人之前对产品的一些参数进行微调。

还需要注意的是，你无法对硬件进行 A/B 测试，因为对硬件进行微调更难，而且你不能在匆匆忙忙中确定是否可行。硬件产品更多依赖于内测，也叫吃狗粮（dogfooding），或者是测试硬件产品的雏形。这是对硬件产品而言最接近 A/B 测试的方法。

筛选 Cherry-picking（摘樱桃）

世界各地都有一种不科学的策略，那就是"樱桃挑选"：在一片数据的海洋中只挑选支持你观点的部分数据，于是这样最终看来数据都是使你受益的。

这种策略在高科技公司中也是存在的。推特的 A/B 测试报告中有上百种衡量指标，一个"不成功"的 A/B 测试甚至可能导致数据产生显著变化。除此之外，一个不起什么作用的 A/B 测试可能会导致阿根廷的 iPhone 用户（而非任何其他地区的用户）转发推文的数据有显著增长。如果断定这个结果是好的成功试验，造成的就会是非常不科学的结论（也是这个产品经理没有经过专门训练的表现）——这里并没有什么合理的原因导致阿根廷的 iPhone 用户和任何其他用户行为上有什么不同。

然而实际上，这种奇怪的"结果"经常会发生。产品经理通常在

A/B 测试中使用 95% 的可信区间，如果我们的可信区间不包括零（也就是说，看起来具备统计显著性），我们会认为真值是零或者小于零的可能性小于 5%。这就意味着，如果进行足够多的试验，很有可能会有至少一次的试验错误地给出了统计显著性的结果。

　　同样的逻辑也适用于运动比赛。如果你在篮球比赛中投中的概率只有 5%，你肯定不是一个好球员。但是，即使你这么差劲，只要你投得足够多，你很有可能最终会至少投中一次。（这是真的，数据显示人们平均每扔 20 次可以投中 1 次。）

　　网络漫画 *xkcd* 讽刺性地说明了这个现象。它让科学家们测试不同颜色的软心豆粒糖（Jelly Beans）是否会导致产生粉刺。这两者是完全没有实际联系的，但是因为科学家们也相信 5% 的错误率，于是一种颜色的软心豆粒糖就会表现出和产生粉刺实际上并不存在的关联。

漫画 *xkcd* 打趣了媒体——媒体发现在 20 种口味的软心豆粒糖中，一种和粉刺有着并不存在的关联，还写了篇轰动的头条文章。　资料来源：xkcd

科学家们发现绿色的软心豆粒糖和产生粉刺相关（而与其他的 19 种无关），这导致了一家无脑报社真的发布了一篇轰动的头条文章说绿色软心豆粒糖会导致产生粉刺——而实际上，任何人只要测试足够多的颜色都可以发现这个虚幻的结果。

因为 A/B 测试经常会导致衡量指标发生某些并不存在的"统计意义上显著"的变化，你不应该在进行试验后从所有的指标中摘出看起来碰巧是好（或者不好）的结果。这种策略被称为"结果已知后再假设（HARKing）"，也就是"假设结论已知"，这被认为是科学性渎职。产品经理应该像推特建议的那样，在进行试验之前，先决定到底使用哪种衡量指标——当试验结束后就只看这些指标的结果。

本书作者之一尼尔在谷歌搜索工作的时候曾经碰到过这样一个问题。他想在 Pixel 手机的主页面增加一个谷歌的 Doodle 功能并且相信用户们会非常喜欢这个功能。问题是其他团队的成员担心在主页面上增加一个会跳舞的卡通形象可能会破坏安卓或者搜索的衡量指标结果。

一个谷歌 Doodle 出现在 Pixel 手机的主页面的搜索框。　资料来源：XDA 开发者

于是尼尔做了一个 1% 的试验，发现大部分相关的指标都没有被显著影响，这对他的团队来说是个好消息。但是在一个管理层评估环

336

节中，有人发现 12 个指标中的一个有显著下降（整个可靠区间在零以下），于是反对发布他的这个功能。

尼尔展示了和这个指标相关的指标并没有受到负面影响，而且因为 5% 的错误率是统计学家们可以接受的，这很有可能是 12 个指标中的一个随机地产生了负面影响，即使实际什么都不会发生。这个解释让批评他的人感到满意，同意了将这个功能发布给用户。

当更广泛的试验结果出来时，团队们发现那个一开始出现问题的指标并没有显著的变化，这个支持了尼尔的论点，也就是说在 1% 的测试时指标下降只是碰巧罢了。

反向指标

仅仅关注成功性指标是不够的，如果你的试验成功了，你希望这些指标会上升。你还需要关注那些所谓的反向指标，就是当你的成功性指标得到满足时被损害到的指标。

例如，一个奈飞的试验：提高寄给用户的视频质量（比如给每个人提供 4K 质量的电影）可以增加用户的满意度。但是这样也会加重奈飞服务器和带宽的成本。相似地，将大量的新用户带到你网站的登录页面可能会增加你的新用户数量，但也可能增加用户不再使用你产品的比率（用户流动率）。

你可以把反向指标和（正向）指标想成是互补的一对，它们互相谁离了谁都会破坏指标的完整性。举个例子，获客成本（CAC）和客户生命周期价值（LTV）互为反向指标。只有两个指标的结果都监测你才知道自己的获客策略是否够好：当你的 CAC 比你的 LTV 低很多的时候你的策略才是真正的成功。如果只知道两个指标中的一个结果，你并不能判断出整体的效果。如果你的 CAC 上升的同时你的 LTV 也上升，这个很正常，但是如果你的 CAC 上升而你的 LTV 却呈现出平线状态，那你的策略就有问题了。

反向指标和"同类相食"这个概念非常接近。它们都发生在你的一个产品会蚕食你另一个产品的市场份额的时候。你的这个产品看起来很好，但是你公司整体的结果却没有更好。假设你的公司提供每个月 11 美元的订阅服务，而你在测试一种新的每个月 9 美元的学生订阅优惠时，你的成功指标肯定是学生优惠导致增加的份额，但是你的反向指标是原来整体用户的订阅份额。如果有 100 万人从 11 美元的订阅组跑到了 9 美元的订阅组，你的成功指标将会看起来很不错，但是你的反向指标可以帮助你意识到这其实对公司的整体收入并没有帮助。

新奇和学习

最后，我们想提醒你注意的是，你在 A/B 测试中看到的初始效果可能并不是最后的结果。因为新奇效应和学习效应，你初始的指标结果可能会分别高于或低于它们的长期价值。

新奇效应描述的是当你改变一个功能时，可能会引起用户的注意力并且导致他们暂时性地产生更多点击或更深度的参与——这个变化随着时间流逝会消失。例如，一个 MSN.com 主页面上的链接正常情况下点开后可以在相同的页面中打开 Hotmail，但是微软曾经进行过一个 A/B 测试：在另一个新页面中打开 Hotmail。微软看到了打开 Hotmail 链接的人数大大提高，但是这并不是用户的体验变好了。相反，用户们对这个链接产生的新情况非常惊讶，然后就会多点几次去看看到底发生了什么。这个行为的影响会逐渐消失。

如果微软在测试几天以后就觉得这个新功能可行，他们可能就会实施这个改变，然而这个改变并不能对用户行为产生持久的影响。

新奇效应

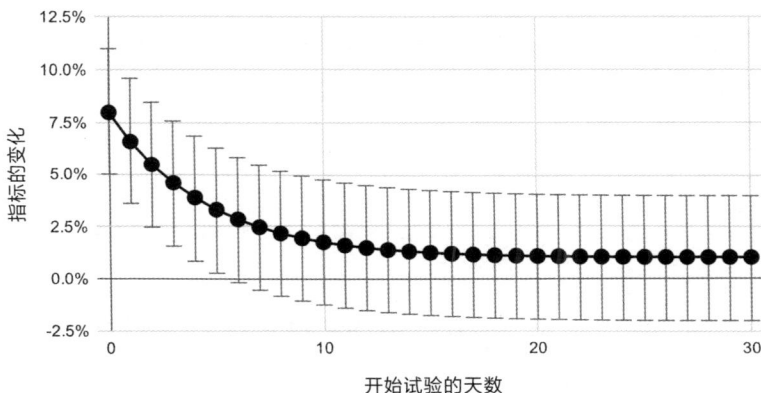

这个范例的结果显示了随着时间流逝，新奇效应的变化。误差条表示了这个指标值的不确定性：如果误差条包括零，就说明这个指标变化并不显著。在这个例子中，刚开始试验的时候变化看起来很显著，但是在大约一周后当新奇效应逐渐消失后，变化就不再那么显著了。

产品经理们应该对测试用户交互微小调整的 A/B 测试显示出大幅度指标增长的结果持评判态度。当谷歌只是因为改变了广告链接的颜色就多赚了几百万美元的时候，这个变化真的是用户们喜欢这个颜色，还是颜色的改变让用户们感到惊讶，导致他们暂时性地产生更多点击，但是几周后又会回到他们的老习惯中？[1]

---

1 这里还有一个变化策略。如果用户交互的微小调整会因为新奇效应使指标得到暂时性的提高，那你是否可以一直进行微小调整，这样你可以持续地推动指标增长呢？用户们可能会对持续的变化感到厌烦，所以这种策略不一定会那么有效，但是不管怎样，这是一个很有意思的想法。

另一方面，你的指标可能一开始因为学习效应，使它们低于其长期价值。用户们或许在 A/B 测试的初始不知道如何使用你的测试版本——这意味着你的指标一开始看起来很糟，但是在试验的过程中有所改善。这种情况经常发生在重新设计用户交互上。用户可能开始不知道怎么进行他们想要的操作，导致指标受到冲击，但是随着用户学习如何使用，指标将会好转。

学习效应

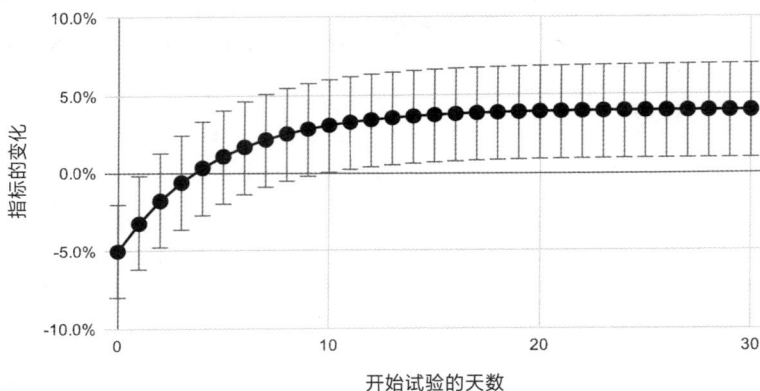

这个 A/B 测试的结果显示了学习效应导致的变化。最初数据显示了对指标有负影响，但是随着时间推移，我们看到长期效果是正向的。

在两个例子中，经验教训是一样的：不要仅在试验几天之后就断言成功或者失败。如果你想到新奇效应或者学习效应可能在起作用，你就会耐心观察这个指标的长期价值到底如何。

面试小窍门

很多初级产品经理在面试的时候会说他们做了一周左

右 A/B 测试，然后很快得到了结果。但是，如你看到的，这不一定是给你了解指标变化的足够的时间。指标的变化是真的持续性的，还是因为新奇效应或者学习效应导致的？因此，好的做法是把你 A/B 测试的时间变得更长些，也许要三至四周。

窥探

在传统的科学研究中，你只在试验结束后才能看到数据。但是在产品管理中，你经常要负责一个已上线的产品，所以一旦开始 A/B 测试后，你可以立即看到实时的数据。不停地监测你 A/B 测试的结果可能会让你上瘾，因为你迫切地希望你的可靠区间和 p 值最终有显著的变化。

但是这种情况下对数据的窥探会把你引导到错误的判断上。因为你的测试是实时的，你的可靠区间和 p 值都是不断变化的，一旦你的可靠区间的一边到零以上（或者，相同地，一旦你的 p 值到 0.05 以下，这是公认的是否符合统计显著性的界限），你会像受到诱惑般地想立刻停止试验，这种情况会发生很多次。

如我们所见，你可能看到的是指标在一开始的几天中出现虚假的大幅度提升或下降，那是因为新奇效应和学习效应起到了作用。但是有时一个指标可能在稳定它的最终数值前短暂地、随机地在显著区域中荡来荡去。

一旦你得到了一个看起来很显著的结果，你可能会非常想立刻停止试验，但是这在理智上是个不诚实的决定。因为你试图找到一个正向的趋势，而实际可能并不是，这种做法不见得比筛选数据的做法好。而且，如果你发布了这个功能，然后发现之后它并没能产生长期的有益效果，那你的这个推荐会使你看起来有点愚蠢。

你最好的做法是完全避免数据窥探行为：在你开始试验之前，就确定试验何时结束，或者确定一旦达到一定的样品量就停止试验。当这些条件满足之后你再看数据，这样确保了你不会因为窥探部分数据而犯错误。

一个爱彼迎的 A/B 测试，指标随时间变化

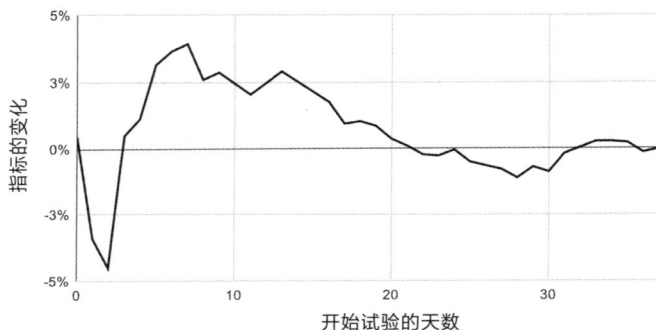

一个爱彼迎的 A/B 测试，p 值随时间变化

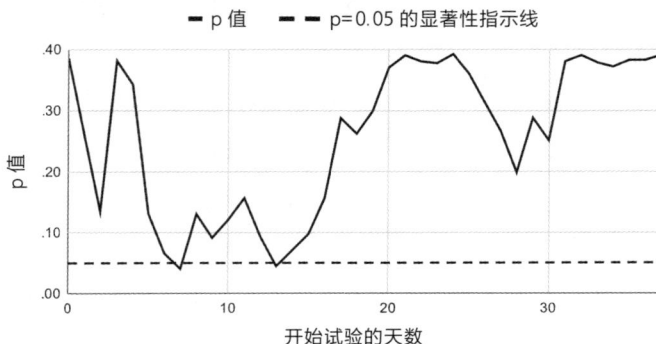

这个指标和其相关的 p 值的上下波动是爱彼迎一个 A/B 测试的结果。注意这个功能一开始看起来对指标很有效，但是很快就变得没那么有效了 —— 这是新奇效应的一个标志。 资料来源：爱彼迎

第二十二章　指标

指标宛如一个产品经理的生命线：通过它你能知道你的产品是否表现优秀，这是你工具箱中用于决定下一步做什么的重要工具，也（当然）是你得到晋升的重要因素。

说你喜欢用指标是很容易的，但是想知道哪个指标是适合你这个任务的其实非常难。而且为你的指标曲线向上向右欢呼的时候很容易，但是这和正确使用指标还是有细微差别的，这并不是显而易见的，而是有太多门道了。

适用于创业者的海盗指标

当想到指标的时候一开始最应该想到的是哪种是你所在乎的指标。一个著名的分类方法是戴夫·麦克卢尔的海盗指标。这个有着炫酷名字的指标框架解释了这些指标可以分为五大类，每一类代表了用户生命周期的不同阶段。

1. 获取（Acquisition）：让人们知道你的产品并来你的主页或者落地页浏览。

2. 激活（Activation）：让人们注册你的产品从而成为你的用户。

3. 留存（Retention）：让用户们不断回来继续使用你的产品，这和参与度的概念非常相关。

4. 推荐（Referral）：让用户们把他们的朋友们也变成你的用户，另一种说法是，病毒性营销传播。

5. 收益（Revenue）：从你的用户上获利，也叫变现。

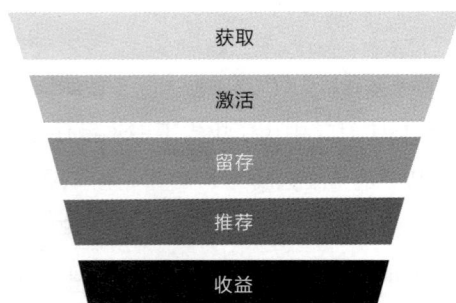

这个 AARRR 指标结构展现出一个漏斗。用户们从顶端移动到底端，每一步都有一些用户被"漏"到了漏斗以外。　资料来源：SalesMate

（这就是 AARRR——你理解海盗这个笑点了吗？）[1]

你在乎的指标一般都会落入这五类的一类中。仅仅知道这些类别是不够的，你作为产品经理的工作是找到哪些指标适用于这五类情况。让我们来看一些范例吧。

面试小窍门

当被要求为一个功能选择衡量指标时，很多产品经理

---

[1]　"收益"这个类别有时被称为"变现"，因此这个指标框架的另一个名字是 AARRM，如果把推荐也剔除的话，就是 AARM。但是海盗指标这个名字明显更酷。

的面试者都只会简单地说几个词：留存率、获取、黏性，等等。但是这些回答不够具体：面试官想看你是否可以给出一个特定的数学公式。例如，如果你说你要测量参与度，那你需要给出分子和分母是什么。

我们在这部分会帮助你彻底想清楚如何列出这些数学公式，但是你要确定在你的面试中能用到它们！

获取

获取其实就是要抓住大家的眼球。大多数获取相关的指标就是追踪你吸引了多少人的眼球：你公司的博客或者落地页的浏览数，你最重要的搜索关键词在谷歌上的排名（也叫作搜索引擎优化，SEO），点击你新闻通讯稿的人数的百分比（也叫点击率，CTR），等等。这些指标都挺简单的，所以你不需要为选择一个完美的获取指标花太多功夫。

稍微高级一点的获取指标是看你的投资回报率——ROI。你在每一个点击相关的市场营销上花了多少钱？或者你在谷歌、脸书、其他平台上花了多少钱打广告？

激活

激活相关的指标也比较简单。关键就是转化，也就是你吸引的眼球中多少百分比可以真正变成你的用户。一旦你在你的网页上获取了潜在的用户，激活就是把他们转变成创建账号的用户。

这里最明显的指标是有多少人注册了你的产品：多少人（或者来到你网页浏览人数的多少百分比）填完了新的账户申请表，并给了你他们的电邮地址？

但并非所有的新用户都是一样的，有些建立了账号和个人档案的用户会更可能成为你产品的粉丝并最终付钱给你。因此，另一个指标是多少百分比的用户完成了用户培训。比如，说推特可能监测浏览 twitter.com 和注册账号的用户百分比，但是他们不会监测有多少百分比的新用户上传了账号头像和开始关注一些其他账号。

获取和激活之间的界限其实比较模糊。我们可以争辩说让用户们注册一个软件服务（SaaS）的免费试用，比如 Notion 或者像奈飞这种订阅性服务是激活的一步。也可以说让用户们注册了免费试用是获取的一部分，因为他们的眼球被你的真正产品，也就是付费产品吸引了。两种说法都可以，你只需要保持一致就行。

留存

留存指标，也被称为用户黏性指标，是最有名也最被激烈讨论的指标。将用户们留住比引进新用户要便宜得多，考虑到美国小型企业约 65% 的销售都来自用户的重复购买，所以一旦激活了用户，如何把他们留住就变得至关重要。

第一类留存指标是简单地监测你有多少活跃用户。这些指标包括著名的 MAU（月活用户）和 DAU（日活用户）[1]，这些指标衡量了在过去的一个月或者一天中至少使用你产品一次的用户数量。[2]

尤其是 MAU（月活用户），它是最常见的留存指标——实际上，

1　在硅谷，这些发音通常和 COW 的发音押韵。

2　也有 WAU，即周活用户，但是在实际中用得不多。

也许是所有指标中最常见的——用来衡量消费产品的成功。想想看，谷歌对它有 6 个以上的产品都有着超过 10 亿的 MAU 是多么自豪，还有脸书，也非常喜欢大肆宣扬它的社交产品有着 10 亿的活跃用户。

虽然 MAU 和 DAU 只是测量了在某一个特定时间点上你的用户基数，你需要第二类指标来帮助你测量随着时间增长，你的用户能有多坚持使用你的产品。这里有两个相关的指标可以考虑使用：留存率和变动率。留存率是测量在一个给定时间的用户数量和在一段时间之后仍然是你用户的数量之间的百分比。变动率是它的反函数（就是 100% 减去留存率），测量了不再使用这个产品的用户百分比。

留存率和变动率可以在不同的时期中使用：你可以在一天、一周、一个月、一年等之后测量你的留存率。特别是留存率，经常由 1 天、7 天、30 天留存率，3 个为一组进行汇报，这分别对应了在 1 天、7 天、30 天后有多少用户仍然是活跃用户的百分比。

用户留存曲线

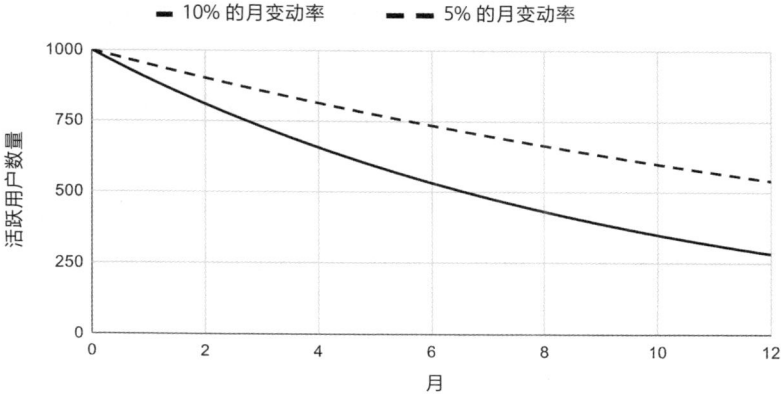

变动率很重要：在这个例子中，如果一年以后想变动率减少 5%，你选中的这些用户数量几乎要翻倍！

变动率通常用来测量群体用户的变化：你挑选一组用户，他们在一个给定的时间都是活跃用户，然后你记录他们在之后几天或者几个月的活跃情况。如果这组人中的8%在一个月以内就停止使用你的产品了，那你这过去30天的变动率就是8%。

变动率和留存率应该在用户留存曲线中被展示出来，这个曲线是记录一组用户在某天或某月的时间仍然保持活跃的用户数量。

面试小窍门

不同行业的平均变动率是不同的。比如SaaS（软件服务类）公司每年5%，但日用消费品公司可能高到每年100%。

注意这里的"平均"并不一定是"好"的标准。企业家大卫·斯科克坚称健康的SaaS公司需要保持他们的变动率小于2%。

此外，需要注意的是留存率、变动率和DAU/MAU是相互关联的。每一个月活用户在下一个月要么被留存，要么流失掉。如果你在1月份有1000MAU，2月份有200个人离开了，那你30天的留存率就是80%，而你30天的变动率就是20%。

最后一类留存率的指标是测量你的活跃用户有多活跃。毕竟不是所有的活跃用户都是相同的：有些人一个月使用你的产品20次，他们肯定比那些一个月就用一次的用户更有价值。这里有很多的指标可以监测活跃度：每次来用产品之间的间隔时间，一个月内使用产品比X次多的用户百分比，等等。

然而，我们最喜欢的活跃度指标是黏性：DAU和MAU的比例（DAU/MAU）。黏性是测量在你月活用户中使用你产品的平均天数。如果DAU/MAU=20%，说明在你每个月的活跃用户使用你产品的天数平均为 6 天。（这个极端的范例有助于你思考：如果 DAU=MAU，那说明每个人每天都使用你的产品；如果 DAU=MAU/30，那说明每个人每个月只使用 1 次你的产品。）黏性越高，用户们就会对你的产品越"上瘾"，或者对你的产品"参与度"越高。

注意，不同产品的预期黏性比例是不一样的。社交媒体和即时通信的 App 很可能期待用户每天都登录，然而像 Mint 这种金融工具应用可能会很高兴用户每周登录一次，像爱彼迎的用户如果每月来浏览一次它们就会欢呼雀跃了。

推荐

这个可怜的推荐相关指标经常被忽略 —— 有些版本的海盗指标框架甚至会完全不包括这个指标。但是我们认为这个指标和其他指标一样重要。口碑相传（Word-of-mouth，WOM）的市场营销被认为是给你的产品带来用户的最佳方法。因为人们相信他们的朋友或者家人远远超过一个随机的网站广告或者博客文章。如果你可以让人们推荐他们的朋友，你就会拥有不要钱的新用户来源。

获得推荐需要有两个关键部分，首先要让用户喜欢你的产品，然后要让他们邀请他们的朋友。

在这个净推荐值的计算中，每个用户都会告诉你从 0 到 10 的喜欢程度，他有多喜欢你的产品。 资料来源：GetThematic

对于第一部分，评判的黄金标准指标就是净推荐值（Net Promoter Score，NPS）。为了测量 NPS，你需要问所有用户（或者只是随机挑选一部分用户）一个简单的问题："用 0 到 10 进行打分，你有多少分可能会把这个产品推荐给你的朋友或者同事？"人们如果给出的值是 0 ~ 6，他们会被称为批评者——他们会积极地批评你的产品；如果给出 7 或 8，这些人是消极者，他们虽然满意你的产品但是不会为它说太多；如果人们给出了 9 或者 10，这些人是推广者，他们会积极地把你的产品推荐给他们的朋友。

计算 NPS 很简单：就是推广者的百分比减去批评者的百分比。得分为 100 意味着每个用户都喜爱你的产品，得分为 –100 意味着每个人都讨厌你的产品[1]。（我们希望结果不会那么极端。）一般来讲，你的 NPS 会落在两个值的中间：如果 60% 的用户是推广者，20% 的是消极者，而剩下的 20% 是批评者，你的 NPS 就是 40。

那你会问，什么是一个好的 NPS 呢？显然，你想和你的竞品还有整个行业和国家的平均值进行比较。但是一般来说，一个负的 NPS 会被认为是不好的，0 ~ 30 被认为是平均水平，30 ~ 50 是良好，50 ~ 70 是很好，而 70+ 就是世界一流水平了。

科技公司趋向于拥有高的 NPS，一般大于 6——所以标准也高。当然科技的某些分类会有更差的 NPS。文件分享类服务有些很平庸的 NPS，比如 Dropbox 只有 8，微软的 OneDrive 只有 –10，即使是最高评分的谷歌 Drive，也仅仅勉强达到 35。

1　当汇报 NPS 是这种百分比一般会被剔除。

几个挑选出来的科技公司的净推荐值

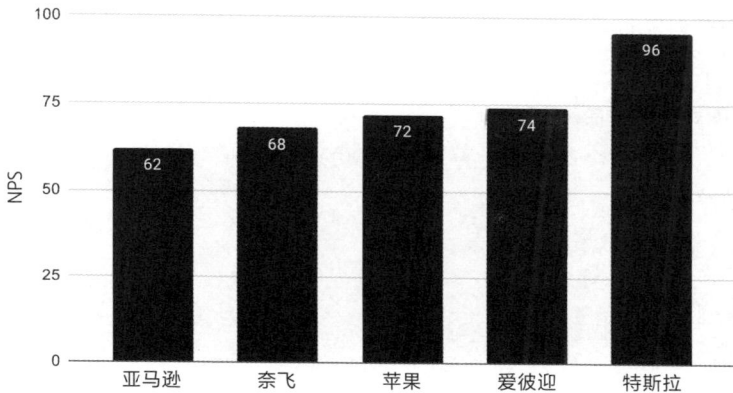

几个挑选出来的科技公司的净推荐值（NPS）。　　资料来源：Retently

　　很显然，因为推广者才能推荐朋友并且创造出病毒式增长循环，为你的产品带来越来越多的用户，如果你想增加你的 NPS 就需要增长你的推广者数量。但是，你也需要聆听你的批评者们并为他们解决问题。因为没有什么比来自另一个朋友的严厉批评更能给一个朋友热情的推荐泼冷水了。

　　一旦你得到了喜欢你产品的用户，你就必须让他们邀请其他用户。这个指标很简单，包括了多少用户邀请了他们的朋友，多少邀请被寄送出去和邀请被接收的百分比。

　　一个更高级的指标是病毒传播系数，也被称为 K，它是用来衡量一个用户平均可以带来几个新用户。这等于平均寄出的邀请数乘以被接受的邀请比率。这个值越高，你的产品以病毒式传播得越快。

　　另一个不幸被病毒命名的指标是病毒周期时间（viral cycle time），也就是 VCT，是测量新用户能多快地去邀请他的朋友。如果你周一注册了一个产品并且邀请了你的朋友，你的朋友是周五注册的，那 VCT

就是四天。你的 K 和 VCT 越高，你的产品病毒式传播得就越快，你会看到像曲棍球球棍一样的增长曲线。

病毒式增长的产品

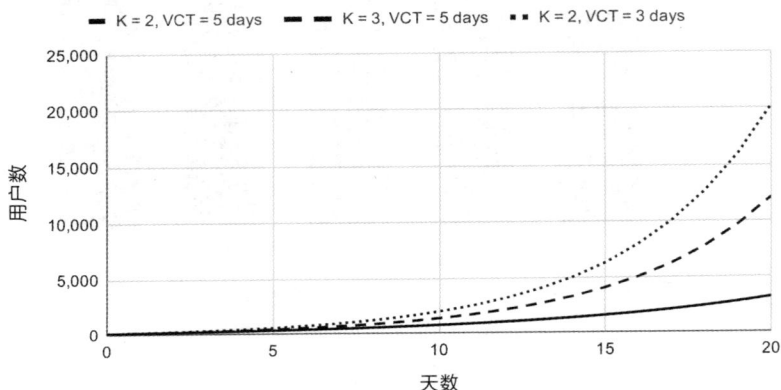

这个模型展示了病毒传播系数（K）和病毒周期时间（VCT）如何影响一个产品的增长。

　　不同产品的 VCT 有着显著的不同。网络流行哏（Memes）的 VCT 很短，因为它们可以在几秒内被截图，然后立刻发给朋友们[1]。同时，有些产品比如报税软件有着非常长的 VCT。如果你今年用了 TurboTax 并且非常喜欢，你可能到下一个报税日的时候才会推荐给你的朋友，那几乎要一年以后了！

　　这倒不是说你无法缩短 VCT。如果没有"转发"按钮，推特的 VCT 可能要十秒钟：你必须先复制一个推文的内容，粘贴到推特的编辑器中，再加一条注明原作者，然后才能发送出去。但是有了转发按钮，将一条推特转发给你的粉丝只需要一秒或两秒。

————————————

1　译者注：是一种流行的报税软件。

收益

最后一个指标，也是对你最重要的指标，就是你的收益。适当的收益指标取决于你的商业模式。比如，如果你卖广告，你可能就在乎点击你广告的用户百分比和你每个广告的平均收入〔一般测量的是每1000个广告展现或者浏览产生的收入，也叫作千次展示费用（cost-per-mille，CPM）〕。或者你是电商，你可能在乎每次购买的平均价格，也叫作平均订单价格（average order value，AOV）或者是购物车价值。或者你是卖手机的，你可能在乎的是你手机的平均销售额（average sale price，ASP）。

除了你收入的美元数，考虑一下你需要花多少钱也是很有用的。如果你所有的用户都能为你带来几美元的收入，这当然很好，但是理想情况下，你赚的钱要比你在广告和服务器上花费的钱多。所以你可能想要衡量那些为你带来利润的用户的百分比，而不仅仅是带来收入。

总结

一个有用的做法是，你的产品在五大类海盗指标框架的每一类中都想出一个指标（或者，如果你在找工作，挑一个特定公司的产品）。让我们通过数字公告牌公司缤趣举一个例子。

我们的用户获取大概率来自其他社交网络的广告或者帖子，所以我们的获取指标可能包括每个广告的平均成本（记得CPM）和通过脸书来我们网站浏览的数量（虽然有点让人不解，这也被称为推荐流量，因为脸书为我们推荐了用户）。

对于激活，我们可以简单地查看用户中注册新账号的百分比。当然细化分割后发现哪些是能给我们带来新用户的最佳"渠道"会很有帮助。我们可能想比较在主页面上注册的百分比和通过一个网红的页面或者一篇帖子注册的百分比。我们可以更深入地比较不同种类的帖子产生的注册百分比：烹饪食谱、流行时尚、家居装饰，等等。

我们将着眼于那些很标准的留存指标：MAU、DAU、变动率、1天/7天/30天的留存率和黏性。注意社交网络喜欢谈论"参与度"，这是个时髦但是概念模糊的术语。如果我们想测量参与度，我们可能要看平均用户的数字：每个用户每周发布新帖子的平均数，每天花在我们网站的平均时间，等等。

对于推荐，我们自然会查看平均寄出邀请的数量。但是有时候简单分享一个链接也是一种推荐，所以我们可能要去监测第一次是通过点击朋友发出的链接来浏览缤趣的人数。我们可能也要看不同种类用户的NPS——热情的厨师们是不是比旅行者们对缤趣更满意？哪种用户最可能去宣传缤趣？

对于收益，我们会按照由广告驱动公司的基本脚本来测量：广告的CPM、广告点击率（CTR），等等。

先行指数

在使用指标中最有效的一种方法是把一些难以测量的，但是非常重要的结果和一些容易观测的指标相关联。最难但是又最重要的事情之一是，预测什么能让一个新用户变成一个活跃而且能带来利润的用户。如果你能找出未来活跃用户喜欢做的行为和流失用户不喜欢做的行为，你就能设法让你的新用户接受这些行为，从而提高你的激活和留存（并且因此可以最终提高收益）。

让我们来看一个真实的例子：Slack 发现如果团队至少发送 2000 条消息的话会更容易保持在 Slack 的活跃度并且升级到付费版本。你可以想象 Slack 是通过比较团队发出的消息数和他们平均升级及留存的比例而发现大概在 2000 条消息的时候会有一个陡然提升。也许这个曲线大概看起来是"S"形的，在 2000 的时候斜率最大。

Slack：假定升级曲线

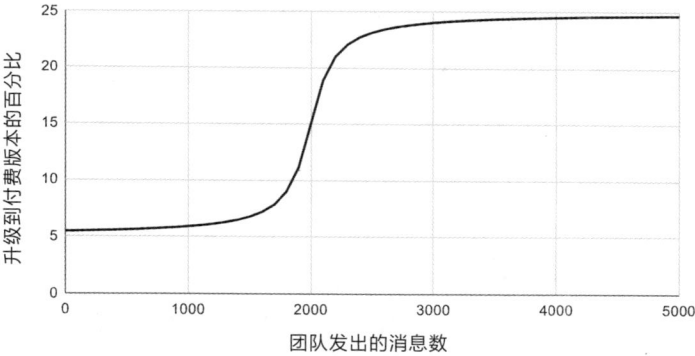

这个曲线包括 Slack 可能收集的假定数据。它展示了当用户们发送超过 2000 条消息时他们更有可能进行版本升级。

这个团队发出的消息数就可以被认为是先行指数：它是一个简单的，容易被测量的指标，并且当它超过一定关键阈值时，有些非常有价值的结果会变得很有可能发生。

增长型产品经理喜欢寻找这些先行指数，因为它们可以提供一个令人满意的 aha 时刻[1]并且帮助整个公司团结起来去达成这个具体的目

---

1 译者注：顿悟时刻。

标。如果告诉产品经理们去"让更多团队升级版本"并不容易执行，因为如何达到这个目标并不清晰。但是如果告诉产品经理们想尽一切办法让团队们发送 2000 条消息，对产品经理来说会是一个更好的战斗口号——你很可能想到十几种策略来实现这个目标。

很多著名的负成长型产品经理已经为他们的公司找到了先行指数。前脸书增长负责人查马斯·帕里哈皮提亚（Chamath Palihapitiya）发现在注册 10 天内交到 7 个朋友的用户更容易变成活跃用户。推特产品经理乔石·艾尔曼（Josh Elman）发现普通用户一旦关注了 30 个账号并且当中有 10 个账号反过来关注了他，那么这个普通用户就会变成活跃用户。一个多宝箱（Dropbox）的产品经理发现如果一个用户创建文件夹并且上传了一个文件，他就很可能变得活跃。前 Zynga 经理发现，如果用户们连续两天都玩一个游戏，那他们很容易变成付费用户。

对先行指数的深刻理解对于设计如何引导新用户时非常有用。因为先行指数通常都是在处理如何把一个新用户转化成一个活跃用户。所以，当推特在 2015 年重新修改它的用户引导流程时，我们不应该感到惊讶。它的新流程包括了建议用户去关注的一长串账号。

那你该如何找到你产品的先行指数呢？你需要找到和成功标准相关的一个指标：通常使一个用户变得活跃或者有利可图。如果你注意到做了 X 的用户成为付费客户，而一些没有做 X 的用户就不会成为付费客户，那么 X 就可能是一个很好的先行指数。

用户访谈或者仔细查看新用户的行为记录都是很好的开始点，但是记住要带着批判性的眼光去看。（如果周二注册的用户有更高的可能变成付费用户，那么背后可能会有一个很好的理由，或者也许只是碰巧罢了。）

无意义的和真正有意义的指标

关于你的产品，你可以发掘出非常多的数字指标，但并不是所有数据都是好的。你经常会发现一些数字，它们能帮你做出很漂亮的曲线，就是那种往上往右的曲线，但是这些数字可能和基底线没有丝毫联系。把它们当成好消息去呈现反而会遮盖真正的深层问题。

假如我们有个创业公司，随时间增长注册人数也不断增加，一年后我们有了超过 2 万个账户。这个曲线肯定会一直往上往右延伸；实际上，我们的曲线的确轻微上升了！

随时间变化的总注册用户数

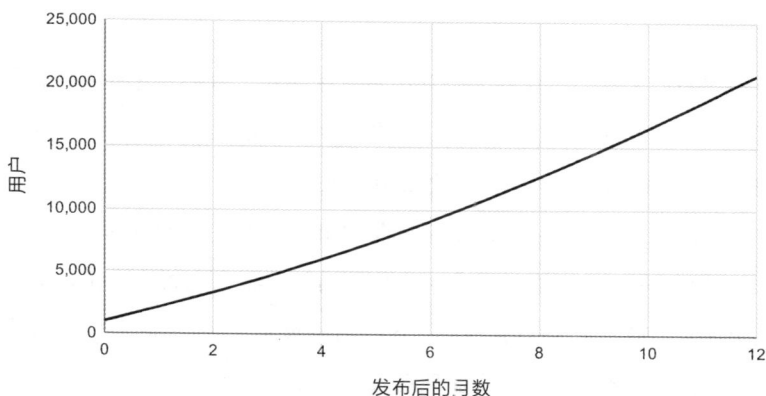

一个创业公司的范例数据，展示了随着时间增长，总注册用户也在很好地增长。

但是账户的累积数一定是上涨且向右延伸的，此外，这和你挣了多少钱（这是你的终极指标）并不相关。只有活跃用户才会给你带来收益。

如果我们一开始就发现本来的美好景象实际是具有误导性的呢？

随时间变化的注册用户数，MAUs 和离开的用户数

━━ 总注册数　━ ━ MAUs　• • 离开用户数

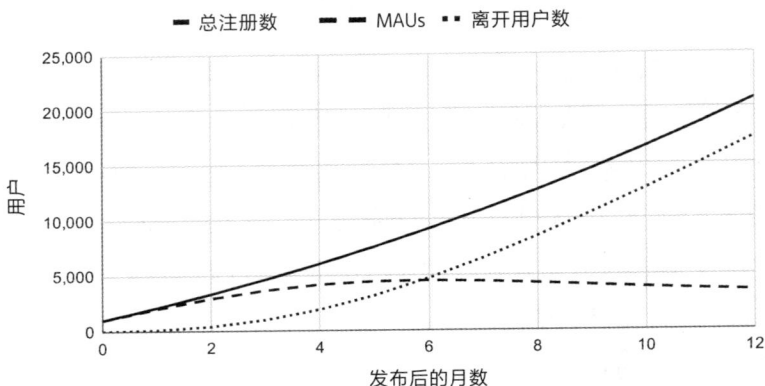

仔细研究一下我们公司的数据就会发现，大多数用户正在离开，随着时间流逝，我们实际正在失去活跃用户。

也许当我们发现，虽然我们的新用户持续增加，但是大部分人在几个月内就离开这个 App。实际上，我们的 MAU 正在慢慢减少，而这对我们这样的创业公司来说不是什么好兆头！

所以不要关注那些看起来不错但是和你产品无关的指标。大多数"总"数量——比如总注册数，来你网站的总浏览人数，或在 App 商店里面的下载量——都是这样。这些指标只能告诉你你的产品在过去表现如何，并不能告诉你产品现在表现得好不好。

实例分析：Xbox

一个很有意思的变化是，有些指标开始的时候很有用，但是后来随着时间会变得没那么有用了。在电子游戏行业，传统意义上的成功是由在一段时间内卖出的游戏机数量决定的。好的游戏机就会卖得

好。（总销量实际上就是个无意义指标，但是有一段时间限制的指标比如每个季度的销量就有意义。）

销售指标在当公司通过卖游戏机赚钱的时候是有用的。因此这也是 Xbox 用了很多年的最重要的指标。但是在 2016 年，Xbox 宣布他们会停止衡量或公开 Xbox 的销售量，而用使用 Xbox Live 服务的月活用户代替，这种服务可以让游戏玩家和朋友们聊天，比拼成就奖励和在线直播。更重要的，Xbox Live 还提供了一个付费的黄金等级，可以支持在线多人游戏和定期免费玩游戏。

为什么会有这种改变呢？ Xbox 可能意识到游戏机售卖实际上只是他们收益的一部分而已，尤其是一个游戏机已经发布几年了。很多 Xbox 赚的钱是来自使用 Xbox Live 的活跃用户，他们喜欢买更多的游戏，并且升级到黄金等级。这两种行为给微软带来的收益要大于卖游戏机的收入。而且，把注意力放在 MAU 上比放在总销售量上更具前瞻性：那些买了 Xbox 但是把它放在角落里积灰的人给微软带来的价值肯定少于另一些天天玩 Xbox 的人。

灰色地带

识别出无意义指标相对容易，但是很多时候当你在选择指标时会出现一些不易察觉的错误。

一个不易察觉的错误是，寻找那些看起来不错，但只对拥有不同商业模式的公司有用的指标。比如，MAU 是社交网络和 SaaS（软件服务）公司的重要指标，但对双边市场模式就根本没用。如果一个爱彼迎的产品经理夸耀说他们的 MAU 提高了 20%，这是没有意义的。你想问他们的是，他们是否提高了每晚的预订量。这个指标和收入的关系比 MAU 和收入的关系要紧得多，因此也更有用。

　　虽然有一个"北极星"[1]一样的指标能帮助你整个团队团结一致，但是也不要过分强调它，因为它可能会让你忽略其他重要的指标。MAU 是一个很好的"北极星"指标，但是如果你的用户来你网站浏览的频率从一周一次变成一月一次（你产品的黏性降低了），你就麻烦了。但是你的 MAU 不会体现出这个变化。你需要监测不同的指标才能知道产品表现的全貌。

1　译者注：类似中文的"指南针"，指明方向的意思。

第二十三章　指标模型

　　哪一套指标对你的产品或者公司最好呢？这个回答取决于你的商业模式。现代软件公司一般都属于下面五大类中的一类，每一类都有自己的商业模式和适用的一套指标[1]：提供订阅的 SaaS 软件服务、免费增值的 App 应用、包含广告的 UGC 用户原创内容模式、双边市场和电子商务。

　　有两套互相关联的指标是产品经理们非常需要关注的：收益指标和用户指标。我们会按照顺序研究决定每一个商业模型收益的指标。因为每一个商业模型的首要指标都是将非用户转换成付费用户，我们也会解释用户们是如何从一开始的阶段进展到最后阶段，哪一个指标可以告诉你你在这个"漏斗"过程中表现得如何。

SaaS 软件服务

　　几乎所有的软件业务，不论是企业软件还是 B2B（企业与企业间

1　在这里，我们正在改编《精益数据分析》（*Lean Analytics*）一书和 Stratechery 博客介绍的商业模式分类框架。

的）软件，现在都有订阅模式。公司买预装软件 CD 的日子已经一去不复返了。取而代之的是，公司缴付月费或者年费获取基于云端的软件服务。

这种软件即服务（SaaS）的服务模式具体有几个好处。它可以帮助公司得到不断更新的版本并且使付费更容易（它们不再需要支付足可以破坏预算的几笔巨款，而是持续支付固定的周期性费用）。这可以帮助软件公司得到不间断的收益，而不是只在发布新版本的时候收到一大笔钱，但是在其他的时候都没有收益。

所有几乎你能想到的企业软件，Trello、Asana、GitHub、Zendesk、Slack 等，都遵循了这种商业模式。也正是这个原因，使它们的收入和用户指标惊人地相似。

漏斗

SaaS 企业的收入和用户指标是紧密相关的，因为付费用户的数量和可获得的收入有着非常紧密的关系。让我们从用户指标开始。你一般希望可以引导用户们走上一条给你带来更多收益的道路：从非用户到使用免费版本的用户，再到付费用户。你需要测量这条路径上每一步之间的流失率，也叫"漏斗"。

关键指标

然而，最重要的指标是那个可以把用户和收益两部分联系在一起的指标：从使用免费版本软件升级到付费版本软件的用户百分比。这决定了你有多少付费用户。这个数字和你的费用结构（包括你的平均

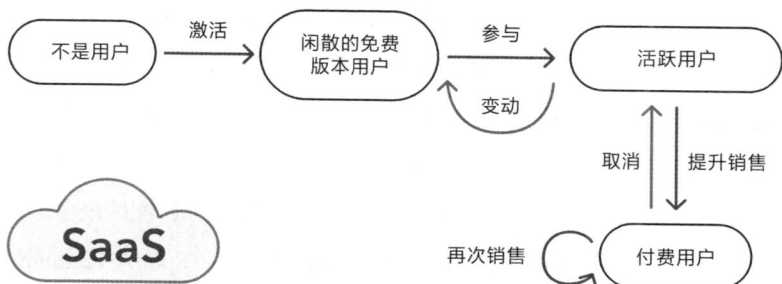

SaaS 产品用户流转的不同阶段。

每个付费用户贡献的收入，ARPPU）决定了你的收入。

在本节中你将看到月活用户模式。你这个月的 MAU 数包括了你上个月的 MAU 和新增加的 MAU（这里面包括了病毒性增长的模式），减去退出的用户数，也就是变动的用户数。

免费增值的 App 应用

剩下的四种商业模式，包括这种，都是消费者软件：这些产品从普通人像我和你身上赚钱。这个种类包括了任何用户可以免费使用但是可以在 App 中付费升级或者订阅（类似于 SaaS 生意但是是给消费者使用的）的产品。

大多数手机游戏和很多其他的应用，都提供应用内的购买选项。如果在游戏《糖果传奇》（*Candy Crush*）中死亡，你可以使用真钱购买额外的生命值。《堡垒之夜》（*Fortnite*）允许你使用"V- 钱"（用实际的真钱买 V- 钱）来买你游戏中的装备。Gacha[1] 抽卡游戏比如任天堂的《火焰纹章：英雄》（*Fire Emblem Heroes*），让你在游戏中购买随机装着虚拟宝物的补给箱。游戏产业以外的在 App 内购买的情况比较少，除了一些约会软件，比如 Tinder 经常让你购买额外的"滑动（看照片）""推荐[2]"和"特别喜欢[3]"功能，可以提高你匹配的概率。

同时，所有的消费者应用程序都提供订阅服务：Spotify Premium、奈飞、Dropbox Plus、冥想应用 Calm 等。收费媒体发行商比如《纽约时报》和《大西洋月刊》也都属于这类。（注意，大多数这类 App 通常含有娱乐性的内容，比如视频、音乐，或者新闻，而普通的软件工具并不是这样——有个说法是，在硅谷，人们更愿意为内容付费而不是为软件本身付费。）

关键指标

像奈飞这种以订阅服务为基础的免费增值产品的收益和用户指标与 SaaS 产品非常类似。也就是说，Spotify Premium 和 Slack 的付费版本有着惊人的相似指标。

虽然所有购买订阅服务的用户产生的价值是一样的（不管你看一部电影还是一百部电影你付给奈飞的钱一样多），但是对有应用内购买功能的产品来说这非常不同。重度用户比轻度用户会多付钱——

---

1 这个名词是从日语 gachapon 来的，通常指那些你可以在亚洲的自动售货机里买到的胶囊玩具。你把钱放进机器里就可以随机得到一个玩具——一种数字补给箱的老式版本。（我们在东京的时候花了好多钱买 gacha 玩具，那真让人上瘾！）

2 译者注：让你在 30 分钟内成为地区内的热门，增加匹配概率。

3 译者注：让你"特别喜欢"的人很快注意到你。

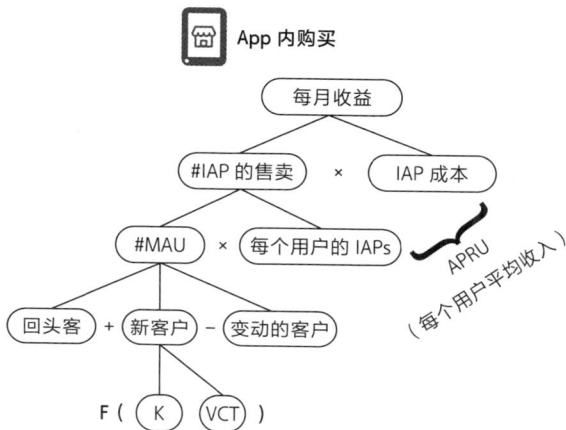

App 内购买

每月收益

#IAP 的售卖 × IAP 成本

#MAU × 每个用户的 IAPs

APRU
（每个用户平均收入）

回头客 + 新客户 - 变动的客户

F (K VCT)

树形结构展示了各个不同子指标如何组合成为一个在 App 内实现购买变现产品的顶级指标（收益）。

在很多情况下，会多付很多钱。这些就是我们之前讨论过的"鲸鱼"用户。

因此，内置付费功能的产品不太关心玩家的原始数量，而更关心能够吸引到多少鲸鱼用户。鲸鱼用户数量增长 25% 可能比免费用户量

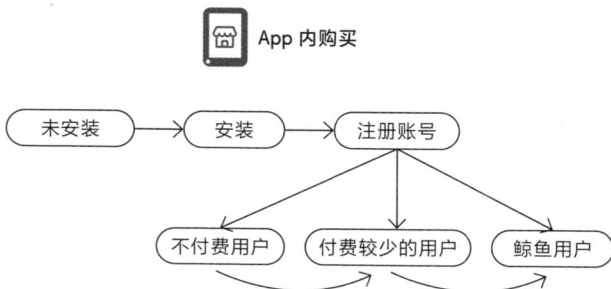

App 内购买

未安装 → 安装 → 注册账号

不付费用户　　付费较少的用户　　鲸鱼用户

使用 App 内购买功能的用户是通过这些步骤进行流转的，最理想的情况是，你可以把他们转变成鲸鱼用户。

增长 50% 重要得多。（吸引更多的不付费用户可以帮助提高你 App 的流行度，因此可以吸引更多的用户，但最终还是鲸鱼用户最重要。）

对游戏开发者来说，黏度（DAU/MAU）是非常重要的，因为鲸鱼用户很难找到而且他们经常会被其他的更新更火的游戏吸引走。而且，虽然每个用户的平均收入（ARPU）也很重要，但是每个付费用户的平均收入（ARPPU）对游戏产业更重要。因为这个指标衡量了你对你的鲸鱼用户们的变现做得好坏。比如，表现最好的手机游戏（排名 84% 以上）的 ARPPU 是表现最差的（排名 16% 以下）七倍。

面试小窍门

据估计，大约有 2% 的用户在使用免费版本的 App 后会选择付钱，不管是通过订阅还是 App 内的购买功能。

包含广告的 UGC 用户原创内容模式

这个名字有点长但是它的中心思想很简单。用户原创内容（UGC）产品的中心是围绕着用户张贴文章[1]，所以这个类别包括了所有的社交网络，带有评论功能的网站如 Yelp，微型博客网站如推特或者 Medium，视频或者相片上传网站如油管和 Flickr，等等。和奈飞的商业世界不同，这里面的用户不想为和朋友的交互或者数字化沟通付费，所以唯一能变现的办法就是在帖子中安插广告。

1　译者注：po 文，指发表或上传一篇文章。

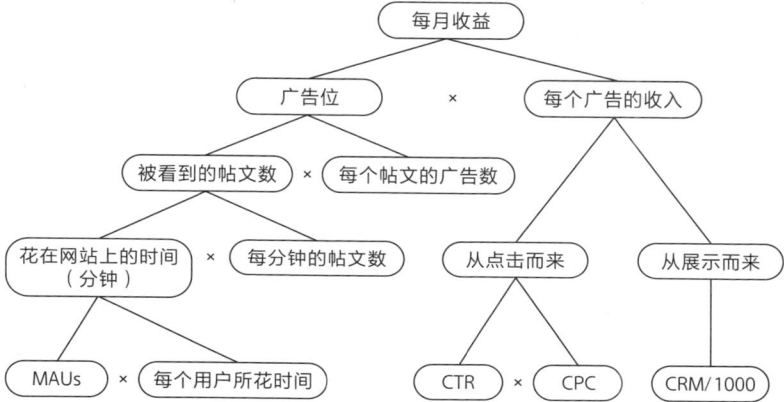

UGC 用户原创内容的产品指标树形结构图。收益最终是从广告而来。

对这些产品来说，目标很简单：让人们在网站上花更多的时间，展示给他们很多广告，从而获利。这个树形的指标图是非常错综复杂的，因为它需要产品经理推动很多抓手。比如，你可以增加每个帖文中被看到的广告数，就像脸书和油管一样在视频刚开始和中间都会分别出现广告（pre-roll 和 mid-roll）。或者你可以增加在每个帖文中被展示的广告，如把每十篇帖文出现广告变成每九篇出现广告（当然这会破坏用户体验）。

网站浏览时长

对这些平台来说，最重要的子指标是在网站上花费的总时长。因为更多的时间等于更多的广告也就等于更多的钱。网站浏览时长，经常简写成 ToS。对很多 UGC 公司，如油管和脸书，如此重要，他们会提到公司收入的同时提到 ToS。这就是说，网站浏览时长和收益紧密相关，这两个指标会被一起提及。

平台之间的平均浏览时长是不一样的，但是最成功的平台一般可以吸引用户在上面一天花一个小时左右。看看一个研究现在流行的社交媒体 App 得出的相关数字吧！

平台	平均浏览时长
脸书	58 分钟
色拉布	50 分钟
照片墙	53 分钟
油管	40 分钟
瓦次艾普	28 分钟
缤趣	14 分钟

（推特和领英的使用时长很少，这些数据并不一定意味着人们每天只打开这些 App 一分钟。更有可能的是，人们使用这些 App 时间长但是频率短；一个月用两次，每次 15 分钟的时长平均到当月的每天是一分钟。）

为了最大化你的浏览时长，你可以通过常见的病毒性传播的方法吸引更多用户，也可以想办法让你现在的用户在你的平台上花费更多的时间。

最直接的让用户在你平台上消耗更多时间的方法就是简单地增加更多的内容。如果有更多的帖文，用户就会在你的平台上"花费时间"看这些帖文。这就是为什么 UGC 公司的产品团队花费大量时间开发帖文新方式。比如，在 2016 年脸书开始让你可以通过"求推荐"这种帖文形式向你的朋友询问最好的牙医、看娃保姆、美甲沙龙和其他本地服务的小贴士。

自从色拉布开创故事模式以来，故事已经成为互联网上流行的形式：因为故事非常容易被创造出来，他们对那些没时间和精力去做出一个"完整"帖文的人来说简直太棒了。就像油管在 2019 年和领英在 2020 年所做的那样，这让 UGC 公司打开了一扇以前没发现过的大门[1]并且创造出很多的新内容。当然，更多的内容等于更多的浏览时长。

你还可以通过让你现有的内容更有黏性来让人们在你的平台上花费更多的时间。产品经理为了这个目标努力，创造出（饱受批评的）视频自动播放功能和无限上下翻动功能。

用户指标

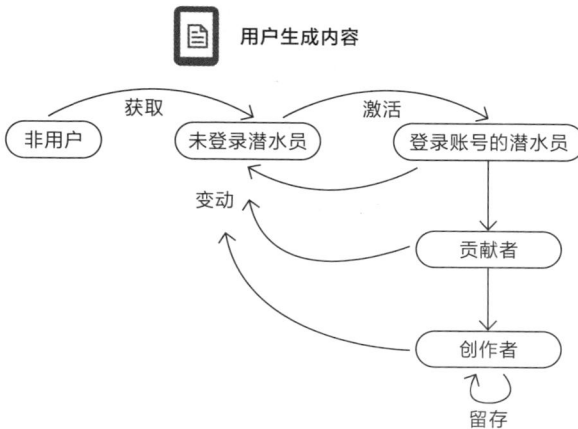

生产内容产品的用户在不同阶段内如何流动。你想要每个人都成为创作者。

1　译者注：英文意思是"接触到了以前没释放的创造力储蓄池"。

对用户指标来说，MAU 就是黄金标准，但是记住我们前面讲过的，UGC 网站倾向于遵循"90-9-1"的规律：90% 的用户是潜水员并不发布任何内容，9% 的用户偶尔发帖文贡献一些内容，还剩 1% 的用户创作了绝大部分的帖文。一个优秀的 UGC 产品经理知道如何为他们的产品把"潜水员—偶尔贡献者—主要创作者"逐一分开并且找到指标来监测用户是怎样在这些类别间移动的。

双边市场

这种类别包括的产品是匹配"卖家"和"买家"，然后从每一次交易中获取佣金。有名的双向交易市场包括优步、来福车、爱彼迎、DoorDsah[1]、Etsy、易贝，以及上百个"××行业中的优步"这种初创公司。亚马逊从一定程度上说也是双向交易市场，因为它允许"第三方卖家"的小型企业在它的平台上卖东西，同时平台上还有亚马逊的直营产品。

双边市场的收益策略相对简单：匹配买家和卖家从而产生交易，然后从每一笔交易中分一杯羹。你能带来越多的买家和卖家，并且你匹配他们成功的效率越高，你就能赚取越多的钱。

提高匹配效率的办法非常直接：你需要保证想买东西的人总能匹配到想卖东西的人。提高易贝的搜索算法或者改变优步的司机和乘客的匹配算法，比如让司机等待乘客的时间变少，都可以增强匹配效率。

---

1 译者注：外卖送货网站。

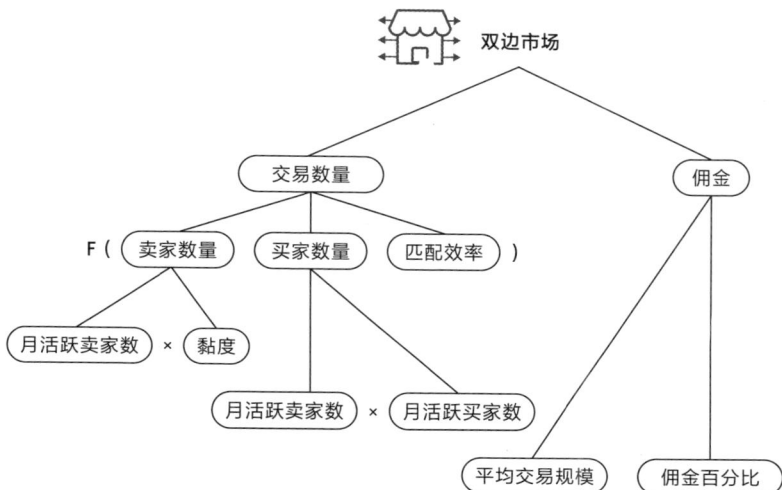

这是双边市场的指标树形结构图。交易数量是函数 F，由平台上的买家数、卖家数及匹配效率决定。

供和需

　　双边市场承受的最困难的部分是，先有鸡还是先有蛋的问题。在有足够多的卖家加入平台之后，才可以吸引买家；在有足够多的买家加入平台之后，才可以吸引卖家。如果这里的人连来福车的 App 都没有，没人会在街上开着来福车，但是如果没有来福车的司机，也没有乘客会想打开来福车的 App。换句话说，没有供就没有需，没有需就没有供。

　　解决先有鸡还是先有蛋问题的方法是人为地创造买家或卖家，这样另一方才能被吸引过来。当进军西雅图市场时，优步通过购买车辆和雇用司机，以按小时付钱让司机们接送乘客的方式创造出"卖家"（供方）。当有了一定数量的乘客时，优步才开始向司机支付佣金。同时，亚马逊开始卖书并且集结了一众客户（需方），吸引了卖其他商品的卖家蜂拥来到它的平台。

对于应该先关注供给还是先关注需求，专家们意见不一，但是从历史上看，先专注供方是最佳方式。原因是一旦你建立了供方，需方会自动被吸引，客户间的口碑相传是非常强大的营销手段。因为供方通常不会通过口碑相传的方式带来更多的供方（竞争者！），所以说服供方参与你的市场平台更难。换句话说，需方可以通过正向的反馈循环得到自然增长，而这种循环在大多数情况下是不存在于供方的。因此，你最好先人为建立起好的供方市场。

一位分析师通过观察 17 家受大众欢迎的双边市场验证了这个理论。和预想的一样，其中 14 家都是先关注供方，而只有 3 家服务需方。让我们来看看这个名单吧：

先建立供方市场	先建立需方市场
· Airbnb（爱彼迎） · AngelList（给初创公司和创投公司匹配，帮助人在初创公司找工作的网站） · Breather（提供会议室等办公场所的平台） · Caviar（送外卖平台） · DoorDash（送外卖平台） · Etsy（二手货品和手工艺品交易平台） · Eventbrite［线上线下活动（包括卖票服务）平台］ · GrubHub（送外卖平台） · Instacart（网上生鲜购买及送货） · Lyft（和优步一样，打车平台） · Opentable（网上餐馆订位和评论） · Patreon（给创作内容提供工具和会员服务的平台） · Thumbtack（提供当地便民服务的平台，服务商家） · Uber（优步）	· Rover（提供宠物类服务的平台） · TaskRabbit（提供当地便民服务的平台，服务找工作的人，如合同工、自由职业者） · Zillow（网上卖房、租房）

均衡增长

不管你如何开始建立你的双边市场，你需要平衡买方和卖方的增长。增加更多的买方会产生更多的交易量，但是如果卖方没东西可卖，全世界的买方在你的平台上也没有用。这种情况同样适用于增加更多的卖方。

让我们用爱彼迎作为例子看看他们是怎么平衡双方的吧。假设有更多的房源时用户们会预订更多的天数，但是他们一个月的预订不会超过五天。（人们到了某个时候一定要回家！）因此，为每个用户（客人）增加更多的房源（主人）反而会削弱预订的天数。[1]

增加更多的房源对客人预订产生削弱效应

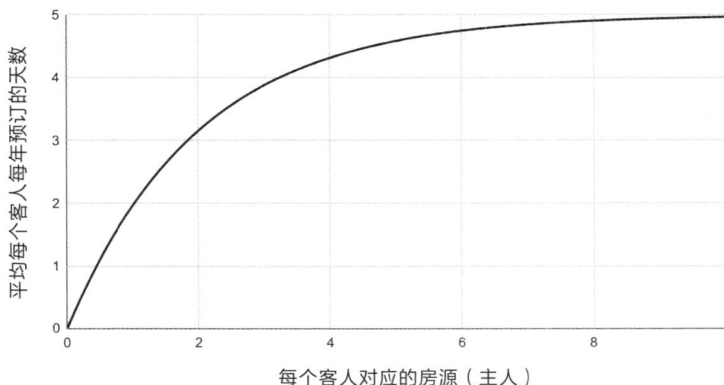

增加爱彼迎的房源（主人）给了客户更多的选择，也会增加他们每年预订的天数，但是这是有上限的。我们这里的示例数据表明，不管有多少空闲的房源，每个用户平均每年预订天数不会超过五天。

---

1 我们每个客人预订的天数公式：$N(x) = -5e^{-0.5x} + 5$，这里 x 是房东和客人的比例（如果 h 是房东数，g 是客人数，那么 $x = h/g$）。

现在，想象一下爱彼迎有很多用户，但是没有那么多的房源（房东）。下面的图展示了基于这种情况下客人和房东在平台上的数量产生的预订天数。[1] 增加更多的客人不会有什么帮助：如果爱彼迎有 20 个房源（房东）并且客人数从 20 到 40 翻了一倍，他们预订的天数仅从 39 增加到了 44。这种情况下为了增加客人数而花费的市场营销费用就不值得。更好的办法是把钱花在吸引更多房源（主人）上：如果有 20 个客人和 20 个房东，仅增加 10 个房东就可以把预订天数从 30 提高到 53。

爱彼迎的预订，假设客人过多

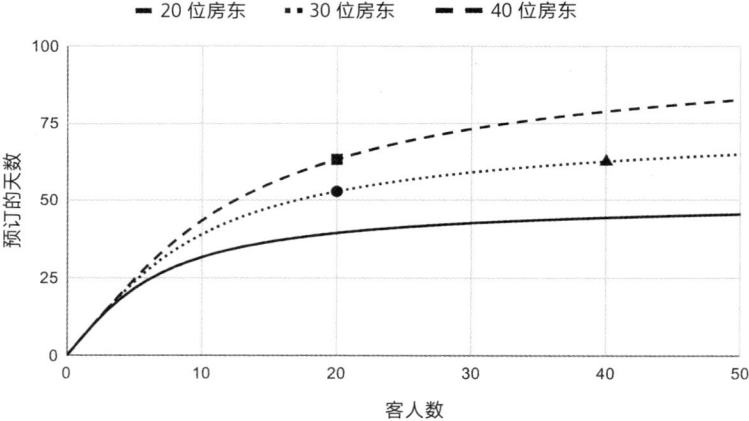

当有很多客人但是没有那么多房东时爱彼迎的预订天数曲线。增加客人（从圆点到三角形点）并不能增加太多的预订，但是增加客人数（从原点到正方形点）会产生更好的回报。这个故事的寓意是：当你已经有足够多资源的时候不要再增加更多了。

1　这是预订总天数的公式：$B(g,h)=N(h/g)*g$，这里 g 是客人数，h 是房东数，N 是每个客人对应的房东数之间的函数。

相反的是，如果爱彼迎有过多的房东，增加更多的房东不会有什么帮助。比如有 30 个客人和 150 个房东，爱彼迎可以产生 138 天的预订。增加 100 个房东仅会增加 10 晚的预订，而增加 10 个客人会多出 31 晚的预订。

爱彼迎的预订，假设房东过多

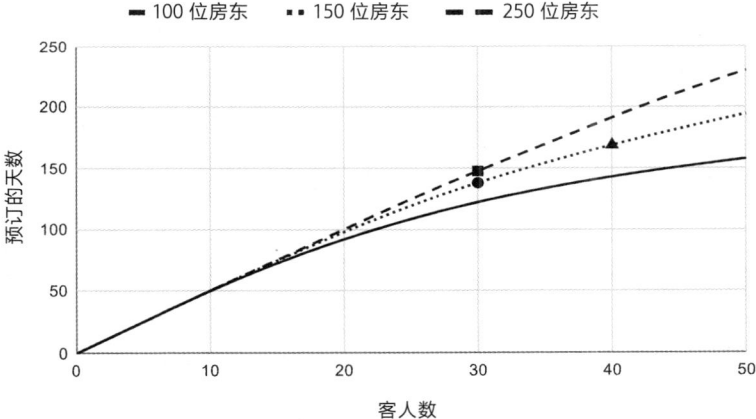

当有很多房东但是没有那么多客人时爱彼迎的预订天数曲线。增加房东（从圆点到正方形点）并不能增加太多的预订，但是增加客人数（从原点到三角形点）会产生很大的影响。

这个故事告诉我们：要聚焦在你的第一重要，也就是北极星标上。对双边市场来说就是交易量。增加子指标比如买方数或卖方数固然好，但是他们不一定总能提高你的收入指标。一个负责双向交易市场的优秀产品经理知道应该如何平衡买方和卖方，从而增加交易量而达到最好的指标。

电子商务

电子商务平台和我们上面说的四种商业模型有些许不同。因为这里涉及了"物理世界"：你需要把真正有形的货物运来运去，而并不仅仅是网上数字的变化。它是普通商店的数字版本：人们在你的网站上买东西，然后你把东西寄给他们。

在这个领域里的最主要的高科技公司是亚马逊，但是它也包括了曾经流行的代发货（制造商直接出货）的 D2C 的商业模式。这些公司包括 Casper[1]、Warby Parker[2]、Glossier[3] 和 Dollar Shave Club[4]。（D2C 公司不是真正意义上的高科技公司，但是因为他们和高科技公司一样聘请产品经理，所以我们在这里一起讨论。）

如我们上面提到的，一个电子商务公司的基本收益模型和交易量的大小，也就是平均客单价（AOV）。增加客户数量固然好，但是增加每单的收益更能产生直接影响。电子商务通常需要更大的交易规模来抵消获取客户、邮寄商品和运营店铺的固定成本。

另一个重要的指标是转化率，就是衡量买某样东西的访问者的百分比。这有点过于简单化了，因为浏览网站的人可以直接分成"买东西"和"不买东西"的用户，而不需要区别哪些用户买得多，哪些买得少。但是这还是一个电子商务中常用的最可能被追踪的指标。据估计，电子商务的平均转化率都在 2% ~ 3% 浮动。

电子商务产品经理需要关注的第三个指标是购物车的交易转换

1　译者注：睡眠用品。

2　译者注：眼镜相关用品，如眼镜框、隐形眼镜。

3　译者注：护肤、美妆、洗漱用品。

4　译者注：剃须用品。

率，或者更确切地说，它的反向指标——丢弃率。据估计，电子商务网站上有超过 60% 的购物车里面的商品被放弃了，购物者只是把商品放在购物车中但是没有付款购买它们。如果你可以帮助推动购物者购买被他们遗忘在购物车中的商品，你就可能把大量收益纳入囊中，反之，你就会白白损失这些收益。

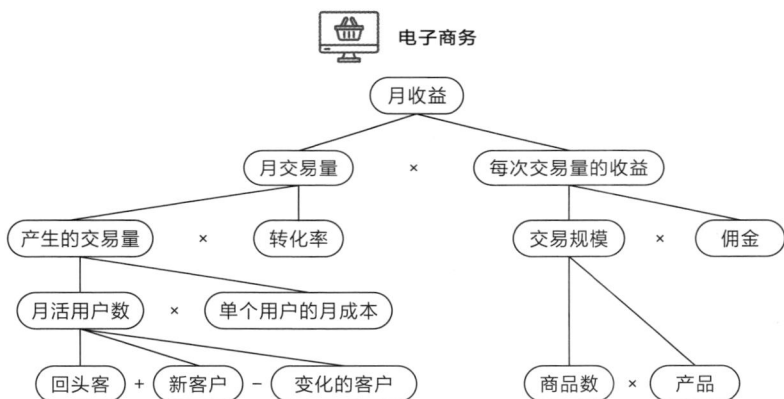

电子商务产品的指标树形结构图。收入可以分解成购物车数量（交易量）和每个购物车的收益（每个交易）。

用户指标

相比其他的软件公司注重用户留存和用户参与，电子商务公司在用户指标方面关注更多的是如何让用户进行购买，也就是转化。那些每天都来脸书浏览的用户可能对脸书的价值很大，但是每天访问亚马逊却并不购买任何东西的用户对亚马逊没有任何经济价值。因此，电子商务公司真正关注的是推动用户通过"浏览—查看—点击—购买"这个"漏斗"。

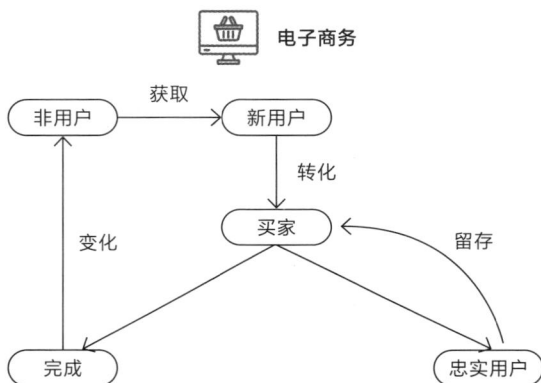

电子商务用户流动的不同阶段。注意这里面 AARRR 指标（见第二十二章）非常重要。

值得注意的是，AARRR 指标对电子商务网站来说是最有效的。因为从 A 到 A 到 R 到 R 到 R 这个流动方向非常重要。电子商务的产品经理应该在工作中充分使用 AARRR 这个框架。

忠诚度

和大多数软件产品经理只需要尽量把所有用户都转变成忠实用户相比，电子商务产品经理工作中的一个有意思的不同点是，他们需要决定是关注一次性用户还是忠诚用户。

许多电子商务网站，比如售卖结婚用品的网站，很有可能更关注一次性客户，这是没问题的！一个经验法则是关注你每年的重复购买率，或者是你去年的客户们今年再次购买的百分比，这个数字可以帮助你发现如何投入你的精力。如果你每年的重复购买率小于 40%，说明你的客户忠诚度不高，你就需要聚焦如何获取新客户；如果大于70%，你就应该着重保持客户的忠诚度。

第二十四章　用数据讲故事

我们已经了解到，要想讲一个令人信服的故事，赢取人们的支持，将人们聚在一起行动，数据是至关重要的。"数据可以帮你赢得争论"在硅谷是个很流行的说法。

但讲故事比原始数据更重要。你不可能打开一张电子表格，向副总裁、用户和潜在的投资者们甩出一堆数字去说服他们。因为数字本身不能说话，你需要制作图表和曲线来辅助。你可以使用数据来支持你的观点，但是你首先需要一个令人信服的故事和愿景。让我们来一起探索我们学到的最有价值的经验吧，这是对产品经理用数据来支持他们观点的最好的方法。

一个数据分析的初创公司在一个 2016 年会议上派发的 T 恤。　　资料来源：Interana

让人们富有想象力的一面参与进来

当我们三个人——就是本书的三个作者——在微软工作的时候，我们想说服公司的领导来创建一个"内部创业公司孵化器"，在这里，微软的员工们可以有几个月的时间离开他们的日常工作，来到一个初创公司工作并且从微软拿到资金——这些都必须只能是微软员工才能参与。我们观点的一个重要理由是微软正在失去那些有价值的员工并且错过了很多创新和提高收益的机会，而我们的方案可以有效止损。

我们知道我们需要数据来支持这个提议。我们找到了由前微软员工创建的几家热门公司：Zillow[1]、Glassdoor[2]、视频游戏公司 Valve（Steam 的创造者）和汽车数据公司 INRIX。这些公司在那个时候的总估值达到大约 120 亿美元。

我们想过强调这 120 亿美元是微软损失的资产，但是后来我们决定强调这些公司是微软错失的机会。为什么？因为我们知道，如果我们强调金额数字，人们就会进入"数字表格模式"，从而陷入财务方面的思考局限。我们知道他们会找到方法反击我们的观点，"微软价值数千亿美元，我们为什么要在乎区区 120 亿？我们的 Office 办公软件很容易就可以赚到这些钱。那些公司待在微软的话价值不会那么高"。

为了强调这些公司是微软错过的机会，我们特意让人们对这种事情进行反思。例如，"天啊，如果我们 Xbox 部分能拥有 Steam 该有多

---

1 译者注：一家在线房地产数据库公司，提供房地产信息查询及房地产免费估价服务的网站。

2 译者注：一个做企业点评与职位搜索的网站。在 Glassdoor 上可匿名点评公司，包括其工资待遇、职场环境、面试问题等信息。

酷？想象一下如果我们的领英服务和 Glassdoor 联合起来一定更好"。我们吸引了人们大脑中创造性和想象力的那部分，而不是他们世俗的、注重数字的那部分。

为了进一步加强我们的论点，我们决定强调 FOMO（错失恐惧症）的影响。我们提出了我们的竞争者这些年一直都在提供类似补贴的观点：谷歌 Area 120 对有天分的科技人员产生了巨大的吸引，因为他们希望得到这种追求自己梦想但是不放弃他们工作的机会。仅仅想象一下，多少有才能的员工因为没有这么有价值的补贴而拒绝微软的工作机会！

再说一遍，数字只会削弱我们的论点。我们就是让公司觉得这是一个永久性的损失，错失了一些潜在的难以置信的机会，这非常有效。这让人们的想象力尽情发挥。

我们向公司的领导层展示了这个轻数字、重感观的论点，它奏效了！微软部署了月光计划，就像我们上面描述的希望的那样。

这个经验告诉我们，阐述论点不要仅依赖于数据，数据不会给情感层面增加任何重量。你应该把你的观点建立在范例、故事和"假想"情景上，这些可以激发人们富有想象力的部分，只使用数据来支持你的论点。数据本身并不足以说服听众。

告诉人们应该想什么

假设你在来福车工作，你有一个大胆的新产品构想并想说服你的老板们接受它。你把来福车和优步的股价数据放在一起做出来下面这张图：

优步 vs 来福车股价

直观曲线图展示了优步和来福车股价随时间变化。　　资料来源：谷歌财经

你做的这张图表本身并不能说明什么问题。它告诉了你优步和来福车的股价在某些特定的区间内几乎都是同步浮动的，但是它根本不能解释你的论点。当副总裁看到这张图，他们可能被这些曲线吸引但是无法明白你的意思。

你可以继续使用这张图，但是更改一下标题："来福车难以超越竞争者优步"，强调来福车的股价从来没有赶上过优步的股价，即使是当它需要超越优步的时候。

突然之间，这张曲线图让人们感受到了来福车的经营方式呈现出了大败相。这让副总裁开始思考，这位产品经理是对的——我们为什么没有做出一些更大胆的行动呢？仅仅靠着改变这张图的标题，你把本来看起来模棱两可的数据转变成了支持你观点的令人信服的数据，而这影响了人们的思考方式。

这个策略非常有用，它可以让你使用相同的数据但是讲述出一个

来福车的股价无法超过优步

```
·· 优步  ━ 来福车
```

来福车的股价和拥有更多资金的竞品保持同步

```
·· 优步  ━ 来福车
```

这两张完全相同的展示优步和来福车股价的曲线图因为标题的不同体现出完全不同的两个意思。 资料来源：谷歌财经

完全不同的故事。假设，相反的情况，你想让来福车的高层们更加小心谨慎，那你仍然可以使用这张图，再一次改变标题。例如，"来福车的股价和拥有更多资金的竞品保持同步"。

现在看来，来福车稳定的股价反而表现不错了。这张曲线图的意义又一次有了变化。它让人们感到安心，高层们对自己的工作感到满意并且开始思考也许他们不应该再冒额外的风险——他们应该保持现状。

即使你认为你的数据已经足够不言而喻了，你还是应该确认它的标题足以解释你的主要观点。你已经花了很长的时间研究数据和曲线图，所以你应该知道所有的细微差别。那些第一次看到这些数据和图的人可能无法理解你真正的意图——所以你需要引导他们。在这个过程中，你可以把听众们引导到你想要的方向上去。

避免误导性的比例尺度

最常见的数据可视化策略之一是偷偷改变数据值的比例，这可以让你的产品或者工作看起来比实际情况好得多。看看这个微软展示Edge 远远优于其他浏览器的无耻的广告设计：

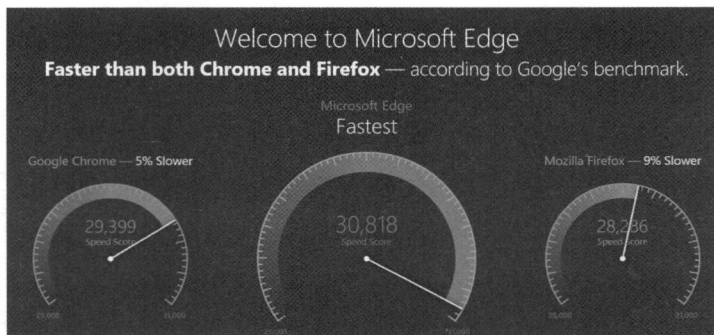

微软绘制的误导性的图示，使 Edge 看起来比其他网页浏览器好很多。
资料来源：红迪网上由 Banewolf 先生发布

Edge 和谷歌还有火狐相比,分别有 5% 和 9% 的优势,但是这个图示让 Edge 看起来和其他浏览器相比优势一骑绝尘。这是因为这个广告让速度计在 25,000 开始,在 31,000 结束 [1]。如果按照正确的数字绘制图表,这三个浏览器的表现相当,特别是考虑到会有一些误差的时候。

浏览器速度得分

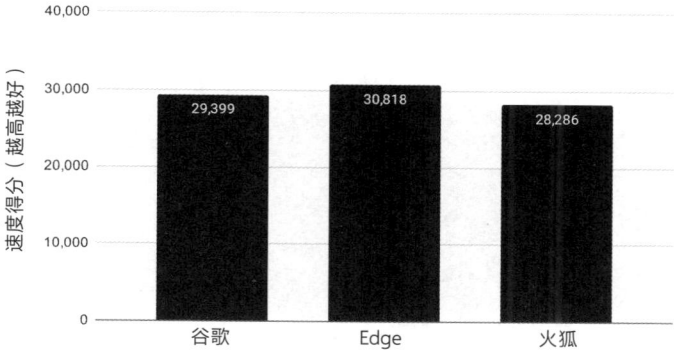

使用了正常的刻度尺后,我们发现 Edge 和它的竞品相比,并没有多大的优势。
资料来源:红迪网上由 Banewolf 先生发布

误导性的比例刻度可能会在一瞬间愚弄到人,但是当人们有足够的时间看清情况后,这种策略很可能会让你看起来很差劲。

---

1   如果测试的分数范围仅在 25,000 ~ 31,000 的话,这个示意图是完全正确的。比如所有的 SAT 科目成绩都在 200 ~ 800(虽然那种情况下,比较难计算出百分比的不同)。

控制好叙事策略

早在 2009 年，Verizon[1] 四处传播它们的一张地图，上面吹嘘了它的 3G 覆盖率比它们的主要竞争对手 AT&T 好很多。AT&T 在海边和大城市内只覆盖了零散的区域，而与此同时，威瑞森覆盖了整个美国大陆（图中的红色海洋）。威瑞森理直气壮地断言，它比 AT&T 覆盖率多五倍，这真是一个颇有鼓动性的夸口。

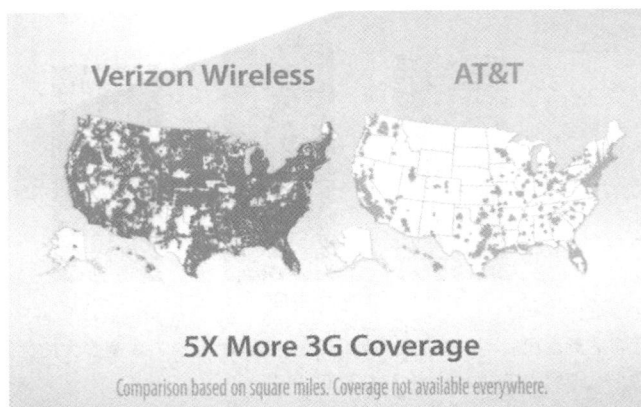

威瑞森的这个广告展示了它的 3G 网络和它的对手 AT&T 相比覆盖了更多的区域。
资料来源：Fast 公司

AT&T 予以反击，说威瑞森的这种吹嘘没有意义。虽然威瑞森覆盖了中部的很多地方如怀俄明，但是谁住在那里呢？牛群又不需要被 3G 覆盖。AT&T 争论，虽然他们的网络只覆盖了全美的五分之一，但是覆盖了全美人口的 97%——这才是重点。AT&T 甚至因为这个误导

1　译者注：威瑞森通信公司，美国移动运营商。

性的图示对威瑞森提起诉讼。

　　这个故事说明了相同的数据如何被解释成两个完全不同的含义，每一个都是为不同的叙事观点服务的。威瑞森精明地把数据往有利于他们的方向进行解释，而 AT&T 找到了另一种角度进行解释，让这个数据看起来合情合理并让威瑞森看起来无耻卑鄙。你的竞争者们会经常有倾向性地使用数据让你的情况看起来很糟糕 —— 所以你需要找到对你更有利的解释予以回击。

结论

让我们回顾一下鲍莫尔的故事吧。当使用收入和利润作为指标时，他的确干得很好。但是这些指标并不是最重要的。

鲍莫尔时期的微软股价

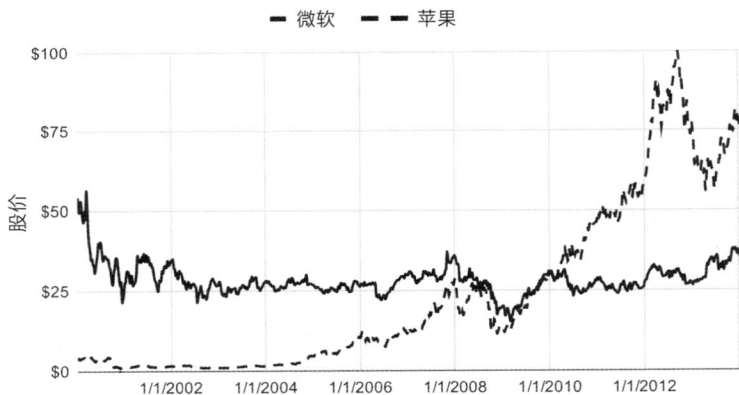

在鲍莫尔任职 CEO 期间，微软的股价停滞不前。　　资料来源：谷歌财经

评判 CEO 是否成功的重要标准之一就是公司的股价。如果观察股价，微软在 2000 年初始是最有价值的上市公司，但是在鲍莫尔整个任职期间，股价没有提升。当鲍莫尔离开之后，微软的股价已经比他加入的时候低了，而苹果公司的股价把微软远远甩在了后面。

虽然短期内通过不懈的努力将收入和利润都进行了优化，但是鲍莫尔的做法对公司的长期发展造成了损伤。他向钱看的短视导致任何威胁到 Windows 这棵摇钱树的主意都被扼杀了，这导致了严重的官僚作风，使公司错过了很多本应该为了公司长期健康发展而做出的投资机会。微软在智能手机、平板电脑、音乐播放器和电子书上错失良机。公司中的团队都已经做出了这些产品的雏形，但是因为他们不能支持 Windows 的业务，全在竞争中被扼杀了。

鲍莫尔还纵容了一种毁灭性的文化在公司生了根——这并没有影响短期的收入数字，但是它将这个曾经是"地球上最时尚的公司"从内部挖空了。最臭名昭著的例子就是微软实行了"员工排名"制度，也就是员工们依据一个"曲线"被打分，只有固定百分比的员工得到正面评价，而每年得到最低分数的一定比例的员工会被辞退。这导致了极其糟糕的激励机制：人们试图蓄意破坏他们同事的好主意，这样他们可以在评分曲线中得到更高的分数，工程师们花费大量时间进行政治斗争而不是开发好产品，好员工们被不公平地打了差评，团队们为了维护他们的评级避免和其他团队一起工作。

鲍莫尔将指标利用到了最大化，但是他忽略了作为一个领导者的其他部分。在他任期结束之际，他被评为历史上最差的 CEO 之一。

当鲍莫尔的继任者萨蒂亚·纳德拉接手公司之后，他做的第一件事就是修复公司的文化。他将关注点从一切以 Windows 为中心转移，重新鼓励跨部门合作。员工排名机制被废除，鼓励员工试错并从中学习如何变得更好的"成长型思维"被积极推广。公司不再一味地去碾压对手，而是学会和它们共存。甚至公司的使命宣言也从统治 PC 市场，变为"予力全球每一人、每一组织，成就不凡"。

这些措施虽然不会立刻改变结果，但是它们帮助了微软的复兴。

文化的改进使得微软重新进入了人们愿意为之工作的公司名单。没有了那些短期主义者对 Windows 的痴迷，微软终于开发出云计算服务 Azure，这个产品最终成了一个数 10 亿美元的业务。在 2018 年，纳德拉被评为美国大公司的最佳 CEO。

纳德拉并没有为微软的收入做太多工作：在他任期的最初几年中，公司的收入每年增长约 10%，和鲍莫尔在位时相比几乎没变。但是几乎每个人都同意纳德拉是更有影响力的 CEO。

所以，当我们详细地讨论量化指标的重要性时，你不能蒙住头忽略其他方面。对长期发展来说，质化指标也很重要。就像纳德拉展示的，作为一个领导者，要明白在最大化物质资产的同时，非物质化的无形资产同样重要。

微软股价：从鲍莫尔时期到纳德拉时期

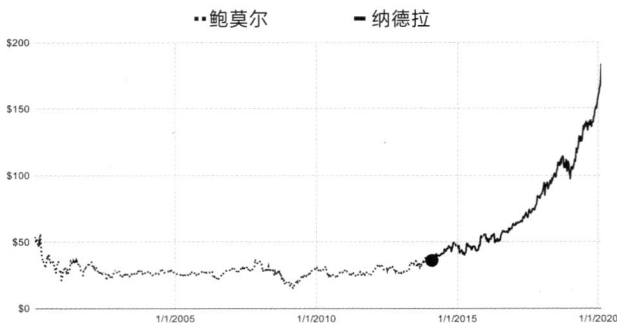

微软的股价从纳德拉一开始接任 CEO 后就开始高速增长。　资料来源：谷歌财经

（很巧合的是，纳德拉在推动微软股价方面也比鲍尔默做得更好：在纳德拉上任的头 6 年中，股价几乎翻了五倍，轻松超过了标准普尔 500 指数，甚至超过了苹果。从长远看来，专注于质化指标最终会长远性地帮助你的量化指标！）

Part Six

第六部分
法律与政策

法无德不立。

简介

优步在它早期发展时逃过了很多的惩罚。它诞生于旧金山，旧金山的运输管理局在 2010 年通过一项停止令给予它痛击，但是优步仍然继续在路上进行运营。优步以使用"灰球"策略而成名——它在自己的 App 上向监管部门展示虚假车辆，这些车辆从来不会载客，因此它躲过了当局的钓鱼执法。这个公司甚至还雇用了合同工来给来福车打电话雇车，然后再取消订单，从而让来福车的司机们懊恼不堪。这些合同工们最后会搭乘来福车的车辆，但是在乘坐时会积极地规劝来福车的司机转来优步工作。

优步的运气在 2017 年终于用光了。在这一年，它因被指控向司机们谎报他们的正常收入而被罚款 2000 万美元。在同一年，谷歌自动驾驶子公司 Waymo 对优步提出控告，状告它偷窃商业机密，这导致优步在下一年达成的和解中需要向 Waymo 支付 2.45 亿美元。这个丑闻也是导致优步创办人特拉维斯·卡兰尼克（Travis Kalanick）在当年年末的时候从 CEO 的位置上辞职的重要原因之一。

这个故事的寓意是，你可以很多次逃过违法的制裁，但是你终将被抓。我们看到过我们的 PM 同事们在开发快速增长的产品时经常会觉得法务部门站在那里碍事。但是知法懂法并且予以配合会让你的公司避免高额的罚款，这甚至可以给你的业务带来决定性的优势。

第二十五章　反垄断

我们最喜欢来福车的一点是，它可以牵制优步。如果没有来福车，你在凌晨 3 点需要搭车回家时优步不管收你多少钱你都必须付给它。

一个市场如果只有两个竞争对手的话并不理想，但这对消费者来说，比市场被一家统治要好得多。当清空市场上所有的竞争者后，垄断者可以抬高成本，停止创新，并且任意摆布消费者。

在高科技产业的初期，科技公司被视为是雄心壮志的年轻暴发户，它们勇敢地挑战实力雄厚的公司，比如沃尔玛和CNN[1]。但是当这个产业开始发展以后，这些大的科技公司开始变得更加强大，并且迫切地想收购竞争者从而一统市场。

为了阻止垄断，政府建立了反垄断法，最著名的就是美国 1890 年颁布的《谢尔曼反托拉斯法》（以下简称《谢尔曼法》）。该法规定，不公平地限制竞争是非法的，这有助于对抗约翰·D.洛克菲勒对美国原油市场的垄断和安德鲁·卡耐基对美国的钢铁产业的垄断。

像《谢尔曼法》这种超过百年的反垄断法现在仍然适用。比如近几年政治家们，如参议员伊丽莎白·沃伦提案将大型科技公司如脸

1　译者注：美国有线电视新闻网。

书、谷歌和亚马逊进行拆分。这毫不意外地让硅谷的公司感到恐惧。

这不是"这家公司太大了，我们把它拆分吧"那么简单。这也是很多产品经理不经意地跟踪这些新闻而做出的错误假设和判断。让我们进一步研究垄断和反垄断到底是发生了什么事情吧。

亚马逊和不断变化的"垄断"的定义

到底什么是垄断呢？美国联邦贸易委员会（Federal Trade Commission，FTC）的任务就是在美国对垄断进行管理，多年以来，它针对这个问题发展出了一个观点。FTC注意到有些公司之所以变得垄断，只是因为它们比其他公司做得更好：它们有更好的产品，更好的业务策略，更好的品牌，等等。FTC对这些情况是完全接受的。但是如果这些公司表现出反竞争行为，FTC就不能接受了。比如，这些公司滥用它们的市场势力，不公平地获得了更多的市场份额，或者清除其他竞争者，置它们于不平等的竞争环境中。司法部的经验法则是如果在一种产业中，公司拥有了50%以上的市场份额可能就是垄断并且需要被详细审查了。任何少于这个数字的市场份额则不是垄断。

但在精明的商业策略和彻底的反竞争行为之间有一条微妙的界限，所以当评判一个公司是否垄断时，立法者会试图使用测试来判断这个公司到底属于哪一种。

欧盟有一个"同等效率竞争者"（"as efficient competitor"，AEC）测试。这个测试简单易懂：一个同等能力（同等效率）的竞品公司可以在这个环境中竞争吗？如果回答是否，那么这个竞争环境就不平等，能够帮助到消费者的竞争和创新会被压制。这和FTC以前的政策框架相符：如果一个公司是因为它比竞争者做得更好而获得影响力，这是完全正常的，但是如果一个中庸的公司滥用它的影响力来阻止一个足够好的公司进行竞争，那是不正常的。

虽然 FTC 有它理论上的政策框架，但在实际判断一家公司是否存在反竞争行为时，美国采用了一种截然不同的测试方法。从 20 世纪 70 年代开始，美国开始实施"维护消费者福利标准"：任何行为，只要保证消费者得到的价格是在下降，都是可以的。这个政策框架并不在乎垄断是否妨碍了创新，所以它遗漏了垄断中出现问题的一个重要部分。

亚马逊的例子

欧盟的创新测试和美国的针对价格的测试经常可以给出相同的答案：当传统企业比如航空公司合并，这对创新不好并且会抬高价格。但是在科技领域中，不管反竞争行为进行得多激烈，产品可以保持低价甚至免费，这导致很多科技公司都可以逃过反垄断法的制裁。

最广为人知的例子就是亚马逊了。这个每年收入高达 2500 亿美元的公司因使用咄咄逼人的手段驱逐其他电商平台而声名狼藉。在 2009 年，亚马逊接触了一个正在上升期的电商初创公司 Quidsi，他们在自己的网站 Diapers.com[1] 上售卖尿布。亚马逊出价想购买这家公司，但是当 Quidsi 拒绝它的出价后，杰夫·贝索斯进行了焦土策略，他把亚马逊上的所有婴幼儿产品都迅猛降价 30%，由此削弱了 Quidsi 的利润并迫使 Diapers.com 以亏本的价格售卖尿布。Quidsi 一个月就损失

1　译者注：diaper 是儿童纸尿布 / 尿裤的意思。

了 3000 万美元，失去了它的客户群，并且几近破产。亚马逊随后以低廉的价格收购了这家内部已经被挖空的空壳公司。

这是亚马逊常用的策略。它的云服务计算平台 AWS（Amazon Web Services）获取着巨大的利润——在 2017 年，亚马逊所有的利润都来自 AWS——这使得亚马逊的电商部门可以开出令人无法置信的低廉价格，因此削弱了其他竞争者的利润并使他们被逐出市场。

但是，很显然，这个做法是让价格保持低廉，这就意味着亚马逊在美国的"维护消费者福利"的保护下得到了免死金牌。消费者们知道亚马逊经常提供令人无法置信的好价格，它也常年占据着美国最被喜爱品牌的前五名。

但是 Quidsi 的故事却告诉我们，亚马逊并不能通过 ACE 的电商测试。甚至强大如沃尔玛都无法跟上亚马逊的步伐，沃尔玛的年增长率勉强只有亚马逊的一半。亚马逊的会员服务 prime 可以强有力地保障客户忠诚度，它让其他的电商平台竞争者更难得到亚马逊顾客的青睐。

亚马逊数量庞大的资金储备使他在送货方面吊打其他电商竞争者。亚马逊在沃尔玛和塔吉特追赶上之前就提供两天送货服务，现在还在一天送货服务上处于领先地位。沃尔玛在狂奔着追赶亚马逊的路上，据估计，2019 年在其电商平台上损失超过 10 亿美元。（你知道，当世界上最大的雇主都需要步履维艰地保持着步伐是件多么糟糕的事。）你可以想象那些更小的电商公司简直没有机会跟上亚马逊的脚步，亚马逊的统治地位因此限制了创新和初创企业的形成。

除了低价销售，亚马逊还有用来对付反垄断法的其他把戏，比如如何重新定义市场。截至 2020 年，亚马逊控制了超过一半的美国电商市场，记住 50% 是 DOJ 认为公司有垄断嫌疑的界限。但是如果你重新把亚马逊的市场定义成更广泛的零售市场的话，那么截至撰写本书时，亚马逊的市场份额只有 10%。

但是亚马逊最喜欢使用的策略是把自己定义成给各个小型企业赋能的平台，而不是一个糟糕的在零售市场竞争的公司。在回应对于反垄断的指控时，亚马逊指出有上千个小型企业在他的平台上运营、卖货并且使用着亚马逊的网站和物流服务进行商品分发。也就是说，亚马逊把他的"大"倾向于说成：我们可能是大公司，我们可能在吞食着零售业市场，但是很多小型企业需要我们的平台才能生存啊。

如果亚马逊的定位让你觉得互相矛盾，那是因为本就如此。亚马逊为了逃脱审查希望自己看起来就像一个小型企业，但是当它维持自己权力的时候，它又希望自己看起来是个拥有基础设施的大公司。这是奇怪的举动，但是它很有效。

微软的浏览器大战

现在大家都觉得微软是个做派温和的大公司，而且比尔·盖茨也是世界上最著名的慈善家之一，但是以前可不是这样的。微软这个公司曾经两次举世瞩目地和反垄断诉讼擦肩而过。第一次就是在 20 世纪 90 年代发生的浏览器大战。

20 世纪 80 年代，在反垄断行动削弱了其主要竞争对手 IBM 之后，微软一路高歌猛进，在个人电脑领域与剩下的竞争对手开战。1995年，盖茨注意到互联网是真正的未来，并且把它称为"浪潮"。

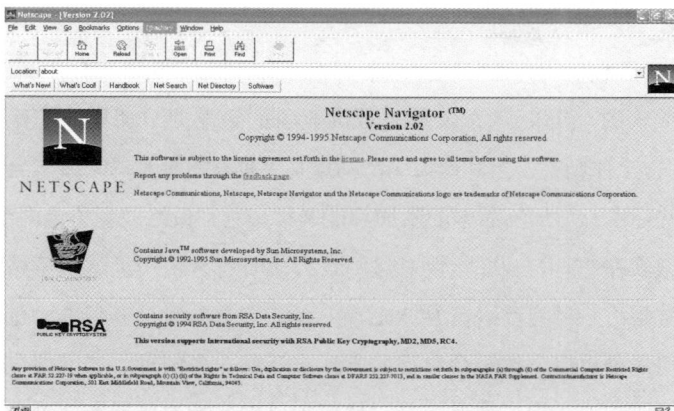

1995 年的网景领航员浏览器。　　资料来源：维基百科

网景领航员

在那个时候，微软视窗在互联网领域的主要竞争者是网景公司。网景有一个非常流行的网页浏览器叫作网景领航员。盖茨试图通过免费把微软 IE 网页浏览器和视窗捆绑销售，并且强迫主要公司坚持使用 IE 而不能改用网景来"扼杀"领航员浏览器。通过独占浏览器市场，微软发现它可以控制网页，并因此掌控了个人电脑的未来。

微软的策略很管用：领航员的市场占有率从 1996 年的 80% 以上降到 1998 年的 48%，更在 2001 年降到 6%。网景公司那个时候看到了严重的经济损失，并且进入了长期的衰退，最终该公司在 2002 年被 AOL 收购，在 2003 年解散。微软的 IE 成为新的霸主，在 2004 年占据了超过 94% 的市场份额。（哪个浏览器把 IE 从霸主位置上替代了呢？是 Mozilla 公司的火狐，一个开源的网页浏览器，它是使用了网景公司的领航员源代码开发出来的。真讽刺！）

拥抱、扩张、消亡

微软的一个更广为人知的对抗竞争的策略是"拥抱、扩张、消亡"。这个原则是，当其他市场都同意某一种技术标准时，微软会先拥抱这些标准，增加不兼容的附加功能来扩张它，最终使竞争走向消亡。

微软在 20 世纪 90 年代对付网景公司时首次使用了这个策略。网页通常是由一种编程语言 HTML 编写的，它是一种公开标准，也就是说任何人都可以根据适合自己的方式去开发一个网页。这就使得新的网页浏览器进入市场非常容易：任何人可以读懂这些标准并创建一个渲染器，来解释网页的 HTML。但是微软计划创建一个私有的扩展包让其他人无法再使用这些工具，由此锁定 IE 浏览器的优势。

整个经过是这样的：IE 和 HTML 是兼容的，和其他的浏览器以及网景也都兼容，所以 IE 变得比其他任何浏览器都更适应各种网页。（拥抱。）但是，在 1996 年，微软推出了 ActiveX，一种让网页镶嵌了只能在 IE 中运行的特殊代码的专利技术。（扩张。）这就意味着只有 IE，而不是网景，才能更好地渲染任何网页。甚至网景的使用者都不得不安装 IE 作为备用浏览器，慢慢地，用户们厌烦了在两种浏览器之间互相切换，而最终选择了 IE 浏览器。（消亡。）这样，其他公司不再能轻易地进入，甚至保持在浏览器市场内。

直到 2001 年，微软都还在努力创新 IE 浏览器，但是微软的各种策略，包括"拥抱、扩张、消亡"，清除了整个市场，于是，微软停止了新的尝试。IE 6 在 2001 发布，获得了上面提到的市场份额。微软也在后面的十年中不再对浏览器进行重要更新了。与此同时，IE 变得漏洞百出，严重影响了开发者的网页浏览体验，让他们渲染网页时变得非常难。这就是垄断产生的危险。

微软获得了角落里的办公室 [1]

网页浏览器市场并不是微软使用"拥抱、扩张、消亡"策略的唯一地方。1998 年，盖茨提出他不希望微软的办公室软件 Office 文档可以和任何其他的办公软件兼容，因为这样"对自己的平台是自杀性行为"。大多数的办公软件都使用开放性的文档模式，这样任何人都可以编辑，或者至少可以使用兼容的编辑器。微软 Word 的最大对手——WordPerfect，将文档用 wpd 的格式进行保存，这是 Word 可以轻易打开的文档格式。

Word 因此拥抱了那个时候的标准格式。微软 Word 却将文档保存在一种专利技术开发的 doc 格式中，将当时的开放性模式变成一种不兼容模式。这个影响使得竞品走向消亡：在 Word 和 WordPerfect 或者其他竞争者产品之间切换成本太高了，于是 Word 变成了实际的标准。（微软办公软件 Office 的统治地位是毫无疑问的，这是盖茨在 1994 年通过不授予 WordPerfect 微软 Windows 视窗主要 API，或者和操作系统相关的编程软件得来的。）

一系列的诉讼

这些策略导致微软陷入了一波反垄断诉讼的浪潮，其中包括 1995 年 WordPerfect 对它的诉讼。这些诉讼间接导致了美国政府针对微软发起诉讼。（是的，美国政府把微软告上法庭，这是被 20 个州检察长相似原因被告的结果。）这场诉讼的目的是拆分微软，使得它超级受

---

1 译者注：老板办公室通常都在角落里，这里指获得领导地位。

欢迎的 Window 视窗部门不能再不公平地帮助 IE 和办公软件 Office 的发展。

2000 年，微软被判使用反竞争行为的罪名成立。在一份严厉的法庭判决书中，一位联邦法官指出微软"将竞争福利的指针拨向了相反的方向"，并且认为：

> 微软针对创业公司通过自己的优势苦心经营使公司被自动淘汰或者占据上风的情况，精心策划了一场袭击，这破坏了这个市场本可以在英特尔 PC 操作系统兼容的市场下产生合理竞争的情况。

虽然微软勉强避免了被拆分的命运，但是比尔·盖茨被迫从微软 CEO 的位子上退下来。这也是微软时代的结束，它的领导地位和使用激进反竞争策略的双重结束。

这个判决导致的益处是削弱了微软在个人电脑领域的支配地位，确使它无法在网页浏览方面形成它在 PC 和办公软件上相同的统治地位。这个情况反过来帮助了 2000 年早期两家热门初创公司的兴起：谷歌和脸书。微软现在在竞争方面已经变得远远没有以前那么野蛮了，它甚至与 Dropbox[1]、Salesforce[2] 和亚马逊等竞争对手形成了合作关系。

更甚者，微软已经变成了开放标准的支持者，而不是反对者。它最新的 Edge 浏览器是 IE 的继任者，拥抱了 HTML 而并没有再增加不

---

1 译者注：通过免费增值模式营运，提供线上存储服务。
2 译者注：赛富时，又译作软件营销部或软营，是全球按需 CRM 解决方案的领导者。

兼容的扩展包。并且从 2007 年开始，Office 也开始使用开源的文件格式，比如 ".docx" ".pptx" 和 ".xlsx"，这些都是特别设计可以和其他编辑器兼容的格式。

这段经历中有一件需要注意的事情是，微软中的很多个人决定其实完全是出于自我防御。Office 办公软件有权开发专利的文档格式。在网页浏览器中创建特殊的技术也是正常的。甚至开发两种产品使他们产生协同效应，让双方组合在一起后工作得更好，谨慎处理的话，一般来说也是可以的。但是微软的这些行为，把它们放在几年的时间跨度中一起看的话，就可以清晰地拼凑出这幅图画：微软在滥用权力，特别是通过 Windows 视窗，给予自己的产品不公平的优势。这就是说，没有一个策略是通过自己本身使得竞争环境产生巨大变化的，但是综合起来，他们就使得竞争者处于不利地位。产品经理如果可以思考他们个人的产品决定如何会在更广泛的程度上产生反竞争的行为，会非常好。

BrowserChoice. EU[1]

1998 年的反垄断案件是微软历史上最著名的案件，但是这个公司在十年后又和反垄断律师们产生了第二次摩擦，这次是和欧盟。

2009 年，欧盟被指责没有给用户们提供公平的浏览器选择，因为 IE 还是和视窗 Windows 捆绑在一起，并且很大程度上被推荐成默认设置。欧盟认为这个行为阻碍了浏览器产品的生态环境，并减少了客户的

1　译者注：欧盟浏览器选择网站。

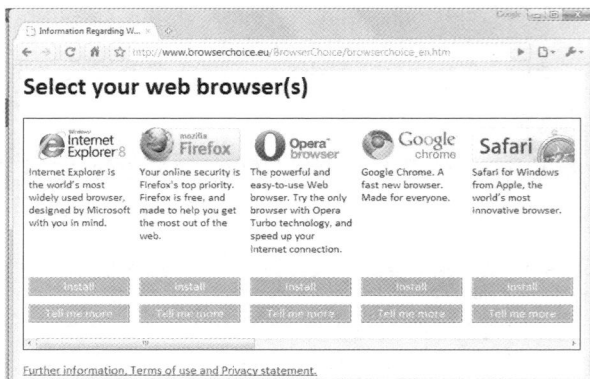

欧盟浏览器选择的网站。　　资料来源：Pietro Zanatini

选择。记得欧盟和美国相比，对待威胁到创新的行为处理更严格——从这个角度上看，欧盟对微软的反竞争行为提起诉讼一点也不奇怪。

微软和欧盟达成了和解：微软可以继续将 IE 和 Windows 视窗捆绑销售，但是它必须给欧洲用户们在第一次启动 Windows 视窗时提供几种浏览器的选项。这个网站被叫作 BrowserChoice.EU，它包括了广为人知的浏览器像火狐、谷歌 Chrome、Opera 和苹果的 Safari（此时还有 Windows 视窗版本），也包括了不太被人熟知的浏览器比如 Rockmelt、Flock、K-Meleon 和 SRWare Iron。

微软同意保持这个网站到 2014 年。但是这并不是故事的结尾：2013 年视窗 Windows 7 更新的时候停止显示这个浏览器选择页面，破坏了这项协议。当欧盟发现的时候，它给微软开出了一张 7.3 亿美元的罚单作为惩罚。

（这对产品经理来说可是个教训：一定要听法务部门的！很小的产品决定比如移除这个你以为已经过时的窗口，导致你的公司损失了大笔财富）。

谷歌对微软的情景复现

我们有充分的理由可以证明，今天的谷歌和 1990 年的微软非常相似。谷歌浏览器 Chrome 现在是世界上最流行的网页浏览器，并且谷歌在消费者科技领域处于统治地位 —— 浏览器、手机、电子邮件、云存储、文档、地图等 —— 这和微软十几年前在这些相同的领域内占据统治地位一模一样。所以当谷歌面对很多相同的反垄断投诉时，我们不会感到惊讶。

搭售

其中最明显的一个例子就是在 2016 年，欧盟指控谷歌不公平地使用安卓（在当时欧盟的手机市场持有 75% 的份额）来推广谷歌的产品。通过在安卓手机上预装产品如谷歌地图和 Chrome，谷歌使得它的竞争者难以立足。

（这也是欧盟对保护创新方面比美国做得好的一个例子。"谷歌滥用了它的优势，他们通过在手机移动市场限制创新的行为伤害了消费者"，欧盟的反垄断首席代表指出。）

欧盟在 2018 年进一步加强了这项指控，并要求针对谷歌破坏反垄断法进行 50 亿美元的罚款。欧盟的执行部门欧盟委员会，认为谷歌滥用了其在安卓的市场支配地位，强迫手机制造商安装不同的谷歌应用 Apps，比如搜索 App 和 Chrome，来更多使用谷歌 Play 商店（是目前安装安卓应用的最佳方式）。这套行为也造成谷歌可以禁止含有安卓副产品的手机制造商使用 Play 商店。

换句话说，谷歌照着微软的剧本发展，通过使用一个非常强大的平台——安卓，就像以前的 Windows 视窗——为它的产品提供了一个不公平的优势。在法律世界中，这种行为叫作非法搭售，就是消费者被迫得到一个他们并不想要的产品。争论点在于，这种安排是否给了那些并不受欢迎的产品一个不公平的优势。（一个经典的例子是：当一个小说家写了五本不好看的小说和一本好看的小说，如果出版商强迫书店打包售卖所有的六本而不是单独售出好看的那本，那就是不公平的。）

感受到了此事的严重性，谷歌迅速改变了他们的方法。2018 年，谷歌更改了他们和欧盟手机厂商的许可协议，允许手机制造商预装非谷歌浏览器和搜索 App。在 2019 年，谷歌开始在欧盟的谷歌用户第一次打开他们的手机时给出一个页面，让用户们选择使用哪个浏览器和搜索引擎。（也就是上面浏览器选择的 2.0 版本。）

记住，捆绑销售产品和非法搭售之间仅有细微差别。当使用产品互相支持它们的发展时是个聪明的商业行为，但是非法搭售会成为法律诉讼的理由。这是产品经理和公司法务部门需要持续讨论的话题之一，法务部门可以就正确的做法给出建议。

只在 Chrome 下才能用的网页

谷歌可能没有像微软一样采取"拥抱、扩张、消亡"的策略，但是在 2010 年之后，我们在网页开发中看到了类似的，尽管是小规模的情况。当 Chrome 变成目前世界上最流行的浏览器后，它也成为网页开发者的默认浏览器。网页开发者只基于 Chrome 进行网页搭建，只测试网页是否可以在 Chrome 上运行，他们甚至认为用户们只使用 Chrome。比如 2017 年，爱彼迎和团购 Groupon 的用户支持人员明确地说明他们的网页只是针对 Chrome 进行的设计并且建议用户如果遇到问题的话，需要转去使用 Chrome 浏览器。

现在，谷歌对于开放网页标准的支持是非常令人尊敬的。它确保标准 HTML 功能和其他前沿性的新功能在 HTML 5 上都有体现 —— 并且并没有像当年微软做的那样附加扩展包。但是网页生态环境一直在进化，比如很多受欢迎的网站都只和 Chrome 兼容，使得很多不用 Chrome 的用户每天都得把 Chrome 当成备用应用 App。此外，谷歌通过使自家的网络应用（如谷歌地球）和关键功能（如谷歌云盘的离线存储功能）仅能在 Chrome 中运行，加速了这一趋势。这对使用其他网页浏览器产生了寒蝉效应。

就像微软的"拥抱、扩张、消亡"策略，这让竞争者的浏览器在市场上更难立足。竞品浏览器通过复制 Chrome 的内核并增加新一层的功能适应了现在的环境。这就是微软 2020 年版新浏览器 Edge 做的，也是新晋浏览器如 Brave 和 Vivaldi 做得好的地方。虽然这些短期的解决方案帮助了这些浏览器，但是他们还是受 Chrome 的支配，因为 Chrome 最终决定了浏览器的内核功能集合。谷歌和微软的主题是一致的：试图将公有的生态系统私有化，这被普遍认为是一种反竞争的行为。

脸书的社交垄断

当马克·扎克伯格在 2019 年国会的听证会上被要求说出一个脸书的竞争者时，他想不出来答案。

就像谷歌和微软一样，政客和科技分析师都喜欢把脸书作为潜在垄断企业的代表。2020 年，当针对脸书的反竞争指控出现时，这种论调到达了顶峰，脸书拥有四家头部社交网络中的三家（瓦次艾普、

头部社交网络的流行度

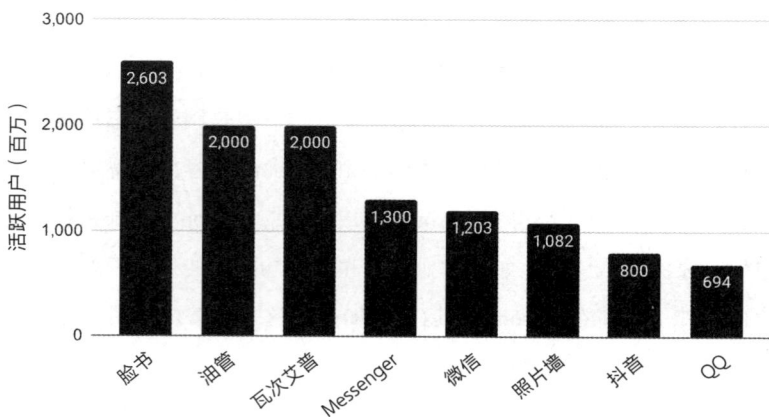

头部社交网络，脸书控制了前 8 名中的 4 个。　　资料来源：Statista

Messager 和脸书自己的龙头 App）。另外一家是油管，也不是创业公司的产品。

有好几个排名稍微靠后的在中国流行的 App 可能可以挑战脸书的地位。微信是第五名，抖音第七，实时通信的 QQ 第八。但是猜猜谁第六？脸书的照片墙。

这种优势也延展到了收入上。脸书的联合创始人克里斯·休斯在 2019 年估计，脸书控制着全球 80% 以上的社交媒体收入。这个清晰地满足了 DOJ 的标准，任何公司占有 50% 以上的市场份额可能就是垄断。

事实上，脸书的确展示出明显的垄断行为：它可以依照自己的喜好给广告定价，因为没有一家其他的大公司可以给出相同广告位更便宜的价格。据传，脸书操控可用广告位的数量，以此抬高价格。在 2017 年，脸书总体展示的广告和上一年相比增长了 15%，但是广告价格却增长了 29%。这和 OPEC 石油输出国组织控制原油价格没有什么不同。

（谷歌难道不是脸书在广告方面的主要竞争对手吗？两家公司都售卖数字广告，当时他们服务的市场有些不同。谷歌主要服务直接反应广告，目标是让浏览者立刻产生购买行为，而脸书则习惯专注于品牌广告，目标是让用户建立一个正向的品牌印象，使用户最终产生更多的购买行为。你可以用这么两句广告词区别不同："立刻在线购买Doritos 多力多滋"和"下一次去超市的时候去买 Doritos 多力多滋"。谷歌和脸书在很多时候业务是重合的，但是它们的主要目标不同，所以谷歌和脸书不是完全一模一样的竞争者。）

收购还是复制

脸书通过自己龙头 App 的网络效应获得了很多的影响力，但是在它增长的过程中还有一个非常重要的策略做出了贡献：购买或者复制竞争者。第一个威胁脸书的社交网络产品是照片墙，它是 2011 年横空出世的，这个以相片和移动手机为第一优先的网络产品和以文字和台式机为第一优先的脸书相比，显然能更好地适应智能手机时代。脸书在 2012 年对它进行了收购。

脸书消息 App 的主要竞争者是实时通信应用瓦次艾普。2014 年，它已经拥有接近 5 亿的用户并且在很多脸书发展不太好的地方，如印度、拉美和非洲势头强劲。如你预计的那样，脸书于 2014 年购买了瓦次艾普。

下一个挑战脸书的社交网络产品是色拉布，在 2016 年时飞速增长了 1 亿用户。色拉布这个 App 为厌烦脸书的人们设计，它的功能很快就脱颖而出：在这里，用户可以开启自发性的、傻傻的交流并且让

写的东西 [1] 消失。但是在同一年，脸书复制了色拉布的标志性的故事功能，把它加进了照片墙——从而削减了色拉布的增长。（故事这个功能从此在 2017 年进入了脸书核心 App 和瓦次艾普。）这个举动招致了很多批评，以至于超过了其早期收购行为所引发的争议；科技圈的人们争论说脸书这种赢法不是创新而是在小公司竞争者的创新上投机取巧。

现在，复制功能是完全合法的，很多晚进入市场的公司反而比第一批进场的公司做得更好。谷歌并不是第一个主要的搜索引擎公司（在它之前有 AltaVista 和雅虎），脸书也不是第一个主要的做社交网络广告（之前是 MySpace）的。甚至爱彼迎也不是第一个出租房屋的平台，VRBO 在 1995 年，先于爱彼迎 10 年就发布了这个功能。

寒蝉效应

但是，和以前不同的是，你需要从全局的角度去看。一连串的无伤大雅的举动组合起来可能经常就是反竞争的。而且需要注意当时看起来不是反竞争的举动在以后再看可能就是了。克里斯·休斯在回顾以前时说过，FTC 根本就不应该同意脸书收购照片墙，他把这个称作 FTC 犯过的最大错误之一。美国参议员伊丽莎白·沃伦曾经就照片墙和瓦次艾普被收购发表过引人注目的观点，她认为这些不应该发生，她认为在做这些合并的决定时人们并没有认真考虑后果。

脸书一系列行动的最终结果就是，西方科技生态系统对社交网络初创公司的欢迎程度大大降低。如果你是一个美国社交网络的初创公

1　译者注：stories（故事）。

司，看起来你唯一的机会就是被脸书收购或者被它复制，然后被它击垮。是的，虽然也有如 TikTok（抖音）一般的增长机器，但是，这只是个例。

数据的可移植性

数据可移植性条例的产生可以算是马克·扎克伯格的功劳。因为他被国会主动要求制定这个条例。数据可移动性就是你的帖文、朋友列表和其他数据可以在社交网络之间自动迁移的能力。这种能力非常有用，因为如果没有这种可移植性，在社交网络之间切换就会变得非常难：每使用一个社交网络就要从头开始，开始会让用户觉得很麻烦，特别是对社交网络来说，首要因素就是你有多少朋友在使用这个社交网络。

换句话说，网络效应（当你的平台有更多的用户加入时会获取指数级增加的有用信息）和用户投资（当用户已经在平台上花费很多时间和精力时）是维持现状的最强效的办法。那些大公司本身做得并不差，它们不断提高用户体验并在用户使用时给他们更多工具辅助使用。但是，与此同时，它们也让新公司难以进入这个市场。当保持现状的公司非常强大以后，新公司加入市场并占有一席之地几乎不可能。

但是我们这些数据可移植性的条例，使新的社交网络公司可以从之前的公司导入强大的网络效应，因此使新公司进入市场变得容易，从而增加了创新性。换句话说，数据可移植性可以作为针对科技业垄断的一个武器。

在这个领域里已经出现了一些有希望的发展：2019 年，数据转移项目（Data Transfer Project），由苹果、谷歌、微软、推特、脸书和其他大科技公司共同努力的项目，发布了一项可以让你把脸书中的照片导入谷歌相册 App 的工具。类似这个条例可以让相片领域的新公司在它们的产品开发和试验新功能和新业务上变得容易。

科技大公司如何逃脱制裁

毫无疑问，美国的反垄断实施在最近的几十年中变弱了。从 1970 年到 1999 年，美国每年有 15 个反垄断诉讼。从 2000 年到 2014 年，这个数字下降到每年 3 个。FTC 在控制公司合并方面显而易见地松懈下来。航空和电信行业已经被几家寡头控制了，但是在 2010 年间出现了进一步的合并，2020 年 FTC 甚至给美国航空和全美航空的合并（促使了当时世界上最大的航空公司诞生）与斯普林特和 T-Mobile 的合并（使得美国的主要运营商减到只有 3 家）开了绿灯。[1]

不太仔细的审查

虽然这些航空公司和电信公司的合并都通过了，但是和科技公司的合并相比它们还是受到了更多的审查。为什么？一个原因是，我们之前提到的，美国对价格的关注度高于创新。当航空公司的数量减少时，很容易出现平均机票价格上涨的情况，但是大多数科技公司的产

---

1 作为对消费者的安慰奖，斯普林特同意把它的部分电信业务卖给卫星电视，从而创造出第四家电信公司。但是有一个新的公司并不意味着它大到可以成功。

品便宜甚至免费，所以合并时就不会引起关注。

更有趣的一个原因是，在我们的印象中，FTC 更多地关注大公司正面交锋、直接竞争对手的合并，比如 T-Mobile 和斯普林特的合并，但是它不太仔细审查相邻领域的合并或者是一个公司对一个初创公司的购买。而大的科技公司喜欢使用这两种策略：想想谷歌收购了油管（而不是收购了另一个搜索引擎，比如 Bing。），微软收购了领英（而并不是另一个云服务公司，比如 Salesforce。），或者亚马逊收购了 Twitch[1]（而不是易贝）。当然，大科技公司也喜欢收购小公司这个策略。它们收购那些没太多人注意的小公司：在脸书收购照片墙之前没有监管者注意它[2]，大部分人现在也不太清楚亚马逊收购 Diapers.com 时发生的故事。

转移球门柱 [3]

另外一种常见的策略，也是相当精明的策略就是重新定义你还没有占据主导地位的市场。科技公司是否在做这件事很难说，但是你可以注意到从理论上它们是如何做的。

以谷歌为例，如果谷歌管自己叫作搜索引擎公司，那么它当然是主导者，占据了超过 90% 的市场份额。这足够让人担忧它的垄断地位了。

---

1 译者注：在线视频流公司。

2 可以说是你用自己的个人信息为这些"免费"应用付费了。

3 译者注：转移市场。

谷歌和不同市场比较，2019 年

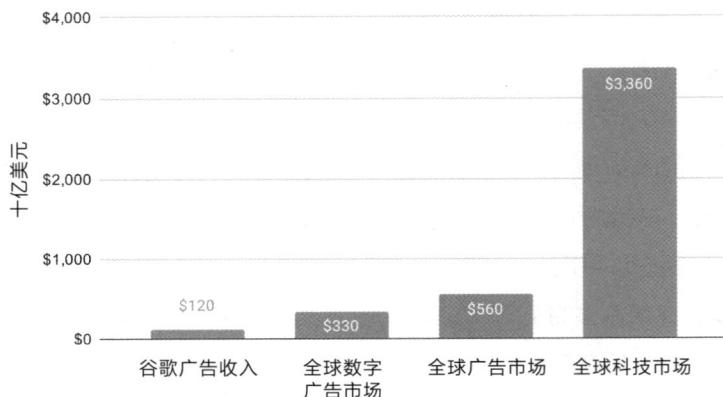

谷歌 2019 年的广告收入和不同的全球市场份额相比较。
资料来源：福布斯、eMarketer、Statista

　　但是谷歌称自己为一家数字广告公司，它仅占市场份额的 36%；谷歌在 2019 年的广告营收为 1200 亿美元，总数字广告市场营收大约为 3300 亿美元。36% 虽然小多了，但还是可以暗示出谷歌的垄断地位。

　　谷歌可以更进一步，称自己是一家广告公司（把"数字化"去掉）。这样谷歌只占全球广告市场总营收的 21%。如果谷歌非常想把自己低调处理，它可以管自己叫消费者科技公司。这样谷歌 1700 亿美元的总体收入只占全球科技市场总收入的 5%。

　　简而言之，你的公司规模越小，监管机构对你的关注就越少。所以，当科技巨头们常规地重新定义它们自己时不用感到惊讶，它们只是试图在逃避仔细的审查制度。

第二十六章　知识产权

大多数公司有仓库、设备、机器、卡车和其他的实体物品。但对大多数科技公司来说并不是这样。和拥有实物价值资产的公司相比，科技公司更在乎它们的知识产权。相应地，任何在科技公司工作的人，特别是产品经理们，需要了解围绕着知识产权方面的法律法规。

知识产权的种类

和大多数国家一样，美国承认四种知识产权，也叫 IP：版权（保护艺术作品的创作和科技产品的创造）、商标（保护品牌使用特定的名字、标志 logo、颜色和其他符号）、专利（保护发明创造的权利）和商业秘密（保护公司自己私有的知识）。虽然和产品经理工作最相关的是版权和专利，但是我们还是把四种都分别讲解一下。

版权和商标

版权和商标是有些重要差别的。最重要的一点是版权保护创作，比如软件、书籍、博客帖文和音乐。不论你何时创作了新的作品，都会被自动赋予版权，当其他人试图偷走你的主意并宣称这是他们自己的时候，版权使你可以对这种行为进行回击。因此任何人都可以在他们的创作上贴上"©"，你也可以向美国政府登记你的版权，确保你可以在法庭上宣称你拥有这个版权。

版权被应用在产品上，而商标被应用在品牌上。当你坚持使用一种特定的文字、标志、颜色、声响或者其他符号来代表你的品牌时，它在公众眼中就是和你的品牌联系在一起的，你就可以把这些符号作为自己的商标。这些商标会自动给你使用，不过你可以向美国专利商标局（USPTO）注册这个商标，并且把你的"TM"标志升级为"®."。

例如，iPhone 的默认手机壁纸和表情符号都是苹果公司的创作，因此是受版权保护的，而苹果的logo、品牌名称比如"Mac"和"iPod"和广告标语都受商标保护。如果一个手机生产商试图在自己的手机上未经苹果允许就使用苹果的表情符号，他们就触犯了苹果的版权；如果一家游戏公司把他们的游戏机叫作"iGame"，他们就侵犯了苹果的版权。[1]

专利和商业机密

专利和商业机密之间的差别更有意思，因为你需要明确地权衡利弊来决定使用哪一个。当公司有一项发明，它可以通过公开发明的细节获得专利保护，从而在一段时间内拥有这项发明的专有使用权，并且可以许可其他公司使用这项专利技术并获得使用费。它也可以选择秘密保留这个发明并不在政府部门注册，这给公司提供了有限的保

1　译者注：我觉得此处应该是 trademark，商标保护。

护，防止专利被窃取。

将你的知识作为商业机密保护起来（而非申请专利）的益处是没人能知道如何反向还原这个技术，并且一直可以受到保护。而申请专利保护的话，当保护期结束时，任何公司都可以随便免费使用它。

有一个很有名的商业机密的例子就是肯德基用在它著名的标志性炸鸡的"11 种香料配方"。如果你好奇，这里有一份传闻中的配料表 [1]：

数字	配方	量
1	盐	1/3 茶匙
2	百里香	1/2 茶匙
3	牛至（比萨草）	1/3 茶匙
4	黑胡椒	1 茶匙
5	芹盐	1 茶匙
6	干芥末	1 茶匙
7	白胡椒	3 茶匙
8	蒜盐	2 茶匙
9	辣椒粉	4 茶匙
10	姜末	1 茶匙
11	罗勒（九层塔）	1/2 茶匙

这份秘密的配料表据说保存在肯德基路易斯维尔的总部里，只有少数值得信赖的高层才能看到。如果肯德基申请配料表的专利保护，它可以收取其他餐馆每次使用这个配料表的使用费，但是每个人都会知道这些配方并且反向还原甚至修改这个配料表。而且，一旦这个专利的垄断保护期结束，任何人都可以免费使用这个配料表。这对肯德

1　桑德勒上校的侄子泄露了这张配料表，但是肯德基否认它的合法正确性。

基的业务可能是灾难性的打击。与此相反，将配料表作为商业机密保护起来意味着这个秘密永远不会因为保护期过期被公开。

科技行业也有相当多的商业机密，比如谷歌的搜索算法，自动驾驶车的蓝图和规划算法，脸书的决定什么内容会在你的信息流推送中出现的算法，等等。（注意这个清单中算法令人瞩目——它们是科技版的肯德基配料表和可口可乐的秘密配方。）从根本上说，任何在幕后使用，并且能给持有者带来"经济优势"的东西都应该被划归为商业机密的范畴。

但是科技公司特别喜欢申请专利。IBM以盛产专利闻名，它名下有超过14万项专利。在我们写这本书的时候，它的专利已经比任何美国其他公司27年间加起来申请的专利还多了。谷歌、英特尔、三星和苹果也都在头部名单上。科技公司鼓励他们的员工尽可能多地申请专利，并且对每个专利都给予一些现金或者其他奖励。微软的员工获得一项专利后，公司会发给他一块"专利正方体"。

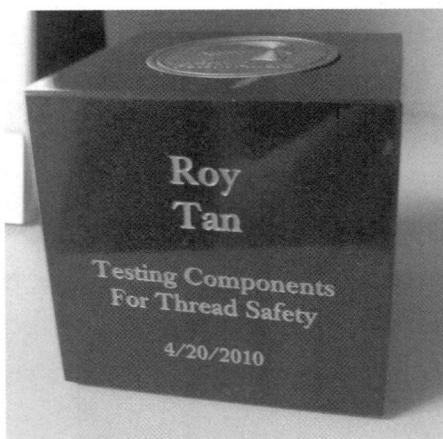

一块专利正方体，授予申请了专利的微软员工。　　资料来源：Roy Patrick Tan

四种知识产权的对比

四种主要的知识产权中有很多互相重叠的部分，但是把它们进行清楚的区别是非常重要的。我们可以用下面这个表格轻松地对它们进行比较：

IP 种类	适用于	保护期时长	如何获取
版权	创造性的工作	70 年以上	自动获得
商标	品牌	无限期	向 USPTO 申请
专利	发明	小于 20 年	向 USPTO 申请
商业机密	信息资料	无限期	自动获得

海外工作

值得注意的是，每个国家对 IP 的保护法是不同的，并且在一个国家得到保护并不意味着在其他国家也获得保护。版权和商标在能识别它们的国家自动得到保护，但是你可能需要在其他国家申请专利保护。

幸运的是，有很多国际协议可以让你容易一次申请多个国家的专利或者在你正式申请前授予你海外的暂时性保护。最广为人知的一项协议是专利合作条约（Patent Cooperation Treaty，PCT）。这个条约可以让你通过一个简单的专利申请在超过 150 个国家得到专利保护。

专利

像我们前面所提到的，专利是科技公司工具箱的重要部分。所以知道何时申请专利和知道其他公司如何执行专利申请对产品经理来说是重要的技能。

进攻和防御

首先需要注意的是，科技公司一般对专利申请有两种策略：进攻型专利申请和防御型专利申请。

进攻型专利申请是我们一般认为的那种：你为你的发明申请了专利，防止竞争者进入你的专业领域（或者至少阻止它们在这个领域赚钱）。这个策略利润丰厚，一些科技公司的所有商业模式都基于此。高通（Qualcomm）申请了成千上万的与手机有关的专利（大多数是无线连接性，与 4G 相关），因为每个手机上都使用了高通的无线技术专利，每一部智能手机的销售都要付给高通使用费。专利使用费占高通年收入的 75% 以上。

进攻型专利申请还可以用来防止竞争者使用你专利中的功能。最著名的例子就是苹果对它两个重要的手机功能进行了专利保护申请：在登录页面是"滑动解锁"和将电话号码与地址转换成网页链接。这对手机（或者任何计算设备）来说是显而易见的功能，虽然不清楚是不是苹果最初想到这些功能，但苹果是首先对这些功能进行专利申请的。这就让安卓手机无法使用这些功能。三星试图使用被罚了 1200 万美元。（这就是为什么安卓手机总要使用另一种方法解锁手机，比如"滑动解锁"不是从左到右滑动，而是用你的手指在任何其他方向上拖拽。）

另一方面，防御型专利申请并不是你自己想申请专利 —— 你只是想阻止其他人在你发明了这项专利之后再申请你的这个专利保护。因为专利申请需要证明这是一项新发明，如果已经有"先前技术"存在的话，这项发明就不能申请专利。所以为了防止竞争者对某些事物申请专利，你需要做的就是为你的发明申请一项专利。这个专利申请并不需要有多好，只是在展示你已经想到这个主意了，这样以后就没有人能获得专利了。

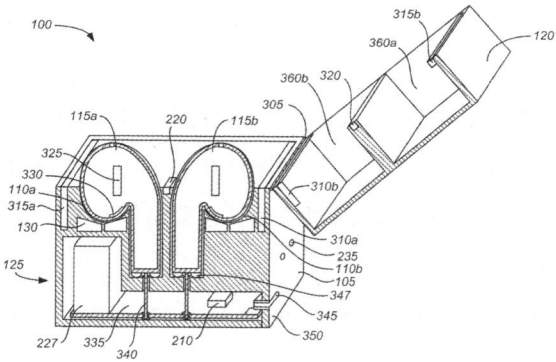

FIG. 3

苹果 AirPod 专利申请中的一张绘图，或者正式的说法是，"耳机和耳机盒无线配对连接"。　资料来源：谷歌专利搜索

换句话说，防御型专利申请比进攻型专利申请更容易，因为撰写一个足够好的可以被专利申请所接受的申请文档比撰写一个用来展示"先前技术"的简单申请文档难得多。当你的发明太小或者仅仅是改进而难以获得专利时，防御型专利申请就很有用。它至少让你从申请中得到一些价值（阻止竞争者）。

大多数的科技公司都有专门负责专利申请的律师队伍。某些资深产品经理的名下有十几个专利的情况并不罕见。我们的经验是，科技公司倾向于偏爱进攻型专利申请（它们的法务团队有足够的人和能力持续将专利申请进行到最后的合格批复阶段），但是防御型专利申请也应该作为专利申请策略的预留后手。

专利流氓／专利地痞／专利蟑螂

说到专利，就不得不说说那些专利蟑螂公司。这些公司自己不生产有价值的东西，却专门把已经存在但是被其他人忘记申请专利的东西进行专利申请，然后再通过控告使用这些专利的公司获取利润。这些专利蟑螂公司通常非常激进，并且欺负那些被他们控告的公司（通常是些小公司），迫使他们同意庭外和解。这些公司有时候会在法庭上输掉官司，但是他们知道律师费会让小公司损失大笔金钱，从而导致这些小公司同意和解。

在美国，专利蟑螂是个严重的问题：一项研究估计出从 1991 到 2011 年，专利蟑螂从美国公司身上合计勒索了 5000 亿美元，持续的恐惧对初创公司造成激冷效应，让初创公司变得小心谨慎不敢冒险。

专利蟑螂可以打击各行各业，但是对科技行业的打击最糟糕。因为相比对一种药物的描述包括了精确的化学分子式，对软件的描述是非常模糊的。正是因为科技类的专利描述模糊，他们才可以应用到几乎任何产品上。苹果在 2012 年不得不向专利蟑螂公司支付 3.68 亿美元，只是因为 FaceTime 据说违反了某个模糊不清的"VPN 和域名"相关的专利。（毋庸置疑，FaceTime 和这两个技术完全没什么关系，但是这个专利蟑螂公司还是设法赢了这场官司！）

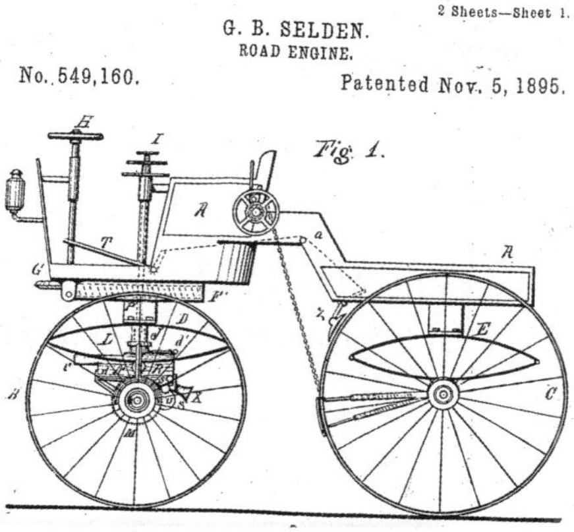

G. B. SELDEN.
ROAD ENGINE.

No. 549,160.

2 Sheets—Sheet 1.

Patented Nov. 5, 1895.

Fig. 1.

乔治·塞尔登，1846年出生，是第一个专利蟑螂。他从来没有造过一辆车，只是申请了措辞模糊的与造车技术相关的专利。这让他可以从造车公司合法地收取专利使用费。这张图是他臭名昭著的"路用引擎"的专利申请。　资料来源：谷歌专利搜索

　　在很多案例中，专利蟑螂可以通过对显而易见的不应该有专利的事物申请专利侥幸成功，因此他们可以起诉大量毫无戒心的公司。2011年，一家叫Lodsys的专利蟑螂公司获得了一个在App内付费的专利——这是一个明显的不应该被专利保护的行为，这就像是反问句不应该被专利保护一样——并使用这项专利控告谷歌和苹果，希望在这俩公司身上榨取数百万美元。

　　不过，有迹象表明，美国正在试图阻止专利蟑螂的行径，并且获得了一定的成效。在2017年以前，专利蟑螂可以申请在任何一个联邦法院开庭，所以他们都蜂拥去那些对专利蟑螂极其友好的联邦法院，包括得克萨斯州的北部和东部。2017年最高法院宣布专利案件必须在被告的所在地而不是原告（专利蟑螂们）选择的地区审理，这就使得专利蟑螂们在偏向被告的地区开庭变得难得多。

　　更值得注意的是，2014年最高法院对Alice公司和CLS国际银行

这个案子的宣判，这大大限制了软件公司专利可以被申请的范围。简单地说，裁决判定你不能将可以由计算机完成的基本事物进行专利申请。这让专利蟑螂的日子变得更难了，因为他们很大部分的业务都来源于对那些碰巧被数字化的显而易见的事物。（一个2016年的后续裁决阐明了软件的专利必须实质性地改善计算机的工作，在哲学上被称为技术效应学说。微小的改变，包括大多数专利蟑螂的主意，都不能进行专利申请。）

虽然美国法院在一定程度上减少了被专利蟑螂盯上的风险，专利公司还是要保持警惕，并且积极主动地为保护产品而申请专利。事实也如此，因为想获取公司的专利而买下整个公司有时候是值得的：2011年，摩托罗拉移动业务的17000个专利给了在手机制造产业苦苦挣扎中的谷歌17000个理由去花费125亿美元购买它们。

链接税

众所周知，欧盟对报纸、电影制作和运动联盟产业的版权持有人非常友好，而对科技公司展示或者链接版权内容并不友好。一个最好的例子就是所谓的链接税，也是被称为欧盟版权指令的2019年15号条款（之前叫作11号条款）。

这个15号条款的中心思想是，新闻聚合网站如谷歌（这条法规的主要目标）通过网站链接或者展示网站的片段就可能会侵犯这些网站的版权。

结果，链接税迫使新闻聚合网站和搜索引擎在链接内容之前，购买使用媒体公司内容的许可。谷歌的争论点是，这让新闻服务网站如

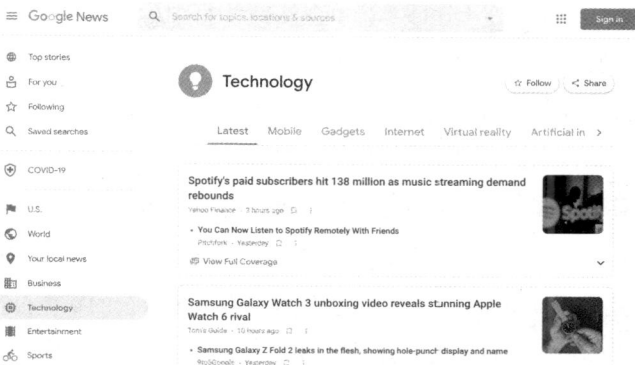

谷歌新闻，受欢迎的新闻汇总服务。　资料来源：谷歌

谷歌新闻无法正常运营，并且使得在欧洲的搜索结果变得没那么有用了——因为谷歌不能在它的搜索结果页面上展示媒体网站的任何内容了。

这项条款的真正问题是它的模糊性。条款说如果平台的"超链接仅展示随附的单个单词"就不一定需要付费，但是多少个单词算"单个单词"呢？如果放上文字或者视频的标题会不会太多呢？如果放一段内容或者10个单词算不算太多呢？"仅展示"超链接是什么意思？

这项条款还豁免了"单个用户私人或者非商业使用出版发行物的合法性"，我们认为这意味着人们在社交媒体上发帖文是不需要付链接税的。这是好事，但还是说得不明确。

比如推特。如果麦当劳在推文里发布链接，它们需要付费吗？推特是社交媒体，但是麦当劳不是"非商业"的公司。另一个可能是：一个照片墙的大V有时候发一些赞助商的帖文，他是"单个用户"，但是他的行为是"私人和非商业"的吗？

根本的问题是，我们无法知道链接税将带来什么影响，或者它们起初在实际上是如何工作的。甚至谷歌——这条法规的针对目标，也不确定这些法规对它来说到底意味什么。

也没有证据表明链接税是有效的。2014 年，西班牙颁布了一项类似的法律，西班牙的媒体公司对它并没有什么兴趣，因为它迫使谷歌关掉了谷歌新闻并威胁谷歌让它完全停止链接媒体网站。这就意味着链接税会大幅度减少媒体网站的浏览量，剥夺了它们的点击量和吸人眼球的机会。换句话说，这条法规伤害了它本想保护的媒体公司。更甚者，媒体不能选择免费让谷歌链接它们的网站，条款规定不管媒体愿不愿意，谷歌必须向它们付费。

在德国也有一条类似的法规，最后结果也一样。链接税，本来是设计出用来保护发行商的，反而让它们的流量变得干涸。

这里学到的要点是，像欧盟这种经常通过法律保护知识产权的地方本意是好的，但是由于描述模糊而让人不能正确理解，并且他们不为无法预知的结果买单。所以当你听到欧盟又通过了新法案时，不要光看条款写了什么——要更深地了解它，看到下一阶段可能造成的影响。这可以帮助你和你的团队在你的竞争者意识到到底发生了什么之前就适应新环境。

第二十七章　平台责任

　　谁对在互联网网站如油管、红迪网和推特上人们上传的内容负责呢？这是科技政策的一个中心问题，也是法律责任的一个基础问题。平台该为用户在它上面的行为和帖文负责吗，还是说平台只是一个中立的经营方？

　　你可能会觉得一家报纸出版社应该为它们刊登的内容负责任，但是你不会觉得邮政服务部门应该为邮寄信件中的不实内容或者违反版权的内容负责任。那科技平台产业应该被归入哪一种情况呢？

DMCA 数字千年版权法和避风港

　　这个争论中最大的一个例子是在版权法中。知识产权法一般假设会有一个版权所有人，比如电影工作室或者持有这项专利的公司，还有一个版权侵权人，比如一个可疑的公司。但是在互联网产业，经常还会有一个第三方：一个科技平台就像我们之前说的油管、红迪网和推特。这些平台应该为违背了知识产权的内容负责任吗？

　　美国在 1998 年通过了数字千年版权法（The Digital Millennium Copyright Act），这个法案回答了上面版权相关的问题。DMCA 提出了一个中间性的解决方案：只有当版权所有者要求科技平台（线上服务提供商 On-line Service Providers，OSP）去掉违法版权的内容时，科技平台才需要这么做。虽然没有指定去掉内容的时间，但是当 OSP 收到去除内容的通知时，需要"迅速行动"。

这条法案意味着像油管这种网站不会因为上传了侵犯版权的视频而被起诉（比如有个人贴出了被版权保护的电影的盗版）而被控告。DMCA 给网络平台公司提供了避风港，保护它们不被诉讼。但是当网络平台公司被版权所有者（如电影工作室）要求时，它们需要去掉受版权保护的内容。版权所有者需要向平台公司的法务部门提交"去除申请"，盗版软件、未经过允许上传的图像和歌曲、盗版电影是最常见的申请内容。

为什么网络公司喜欢这条法案

互联网公司喜欢 DMCA，因为这意味着他们不用主动去审查它们平台上受版权保护的内容了。它们可以让用户上传它们愿意上传的任意内容，只有当版权持有人抱怨的时候把这些内容拿掉就可以了。相反，版权持有人比如电影工作室痛恨 DMCA，因为它把寻找每一条盗版内容和发起去除这些内容申请的负担转嫁到他们身上了。

DMCA 对于网络生态的健康发展实在是太重要了。没有 DMCA，美国现有规定中的"非直接侵犯版权责任"将用于这些科技平台公司；网站会因为每一条上传的侵权内容被控告，这让那些依赖于用户生成内容，也就是 UGC 的公司面临两个糟糕的选项：仔细审查每一天用户上传的内容（这会产生昂贵的花费并且导致"苛刻的自我审查"机制），或者完全不过滤内容天天忙着对付各种诉讼。没有了

DMCA，依赖于 UGC 的初创公司很难生存。

所以，互联网联盟，一个代表谷歌、脸书、推特等公司的贸易集团称 DMCA 对互联网平台服务的崛起是"至关重要和不可或缺的"是有原因的。

SOPA 和 PIPA

DMCA 的最大威胁来自 2011 年议会引入的两个议案：众议院的禁止网络盗版法案 "the House's Stop Online Piracy Act（SOPA）" 和参议院的保护知识产权法案 "the Senate's PROTECT IP Act（PIPA）"。

SOPA/PIPA 宣称的目标是打击国外的数字盗版网站，比如臭名昭著的海盗湾[1]。DMCA 仅仅覆盖了在美国运营的公司，所以它无法阻止那些外国的违法者。

这个目标是没有错的，但是问题是议案如何实现这个目标。

DNS 禁令

该法案的早期草案要求互联网服务提供商 internet service providers，或称 ISP，如康卡斯特 Comcast 和科克斯 Cox 改变它们的 DNS 系统，从而拦截去非法盗版网站的访问。DNS，domain name services 域名服务器，就像通讯簿一样，将网站名字（如 www.apple.com）转换成一

1　译者注：一个专门储存、分类及搜寻 BT 种子的网站。

连串的数字，也就是 IP 地址[1]（如 17.172.224.47）。第一个问题是这个办法行不通：你虽然通过输入网址的方法不能访问网站了，但是你可以通过直接输入 IP 地址的方法访问。这就像你把书脊上书的名字涂黑了，但是图书馆里仍然能找到这些书。意图使用盗版的人们可以轻易越过这道屏障。

这个系统最大的问题是非常容易被滥用。这个议案中的一条被戏称为"义务警察条款"，它让 ISP 本质上可以禁止它们想禁止的任何网站的 DNS，也就是说，它们可以禁止访问不同意它们政治观点的互相竞争的 ISP 或者网站。

DNS 禁令的条款在后来的版本中被移除了，但是 Vint Cerf（温顿·瑟夫），互联网之父之一说过，这项提案改变了禁止拦截机制，这对网络安全非常不好。

更多的批评

另一个问题，这个问题可以使你回想起链接税，是这个提案太模糊并且太广泛了，而让人无法选择目标。到底什么是盗版网站呢？显然是海盗湾。还是那些存储用户上传文件的平台，比如 Dropbox、谷歌 Drive、SoundCloud 和 GitHub？SOPA 和 PIPA 说这些可能也算是盗版网站并且要求这些网站禁止任何人上传盗版内容。记住：这里面有几个是美国的公司，它们可能会因为一个针对外国盗版的议案而被迫关门。

哈佛大学法学院的教授劳伦斯·特赖布对此议案进行了进一步的

1　这里的 IP 指网际互连协议 Internet Protocol，和知识产权 IP 不同。

批评：他说 SOPA 和 PIPA 会使政府关闭任何一个用户生成内容 UGC 的公司，只要它们平台上有一个盗版文件。比如推特，可能会因为存储了一条有盗版内容的推文而被控告。

SOPA/PIPA 最糟的部分是它们"反规避条款"，这项条款认为教育用户如何规避禁止盗版的网站是非法的。任何网站，如果存在一个链接指向海盗湾很多其他域名之一或者指向一个浏览器包含了可以让你绕过 SOPA/PIPA 禁令的插件，都会被控告。不会再像 DMCA 一样有避风港条款了，互联网平台不得不主动审查它们的网站，确保没有一个带有"规避"可能的文件被上传。这对平台公司来说是个严重的实施上的负担。甚至像 VPN 这样的工具，本来是通过安全渠道来增加隐私和安全保障的，都可能被禁止，因为 VPN 可能会使你绕过这些禁令。

结语

简单来说，SOPA/PIPA 使得控告一个互联网平台公司（或者让它们被禁）变得太容易了，这导致这些公司为了安全进行过分激进的内容审查，因此压制了互联网的自由言论。削弱的 DMCA 也会压制科技产业的发展。（难怪好莱坞强烈支持 SOPA/PIPA！）

当广泛的抗议说服议会最终否决了这些议案时，科技公司赢得了彻底的胜利。这是科技产业和电影产业相比在华盛顿拥有更多权利的一个标志，在美国普遍流行的观点也经常站在科技公司的一边。

事实上，DMCA 还存在，但是 SOPA/PIPA 已经被否决对科技行业的 PM 来说是个好消息。围绕着这些法规不断地拔河表明了你应该认真对待内容审核，因为你永远不知道哪一天你的平台又会被裁定对内容负责。（一些事实表明这对在媒体部门工作的产品经理来说特别重要，我们在电影、音乐和电视平台工作的朋友们报告说好莱坞和大科技公司之间的嫌隙仍然存在，这让和他们一起工作变得更难！）

欧盟第 17 号法案

尽管美国近几十年来的政策对于科技公司的平台责任非常友好，欧盟，如你猜想的那样，就没那么好了。欧盟版权指令的第 17 号法案[1]（之前叫作第 13 号草拟法案）于 2019 年被通过，是欧洲版本的 DMCA，但它对科技公司的保护并不是那么慷慨。

像 DMCA 一样，第 17 号法案的目的是减少线上的受版权保护的内容，但是不同于 DMCA，这个法案把一些更严格（对欧洲经典的时尚产业来说，更模糊的）的规定实施在了科技平台公司上。

一般监察义务

第 17 号法案规定"内容分享服务"，就是存储用户生成内容的平台，如油管和推特，应对在平台上上传的受版权保护的内容负责任。为了避免吃官司，这些服务型平台必须有能力证明自己。

1. 它们为了得到在平台上存储的受版权保护的内容的许可做了"最大努力"。

2. 它们尽"最大努力"不展示受版权保护的内容。

1　这是同样的法律，包括链接税（第 11/15 条）。

3. 当版权持有者提出删除请求时，它们会迅速删除受版权保护的内容。

4. 它们尽"最大努力"阻止用户们再次上传之前被下架的内容。

第 17 号法案声称，就像 DMCA 一样，它们没有强迫公司承担一般监察义务，就是说，科技公司仅当被通知需要下架内容时做出回应即可，而不是主动地时刻监察平台。

但是批评人士指出，平台需要证明的第 2 点：它们尽"最大努力"不展示受版权保护的内容。这是一个模糊的要求并且暗示了科技公司需要主动监察自己的平台。批评人士认为科技公司将"无法避免"积极主动地移除内容，就是为了确保它们不会因为语焉不详的条例而触犯法律。第 17 号法案通常被认为是"上传内容过滤"法案，出于它有效地促使公司主动过滤所有上传的内容。

诚然，这条法案免除了像维基百科这种"非商业"平台的责任，并且声称它们对于初创公司会使用更轻的措施。[1] 但是批评人士仍然认为这条法案如果应用到一些初创公司的话，它们由于缺少资金或者资源无法建立自动的内容监察工具，而无法确保平台上没有受版权保护的内容。（记住，这里的误差界限是零——即使是一个侵权的视频都可能让一个视频网站被告——所以公司不得不花钱找出万全之策。）这就是为什么维基百科的创建者吉米·威尔士担心第 17 号法案会巩固"企业巨头"在互联网产业中已经建立的地位。

1　欧洲议会有关如何定义"初创公司"是非常模糊的。具体多少收入或者多少用户的分界点可能是他们自行决定的。

表情包禁令？

2019 年，有谣言说第 17 号法案会禁止网站如红迪网使用表情包，因为很多表情包 —— 包括从电影中摘出搞笑台词的那些 —— 都是建立在受版权保护的内容上的。

使用受版权保护的
内容制作表情包

使用受版权保护的
内容制作表情包

这个表情包是为了嘲笑欧盟根据宪法第 17 号法案禁止表情包而制作的。
资料来源：红迪网上由 Yamezj 发布

幸运的是，这个噩梦未能成真，因为第 17 号法案特别对表情包免责了。第 17 号法案上说，互联网平台可以自由地存储"引语、批评和评论"，也可以自由存储受版权保护的"漫画、滑稽模仿和模仿画"。表情包正好属于后面的那类，于是受到了保护。

从第 17 号法案中剥离出来的这一点有一个名字：合理使用信条。合理使用就是再次使用受版权保护的内容是可以的，只要你是试图教育大众，比如通过滑稽模仿一个电影，从一本书上复制一小段内容并留下评价，或者总结或者引用一篇文章。

因为第 17 号法案规定了什么是合理使用，从而使表情包使用被免责，红迪网就不用下架表情包了。但是批评人士担心（并且现在仍在担心）公司可能为了安全而反应过度，还是下架可以合理使用的内容，比如表情包。

欧盟法规综观

就像链接税，第 17 号法案的本意是好的：它想维护版权。但是，又一次和链接税一样，欧盟没有考虑到这项法规的附带效应。而且这对世界上的大型科技公司来说是个重大损失。

更广泛地说，这表明科技公司在布鲁塞尔的影响力比不上它们在华盛顿的影响力。这就意味着，负责国际产品的产品经理们应该有专门的计划，来对付欧盟法规的特定监管规定，因为欧洲的科技法规和美国的科技法规不一样，并且这个趋势愈演愈烈。你要认真思考你的产品是否应该在欧洲运营：有没有潜在的法务风险和监控责任使得获取这些额外的客户群是值得的呢？如果你决定在欧洲运营你的产品，你必须和你的欧洲盟友们紧密合作，确保你有必要的替代方案符合欧盟的法规要求。

第 230 号条款

我们已经看到了 DMCA 是如何保护平台因为托管的受版权保护的内容而免受诉讼："避风港"意味着平台们不需要主动监察它们网站上的内容。但是其他类别的"糟糕"内容怎么办呢？比如暴力威胁、假新闻，甚至儿童色情？平台应该为这些内容负责吗？

1996 年通过的《通信规范法》回答了这个问题。此法规的主要部分，第 230 号条款，清晰地使用了官方话术，一些内容值得仔细研读：

> 信息服务提供商不应被视为第三方信息的"出版者"（publisher）或"发言人"（speaker）。
>
> 信息服务提供商自愿且出于善意地删除淫秽色情、暴力、骚扰或其他不当信息，哪怕这些信息受宪法保护，也可免于承担民事责任。[1]

简单来说，互联网平台（这里面的"信息服务提供商"[2]）——只要他们出于"善意"努力把不良内容下架，就不应该因为他们发布的内容被民事法庭诉讼。特别是，平台不受隐私、过失、诽谤和侵权（导致某些人精神或者身体上受到伤害）诉讼的影响。这里面不考虑刑事诉讼（平台需要为刑事诉讼负责）或者知识产权的问题，后者是被 DMCA 管辖的。

这种程度上的对互联网公司的保护简直令人难以置信，并且这也是用户生成内容网站——如红迪网、推特、Twitch、领英，只要你说得出来名字的公司——能存活的原因。正是出于这个原因，这条法规被称为"互联网最重要的法规"。

1　译者注：来源 https://finance.sina.com.cn/tech/2021–04–25/doc-ikmyaawc1733202.shtml。

2　20 世纪 90 年代对互联网公司的称呼真是十分古怪有趣。

法律责任的历史

在第 230 号条款通过之前，互联网平台公司的激励机制是很奇怪的。如果你不试图去监管内容，你就会被视为"平台"，一个让信息通行的中性渠道。想想联邦快递 FedEx 或者 ISP：它们几乎会让所有的东西通行并且不会去删除任何东西。如果你被划分为平台，你不会因发布的内容而被控告。

另一方面，当你开始试图缓和内容时，你就变成了"出版商"，就像报纸一样，然后你就要为你发布的内容负责了。

这就是《通信规范法》发布之前的情况：你要么是个"平台"，要么是个"出版商"：你要么是"图书馆"，要么是"报纸"。这促使网站不想监管它们的平台，因为即使从善意的角度出发努力去清除一些不好的内容，公司仍然可能被诉讼的波涛淹没。这让网络上的糟糕内容得以泛滥。

第 230 号条款为公司的责任定义了一个中间阶段，如果它们做出合理的努力来删除糟糕的内容，它们会受到一定程度的保护。这就保证了适当动机的一致性：社会和科技公司都会因为科技公司对内容进行监管而获利。这种中间程度的分类被称为"经销商"：你不像是"平台"那样的垃圾管道，你也不是像"出版商"那样做出编辑决定，即你会决定什么被公众看到。

这并不是说每个人都赞同第 230 号法案。批评人士觉得这条法案权力过大，它赋予了网站针对任何发布内容引发的诉讼享有免责的特权。就像乔治城法学院的法学者丽贝卡·塔士奈特所说，互联网公司得到了"无须负责任的权力"。

不管第 230 号法案的是非曲直，这条法案就像我们这里讨论的所有法案一样，在决定科技公司能做什么和不能做什么的时候起到了重要的作用。作为产品经理，你需要重视这些法规，特别是当你在接受用户生成内容的平台公司工作时。一个好的产品经理会倾听法务的意见并且根据他们的要求做出产品的改变，但是一个伟大的产品经理会及时了解美国国会大厦发生的事情，并为潜在的立法影响做好准备，而不必等到被告知。

第二十八章　隐私

　　你的手机是不是能听懂你说话？对很多人来说，好像真的是。可能你的朋友或者家人说过，比如他们要在起居室买个地毯，然后他们就会在自己的社交媒体上发现地毯的推广广告。

　　不管真假，全世界都听过这个谣言并且展示出人们对生产手机设备和手机应用 App 的大型科技公司的不信任。就像这个问题暗示的那样，这种不信任很大程度上来自对科技公司滥用隐私的怀疑：它们总是偷听，总是挖取我们的数据，总是在暗室里操作来赚取我们的钱。

　　如果人们不信任你，就很难让他们使用你的产品。这就说明了对产品经理来说理解整个隐私状况并学习如何尽可能地保护用户的隐私是多么重要。这些学习需要从理解最重要的隐私法律和法规开始。

GDPR 和它的朋友们

　　世界上最著名的科技隐私法，或许也是最著名的科技法，就是欧盟的《通用数据保护条例》，简称 GDPR。欧盟在 2018 年通过这条法律并夸赞它是"世界上最严格的隐私和安全法规"。

欧盟之所以制定这项法律，是因为在 20 世纪 10 年代的中后期，人们越来越担心主要科技公司如谷歌和脸书等无止境地收集大量互联网用户 —— 包括那些浏览他们网页不太活跃的用户 —— 的数据，并从中获利颇丰。

GDPR 的主旨是科技公司在收集用户的数据之前需要得到用户的同意，它们要授予用户对数据的控制权，并且在起始阶段就限制收集数据的数量。但是，就像任何法律一样，这里面有很多可以解读和变通的地方。

权利和责任

GDPR 适用于任何总部在欧盟或者为欧洲用户服务的科技公司，并且对这些公司提出了一系列的要求，同时也为它们的用户提供了一系列的权利。这些要求是：

- 数据收集最小化：公司必须保证收集不超过它们需要用到的数据量。一个标准范例就是线上的零售商没有理由收集有关你政治倾向性的数据 —— 因此它们不应该这么做。
- 安全性：公司必须采取适当的措施保障它们用户的数据不被盗取。
- 可靠性：公司必须解释它们如何处理用户数据，仅让被批准的人们看到这些数据，并且向政府汇报数据外泄。

数据收集最小化的规定是 GDPR 的真正核心。它没有明确地说出，但是清楚地指向了如谷歌和脸书这种通过在网络中追踪用户，获取他们个人信息，并且根据信息推送定向投放广告的公司。这项规定威胁到了广告定向投放公司，因为它们整个的商业模型都是基于它们可能了解你的一切。（一个社交网络可能不需要知道你最喜欢的薯片牌子，但是这个信息对于售卖广告非常有用。）

连同这些对公司的要求一起的还有一系列消费者的权利：

- 获取你数据的权利。你必须能够看到这些科技公司收集的关于你的数据并且可以下载它们。类似谷歌 Takeout 这种工具，可以让你下载你谷歌账户中的所有数据。
- 在某些情况下删除你个人信息数据的权利，比如数据被不恰当地处理了，又如公司对于你的数据没有合法的需要，或者你对收集数据的公司"撤回你的准许"。这最后一点有效地保障了你可以随时删除你的数据，因为 GDPR 说消费者可以在任何时间撤回他们的准许。
- 数据移植性的权利（虽然只有这项被时断时续地强制执行过）。例如，谷歌、脸书、推特、微软和其他公司需要一起合作创建一个工具，让你可以把脸书中的照片导进谷歌相册中去。

比以前更广泛

了解这里的"用户数据"非常重要。传统上隐私法只涵盖很窄部分的个人识别信息（personally identifiable information，PII）：你的名字、住址、电话号码、地理位置和可以识别一个人的其他独一无二的信息，因此应该受到隐私保护。但是 GDPR 大大扩展了 PII 的定义，它几乎包括了有关一个人的任何信息，不仅是个人细节，还包括指纹这种生物特征信息，以及种族、性取向和政治取向这种敏感信息。这里面的想法是，即使你不知道一个人的名字，你仍然可以从一群人里通过足够多的随机数据把他识别出来。并且，一些特定数据，比如性取向，被透露是非常危险的。所以不管如何，这些数据应该受到隐私保护。

因此，GDPR 对"用户数据"的定义比以前更加广泛；它对"用户"的定义也更加广泛。GDPR 把所有的"数据对象"，就是任何你收集到数据的人，不管他们是不是使用你的产品，都称为"用户"。科技公司一直有收集非用户数据的历史，想想脸书在 2018 年因为对不使用脸书的人们创建"影子账户"受到严厉批评。而且广告公司可以通过在浏览器上安装追踪缓存软件（cookies），使他们可以在网络中追踪浏览过网页的人——甚至那些从来没有登录过这个公司网站的人。

GDPR 真的全面覆盖了科技公司几乎可以针对任何人收集到的所有数据了。

处罚

正如你现在看到的这样，欧盟对违反法规的科技公司予以重罚。违反 GDPR 的公司可能被处以全球收入 4% 的罚款——这不是欧洲的收入，而是全球的收入！

科技公司以前也曾因 GDPR 而陷入困境。一个广为人知的例子来自服务条款：因为科技公司需要得到你的同意再收集你的数据，它们就写了特别长的服务条款，这样它们如同拿到了一张空白支票，可以收集你几乎各种各样的数据。欧洲人民抱怨说，科技公司产品的服务条款是强制性的，"要就要，不要就拉倒"那种情况——要么你给出你所有的隐私，要么你就不能使用这款 App。

但是 GDPR 禁止公司惩罚那些不愿意让公司收集他们数据的用户。隐私支持者却宣称公司就是这么干的。他们在 GDPR 生效的几个小时之后就通过总价值 93 亿美元的诉讼对谷歌和脸书予以痛击。

另一个可能被处罚的领域是同意意向。记着 GDPR 要求科技公司必须在收集用户数据之前得到他们的同意，并且这种同意必须是无偿给予的；公司还必须解释他们用这些数据干了什么。在 2019 年，法国一家监管机构控告谷歌没有恰当地解释它们如何使用用户的数据，并且使用不恰当的手段让用户同意数据收集：谷歌简单地通过让新用户在注册谷歌新账号时，允许谷歌收集用户数据的复选框（通常被标记为"个性化广告"）是默认勾选的。是的，通过默认的方式简单地将收集数据的选择打开是强迫性的，不是无偿自愿的。这个监管机构要求对谷歌实行 5000 万欧元的罚款。

"个性化广告"这个设计是个告诫：科技公司需要找到一个方法让你同意交出你的个人数据，并且需要指出这么做对你来说是利益最大化的。但是如果你不同意，公司无法获取一些不相干的数据，因为这被视为强制要求。

因此，公司必须解释为什么他们给出你的数据是可以直接帮助到你的——在这个例子中，争论点在于给出你的数据会让向你展示的广告变得和你更相关也更有意思。如果你打算看这些广告的话，那思维就是，为什么不看那些你可能真的会感兴趣的广告呢？如果你在做一个用于欧盟地区的产品，你可能不得不去思考如何向你的用户说点好话。当然了，你必须思考如何站在遵守法律的这一边，而不是违规罚款的那一边。

加州消费者隐私法案

虽然 GDPR 是隐私法案领域的开拓者，但是其他的国家和地区也已经开始跟上。英国通过了非常类似的《2018 数据保护法案》。

在写这本书的时候，美国尚未通过一条可以比拟这些法案的法律法规。（欧盟在科技规范化方面是真的处于领先地位。）但是加州，在 2018 年通过了一项非常类似 GDPR 的法案。《加州消费者隐私法案》（*California Consumer Privacy Act*，CCPA），也叫 AB 375，它成为美国最严格的数据隐私法案。

和 GDPR 一样，CCPA 为消费者增加了个人数据的掌控权利，并且扩展了 PII 的定义。类似于 GDPR，CCPA 要求公司解释它们为什么收集和售卖个人数据，并要求公司保护这些数据，并且让用户在第一时间知道公司有这些数据。

CCPA 还明确提到了儿童的数据权利。它要求公司在售卖 13 岁以下儿童的个人信息或者使用数据获得利润前需要得到父母的允许。（注意谷歌、脸书这些公司并不真正售卖用户数据，它们售卖的是以定向广告的形式接触到这些数据。）CCPA 也提到如果是 13 岁至 16 岁的儿童，公司必须在售卖他们的数据或者为了定向广告而使用这些数据之前得到他们自己选择加入的准许。

GPDR 和 CCPA 最大的区别就是，CCPA 和 GDPR 不同，并不要求公司在一开始的时候最小化他们收集的数据。在我们看来，加州或者整个美国加入这一规定只是时间问题，所以产品经理如果可以提前主动为他们的产品开始最小化数据收集的话，会干得相当不错。

有一件需要注意的事：既然越来越多的国家制定了他们自己的数据法律，跨国的科技公司就越来越难遵守所有这些法律法规了。幸运的是，GDPR、CCPA 和英国的数据保护法案都非常类似，但是它们还是不一样，而且很可能在美国和在其他国家实施起来会很不同。这就是为什么你可能看到科技公司的法务团队在推动跨国界的统一的数据保护法律。

面试小窍门

有一些最令人激动的产品想法，比如使用大数据或者机器学习。但是当你讲述这些想法的时候，你要保证你会讨论使用用户数据和隐私保护之间的权衡。有些时候，用户信任和安全产生风险（更不要说为了符合 GDPR 和 CCPA 法规要求而花费的钱数）会超过该功能带来的好处。

生物特征

数据中最敏感的部分是生物特征数据 —— 生物性的数据比如你的 DNA 分型、人脸扫描或者你的指纹 —— 因为这些特征是和你固定在一起并且永远不会改变的。这和，比如说一个密码或者甚至一个名字，完全不同。也就是说，一旦一个人拿到你的生物特征数据，他就可以使用这些数据识别出唯一的你。

脸部识别

脸部识别可能是生物特征数据隐私保护争论中最热门的话题了。流传着关于掌权者基于公众区域的监控视频通过使用人脸识别找出并惩罚抗议者们的恐怖故事。更笼统地说，人们再也不可能匿名的那种感觉让大众总觉得自己被跟踪了，觉得害怕、恐惧和紧张。随着越来越多的科技初创公司使用你的脸部特征用于登录，人们担心数据被滥用的可能性。

目前为止，大多数反对脸部识别的鼓动言论都发生在政府部门，因为脸部识别被警察们当成最喜欢使用的一个工具。警察们用脸部识别来监控抗议者，找到身份欺诈的人，和在刑事案件中识别嫌疑人。旧金山、奥克兰、西雅图和马萨诸塞州的萨默维尔都意识到滥用的潜在风险，于 2019 年开始禁止城市机构使用人脸识别，而在相同时间，加州和新罕布什尔州禁止警察使用人脸识别。

请注意，政府机构使用的人脸识别和如 iPhone 一样的消费者科技产品中使用的人脸识别是有轻微不同的：政府机构使用人脸识别是因为它们试图在一个由已知人脸数据组成的数据库中匹配一张特定的人脸，而消费者技术产品通常使用人脸进行认证，也就是它们检查一张给出的人脸是不是和一张已知的人脸一样。

人脸识别的问题远比人脸验证的多得多。因为前者通过警局和专制机构导致监察和歧视的产生。但由于人脸验证只在你知道你想找什么的情况下使用，它用于在一群人中识别出那个抗议者就不太实用。科技产品几乎全部都是用人脸验证，因此从法律中得以通行。

但是，虽然法律让消费科技产品逃过一劫，但是用户对于科技公司拿到他们脸部扫描的数据仍然持谨慎态度。部分原因是担心隐私数据的泄露，另一部分原因是这些脸部数据可能被偷或者被泄露出去，比如泄露给敌方的警察。从事生物特征鉴定工作的产品经理应该注意用户的这些担忧，比如苹果公司，向大家解释它们的脸部鉴定的数据保存得又安全又私密。

脸部识别在技术上合法但是在道德上颇有问题的典型例子来自一个秘密的初创公司 ClearviewAI。Clearview 从公共网站如油管和照片墙中扒图像，并使用它们创造出包含了 30 亿张脸的巨大的数据库。这个公司声称它们可以把这些数据卖给全世界的法律机构。Clearview 的软件可以让法律机构识别出这个数据库中的任何一个人，并且可以在 10 秒内拿到这个人所有对外公开的信息。在 Clearview 的世界中，不会再有匿名这种事情发生，抗议者们会被挑出来并且最终被抓捕。

因为美国没有国家性法律禁止以这种方法使用个人数据，所以 Clearview 可以从照片上抓取数据并且安然无恙地把它的数据库卖给任何人——很显然，这包括沙特阿拉伯和阿联酋政府。如果用任何事说明像 GDPR 和 CCPA 这种法律的重要性，那 Clearview 肯定算一个。

DNA

近年来，家用 DNA 测试盒变成了潮流，它帮你了解你的祖先，和你可能会有的少见的身体状况。Ancestry.com 和 23andMe 就经营着一些更流行的服务业务。

当然，你可能会期待，这种家用 DNA 测试会导致对隐私的担心甚嚣尘上。如果你有个医生进行了一个合理的 DNA 测试，医疗隐私法律如 HIPAA 会限制如何分享你的数据。售卖家用测试盒的公司则没有受到法律的限制，这就意味着它们可以自由地保留或者售卖你的数据。实际上，大多数的这些公司会把你的数据卖给第三方，有些公司会和警察分享你的数据，还有很多公司会把你的数据卖给保险公司。保险公司可以使用你的医疗数据来改变你的保费或者完全停掉你的保险。

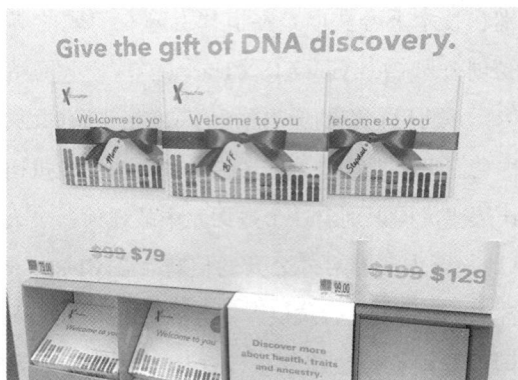

23AndMe 的 DNA 测试盒正在降价出售。　　资料来源：Mike Mozart

举个例子，FamilyTree 公司的 DNA 测试服务允许美国联邦调查局 FBI 在调查刑事案件的情况下访问它超过 100 万用户的 DNA 数据——它这么做不需要得到那些用户的同意。FamilyTree 之后说用户可以选择不勾选这个选项，而像 Ancestry 和 23andMe 公司这样的竞争者则说它们只在警方有搜查许可或者法庭传票的情况下才允许警方接触数据。

同时，Ancestry 公司通过文件的方式保存了你的 DNA 样品并且可以和"研究伙伴"分享它们。（听起来很模糊，不是吗？）也是这家公司，需要你要求它们才处理掉你的 DNA 样品。同时，23andMe 公司说它们会在测试之后处理掉 DNA 样品，但是会把数据提供给它的母公司所拥有的其他公司。共同点是，公司对于你的数据会去哪儿完全不清楚，而且一旦你的数据被开放到数据市场上，这些数据就会永无止境地被一再卖给一些叫作数据代理的公司，直到互联网上的每一个人都拥有了一份你的 DNA 数据。

产品经理们在这里应该学到的是，客户们是非常介意你的数据保存和分享策略的，这些策略应该尽可能简单明显地看出来。就像我们之前说的，在数据分享上存在着逐渐滑坡：从你向第三方开始售卖数据时，这些数据就会传遍互联网的各个角落。保存用户数据私密的唯一可能就是不把数据交给任何人。这就是为什么从事这方面产品工作，需要处理敏感用户数据的产品经理，在牵扯甚至只有一个数据的分享条款时都需要非常小心。

财务数据

财务数据——关于你花钱的方式和地点的信息——显而易见对想卖给你东西的公司来说是极具诱惑力的。一个很大的原因是"金融科技"行业在 2019 年吸引了 250 亿美元的投资。

但是，如你所猜，应该有收集和售卖与人们财务数据有关的隐私保护问题。最大的问题是有很多网络爬虫公司一卖再卖人们的财务数据，而且你的数据会很快被传播到整个网络。《华盛顿邮报》的一位记者划了他的信用卡买了一根 0.29 美元的香蕉，然后数小时的挖掘后他发现，有关他这笔交易的数据已经传给了银行、银行卡公司（Visa 或者 Mastercard）、商店、销售点的软件系统、手机电子钱包如谷歌支付（Google Pay）和财务软件如 Mint。如果上述的任何公司想把这个数据卖给第三方，那很快这个数据就会遍及互联网。

这个记者深入调查了这些公司的隐私条款，发现它们都非常模糊不清。像亚马逊、Visa 和 Chase 都说它们会把数据分享给它们的"联营公司"，或者"联合品牌合作伙伴"，但是谁知道这些到底是什么公司呢？

信用卡

使用人们的财务数据来获取利润的公司的整个生态系统令人惊奇地庞大，但是我们可以稍微窥探一二。以信用卡网络为例。早在2013年就曝光了万事达和Maxpoint（一个数字广告公司）在一起合作。Maxpoint将万事达信用卡的数据和公开数据组合，为定向广告建立用户画像。Maxpoint可以为每个邮编所在的地区建立用户画像，展示在这个区域里有多少人，他们在不同物品上的花费是多少。比如，如果一家越南餐馆发现在02138这个邮编区域内的人比邻近邮编区域的人在亚洲食物上多花费20%，那它一定知道应该向哪种用户发送脸书或者照片墙的广告。

信用卡公司另外还有非常诱人的咨询服务：在2009年，美国运通开通了咨询服务，将运通卡用户的数据卖给市场营销者和广告商。你可以想象，市场营销者会付大价钱来知道这些有钱的消费者的购买习惯。

最后，信用卡公司还会把用户数据提供给"数据管理平台"，这种平台将各种财务数据聚集在一起然后卖给数字广告商。当公司把用户数据这样给了平台以后，用户们对于他们的数据会去哪儿就完全丧失了控制。就像我们之前说的，公司即使在把用户数据卖给一个合作伙伴时都需要非常小心地处理这些数据，因为一旦这些数据被卖出去，它们就会被散播得到处都是，而且不可能再被收回来了。

家居助手

另外一个隐私争论的阵地，也和在大科技公司工作的产品经理特

450

别相关的一个领域，就是像 Alexa[1] 和智能音箱这种数字助手产品。人们担心安装了一个总是听他们说话，追踪他们在家里说了什么的设备。一位科技作者严厉批判：

> 你不应该买 Echo[2]。你一个都不应该为你的家里买。你更不应该为你的朋友买。事实上，别理那些我们听到的对智能音箱和语音控制助手堆砌出的赞美。因为它们太糟糕了！

一个亚马逊 Echo 智能音箱。　资料来源：Shinji

如果你的公司正打算销售智能家居硬件产品，或者将制造数字助手作为业务战略的核心部分——亚马逊、谷歌和苹果还有其他公司正是这样——你需要理解人们不相信这些助手的原因，以及你该如何去做。

1　译者注：亚马逊公司推出的一款智能助理。

2　译者注：亚马逊公司推出的一款智能音箱。

不信任的原因

数字助手（包括手机上的 App 以及像 Echo 和谷歌 Homes 这种特殊制作的硬件设备）总是被动地去听一个如"Alexa！"的唤醒词。如果智能助手听到了唤醒词，在这个唤醒词前后的音频就会被送到公司的服务器上进行处理。通常，服务器会计算出来谁在讲话，将声音转变成单词，然后将词语转变成行动。这也就意味着公司会在他们的服务器上存储你被记录下来的语音片段。

人们对于将他们的语音录下来给科技公司感到紧张。在一个著名的例子中，Alexa 的录音被用于搞清楚在一个佛罗里达房子里面发生谋杀案之后的情况。法律诉讼指控这些语音助手可以创造出"声纹"——你独一无二的声音的特点用来识别你，就像指纹一样——没有你的同意，这些助手已经对于你的生活知道了太多的细节了。换句话说，你声音的细节是 PII，但是它们似乎不被任何法律所保护。

然而，最令人愤怒的是，大型科技公司被揭露出让它们的员工或者合同工收听人们的音频录音。2019 年，新闻爆出微软员工听取 Xbox 用户 Cortana 的录音，谷歌员工听取谷歌 Home 的录音，亚马逊员工听取 Alexa 的录音，苹果员工听取 Siri 录音，脸书员工听取 Messager 聊天。这些故事中有关苹果公司的特别过分，因为它们披露了 Siri 听取的敏感信息是多么广泛：苹果员工从 Siri 用户中听到了贩毒信息、医疗细节、商业交易和性行为的情况。

公平地说，合同工们听取录音是为了质量控制的目的，而且他们通常会确保录音匿名。另外，那些录音通常是设备无法正确识别的片段；这些数据可以帮助产品团队知道如何在未来优化设备。所以这些录音是被合理使用的。

但是因为我们知道科技公司可以做出你独一无二的音纹，你就不会再相信匿名的说法了。所以，当每一个这样的新闻都会导致反对大型科技公司并对它们进行鞭笞就不足为奇了。

可能的修复办法

有一些快速修复产品的办法可以减少这些对隐私的担忧，当时这些修复可能太小也太晚了。一个主要的修复是让音箱进行设备内的声音处理，然后只把最终的匿名的查询字串送到公司的服务器上；想象一下如果 Alexa 只把"买袜子"这样的单词，而不是把你真正的声音片段送到亚马逊公司存起来。这个问题需要智能音箱配置更强大的硬件，这样会使成本上涨。在设备上进行处理也会让质量保证团队无法识别被错误处理的查询字串。

权衡利弊的话，多少处理工作应该在设备内完成不是一个容易回答的问题。对有些科技公司来说，考虑到隐私带来的权益值得在产品上做折中，就会倾向于在产品上进行声音处理。比如 2017 年，苹果宣布 Siri 不会再传给苹果的服务器任何信息，除非你说"嘿，Siri"。（在那时，Alexa 甚至在用户不说"Alexa"这个唤醒词的时候也会把一些数据传给亚马逊服务器，但是后来亚马逊采纳了苹果的做法。）

另一个快速修复的办法是增加一个实际按钮，用来关闭相机或者麦克风，这样当人们不想使用智能设备时可以知道设备是被禁用的。脸书的视频流智能设备 Portal 包含这一功能。当 2018 年发布的时候，减少了公众对隐私的一些担心。除了因为增加一个塑料开关导致成本稍有增加外，这里并没有其他的不好，所以我们认为增加这个按钮的想法被接受颇为容易。

但是请记住，再多的调整也无法保护你免受不良品牌形象的影响。如果人们把你的公司和监视或者贪婪掠夺他们的数据联系在一起，他们会因担心隐私风险而不去购买你的产品。这就是为什么要从整个公司的角度去想如何处理隐私保护是非常重要的，而不是胡乱装一个"关闭"按钮然后就到此结束。

加密后门

执法部门希望通过获取人们的私人谈话来追踪罪犯。每天人们都不会想要其他人去监听他们的对话。科技经常被夹在中间——这场拔河已经进行了好几年了。

端对端加密

加密信息服务是通过加密来保障你对话的私密性：对话内容被打散，而且只有发送者和接收者才有重新组合被打乱内容的钥匙。（这些消息服务被正式称为端对端加密，意思是除了发送者和接收者，没人能读取这些消息；如果其他人得到加密的内容，那也会看起来是乱码。）

一款名为 Signal 的应用是加密信息领域的开拓者，它在 2015 年开始提供加密的电话和短信服务。（传统的短信和电话不是加密的，这也是警察可以窃听它们的原因。）很多流行的短消息 App 都开始跟进：瓦次艾普在 2016 年做到了将所有对话都默认加密，脸书在同年通过它们"秘密消息 Secret Messages"功能也提供了可选择的加密服务[1]，2017 年 Telegram 开始提供加密服务，虽然这个功能默认是被关闭的。

苹果公司产品的情况则有点混乱：苹果说 iMessages 是端对端加密的，但是它们存在 iCloud 上，而苹果可以解密你的 iClound 数据。这就意味着苹果并没有真正做到端对端加密。因为 iMessages 可以被发送者、接收者和苹果公司读取。（据一位安全专家说，苹果 iMessages 的加密算法曾经被破解过，所以黑客们可以很容易地解密 iMessages。）

加密并不只是用在发消息上：iPhones 让你把你整个手机的内容都可以加密，只有当你输入密码后才解密。这就是说，除非你登录，否则黑客也不能读取你的手机内容。我们很快会看到这个功能是怎么引起争议的。

后门的历史

执法机构对于人们使用加密的做法是接受的，但是它们坚持短信服务应该建立一个后门：一个让执法机构打破加密系统去读取人们消息的 "bug"。因此，有后门的短信服务并不是真正的端对端加密。

这儿的逻辑依据是罪犯们会通过加密的短信服务策划各种各样的犯罪活动，没有后门的话，警察就无法识别潜在的罪犯，也无法使用短信作为证据指控嫌疑人。比如 Telegram，它是美国白人至上主义者喜欢使用的短信 App，他们蜂拥而至，因为执法机构无法知晓他们在说什么。

1　马克·扎克伯格在 2019 年说，所有的脸书消息类产品都会被端对端加密，虽然他没有给出一个时间点。

美国政府从 20 世纪 90 年代就开始通过试图在电话和计算机上安装"加密芯片"而努力争取后门的设置。这些芯片可以存储在这个设备上的所有短信的加密版本，而 NSA 有一个特殊的方法在这些芯片上读取信息。但是在大规模的强烈抵制后，加密芯片（幸运的）从来没有被实行。

一个更著名的例子是 FBI 在 2015 年控告苹果公司，FBI 试图强迫苹果在 iPhone 上安装后门。FBI 想破解两名圣贝纳迪诺枪击案嫌疑犯的 iPhone 中的内容，但是 iPhone 是被加密的，所以 FBI 要求苹果允许 FBI 创建一把"万能钥匙"，让 FBI 可以绕过登录页面，直接进入手机解密数据。苹果 CEO 蒂姆·库克拒绝了这个要求，称苹果公司为 FBI 开发的任何工具都可以让它们解锁任何一部 iPhone，而不仅仅是嫌疑人的手机。

这场官司打得十分激烈：FBI 引用一条法律说执法机构可以强迫一家电话公司给警察提供客户数据作为"提供技术支持"。苹果反击说强迫苹果编写软件违反了苹果的第一修正案的权利。虽然因为 FBI 找到了第三方知道如何利用手机安全漏洞而绕过加密系统，破解了手机内容，最终撤销了这场诉讼，但是这场斗争从未被解决。

从那以后，执法机构继续对科技公司施压，要求它们安装后门，而科技公司继续反抗拒绝。2019 年，脸书拒绝了美国、英国、澳大利亚司法部部长希望公司在瓦次艾普上安装后门的要求。脸书指出，这个后门是"给犯罪分子、黑客和镇压专制政权的礼物"，而且会给用户打开"现实伤害"的大门。

在这个案例中，公共意见也是反对执法机构的。自从前 NSA 合同工爱德华·斯诺登披露了 NSA 在 2013 年监视了多少美国公民的消息后，公众一直在大声疾呼，反对给予政府机构后门权限的主意。

产品经理的看法

加密现在变得越来越普及，它实际上对现在的消息 App 来说已经是强制要求了。开启端对端加密功能显而易见是有风险的 —— 它使恐怖主义者的日子变得非常好过 —— 但是看起来公众愿意接受这些风险来保护更大范围的隐私自由。总的来说，加密帮助了全社会。

但是，产品经理应该在可能的时候增加端对端加密功能也是相对清晰的。（虽然在已经存在的服务上配置端对端加密可能很难；脸书的 Messager 几年以来一直努力实现加密功能。）

更具有争议的问题是，你是否应该建一个加密后门。除了用户的强烈抵制，这可能也会在软件上出现一个永久的安全漏洞。安全专家指出，如果政府可以找出并使用一个安全漏洞，那黑客们找出并且使用它就只是个时间的问题。这就是逐渐滑坡：只要有一个安全漏洞，你的产品就和没加密一样了。所以这不是关于"后门 vs 没有后门"的决定，而是"加密 vs 不加密"的决定 —— 我们强烈建议你选择加密，没有后门。

第二十九章　零工经济下的雇用

零工经济（Gig economy），这种通过优步、DoorDash[1] 和 TaskRabbit[2] 这类应用程序来赚钱的非传统工作模式，被称为"工作的未来（future of work）"。而事实上，零工经济已经成为当下重要的工作模式之一。

零工经济对企业来说非常有利，因为零工比普通的薪酬员工便宜，招聘也更容易。像优步司机这样的零工因为被列为"独立合同工"，所以公司不必向他们支付最低工资或加班费，也不必提供奖金或医疗保险等福利。这样一来，这些合同工比全职员工便宜近 30%。

但这对零工群体来说就不是那么有利了。据估算，在 2018 年，优步和来福车司机每小时赚取大约 9 到 10 美元，还不到私有企业员工平均工资的三分之一。而且，除了上面提到的福利，零工工人得不到来自美国《公平劳动标准法》（*Fair Labor Standards Act*）的劳动保护，也得不到《美国残疾人法案》（*Americans with Disabilities Act*，ADA）提供的残疾人保障或者其他保护。的确，零工工作比常规的薪酬工作更加灵活，但它提供的员工福利却非常微薄。

1　译者注：DoorDash 成立于 2013 年，是美国最大的外卖平台。

2　译者注：TaskRabbit 是美国一家在线零工雇用平台。

加州的 AB5 法案

在 2019 年，美国加利福尼亚州想改变这个不幸的现状，于是通过了一项名为 AB5 的法案，该法案为零工群体作为雇员的权益提供了保障。这个法案规定，如果雇主可以"控制员工如何完成工作"，或者这些员工的工作是"公司常规业务的一部分"，那么这些员工就算雇员，而不是合同工。换句话说，如果一个人像全职员工一样工作，那么他就应该得到与全职员工相同的待遇。被列为雇员的人能得到失业保险、最低工资、加班费和其他上文提到的福利。

这个法案的措辞是专门针对零工的。以优步为例，因为它的软件会告诉司机去哪儿、接谁，所以优步确实会"控制员工如何完成工作"。虽然任何人都可以很容易地重新开发一个优步应用，但优步的主要优势是它的司机网络，而司机网络无法轻易复刻，所以，这些司机的工作"是优步常规业务的一部分"。

结果，这个法案影响了 100 万加州工人，包括优步和来福车司机、Doordash 和 GrubHub[1] 的外卖员以及其他零工。

批判

不出所料，这项新的法律很快受到了来自各零工经济公司的批判。优步、来福车和 DoorDash 宣称要出 9000 万美元来支持一项投票倡议，让它们免受这条法律的约束。这些公司的理由大多是，把这些

1　GrubHub 是美国的一家在线点餐及配送平台。

零工列为雇员会"摧毁"零工群体正在享受的工作灵活度，甚至彻底摧毁这些零工公司。一个经常被引用的例子是：一个已经退休或者半退休的人要应聘成为一个合同工很容易，但是想得到一份全职工作会很难。所以这个 AB 5 法案会让已退休或半退休的群体更难找到零工工作。

另一类批评指出，这个法案针对的远不只是零工经济。很多合同工实际上都是"公司核心业务的一部分"：建筑工人、美甲沙龙员工、快餐店员工等。因此，这个法案可能会带来意料之外的后果，科技之外的产业可能会受到连带损害。（就像你在这章中读到的，科技法案带来意料之外的后果很常见，因为很难精准针对特定人群来实施一项法律。好的产品经理可以明白法律会如何在无意间影响他们公司的业务。）

"工作的未来"的未来

尽管受到批判，但看起来像 AB 5 这样的法律还是会持续在世界范围内被推广。事实上，AB 5 甚至不是第一个这种类型的法案。欧盟在 2019 年早些时候就先行通过了一个类似的零工保护法案，而英国也在 2018 年就通过了另一项类似的法案。

注意到另一个趋势了吗？科技法的创新始于欧洲，接着在美国加州立足，然后（在某些情况下）会在美国的全国范围内被推广。美国公司的产品经理应该细心留意欧洲的科技法律，因为那里的热门法律话题最终也会在美国受到热议。

第三十章　无障碍

科技法律中一个经常被忽视却非常重要的部分是无障碍：一个产品应该适用于所有人，无论他们的能力水平如何。

无障碍为何重要

自 1990 年《美国残疾人法案》（ADA）通过以来，实体空间的设计根据规定必须对残疾人适用。建筑规范也自此被重新修订，轮椅坡道就是新建筑中显著的新功能之一。

大部分技术人员都知道 ADA，但是很少有人知道 ADA 同样适用于科技产品！在 2019 年，美国最高法院的一起叫罗布尔斯与达美乐（Robles v. Domino's Pizza）的案件奠定了这个先例。吉列尔莫·罗布尔斯（Guillermo Robles）是一个盲人，他起诉了达美乐，因为它们的网站没有做到无障碍：达美乐的网站只有图片却没有对应的文字，导致罗布尔斯无法下单。最高法院判决支持罗布尔斯，法院称《美国残疾人法案》（ADA）应该适用于网站，网站也应该是无障碍的，就像实体空间一样。

违反 ACA 将会面临巨额罚款：Target[1] 就曾因为它们的电商网站不是无障碍的被处罚过 600 万美元。

除了法律责任，为产品进行无障碍设计也是一个精明的商业行为。约 6000 万美国人有某种形式的残疾，他们的可支配收入合计为 210 亿美元。而在全世界，据估计，大约 15% 的人有某种类型的残疾。如果你像达美乐这样在设计产品时不考虑残疾人的需求，那么你就轻易放弃了 15% ~ 20% 的潜在营收。（在这个产品经理们竭尽全力来提升 1% 利润的世界里，忽视无障碍设计能带来的大规模市场是愚蠢的。）

面试小技巧

一个能让你在面试中脱颖而出的方式就是把无障碍设计加入你的产品的长期路线图中。尽管你的 MVP 产品可能更多的是侧重于验证假设，但你还是可以（也应该）把无障碍功能作为前期功能之一加入你公开发布的产品中。我们将在本章后面讲解几个重要的无障碍功能。

对企业来说，开发无障碍产品也是建立差异化优势的一种方式。据估计，85% 的网站都不是无障碍的。以 Xbox 的自适应控制器（adaptive controller）为例，这款大型"游戏盘"是专门为在身体、智力、视力或其他方面有障碍的用户群体设计的。当微软在 2018 年揭开这款控制器的面纱后，它很快被誉为一个"颠覆性的产品"。Xbox 一举成为残障群体的首选游戏平台，因为 Xbox 的竞争对手们，比如

1　Target 是美国一家大型零售百货集团，既有线下商店也有线上电商。

索尼的 PlayStation 系列、任天堂（Nintendo）、PC 游戏等，都没有任何针对这个市场群体的产品。

Xbox 的自适应控制器，让残障人士可以更容易地玩 Xbox 游戏。
资料来源：维基媒体

最后，一款无障碍的产品能令所有人受益，包括身体没有障碍的人。比如电视上的字幕，这些字幕不只对听障人士很有帮助，它们对在嘈杂的酒吧或机场想看电视却又听不清楚的人来说也很有帮助。又如那些"按下开门"按钮，它们不仅适用于轮椅人士，也是拎着重物的人们的福音。还有文字转语音的功能，不论你是行动不便还是仅仅赶时间，这个功能都非常好用：语音转文字比打字快大约三倍。

更重要的是，许多人在一生中的某一时刻都会经历短暂的不便。尼尔有一次扭伤了一只手腕，结果不论是系鞋带还是在电脑上打字，都让他体会到了只有一只灵活的手来做日常琐事有多难。那段时间，手机和电脑上的语音转文字功能对他来说绝对是不可或缺的。所以，当你在设计产品时，试着想一想，如果你或你的朋友暂时或永久地丧失了一些行为能力，那么哪些功能可以在那些时刻帮你渡过难关？这些思考会对产品设计有所帮助。

整体来看，无障碍设计通常是产品经理和工程团队最后才考虑的事情，它经常被列为低优先级、可有可无的功能。但是，就算是为了你自己，你也应该把无障碍列为产品中必不可少的一部分。

打造无障碍产品

那么，怎样才能把你的产品打造成无障碍的呢？对网页应用来说，答案清晰明了：《遵循网络内容无障碍指南》（WCAG）。这份指南定义了如何保证残障人士可以无障碍地访问网页内容，残障类别包括行动、视觉、认知等障碍。这份指南比《美国残疾人法案》（ADA）的规定还要全面，所以你只要遵循指南里的原则就绝对不会违反 ADA。

像安卓和 iOS 这样的平台也有它们自己的无障碍指南，但是指南的基础原则和 WCAG 是一样的。所以，让我们一起来看看 WCAG 都给了哪些建议。

POUR

网络内容无障碍指南是围绕四个主题设计的，可以被缩写为POUR。

P 代表可感知的（perceivable）：用户必须能通过多种感官而不只是视觉来理解你的产品。这包括给图片配文字、提高前景与后景的颜色对比度、合理的最小字体、响应式网页设计（让你的软件在所有屏幕尺寸中都可以正常显示）以及不只依赖于颜色的可视化数据（不然色盲用户会难以理解产品中显示的数据）。

O 代表可操作的（operable）：用户必须能够使用他们可用的任何

工具来控制你的产品界面：鼠标、键盘、手指、语音等。换句话说，你的产品不能使用户操作困难。你的网站必须完全可以用键盘来操控（应该可以用 Tab 键在不同元素间切换），点击目标也应该足够大，并且不应该有可能会引发疾病或不适的闪烁图像。

U 代表可理解的（understandable）：你的网站必须是易于理解的。网站上的文字的阅读门槛应该是足够低的，并且没有专业名词；产品的行为应该是可预测的且统一的；你应该主动捕捉问题来提升用户体验；你也应该把重要的功能，比如删除文件或者转钱等行为，做成可逆的。

R 代表稳定的（robust）：你的网站在开发时应该使用已广泛应用的、现在和将来都适用于各类浏览器的网站开发标准。这主要指遵循现代的 HTML 5 标准来开发网站。

结论

在 2016 年，团队聊天软件 Slack 以野火之势迅速传播开来：自三年前产品发布以来，它的日活用户一致呈指数增长，当时已有超过 400 万的用户。

Slack 早期爆炸性的增长

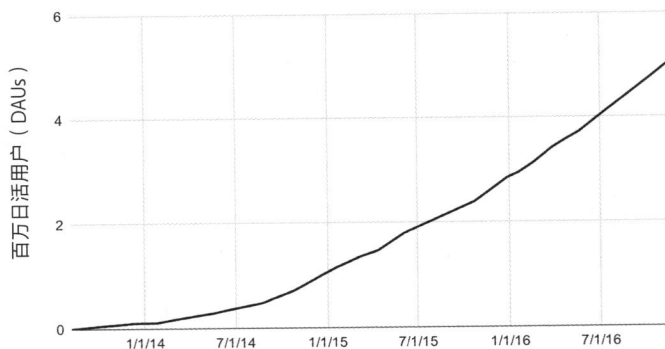

Slack 从 2013 年发布到 2016 年期间的爆发式增长。　　资料来源：The Verge

同年 11 月，微软发布了 Microsoft Teams 来与 Slack 竞争。订阅了 Office 365 的企业可以免费使用这款聊天软件。那么 Teams 要如何迎头赶上呢？

Teams 有很多自带的优势，比如对很多用户免费，但其中一个经常被忽视的优势是它的法律合规性。跨国企业需要遵守一系列的数据保护规定，而这几十年来开发企业产品的经验使微软能确保 Teams 符合这些规定。据微软称，这一系列规定包括"ISO 27001、ISO 27018、SSAE 16 SOC 1 和 SOC 2、HIPAA 以及 EU Model Clauses（EUMC）"。当 Slack 终于符合了《一般数据保护条例》（GDPR）的规定时，Teams 早已不只符合 GDPR，还符合更多新出台的各项法律。

对企业产品而言，符合相关的法律规定非常关键。这一点使 Teams 立刻受到大型企业的青睐（资金充足、员工众多的大型企业），迫使 Slack 的市场降级为创业公司和小型企业。符合法规加上其他优势使 Teams 超越了 Slack，在 2019 年，Teams 的使用量已经超过了 Slack。

Slack 和 Teams 日活用户的对比

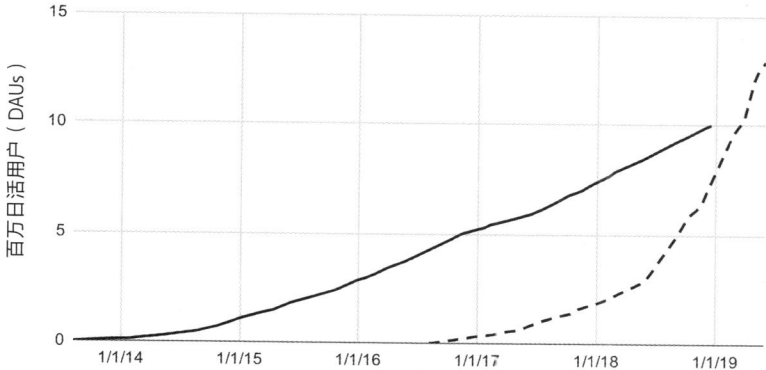

微软 Teams 的使用量在其发布后的短短几年内就超过了 Slack。
资料来源：The Verge

在竞争激烈的市场中，了解法律并知道如何遵守它可以为你的产品带来优势。这也是了解法律可以给产品经理们带来红利的另一个原因。

第七部分
市场与增长

营销的目的在于深度了解和理解客户，使产品或服务符合他们的需求，从而实现产品的自我销售。

——彼得·德鲁克（Peter Drucker），管理顾问

引言

捷步是亚马逊旗下的一个鞋子零售电商，也是互联网上最受欢迎的电商之一。表面来看，它只不过又是一个电商网站，它的鞋子不错，但也没有多么特别。

让捷步与众不同的是其无可比拟的客户服务。与大多数的零售商不同，捷步不会给客服固定话术或者时间限制。它对员工的培训是要能友好地处理顾客提出的任何要求，不论需要多长时间来解决，也不论是不是关于鞋的问题。管理者从来不会要求员工提前结束电话或者追加销售（upsell）。客户服务是用来建立与客户的关系，而不是用来销售产品。

捷步的客服做过一些真的很神奇的事情。比如，曾经有一位员工跟一个顾客通话长达 10 小时 43 分钟。还有一次，一位女士给捷步打电话询问关于鞋退货的事情，交谈中女士解释说她的手部有神经问题所以不能用电脑完成在线退货。那位接电话的捷步员工听后透露说他的父亲也有类似的神经问题，并且承诺会为这位女士祈祷。两天后，一束玫瑰花出现在这位女士的门前，而这束花正是来自那位捷步员工。这位女士全家备受感动，甚至发誓说从此他们的每一双鞋都会从捷步购买。

这些令顾客惊叹的例子在捷步很常见。比如，捷步的员工会给顾客免费加急配送，好让他们能及时收到出席重要场合要穿的鞋，也会给顾客推荐适合婚礼的鞋，还会让顾客把送错的鞋免费收下而不必费心退还。以上这些情况都不少见。捷步如此致力于客户服务令顾客惊叹，以至于如果新入职的员工觉得他们无法提供这样的顾客体验，那么捷步愿意给他们2000美元让他们当场辞职。

出色的客户服务带来的回报就是，顾客经常对捷步赞不绝口。捷步的客户服务也已经有效地成了它最强有力的营销工具。在一个在线鞋店泛滥的世界里，捷步为人们选择其网站提供了一个强有力的理由，而这与鞋子本身几乎没有关系。

这种顾客忠诚度反过来推动了捷步的巨大增长。由于顾客留存率非常高，而且顾客会自发地口口相传给捷步打广告，捷步几乎不需要花费任何钱在广告上。因此，捷步反而能将他们的资金投入到提升捷步的运营中，并使他们的客户服务更具传奇色彩。公司甚至还能留下一大部分作为利润。客户的高忠诚度推动了捷步的营收，从2000年的160万美元增长到2007年的8亿美元，同时也为亚马逊2009年以12亿美元收购捷步铺平了道路。

作为一名产品经理，你可能不卖鞋，但你肯定在试图让人们使用或购买你的产品。普通的产品经理可能会认为做出一款出色的产品——那双终极的鞋——才是最重要的。

但是，正如捷步的故事所展现的那样，产品并不是存在于真空中的，销售一个产品也不仅仅是在销售产品本身。一位优秀的产品经理会知道，像捷步这样，通过强大的品牌、客户体验和营销策略可以获得巨大的成功，而不仅仅是在进行平庸的销售。

第三十一章　品牌

我们在捷步的故事中看到了品牌的重要性。对拥有强大品牌的公司来说，品牌就是他们的巨大财富：捷步、可口可乐、迪士尼、耐克、英特尔等。

但是，你可能难以确定究竟是什么构成了品牌。一个直观的解释是，品牌是人们想到你的公司时的感受。苹果唤起了奢华的感觉，可口可乐让你感到快乐和清爽，沃尔沃和安全紧密相连，还有捷步，捷步会让你在想到鞋之前就先想到了客户服务。

不过，我们可以更科学地来解构品牌的概念。让我们来逐步了解一下这个概念中的每一个部分。

品牌的起源

品牌很容易被视为是营销团队创造的华而不实的流行语。而事实上，品牌在经济市场中扮演着至关重要的角色。没有品牌，这些市场都将崩塌瓦解。

"品牌"的概念可以追溯到上千年前。早在公元前 2000 年，农民们就会用热金属或者木火棍来标记他们的牲畜，以便人们分辨每头牛

一只被标上了其所有者信息的牛。　　资料来源：Temple Daily Telegram

是谁的。这些文字品牌也是让买家了解牲畜质量的一种方式：如果标着农民以西结（Ezekiel）的牛的质量一直不错，那么挑剔的买家就知道要在市场上专门寻找有这些标记的牛。

品牌也代表了一种责任。农民杰迪代亚（Jedidiah）会尽他最大的努力来培育出品质最高的牛，因为他知道一头低质量的牛会损害他的品牌，给他的生意带来永久的损害。而如果没有品牌，他就不会太在意质量，因为没人会知道那头劣质的牛是从他那里来的，他不需要承担任何后果。

从那以后，品牌便一直是市场经济中的一个核心部分。消除品牌曾经带来了严重的问题。比如，有关国家认为品牌是肮脏的西方国家的创造，于是取缔了品牌。很快，问题就开始在钢铁工厂浮现出来。这些钢铁工厂生产的无品牌的金属铆钉会被用于船舶制造和重型机器，它们当时有大量订单需要完成。

问题在于所有工厂生产的无品牌铆钉都集中在了一起。如果铆钉有缺陷，没人能知道是哪个工厂生产的，那家工厂也永远不会被追责。这一漏洞加上大量生产铆钉的金钱诱惑，导致钢铁工厂把数量置于质量之上。个别国家当时制造了很多铆钉，但它们的船却开始出问题。直到该国强迫制造商给它们的铆钉标上品牌，铆钉的质量才有所提升。

平衡车

再举一个现代的例子，平衡车。这些迷你轮滑车在 20 世纪 10 年代的时候开始流行，但不幸的是，平衡车有起火的风险。

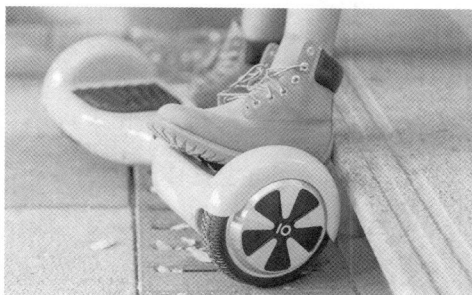

一个踏在平衡车上的人。　资料来源：IOCHIC via Pexels

平衡车质量差的很大一个原因是没有大品牌在销售它们。没有三星或者索尼平衡车。这些设备都是一群匿名的制造商售卖的。甚至最好的平衡车都来自没听过的公司：SISIGAD、Hyper GoGo、Epikgo、Swagtron。

因为这些平衡车公司都太不知名了，所以它们没有动力来确保平衡车不会起火，它们的品牌几乎没有价值。

但如果是三星制造的平衡车有缺陷，它就会非常努力地解决这个问题，不然它价值几十亿的品牌就会有危险。（还记得同样起火的三星 Galaxy Note 7 吗？三星之所以如此迅速地召回数百万台这款产品正是因为它们的品牌正因此面临风险。）

换句话说，品牌有价值的公司（比如三星）会有强烈的动机来生产高质量的产品，而品牌价值低甚至无品牌的公司（比如那些平衡车生产商）就没有这样的动机了。这是另外一种强制品牌承担责任的方式，也是那么多人更愿意购买品牌产品而不是普通同类产品的原因。

新兴品牌

品牌太重要了，以至于如果一个产品没有品牌标志，人们会想方设法地发掘能用来辨别这些产品的特征。比如，有些公司售卖任天堂Switch 游戏机底座的仿冒品。Switch 底座是用来给游戏机充电和连接电视的。这些仿冒底座看起来和正品底座几乎完全一样，甚至仔细到任天堂的图标都完全一样，但是使用这些仿冒品可能会毁了你 300 美元的游戏机。于是消费者拼命地研究能用来区分这些假冒底座的方法，甚至把它们拆开来看里面的硅板是否有区别。

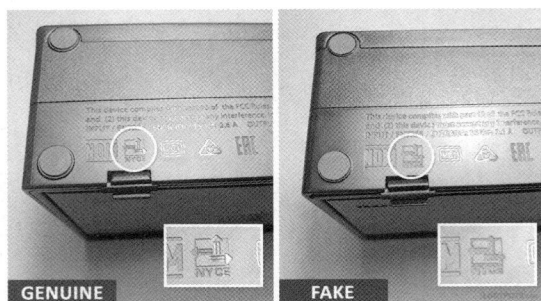

假冒的任天堂 Switch 底座跟正品看起来完全一样，除了一组箭头上的刻线。这个瑕疵成了假冒底座的"品牌营销"。　　资料来源：LootPots

好消息是，功夫不负有心人，消费者发现了假冒底座的一个小瑕疵。这些假冒底座复制了正品上所有的消费者安全标志，但是有一组箭头标志上却没有一些细线。这个细节变成了辨别假冒底座的一个主要方式，消费者也完美地展示了人们会多么不遗余力地寻找能区别不同品牌产品的特征。也就是说，品牌是可以完全有机兴起的。

所以，品牌是市场经济的一个自然产物，因为没有品牌就无法保障质量。为你的产品树立一个品牌不只是为了市场营销，更是为了提供一个品质稳定的信号。

优步和品牌受损的危害

品牌与信任一样：它们需要很长的时间来建立，但是也可以在眨眼间灰飞烟灭。如果你的公司毁了自己的品牌，这个损失需要花很长的时间来恢复，你的净利润也会一直受损。

以优步为例，优步刚成立时被誉为世界上最酷的初创公司之一。不可否认，轻按一下按钮就能召唤出一辆豪华车确实很酷。你会感觉有权力、神奇，甚至像一个"成功人士"。

但在 2015 年左右，优步令人发指的经营方式遭到曝光。它给司机的待遇差，为了逃避监管竟阻止检查人员使用它们的应用，还有糟糕的职场性别歧视。优步原本很酷的声誉由此被阴暗取代。

最后一根稻草来自 2017 年 1 月。当时出租车司机们在纽约肯尼迪国际机场（JFK）附近进行罢工，拒绝接载乘客一小时。优步没有重视这个罢工，也没有支持这些出租车司机，而是关掉了机场附近的涨价功能，使得优步的司机蜂拥而至，破坏了这场罢工。此举引发了众怒，公众看到优步试图利用一场罢工来牟利非常愤怒。

卸载优步（#DeletUber）的口号开始迅速蔓延，人们纷纷弃用优步以示抗议。罢工后的第二天，来福车的下载量首次超过了优步。在接下来的一年里，优步在美国拼车市场失去了近 10% 的份额，而这也使来福车的市场份额大幅度增长：来福车在旧金山的市场份额由 29% 涨至 41%，在费城由 17% 涨至 27%，在洛杉矶由 22% 涨至 34%。来福车在美国其他城市也获得了类似的增长量。

来福车在"卸载优步"运动之后获得大量市场份额

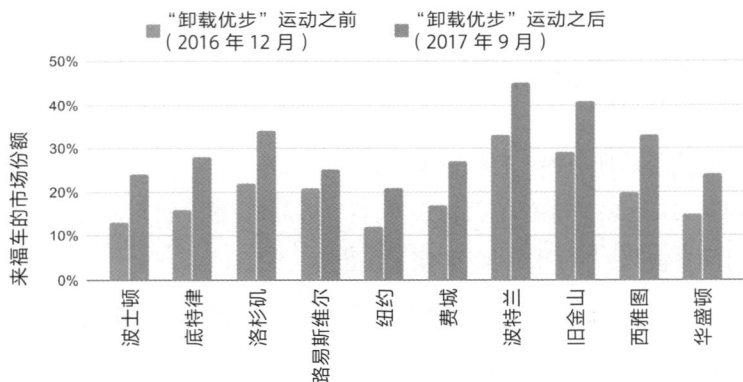

在"卸载优步"运动之后，优步付出代价使来福车在美国各地的市场份额都有所增长。　资料来源：Vox

优步的行为是一个巨大的并非被迫的错误。由于品牌受损，优步给它们的竞争对手拱手相让了 50% 的增长量，而它们在用户中的口碑也永久受损。品牌的重要性不言而喻。

了解你的顾客

罗恩·约翰逊（Ron Johnson）早该知道建立品牌的第一步，同时也是市场营销的第一步，是了解顾客。

约翰逊曾是零售界的一个明星。他曾经在 Target 和苹果任职，作为苹果零售部的高级副总，他开创了苹果经典的 Genius Bar 天才吧、开放式展示和免费的学习会（workshop）来演示如何使用苹果产品。所以当约翰逊在 2011 年被任命为 JCPenny[1] 的 CEO 时，他被寄予了厚望。

约翰逊的第一个商业任务是把 JCPenny 重新打造成一家优质的零售商。他觉得 JCPenny 持续不断的折扣、优惠券和清仓甩卖令人反感，所以取消了这些活动。取而代之的是他设计的一套新策略：保持低价并且引入精品店和设计师品牌服饰来服务高端市场。

然而结果非常惨重。约翰逊在仅仅 17 个月之后就退位了，JCPenny 的股票在当时已经跌了 57%。

这是为什么？约翰逊的失败之一就是他没能了解在 JCPenny 购物的顾客到底是什么样的群体。这些消费者与高端苹果店的顾客不同，他们在 JCPenny 购物是想要便宜的衣服，但更重要的是，他们享受那种发现了超值优惠的快感。当约翰逊的 JCPenny 开始大肆宣传"无须再剪优惠券，也不需要再把门挤爆"，这些热衷于讨价还价的人可能甚至感觉被羞辱了。约翰逊热衷于销售奢侈品，所以他无法想象人们会觉得剪优惠券和发掘折扣很有意思。但这些顾客确实乐在其中，而约翰逊却把他们赶走了。

1　JCPenny 是美国一家大型连锁百货商店。

作为一名产品经理，你必须知道什么时候你的顾客和你是不同的。大部分你试图吸引的顾客都与刻板印象中的产品经理截然不同——刻板印象中的产品经理可能是 20 或 30 多岁就坐飞机的常客，还喜欢寻找哪款信用卡最好。一位优秀的产品经理会进行充分的调研，设身处地地为顾客着想。约翰逊如果在大刀阔斧改变公司策略之前能化身一个购物者在 JCPenny 逛上几个小时，结局大概就不同了。

当用户不是顾客的时候

科技行业的人们习惯将用户等同于顾客，但两者不总是一样的。狗粮是狗来吃的（它们是用户），但狗粮是人类购买的（人是顾客）。母亲节的礼物也不是妈妈们在买，而是孩子们在购买等。

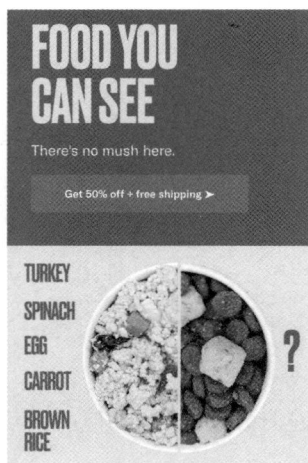

狗不在乎狗粮的外观，但是主人们肯定在乎。因为是主人们在买狗粮，所以这样的广告能明确吸引到宠物主人，符合主人的需求和品味。
资料来源：照片墙上的 NomNom

在营销一款产品时，你的目标是顾客而不是用户。设计一款超级美味的狗粮对销售情况不会有太大帮助，因为狗无法告诉人类它们的食物有多好吃。反而，你关注的应该是比如食物是不是有机的或者是否能延长狗的寿命等问题。

Old Spice 这个洗漱用品品牌就很好地应用了这个概念。它们的市场营销人员发现，70% 的男性洗漱用品都是由女性购买的，但是大部分男士沐浴露、洗发水和像 Axe 这样的除臭剂广告却都是针对男性的，宣传使用后会更有"男人味"。于是，Old Spice 发布了一则针对女性的广告。广告中，一个英俊的、裹着浴巾的男演员说，"女士们，你好"，然后说明了 Old Spice 会如何让她们的男人在视觉上和嗅觉上都更有吸引力。这个广告使 Old Spice 的销量大幅度提升。

Old Spice 的沐浴露广告。尽管产品的用户是男性，但这则广告是明确针对女性的。
资料来源：油管

案例分析：企业软件

在科技领域，一个典型的"用户不等于顾客"的例子就是 B2B 企业软件（business-to-business），比如工资软件 Workday 或者思爱普

481

（SAP）的支出报告软件 Concur。日常使用这些软件的人是公司员工，但决定是否购买它们的却是公司的财务和 IT 团队。这些客户不太关心流畅的用户界面和快速的加载时间；他们希望的是每一美元能买到最多的功能，而且这些软件要易于 IT 团队来管理。

这就是为什么做企业软件的产品经理对于用户体验的关注远低于做 B2C（business-to-consumer）软件的产品经理，同时也是为什么企业软件常常被诟病笨重、过时、充斥着使用率低的功能。企业软件的产品经理可能也很希望能提供一个更好的用户界面，但因为对净利润帮助不大，所以优先级通常会被降低。（也有例外，比如 Slack，它的界面就对用户非常友好。这说明对终端用户有吸引力还是有帮助的，员工会因此要求使用这个软件。但最终还是财务团队来做决定，所以一个出色的用户界面也只能帮你到这儿了。）

针对消费者和企业的产品营销策略也可能完全不同。比如，谷歌的 Chromebooks 既出售给日常用户，也出售给大型企业。这些电脑的操作系统相同（很多时候在两个渠道中销售的硬件也是一样的），但谷歌在两个渠道中的广告宣传却大不相同。面向企业的营销信息会强

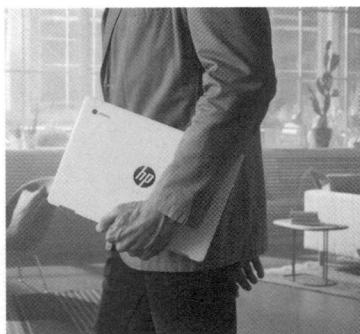

Battery life
Up to 12 hours
of battery

Chrome OS optimizes your battery
performance, so you can watch, play,
create and do more with every charge.

*Battery life may vary based on device, usage
and other conditions.

ChromeOS 面向消费者的广告，强调设备优秀的电池续航。　　资料来源：谷歌

调这些设备如何安全且易于管理，而面向消费者的宣传重点则在于电池寿命、速度和与其他设备的同步功能。

品牌定位

在了解了你的用户和他们的需求后，接下来的第一步就是建立一个品牌战略来确定品牌的定位：你的产品在用户心目中的位置。

对品牌定位最简单的理解就是，当用户想到你的产品时脑海中浮现出的一个或多个关键词。对苹果来说，这些关键词可能是"奢华"和"独一无二"。而对谷歌来说，这些关键词可能是"实用"和"随处可见"。注意，这些词语并不是关于产品的特征的，而是关于情绪和"个性"的。一个可以用来提炼出这些产品个性相关词语的问题是："如果有人在一个鸡尾酒会上遇到了我的产品，他会怎么形容它？"

你可以用一个两句式的定位声明来概括你的产品，像这样：

（产品）是一款（产品描述），可以帮助（目标市场）（获得哪些好处）。人们会用（个性）来形容它。

比如，Waze是一个被谷歌收购的很受欢迎的地图软件，它的定位声明可能是这样：

Waze是一款可以帮助通勤者避免道路事故和堵塞的导航软件。人们会用有趣、聪明、社群主导和友好来形容它。

你也可以（也应该）更灵活地使用这个框架。努力想象一款产品在一个派对中会怎样表现：

> Houseparty 是一款基于视频的派对软件。人们可以跟朋友聚会、玩游戏，还可以认识朋友的朋友。人们会用吵闹、自发的和健谈的来形容它。

价值主张

以上的公式也可以进一步延伸来传达适用于多种类型用户的价值主张：

> 油管是一个在线视频社区。它帮助观看者找到娱乐和励志的视频，也帮助连接视频创作者和观众，还能让广告商把广告展示在世界上最广的观众群前面。人们会形容它为风趣的、聚会中不可或缺的和包罗万象的。

当价值主张被包括在内时，这些定位声明就变成了特别有用的工具，因为它们为你的电梯游说（elevator pitch）提供了有效的内容。当你的团队在定位声明上达成了一致时，你就可以更新你的网站主页、你的领英介绍、媒体材料等来展示这个声明。这则电梯游说也就成了一个模板，任何时候你想向别人介绍自己的产品和公司的时候，你都可以使用它。

品牌金字塔

定位只是产品品牌故事的一部分。还有另外两个部分，分别是：品牌带来的情绪价值和广泛的社会使命。品牌希望给用户带来什么样的感受，又希望给世界带来怎样的改变呢？品牌使命的部分通常来自公司的愿景和使命声明。比如，微软的使命是"予力全球每一人、每一组织，成就不凡"。大部分微软的产品，从 Office 到 Azure[1]，都延续着这一品牌使命。

了解了这些，你就可以搭建起一个由五部分组成的品牌金字塔了。底层是产品最具象的部分，越往上越抽象，越是愿景。金字塔的这几层依次是：

1. 功能和属性：你的产品是做什么的。

2. 功能价值：你的产品为用户解决什么问题。

3. 情绪价值：你的产品给用户带来怎样的感受。

4. 品牌个性：你的产品用来和用户建立情感连接的人性化性格。

5. 品牌核心：你的产品或公司的使命。

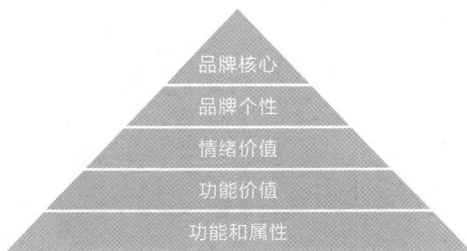

品牌金字塔。每一层都是基于下面的部分建立的。

---

1 Azure 是微软的云端服务平台。

品牌金字塔将是你未来开展市场营销工作的基础，所有的广告宣传、增长策略、销售策略等都将基于这个金字塔，所以付出足够的时间来构建这个品牌金字塔非常重要。

案例分析：特斯拉

特斯拉名义上是一家旨在通过电动车代替汽油车来保护环境的汽车公司，目标是环保。但仔细观察就会发现，它的品牌代表的并不只是一个环保先锋汽车制造商。

特斯拉不仅仅是一家电动车公司。特斯拉的定位堪比豪华车，一辆 Model S 的售价就超过 7 万美元，埃隆·马斯克自己也承认特斯拉的目标是那"1%"。马斯克禁止特斯拉提供议价、折扣和一排排的现车，这些是大部分车行都会提供的服务。特斯拉也确实成了湾区富裕居民的身份象征，这种丰田普锐斯从未带来过的身份象征。但与此同时，一个不可忽略的事实是，电动车的清洁度等同于驱动它们的电力能源的清洁度，而在世界上的很多地方，电力等同于煤炭和石油。

相比普通的汽车网站，特斯拉的网站与苹果的网站更相似。　　资料来源：特斯拉

如果特斯拉是真的试图推动一场生态环境的革命，那么他们就会制造像丰田普锐斯和雪佛兰沃蓝达这样的大众化、超高效的车，马斯克会把他的工程实力转向建造比如非常清洁的氢燃料电池车上。而特斯拉拒绝向汽车经销商出售低价车，马斯克也把氢燃料电池称为"令人难以置信的愚蠢"。

因此，我们猜测，相比于一个环保战士品牌，特斯拉更像是一个奢侈品牌，一个"汽车中的苹果"。但特斯拉又更为复杂，不是一个简单的奢侈品牌。为了严谨地分析特斯拉的品牌，我们决定做一个特斯拉的品牌金字塔。

底层是功能。特斯拉的汽车当然都是纯电动的，但它们同时又有一系列的高科技功能和跑车的特征。特斯拉扬言说他的高端型号Model S 能在短短 2.3 秒内从 0 加速到 60 英里每小时，击败了法拉利、布加迪、保时捷和迈凯伦。有些特斯拉甚至还有极其炫酷的鹰翼门。在技术方面，特斯拉可以在高速上自动驾驶，也可以在停车场里通过"智能召唤（Smart Summon）"功能自己行驶到车主面前，还可以自动进行无线的软件升级。简而言之，特斯拉的车是高科技跑车：苹果和宝马的结合。

汽车的功能直接影响到品牌金字塔的第二层：功能价值。功能价值就是产品能为用户解决的问题。哈佛商学院的传奇教授克莱顿·克里斯坦森（Clayton Christensen）把这些待解决的问题称为"待完成的工作（jobs-to-be-done）"。以德国汽车品牌宝马和它的竞争对手梅赛德斯奔驰为例，宝马的符合人体工程学的内饰设计和轻巧灵敏的引擎（宝马汽车的功能）体现了它"终极驾驶机器"的功能价值。如果你想要一辆性能出色的汽车，你可以选择宝马。而梅赛德斯的引擎就更重且更耗油，但是汽车的外观更时尚，内饰采用了大量木质、铬合金和皮革材质，体现了奔驰奢侈的功能价值。如果你想要一辆漂亮的、感觉更高档的汽车，你就可以买奔驰。

特斯拉的功能价值与宝马的类似，都是直接来自车辆的功能。特斯拉强大的电动引擎使车辆在提供高速、安静、流畅的驾驶体验的同时，也可以拥有出色的加速度和操控性。并且，特斯拉的超级充电站分布网为它的电动车提供了可靠的续航。特斯拉的内饰也很精致、干净、高科技，相比梅赛德斯来说，特斯拉内饰的感觉更像宝马。

一辆展开着"鹰翼门"的特斯拉 Model X。　　资料来源：维基媒体

但与宝马不同的是，特斯拉定期的软件更新会使它的车随着时间的推移变得越来越好。如果你想要一辆适合长途旅行的高性能、创新型的车（功能价值），你可以选择特斯拉。相比之下，高效、简洁的普锐斯则更适合通勤。需要注意的是，特斯拉并不是真正地追求奢华：它的内饰很简洁，那些不常见的功能，比如向上开的"鹰翼门"，更多的是"酷"而非奢华。

金字塔底部的这两层会直接影响情绪价值这一层，品牌金字塔也从这一层开始变得抽象。讲到这里，很显然，特斯拉的环保性只是其整体吸引力的一小部分。当你购买了一辆特斯拉时，可以说你就是加入了一个专属俱乐部，一个由思想超前的科技爱好者组成的专属俱乐部，一个看到了汽车的未来的开明群体。在他们眼中，那是一个没有汽油、没有无良的汽车经销商，也没有笨拙的电子界面的未来。

能给特斯拉电动车充电的特斯拉超级充电站，遍布世界各地的高速公路。
资料来源：Blomst via Pixabay

特斯拉的"专属性"始于它遍布世界的超级充电站，这些充电站只有特斯拉车主才能使用。汽油车车主只能羡慕地看着这些现代的充电站，这些"现代版的汽油泵"。特斯拉的车主们甚至还有专属论坛。这些都给特斯拉车主们带来了一种"我们与他们不同"的心理，使具有远见的特斯拉车主与还在使用旧技术的大多数形成了鲜明的对比。这种专属性在特斯拉的客户中培养出了强烈的品牌忠诚度。

可以说，拥有一辆特斯拉会让你感觉自己富有创新精神、聪明、无畏，同时，拥有特斯拉也会让你感觉自己是一个紧密的群体中的一部分。这个引出了关于特斯拉汽车的一个观点：特斯拉是电动车不是因为环保（虽然对环境有帮助），而是因为电动车是汽车的未来，而特斯拉的驾驶者们希望生活在未来。

特斯拉的情绪价值解释了他们商业策略的一部分。特斯拉有意从高端市场入手，首秀特斯拉 Roadster 在 2008 年发布时卖到了 11 万美元。因为它的高价，Roadster 很快就在布拉德·皮特（Brad Pitt）和詹妮弗·加纳（Jennifer Garner）这些好莱坞明星中声名鹊起。在那之后，马斯克才开始做价格更亲民的车。这个策略的目的（成功了）是给特斯拉打造一个独一无二的创新性品牌。如果当初从低端市场做起，特斯拉就会给大众留下这个品牌很普通的第一印象，这就违背了马斯克的初衷。

品牌金字塔的第四层是品牌个性，而特斯拉的品牌个性就是埃隆·马斯克本人。这位古怪的亿万富翁是特斯拉的门面、头脑和灵魂。他被媒体描述为一位具有革命精神的、极具魅力的天才，可以与乔布斯和爱因斯坦相提并论。他不仅创造了美国最令人激动的汽车制造商，还致力于将人类带向火星，他还研究了电动飞机，甚至设计了一款极具未来感的名为 Hyperloop 的高速地铁。

总之，马斯克的粉丝称他为现实中的钢铁侠：在漫威电影里饰演钢铁侠的小罗伯特·唐尼甚至特地与马斯克会面来试图更好地理解托尼·史塔克这个角色，这个副业做钢铁侠的、有远见的商业大亨。那么这个理论就变成，买一辆特斯拉，你可以离马斯克更近一步，他的一些优秀品质也可以在你的身上闪光[1]。

1　使用一个人作为你的品牌个性的风险在于，他们的怪癖——比如马斯克给他的孩子取名"X Æ A-12"——会影响你的品牌。

品牌金字塔的第五层是品牌核心：特斯拉改变世界的愿景。这一部分就很清晰了。特斯拉声明的使命是"加速世界向可持续能源迈进的进程"。这展现了两部分：对环境的友好和要引领改革的态度。当人们购买特斯拉时，他们会觉得自己是在勇敢地与那些眼中只有金钱、靠石油致富的旧势力群体做斗争。购买特斯拉于是成了一种反抗行为，通过创新来创造一个更好的世界。这也是特斯拉如此具有吸引力的原因之一。

当你把所有这些放在一个金字塔里时，特斯拉的品牌就变得清晰了：每一层都为处于它之上的部分奠定了基础。顶端是特斯拉的品牌核心：一场可持续能源的革命。

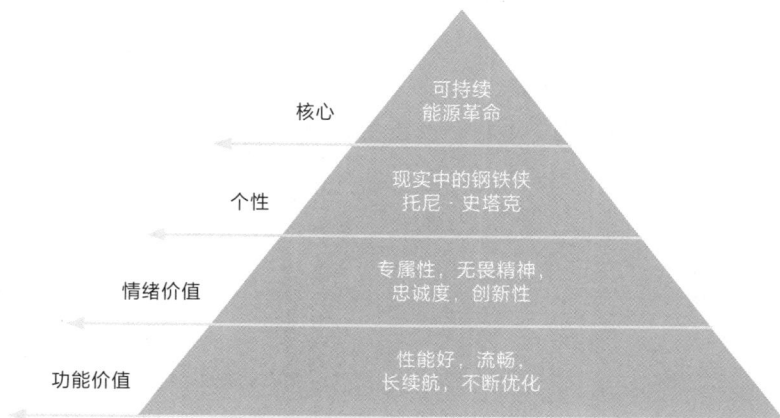

特斯拉的品牌金字塔。

在建立了一个品牌之后，下一步就是实现它。了解品牌对于规划产品功能路径图至关重要。比如，自动驾驶功能乍看可能跟电动车并不相关。自动驾驶确实方便，但是它似乎并不依赖于电动机，也与保护环境的初衷无关。但知道特斯拉的品牌是完全围绕创新而不仅仅是基于环保后，这一切就容易理解了。电发动机是创新；自动驾驶也是创新的。所以像特斯拉这样的品牌就是要两者兼顾。

第三十二章　你的狩猎目标是什么？

据雅虎的前产品经理里特什·来（Ritesh Lai）说，雅虎在其鼎盛时期有一个九位数原则，雅虎的所有业务，从股票到新闻再到搜索，都需要遵守这个原则。这项原则就是，如果一个企业想得到雅虎的支持，它必须拥有至少 1 亿的月活用户，或者至少 1 亿美元的年度营收；任何小于这个规模的公司都不值得雅虎这个大企业花费时间。这个九位数原则后来也在硅谷盛行，很多风险投资人在评价初创公司的时候都会以这个原则作为一个标准。

那么你要如何一年赚 1 亿美元呢？有一个在销售人员中很流行的模型叫作"狩猎模型（hunting model）"。狩猎模型将企业分为了五类，这个分类是基于企业的每账户平均收入（annual revenue per account，ARPA[1]），也就是销售人员希望每年从每个客户身上获取的平均收入而定的。你可以创立各种类型的科技企业，但这些企业通常都可以被归为这五类之一。

1　这是每个用户年度营收更广泛的说法。ARPA 在消费者和企业设定中都成立，但是 ARPU 通常只能用在用户产品上。

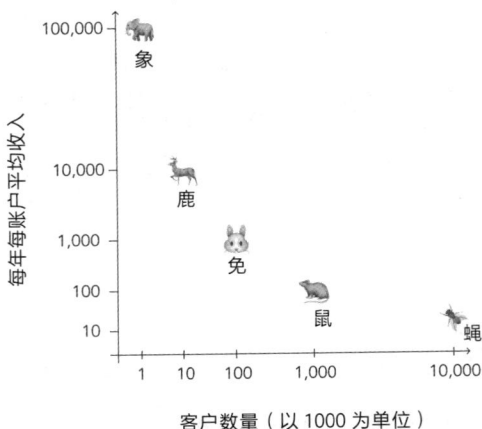

你可以通过五种方式来获得 1 亿美元的年度营收。你可以"猎取"的不同"动物"代表了不同的营收方式。在一个极端，你可以从少量用户（象）身上获取大量收入；而在另一个极端，你可以从大量用户（蝇）身上获取一点收益。

资料来源：Visual Capitalist

　　这个模型把不同类型的客户视为可以狩猎的"动物"。根据你的狩猎目标，你的市场营销策略、销售策略、广告策略和增长策略都会不同，也就是你所有用来为产品盈利的方法都会有所不同。

　　在这个模型中，你有五种方式来赚取 1 亿美元的年收入：你可以从 1 千万个用户（蝇）身上每人获取 10 美元，从 100 万客户（鼠）中获得每人 100 美元，从 10 万客户（兔）中获得每人 1000 美元，从 1 万名客户（鹿）身上每人获取 1 万美元，或者从 1000 名客户（象）身上每人获取 10 万美元。这个模型有时候会包括第六个类别——鲸鱼（从 100 位客户身上每位获取 100 万美元），但猎取鲸鱼的营销和销售策略跟猎取大象的类似，所以通常会被合并为一类。

　　接下来，让我们来了解一下针对每种动物的市场营销、销售、广告和增长策略。

蝇：每人 10 美元

第一种建立一个 1 亿美元科技公司的方式是从 1000 万个用户那里每人赚取 10 美元。狩猎模型的核心原则是，你获取用户的成本（获客成本，customer acquisition cost，CAC）不应该多于用户会支付的费用（客户生命周期价值，customer lifetime value，LTV）。在理想状态下，你的获客成本应该少于 LTV 的三分之一。

蝇类客户的 LTV 很低，每年仅付 10 美元也依然是客户。这意味着，你不应该为这类客户花太多钱做市场营销或者广告。每 30 秒 500 万美元的超级碗（Super Bowl）广告大概就不在考虑范围内了。

事实上，这类客户的 LTV 实在太低了，以至于想要盈利的唯一方式就是不进行任何传统意义上的广告宣传。这样一来，你就需要免费获取这些客户。免费获客有两种主要途径：病毒式增长营销（viral growth marketing）和海量的用户原创内容（user-generated content）。

病毒式增长营销，或病毒式营销（viral marketing），是依赖于现有用户来带领新用户进驻平台的营销方式，你不需要花一美分。这可以是社交产品的形式，比如照片墙、瓦次艾普或者 SnapChat，用户可以邀请朋友或家人来一起使用产品。更抽象地说，它可以指具有强大的网络效应（network effects）的社交产品，也就是一旦周围的人都加入了某个平台，用户就会开始自愿加入。大学校园里，一旦有足够多受欢迎的人下载了像 Tinder 或 Bumble 这样的交友软件，那么不用怀疑，学校里的其他人很快就会蜂拥而至，完全不需要广告宣传。

另一种免费获取大量用户的方式是通过谷歌把用户导向你的网站。这就需要创建大量的页面，好让大量的查询请求可以指向你的网站。而只有当用户都在创建相关页面的时候，这个方式才可行。所以，这类产品的生死存亡都取决于用户的原创内容（user-generated content，或 UGC）。有了内容之后，这些页面还需要在谷歌的搜索结果中有更高的排序，这就需要用到搜索引擎优化（search engine optimization，SEO）。很多著名的初创公司都是通过用户原创内容结合搜索引擎优化来获得大量蝇型客户的：Quora、红迪网、Yelp、StackOverflow、缤趣、Medium，等等。

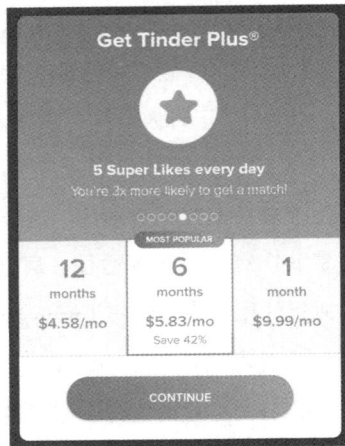

Tinder 通过卖 Gold and Plus 订阅服务来盈利，提供比如"无限划""超级喜欢"等功能，同时还没有广告。　资料来源：Tinder

不论你是通过社交病毒还是用户原创内容来获取蝇型用户，通过这些用户变现的主要方式还是广告，因为人们通常不会愿意花钱来用比如红迪网或者照片墙这类产品。不过也有一些例外，交友软件就会设法从忠实用户身上赚一些钱，它的订阅服务和应用内的付费服务可以提高用户匹配到合适对象的机会。

请注意，每年从每个用户那里赚取的实际收入金额（每用户平均收入，average revenue per user，ARPU）并不总是 10 美元，甚至可能相差甚远。脸书在美国和加拿大的每用户平均收入 ARPU 是 40 多美元，而在亚洲只有 4 美元。大部分猎蝇型公司的 ARPU 都低于 10 美元这个基准线，但是对这个狩猎模型来说，10 美元是一个合理的估算。

猎蝇型公司的每用户平均收入

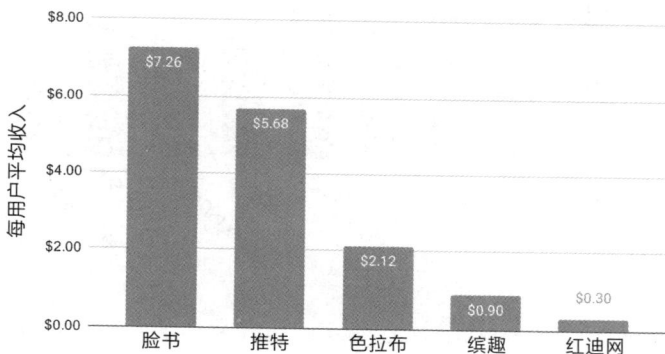

几个著名的猎蝇型公司的年度每用户平均收入。　资料来源：CNBC

鼠：每位 100 美元

接下来是鼠类客户，通常是每年支付大约 100 美元的消费者和极小型的企业（比如 LLCs 和只有三个人的顾问公司）。这些小企业包括像小企业工具 MailChimp、网站生成工具 Wix 和 Squarespace，也包括 Spotify、奈飞和 Hulu 这样的娱乐服务，还包括各类消费者服务，比如亚马逊 Prime、冥想应用程序 Calm 和 Dropbox Plus。

这些服务大部分收取每月或每年的订阅费。虽然只有少数收取

100 美元整，但这些小企业的年付费用户平均收益（annual revenue per paying user，ARPPU）都在同一个区间。

猎鼠型公司的付费用户平均收益

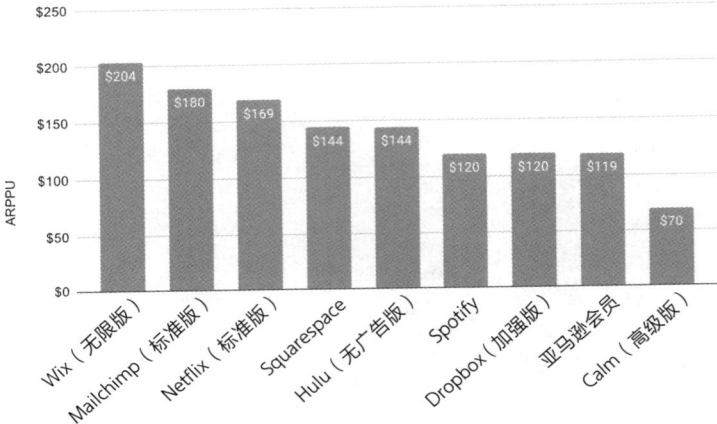

一些猎鼠产品的付费用户平均收入，或 ARPPU。　资料来源：Wix、MailChimp、Netflix、Squarespace、Hulu、Spotify、Dropbox、Amazon、Calm

（ARPU 和 ARPPU 之间有一个细微的差别：ARPU 是把收益平均到所有用户，而 ARPPU 只针对付费用户。我们用 ARPU 来分析蝇类狩猎者，因为蝇类用户并不"付费"来享受服务，收益大多来自广告，除了有应用内购买的商家。ARPPU 是针对付费用户的计算，适合在用户为服务付费的情况下使用，而猎鼠类产品就是用户直接为服务付费的。）

因为鼠型客户的生命周期价值，或称 LTV，在 100 美元区间，所以你就可以开始负担得起传统广告和市场营销了：电视和脸书广告、社交媒体投放、邮件营销、博主发帖等。

不过，你可以在市场营销和广告上花钱不代表你必须这样做。据估算，要获取 100 万个付费顾客，就需要让 1000 万到 2000 万人使用你的产品。投放广告来获取这些用户会很昂贵，所以最好的办法就是创造一个有限的病毒式传播圈来低成本地获取新用户。但鼠型用户可能不会像蝇类用户那样免费开启一个付费订阅服务。你需要用一些比如推荐新用户返利的方式来获取付费用户：比如，Dropbox 提供 500MB 的免费存储空间作为邀请好友的奖励，爱彼迎的用户每邀请一个朋友就能获得 20 美元（只有那个朋友在爱彼迎上订了房用户才能收到奖金），等等。

兔：每位 1000 美元

鼠型客户之后，你的销售对象就不再是日常消费者了。一个普通用户是不会每年掏 1000 美元的，但对一款科技产品来说，每年 1000 美元是兔型客户的基础标准。当你开始瞄准兔型客户的时候，你就进入了企业软件（B2B 软件）的世界。

这时，你就不再关心 ARPU 或者 ARPPU 了。你在意的不再是有多少个体用户，而是每个客户支付的总金额，也就是每账户平均收入（average revenue per account，ARPA[1]）。只要使用你产品的比萨店每年支付你 1000 美元，你不会关心他们店里有 5 个还是 50 个员工。

很多类似的针对小型团队的效率工具都可以被列为猎兔产品（以兔型客户为目标），包括 Trello、Slack、Asana、GitHub 和 G Suite。Slack 针对小型企业的产品的收费标准是每用户每月 6.67 美元；一个

---

[1] ARPA 实际上与 ARPPU 相同，但 ARPA 是企业销售的正确术语。

150 人的企业每年就需要花 1000 美元在 Slack 上。这些工具型产品通常是按员工数收费，所以根据目标客户的规模，这些产品也可以猎取鼠、鹿甚至大象。一个 15 人的微型企业可能每年只花 100 美元在 Slack 上；一个规模大一些的 800 人的公司如果购买 Slack 的 12.5 美元 Plus 产品，那么这个公司每年就会花费 1 万美元。

通过每月按用户数收费，Slack 的产品可以满足鼠、兔、鹿甚至大象规模的客户需求。
资料来源：Slack

但别忘了，如果你的产品要同时猎取不同类型的客户，那么针对每种类型你也要有不同的市场营销策略、广告策略和销售策略。

兔子，是一个很难成为目标的客户类型。兔型客户对传统的广告和市场营销来说规模太大了，一个小企业不会仅仅因为它的创始人在照片墙上看到了几支广告就在 Shopify 上投入 1000 美元。但兔型客户对传统的销售团队来说规模又太小了，客户每年只支付 1000 美元，不值得雇用一个销售人员，你也不会有足够的销售人员来服务 10 万个客户。著名的企业家彼得·蒂尔（Peter Thiel）也因此把这个区间称作"分销低迷"。

我们前面讨论的传统的市场营销策略——广告、博主发帖甚至邮

病毒式营销	营销		销售	复杂销售

低迷区

蝇 $10	鼠 $100	兔 $1000	鹿 $10k	象 $100k

当猎取兔子时，你会陷入一个传统的营销和销售都没有太大效果的境地。这种情况通常被称为"分销低迷（Distribution Doldrums）"。　资料来源：从零到一

件——被称为推播式营销（outbound marketing），你把产品展示在潜在的购买者面前，询问他们是否感兴趣。传统的挨家挨户上门的销售人员和贸易会议是经典的推播式营销的例子。但就像我们说的，这些策略对兔子和更大型的客户不是那么有效。

最好的办法是采取集客式营销（inbound marketing），让潜在的客户自发地访问你的网站。这背后的理论是，一旦客户来到你的地盘上，让他们进行购买或转化（convert）就容易很多了。为了吸引人们来你的网站，你可以发布比如博客帖子、病毒式传播的视频、免费的课程和电子书，等等。人们会来你的网站获取这些内容，然后开始喜欢你的公司，于是更有可能购买你的产品。

集客式营销的发明被归功于数字营销公司 HubSpot，同时，它自己也是集客式营销的受益者。HubSpot 的网站为集客式营销人员提供了许多很有用的电子书、博客文章、免费课程和免费的网站工具。HubSpot 知道营销人员会来他们的网站学习营销的相关知识——所以，当这些营销人员的公司需要购买营销软件的时候，他们也就自然会选择 HubSpot。

集客式营销适用于狩猎兔型客户，因为它可以帮助你吸引到你想要的确切的客户类型并建立进行销售所需的信任，而所有这些都不需要人工销售人员。

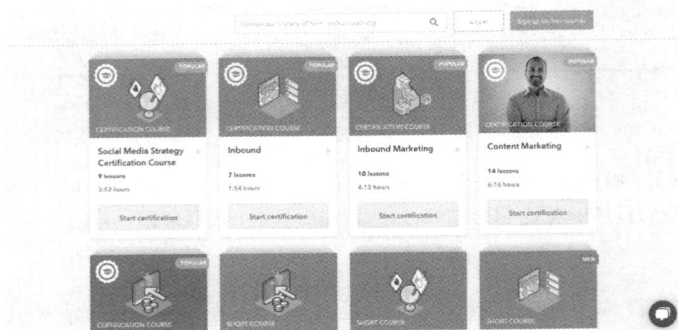

HubSpot 提供免费的营销课程，以此来与营销人员建立良好的关系。这些营销人员因此信任 HubSpot 和他们的业务。　　资料来源：HubSpot

鹿：每位 1 万美元

到这个阶段，你的销售目标就是中等规模的企业（比如 200 人的初创公司）或者大企业中的小团队了（比如 500 强企业中的一个部门）。像 HubSpot、Atlassian[1] 和 Asana[2] 这样的公司就以服务这类客户而闻名。

与对待兔型客户类似，你需要使用销售手段而不是营销。但与兔型客户不同的是，鹿型客户的公司规模已经足够大，它们可能想要一些人工服务，所以，集客式营销策略在这类客户身上就不够有效了，但客户规模还没有大到要派一大支销售团队去客户的总部服务。

1　Atlassian 是一家致力于为公司和团队开发软件工具的公司。项目管理软件 JIRA、Trello 和团队协作软件 Confluence 都是其旗下产品。

2　Asana 同样是致力于开发工作管理与协作软件。

这种情况下，你可以使用一种折中的策略，叫作内部销售或远程销售。远程销售，指销售代表通过电话或网络与顾客沟通，可以有效降低客户服务成本。每位销售代表通常对接多位客户，因为 1 万美元一年的账户还没有大到需要一个全职销售来服务。

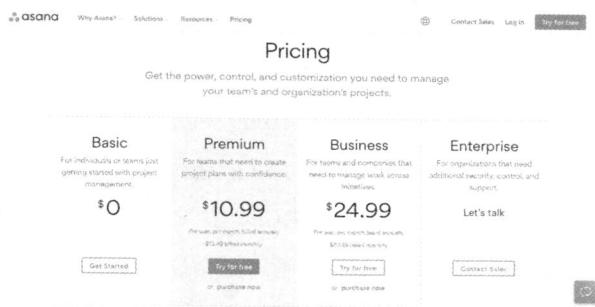

Asana 标准的产品价格是每员工每月 25 美元，这个定价主要针对鹿型客户。象型客户不能走这条"自助"路线，他们需要跟销售团队联络。这种情况在大多数同时面向小型企业和大型企业的企业软件中很常见。　资料来源：Asana

企业产品的目标可以是兔子、鹿或者大象，但一些投资人建议小团队或者新团队专注于鹿。象型客户需要很多手把手的服务，通常需要一个庞大的客服团队来提供全天候的服务通道、培训课程和其他各类服务，而一个小团队无力承担这些。同时，想捕获足够的兔子来"喂饱"你的公司也非常难，因为这些客户就像兔子，难以捕捉，追逐一大群兔子只会让你筋疲力尽，还得不到多少"肉"。但鹿在这中间占据了一个绝佳位置：足够大，所以你不需要太多只，但又足够小，抓到一只不需要倾尽所有的力气。

象：每位 10 万美元

大象（以及它们体形更大的兄弟，每头价值百万美元的鲸鱼）是你可以猎取的规模最大的客户，通常是世界 500 强公司或者国家政府。想想一家典型的世界 500 强公司可能使用的软件：微软 Office、亚马逊 AWS、用于客户关系管理（CRM）的 Salesforce、用于 HR 和工资系统的 Workday 等。这些产品狩猎的目标都是象型客户。

由于大象如此巨大，你只需要 1000 头就可以达到 1 亿美元的大关。但是每一头都需要付出很多努力才能获得。这就到了一个充满着商务会谈的世界：牛排晚餐、与各 CEO 共进美酒佳肴、西装革履地前往公司总部以及在拉斯维加斯举行客户会议。你可以斥巨资来获取客户，而且在很多情况下你确实需要这样做，因为每年付你 10 万美元的人会对你寄予厚望。

正如我们之前提到的，狩猎大象不适合胆小的人。这些客户需要的（和期望的）服务会占用你核心产品开发团队的时间、精力和资源，这意味着你需要付出比想象中多许多的资源来为客户服务，并不得不减少产品研发投入。

不仅如此，一开始就瞄准大象容易让你陷入困境，因为适合猎象的产品和团队并不适合猎兔或者猎鹿。所以，在进入猎象市场之前要格外小心。

第三十三章　广告

广告自然是大多数市场营销战略中的一个关键部分。在科技行业，你通常既是甲方又是乙方。你需要投放广告来发展你的产品，而你的产品（从谷歌搜索到 Quora、领英）也经常需要使用广告作为一个变现策略。所以，无论你想在科技行业中的哪个地方工作，了解广告这个细分领域都至关重要。

品牌广告与直效广告

关于广告，首先要了解的是，它由两个截然不同的部分组成：直效广告（direct response advertising），旨在让观众立即采取行动（比如购买产品）；品牌广告（brand advertising），旨在让观众更积极地看待特定的一款产品或一家公司。

这两种广告方式的区别在"现实"世界中最显而易见。广告牌是典型的品牌广告。当宝马立起一块广告牌时，它并不期待你当天就要冲去车行买一辆车。它希望的是你能更频繁地想到宝马车，这样当你需要购买下一辆车时，你就更有可能选择宝马。而那些你经常在布告栏上看到的带有可撕便条的广告单——宣传保姆、导师、园丁

等 —— 则是直效广告的一个很好的例子。广告者不是在试图提升自己的品牌，他们希望你撕下带有他们电话号码的便条并立即预约。

一个有效的练习是开始试着把你日常生活中看到的广告归为品牌或直效广告。一个经验法则是，一则广告如果带有电话号码、网站地址或者行为召唤按钮比如"立即购买"或"安装"，那么这则广告就是一个直效广告。其余都是品牌广告。例如，电视广告：大部分电视广告都没有行为召唤，而是试图让汽车、牙膏等产品看起来有吸引

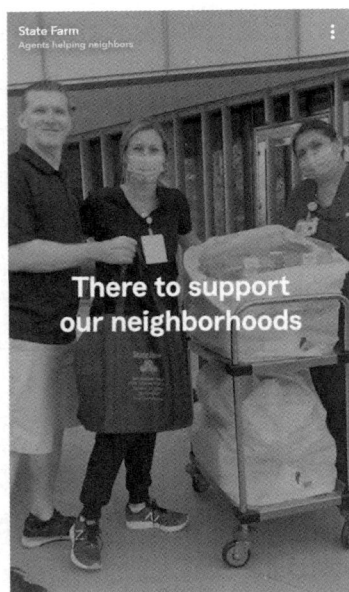

State Farm[1] 在 Snapchat 上发布了其品牌广告。这家保险公司不是在试图让你立即签署一个保险协议，他们只是想让你对这家公司留下更积极的印象。
资料来源：Snapchat

1　译者注：State Farm 是美国的一家大型保险公司。

力，所以是品牌广告。（超级碗的广告基本都是品牌广告。）那些"立即拨打屏幕右下角电话得到这款仅 19.95 美元的土豆削皮器"等广告则是罕见的直效电视广告。

这两种不同的广告方式也适用于数字世界。为产品制作数字广告的营销人员可能会混合使用品牌和直效两种广告形式并投放在不同的平台上。生产奇多的公司乐事（Frito-Lay）可能会投放一个直效广告在亚马逊上，让奇多能在你搜索"派对零食"时跳出来。这种广告的目标是让你直接点击"加入购物车"。乐事可能也会在照片墙上投放一个品牌广告，比如展示俊男靓女在派对上大嚼奇多，这则广告的目的不是让你立即跑出去购买奇多，而是让你把奇多与派对联系起来，从而在下次采买派对零食时选择奇多。

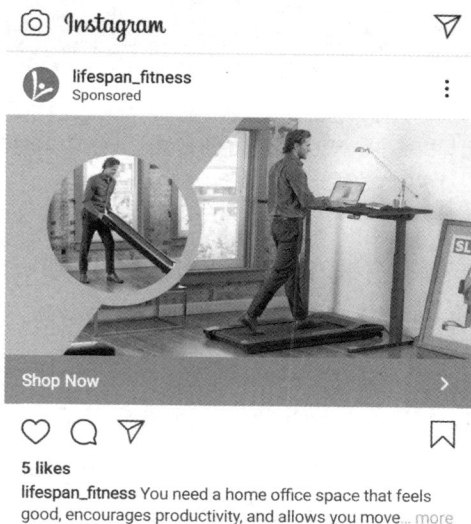

照片墙上的一个走步桌的直效广告。这则广告希望观众能"Shop Now（立即购买）"。
资料来源：照片墙

一般来说，品牌广告在人们只是浏览或者寻求娱乐时效果最好；这些都是低意图（low-intent）的活动，人们不会特地采取一些行动。人们看油管是为了坐下来享受娱乐，所以油管不是一个好的寻求直效回应的平台，但却是一个使产品赢得人们支持的好地方。推特是另一个典型的品牌广告平台：公司在推特上展示其品牌的个性来吸引用户，而非直接赢得销售。

有些广告是品牌广告和直效广告的混合形式。这则 Tableau 的油管广告主要是为了提高 Tableau 的品牌知名度，但是左下角的小链接也让你可以直接访问 Tableau 的网站，所以是融入了直效广告的元素。　资料来源：油管

直效广告最适合高意图的活动，即当某人在明确寻找某物的时候；当用户在明确搜索，而不是无头绪地浏览的时候。谷歌和亚马逊就是这种情况，当有人搜索无线耳机时，你就知道他们可能想要购买无线耳机，所以能直接带他们到购买页面的广告是受欢迎的。这种情况下，如果只向他们推送品牌广告就太浪费了——他们甚至可能会反感品牌广告，因为会分散他们对原本购买目标的注意力。

其他很多产品都支持混合形式的广告。脸书和照片墙以品牌广告起家，但现在也提供相当数量的直效广告。如果你曾经收到过让

你下载应用程序或购买唇彩的照片墙广告，那么你已经收到过了直效广告。

购买漏斗

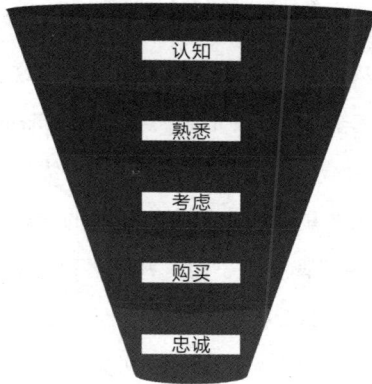

五步购买漏斗。　　资料来源：McKinsey

另一种对比品牌广告和直效广告的方式是通过五步购买漏斗（purchase funnel），也被称为顾客决策漏斗或顾客购买漏斗。这个漏斗模型背后的思路是，人们会从"潜在顾客"逐步成为"忠实顾客"。漏斗中的每一个阶段都会有顾客离开，但留下的顾客就会越来越有价值。这五个阶段是认知（awareness）、熟悉（familiarity）、考虑（consideration）、购买（purchase）和忠诚（loyalty）。

购买一个产品的第一步是知道它的存在（认知），然后形成对于这个产品的看法和观点（熟悉），接着考虑购买（考虑），再然后实际进行购买（购买），最终成为忠实顾客，反复购买并向朋友推荐这款产品（忠诚）。

［你可能也听说过很类似的 AIDA 漏斗。AIDA 漏斗抛开了"忠诚"这个阶段，并把前四个阶段命名为认知（awareness）、兴趣（interest）、欲望（desire）和行动（action）。这个模型比五步购买漏斗更通用，所以请把它作为工具保留好。］

品牌广告通常是针对漏斗顶部的阶段（认知和熟悉），让人们知道并喜欢你的产品。直效广告则通常是针对漏斗下层（考虑），让已经了解了产品的人采取你希望他们采取的行动。这样一来，品牌广告和直效广告就并非完全不同了：它们只是一套策略的两端。

当你想要为产品做广告宣传时，明确你想优化的购买漏斗阶段会很有帮助。你是否需要更多的人知晓你产品的存在（漏斗顶部）？如果是，那就投放一些品牌广告。而有些顾客已经在寻找同类商品了，如果想要赢得这些人，那么就投放直效广告。

与此同时，如果你的产品要通过广告来变现，那么请思考你的用户会集中在购买漏斗的哪个阶段。应用商店和电商网站的顾客可能处于漏斗底部，而浏览社交媒体和网络论坛的人或许在漏斗顶部。这些知识能帮助你判断应该投放哪类广告。

CPM、CPC、CTR

不论是宣传产品还是出售广告位，你都需要注意三个关键指标：每千次展示费用（cost-per-mille，CPM）、每点击费用（cost-per-click，CPC）和点击率（click-through rate，CTR）。这三个指标能衡量一个广告平台的价格和有效率，所以是对比不同广告平台的关键方法。

每千次展示费用（CPM）和每点击费用（CPC）是两种主要的广

告收费模式。在 CPM 模式中，每次有人浏览你的广告时（称为一次曝光 impression），你都需要支付少量费用。由于每次浏览的收费如此之低，广告平台通常会以每一千次浏览的价格报价，即每千次展示的费用。在 CPC 的收费模式中，则是每次有人点击你的广告时你需要付费。

如你所料，CPM 和 CPM 的区别与直效广告和品牌广告的区别密切相关。投放直效广告的广告商并不关心有多少人看到广告，他们只关心有多少人点击进入了购买页面。因此，直效广告通常使用 CPC 的模式。另一方面，投放品牌广告的商家只追求看到广告的人数最多，点击量并不是那么有价值。因此，品牌广告通常使用 CPM 的付费模式。

那么受欢迎的广告平台通常使用哪种广告付费模式就越发清晰了。谷歌搜索主要是直效广告，所以大部分广告位以每点击价格 CPC 来收费。而像谷歌 Play 这类应用商店都是让用户安装应用，是直效广告的一种形式，这类广告的收费方式是 CPC 的一种变形，称为每下载费用（cost per install，CPI）。

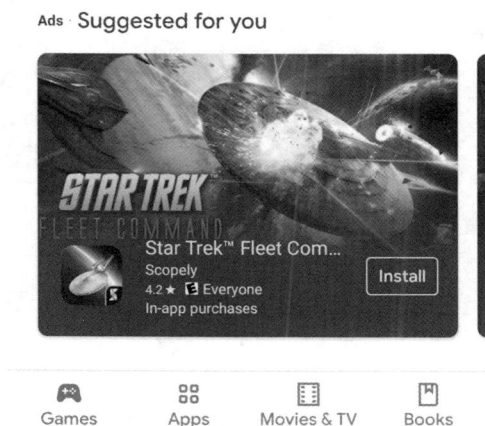

谷歌 Play 应用商店的一则直效广告。　资料来源：Play 商店

油管以品牌广告为主，按每千次展示费用（CPM）收费，更准确来说，是以每观看价格（cost per view，CPV）来收费。

　　这并不是说广告平台只允许一种广告类型。大部分平台都允许广告商在 CPM 与 CPC（以及我们稍后将讨论的一些更小众有针对性的支付机制）之间选择，不过往往会有一种模式占主导地位。很多广告平台甚至会同时紧挨着投放 CPM 和 CPC 的广告。

对比

　　当对比不同平台的每千次展示费用（CPM）和每点击费用（CPC）的价格时，我们发现了一个有趣的现象：

头部广告平台的 CPM 和 CPC

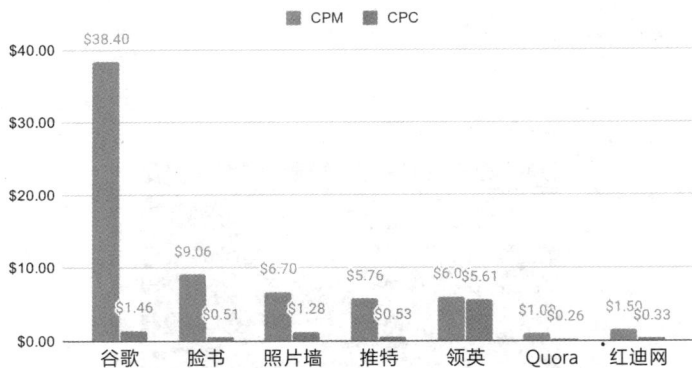

几个头部广告平台的 CPM 和 CPC 对比。　　资料来源：Falcon、Lightning AI、Ladder. io、AdStage、WordStream、BannerSnack

　　谷歌的 CPM 可能是吸引你注意的第一件事。这是怎么回事？这是因为直效广告商其实是可以使用 CPM 的付费机制的，因为浏览广告的人们随时可以点击广告，虽然广告商并不直接按点击量付费。重点是这些广告的点击率（click-through-rate）。有了点击率，你就可以把 CPM "转换"成 CPC。如果你为每 1000 次展示支付 5 美元，而其中 10 次展示诱发了点击，那么实际上，你是为 10 次广告点击支付了 5 美元，每点击成本 CPC 就是 0.5 美元。

来谷歌上搜索的用户都有强烈的目的性，他们的搜索关键词已经告诉了谷歌他们想买什么、在寻找什么，因此，谷歌上的广告有很高的点击率（click-through-rate），即 CTR。所以，广告商愿意为谷歌广告支付高昂的每千次展示费用 CPM，因为高点击率意味着"转化"后的 CPC 也会是合理的。

更重要的是，谷歌搜索的用户整体上都非常有价值，因为他们经常会搜索一些高价值产品，比如"我附近的律师"或者"汽车保险"。销售这些产品的商家愿意为谷歌上的广告支付相当多的费用，因为他们知道任何寻找律师或保险的人都可能会实际进行购买，而且会支付很多钱。

广告的平均点击率 CTR

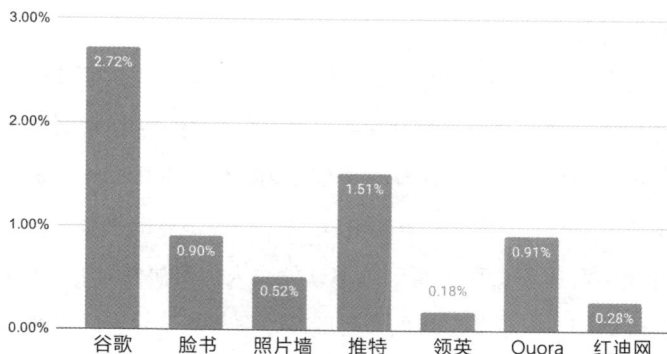

几个头部广告平台的平均广告点击率 CTR。　资料来源：Falcon、Lightning AI、Ladder. io、AdStage、WordStream、BannerSnack

面试小贴士

　　了解大致的点击率对做估算问题、评估广告或者查询财务都会很有帮助。最简单的经验原则是，普通广告的点击率CTR 大约是 1%，不论风格和平台。

　　更细致地来说，搜索广告，即展示在比如谷歌这样的搜索结果页面的广告，点击率大致是 2% ~ 4%。展示广告，也就是新闻网站等类似网站上显示的横幅广告，点击率大约是 0.4%。

　　如果你同时还在做邮件营销，那么你可以期待大约 20%的收件人会打开你的邮件，2.5% 会点开邮件里的链接。

回看 CPM 和 CPC 的图表。除了谷歌，你会注意到脸书和照片墙也有相对高的 CPM。这是因为它们有海量的个人数据 —— 人们可以说是直接告诉了脸书他们"喜欢"的品牌、零食和车，所以，为广告选择合适的目标群体对脸书来说简直轻而易举。甚至连谷歌都没有这类个人信息。通过脸书打广告还可以一石二鸟，因为这家公司允许你把同一则广告同时投放在脸书和照片墙上。当然，享受这个便利是需要额外付费的。

你还会注意到，领英的 CPC 较高。一部分原因是，领英的用户群体比大部分平台的用户受教育程度更高、更专业，也通常更富有，所以领英的用户大概更有意愿支付更多费用。但最重要的原因是，在我们的脑海中，领英至今仍是宣传 B2B 商业产品最好的平台。浏览脸书和照片墙的群体不会愿意看到效率软件或人力资源管理软件的广告，而领英上的用户对这类广告的接受度高。领英甚至允许广告商将广告发布给特定的公司、行业或职位 —— 这是一种在其他任何地方都无法获得的细致度。

最后，你可能注意到了，基于兴趣的社交网络红迪网和问答网站Quora的CPM和CPC很便宜。在我们看来，这两个平台被低估了。在红迪网上找到合适的类别来投放广告或者在Quora上创建"答案"来进行推广都需要一定工作量，但如果你的现金紧张，在这两个平台投放广告还是物超所值的。（请记住：当你投放一个广告时，你并不是在用户的屏幕上随机扔了一张图片——你是在宣传推广一个帖子。所以，只有知道如何创建一个有效的帖子，你的广告才是有效的，对小众的或专业性的平台来说这并不容易。）

再定位和再营销

回想一下之前的购买漏斗，大部分广告都希望把观众向漏斗下层多推进一点。品牌广告的目的是让人们认识产品，直效广告的目的是让人们考虑并最终购买这款产品（或采取其他你认为有价值的行为）。但广告宣传还有另一种目的：获取从漏斗中流走的用户。这是再定位（retargeting）和再营销（remarketing）[1]这两个姐妹策略的核心。

再定位力求把那些浏览过你的网站但是从未转化过的用户吸引回来。你可以通过在网站上放一小段称为"像素（pixel）"的代码来实现这一目的。一个用户一旦访问了你的网站，这个像素就会在该用户的浏览器中放置一个信息cookie。当用户后续浏览其他网站时，再定位服务（比如谷歌广告或脸书）会注意到这个用户有你的cookie，于

1　准确地说，再定位和再营销是直效广告的特殊情况，因为你希望让人们立即采取行动。

是就会向他展示你的网站的广告。这样一来，访问过你的网站但还未转化的用户会持续收到关于你的产品的提醒。这些已经访问过你的网站主页的用户因为已经熟悉了你的产品，所以他们已经处于漏斗很下方了，让他们转化并不难。

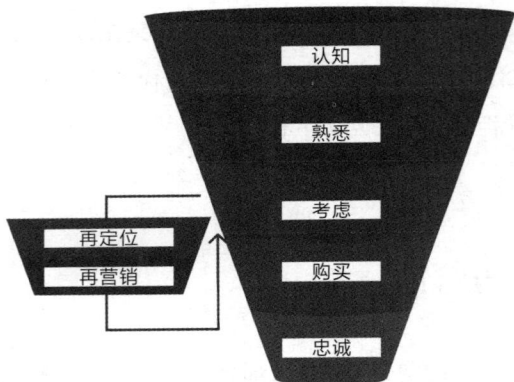

有些用户会难以避免地从漏斗中流失。再定位和再营销可以把这些用户重新吸引回来。

再营销与再定位类似，但不需要使用像素或 cookie。再营销依赖于直接发送邮件给开启了邮件订阅但是从未转化过的用户。比如，如果一家室内设计公司用免费的电子书吸引人们开启了邮箱订阅，那么这家公司就可以定期给这些用户发送再营销的邮件，提醒他们该公司的服务。

再定位和再营销是被低估的策略，因为用户从购买漏斗中流失的程度远高于任何图表所反映出来的。在访问电商网站的用户中，超过95% 的用户是在没有购买任何物品的情况下离开的。也就是说，95% 的用户都在购买漏斗的"考虑"阶段流失了。这95% 中有很多潜在的顾客，如果不使用再定位和再营销，就很难获取这些顾客。

更重要的是，据估算，企业每花 92 美元获取的用户，却只花 1 美元来转化他们。也就是说，大多数企业花费大笔资金试图把更多的人塞入购买漏斗的顶部，却不考虑如何阻止这些用户流失。很可能你已经有足够多的用户涌入漏斗的顶层，花更多的时间在再定位和再营销等策略上可以更有效地留住他们。用一个比喻来形容就是，往一个底部有一个大洞的桶内倒更多的水没有任何意义，解决方法应该是先把这个洞补好。

这并不是说你应该过度使用这些策略。大部分人都习惯了再营销，但再定位似乎还是会令人感到紧张。企业在用户的浏览器里植入追踪器来跟随用户可能会让很多人觉得隐私受到了侵犯。这也是为什么市面上有很多热门的屏蔽追踪 cookie 的浏览器扩展程序，这些追踪 cookie 正是再定位策略中会用到的。火狐（Mozilla Firefox）等浏览器甚至默认自动屏蔽这些"第三方"cookie。再定位是一个强有力的广告策略，只是现在比以往更难了。（一个可能的副作用是，广告商会停止在网络上做广告并且转向脸书和推特等"围墙花园"型应用程序，因为在这些应用程序中阻止广告和跟踪更加困难。）

案例分析：Target 的脸书广告

虽然传统的广告再定位方式已经有些不够有效了，但再定位的这个概念依然很有价值。今天，你可以通过脸书把广告"再定位"后推送给那些曾经看过你的广告但还未转化的用户。这些用户就是所谓的"热用户（warm leads）"；他们已经对你的产品产生了兴趣，所以多几个广告可以慢慢地把他们吸引过来。

以 Target 为例，在 2015 年，Target 在脸书上发布了一则再定位广告。

他们先发布了一支视频广告来宣传他们的免费应用 Treatster，Treaster 可以帮助父母们发现附近最佳的"不给糖就捣蛋（trick-or-treat）"的地点。Target 于是知道了，收看了 Treaster 广告的用户很可能有孩子，而且孩子对万圣节很感兴趣。那么接下来，Target 就可以专门向这些用户推送儿童万圣节活动"周日 Spooktacular"的宣传广告，参加活动的小朋友可以乔装打扮来获得"万圣节糖果和优惠"。

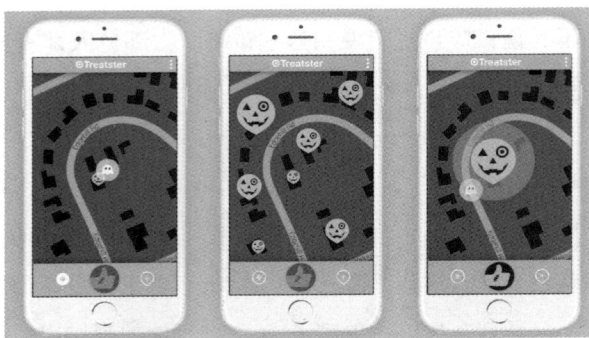

Target 的 Treatster 应用让用户可以在万圣节期间看到附近的房子并且给它们投票。哪个房子给的糖果好，用户就可以给哪个房子投票，票数越多，房子在软件中的南瓜灯图标就会越大。　　资料来源：Megan Skelly

　　因为 Target 从之前的 Treaster 广告中收集了信息，所以它可以准确地把万圣节活动广告推送给目标受众。一般来说，广告定位越精准，带来的回报就越高。这样想：你的广告只会吸引一小部分人，因此每次推送广告给非目标人群时都是在浪费广告支出。Target 因为只向"喜欢万圣节的孩子的年轻父母"这个细分群体推送了万圣节活动广告，所以它可以最大限度地减少广告展示的"浪费"，从而节省资金。

　　因此，广告可以被视为多阶段的宣传活动而不是一次性的投放。熟练的在线广告商可以有策略地把多个广告串联起来，以确保最后一支广告得以重磅出击。Target 的 Treatster 广告本身可能会亏本，但它完美地为后续的万圣节活动广告做了铺垫，吸引了大量有价值的付费用户，同时把广告支出的浪费减到了最小。

娱乐性广告的重要性

我们已经讨论了几种节省广告开支的方法：选择每点击费用 CPC 和每千次展示费用 CPM 低的平台、精准的用户定位和再定位策略。但有一个能降低广告投放成本的关键因素是很多人都忽略了的，那就是把广告做得更具娱乐性。

推送广告对应用程序和网站来说是有风险的：广告本身就会打扰到用户 —— 如果用户看到一个特别无聊或烦人的广告，他们很可能会直接关掉整个应用，转而打开竞争对手的软件。因此，像脸书这样的广告平台如果要投放吸引力低的广告，那么它会收取更高的广告费 —— 你需要支付费用来抵消发布你的广告给平台带来的风险。

也就是说，你的广告越有趣、越有吸引力，你的每点击费用 CPC 和每千次展示费用 CPM 就越低，你节省的广告成本就越多。

案例分析：Dollar Shave Club

娱乐性广告的一个很好的例子是 Dollar Shave Club 在 2012 年发布的首支广告。Dollar Shave Club 是一家通过订阅模式销售男士洗护用品的创业公司。剃须刀片每月仅需 1 美元，外加运费和手续费。

在这支名为"我们的刀片太棒了"的广告中，创始人麦克大摇大摆地走在一个装饰夸张的仓库中。他一边挥着网球拍和长砍刀说着关于小儿麻痹症的冷笑话，一边开着儿童车并发出"choo-choo"的声音。这个疯狂的广告长达一分半钟，但大多数看过的人——包括我们，作者们——全程都看呆了。如你所料，这支广告一经发布就大受人们喜爱，Dollar Shave Club 的 CPM 和 CPC 也因此得以降低。

在 Dollar Shave Club 广告的结尾，公司创始人在美国国旗前、在闪烁的迪斯科灯光和飞舞的美元钞票中，手中拿着吹树叶机与人偶熊和仓库员工一起跳舞。
资料来源：油管

娱乐性广告不仅可以有效提升广告的回报，还可以凭借自身的力量传播开来。Dollar Shave Club 的广告在油管上获得了数千万的观看，这个观看量对独立乐队的单曲来说很常见，但对便宜的剃须刀广告来说就很罕见了。让你的广告可以疯狂地传播，让人们免费地转发你的广告，是从广告投放中得到高回报的终极方式。在 Dollar Shave Club 这个例子中，它的广告在一定程度上就创造了奇迹：Dollar Shave Club 在上线后的 48 小时内就收获了 1.2 万名用户注册。

最后，众所周知，普通人的注意力只有 8 秒，比金鱼的注意力还短。如果你的广告没有一上来就抓住人们的眼球，它就无法带来转化（对直效广告来说）或者强化你的品牌形象（对品牌广告来说）。

第三十四章　增长黑客

一种新型的市场营销方式在 1996 年意外诞生了。当时，免费电子邮件服务 Hotmail 的创始人们正在四处寻求产品增长的思路。他们想用广告牌和广播广告，但他们的投资人 —— 著名的风险投资人蒂姆·德雷珀（Tim Draper），驳回了这些想法。对宣传一个免费的产品来说，那是太大的一笔宣传费。德雷珀建议 Hotmail 的创始人们试着用简单的"黑客方法"来让用户们免费为 Hotmail 宣传。他的想法是在 Hotmail 发出的每一封邮件底部放一小句话："PS：我爱你。来 Hotmail 免费使用电子邮件吧。（PS：I love you. Get your free e-mail at Hotmail. ）"

创始人们对这个想法持怀疑态度，但还是尝试了一下。在使用这个增长黑客方法（growth hack）后的 6 个月内，Hotmail 的用户数量翻了一倍，从 50 万增长到了 100 万。一年后，Hotmail 增长到了 1200 万 —— 这在今天听起来并不多，但在 1998 年，那是互联网用户数量的六分之一。那一年，微软以约 4 亿美元收购了 Hotmail。这个令人惊叹的成功退出很大程度上是因为邮件底部那句简短的话才成为可能。

循环漏斗

Hotmail 的故事在硅谷已是尽人皆知，因为它展示了增长黑客（growth hacking）这一新领域背后的基本原理：用户漏斗不是单向的。

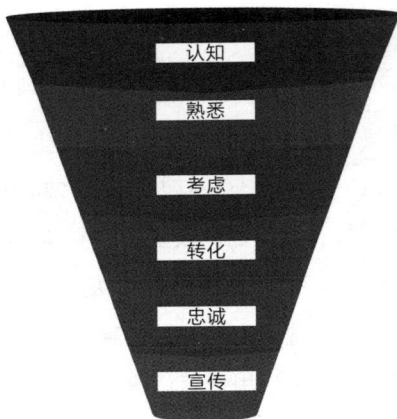

购买漏斗新增了最后一步：宣传。用户一旦成为宣传者，就会将新用户带入漏斗的顶部。

营销人员曾经认为，顾客一旦到达了漏斗的最后阶段（忠诚），就不再需要向他们进行营销了，而是要继续寻找新的用户，把新的用户推入漏斗。而增长黑客们意识到，在忠诚之后还有一步——宣传（advocacy）。用户一旦成为宣传者就可以为你吸引更多人进入漏斗顶端。

Hotmail 的天才之处在于寻找到了一种自动将忠实用户转变为宣传者的方式，从而打造了一个免费把新用户推入购买漏斗的动力引擎。这就是增长黑客的经典定义：在产品中打造受欢迎的功能以至于这些功能本身就能自我推销。

另一个著名的经典黑客式增长案例来自 PayPal。埃隆·马斯克曾解释说 PayPal 最开始会在用户开设账户时给用户 20 美元。这很有效，但是 PayPal 真正开始增长，是当它开始在用户每推荐一个新用户时提供 20 美元。通过这个方法，就像 Hotmail，PayPal 把忠实用户转变成了宣传机器，给 PayPal 带来了每天 7% ~ 10% 的增长速度。你没看错：每天。这意味着 PayPal 的用户量大约每周增加一倍。这个方式并不便宜，PayPal 花费了超过 6 千万美元，但它确实有效。

这个推荐机制的另一个好处是它可以持续被测试、衡量和调整。马斯克和公司能拿到大量反映推荐机制效果如何的数据，如果增长率过高，他们就会把奖励减少到 10 美元，并最终减少到每推荐一位用户奖励 5 美元。增长黑客是少数在发布后还能进行科学调试的营销方式之一，这也是营销这一子领域具有巨大吸引力的另一个原因。

转化黑客

自 Hotmail 和 PayPal 的时代以来，"增长黑客"的范围已经扩大了。如今，在我们展示的新六步购买漏斗中，你可以通过优化其中任意两个阶段之间的流程来实现增长。PayPal 和 Hotmail 优化了从忠实阶段到宣传阶段的流程，而你同样可以优化其他任何阶段之间的过渡。不论何种方式，只要能填补你购买漏斗中的漏洞，这种方式就是一种增长黑客方式。

当下，增长黑客更热门的应用方式之一是优化转化流程：从发布社交媒体帖子到在电商网站上购买产品，让人们尽可能容易地完成产品的核心操作。

案例分析：亚马逊的一键购买功能

在 1999 年，亚马逊发明了（也申请了专利）一个优化从考虑到转化阶段的方式：一键购买。

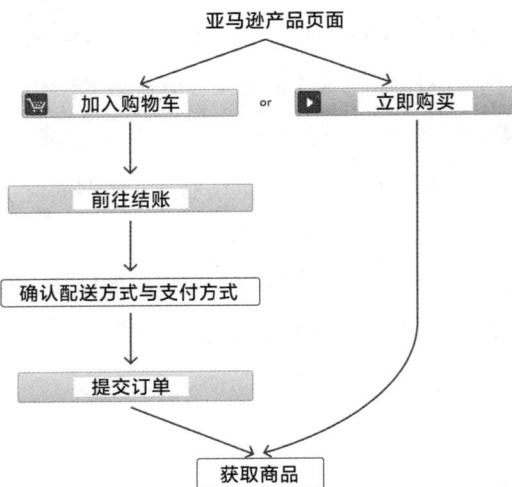

亚马逊的一键购买流程省去了原本的购买流程中的三个步骤。

"立即购买"键让用户可以通过一键点击来购买亚马逊的产品，完全绕过购物车和付款详情页面。　资料来源：亚马逊

通常，在亚马逊上购买一件产品需要至少三次点击："加入购物车""进入结算中心"和"下单"。每一步都为购买增加了一点阻力，让用户有机会犹豫甚至退出购买流程。但是一键购买去除了大部分阻力，它会把产品立刻加入购物车，用你保存的支付方式付款，并且选择配送到你的默认地址。如果一个顾客正在考虑一款产品，那么一键购买使这个顾客按下按钮、买下这款产品的过程变得前所未有地容易。

这揭示了一个简单的道理：减少阻力会让事情变得简单，当一件事变得容易时，用户就会更频繁地来做这件事。亚马逊找到了一种非常有效的方法来应用它。（顺便提一下，其他电商网站现在也可以免费使用一键购买的方式了，因为亚马逊的专利已于 2017 年到期。）

案例分析：
照片墙和脸书限时动态（stories）中的音乐

在 2018 年，脸书和照片墙推出了在限时动态中添加音乐的功能。当你用限时动态拍了照片或视频时，你可以添加一个音乐"贴纸"来

照片墙让用户可以在限时动态中添加音乐"贴纸"。　资料来源：照片墙

在动态中嵌入一小段自选的音乐。

帕特当时是这个功能的产品经理。他注意到，有大批用户在添加音乐的途中放弃了，具体有困难的地方在于搜索音乐、选择音乐和选择音乐中合适的部分加入动态。这些环节增加的阻力和困难让很多人在流程的中途就放弃了。

为了简化这个流程，帕特的团队观察了人们最经常选取的歌曲段落，然后建立了一个机器学习模型来预测新歌中最吸引人的部分（通常是副歌的开头）。在选取音乐时，界面会显示这些推荐的音乐选段，让用户更容易通过漏斗的这个阶段。漏斗中复杂的部分被简化后，添加歌曲的完成率翻了一倍，在照片墙上分享的带音乐的动态数量也随之增加了一倍。

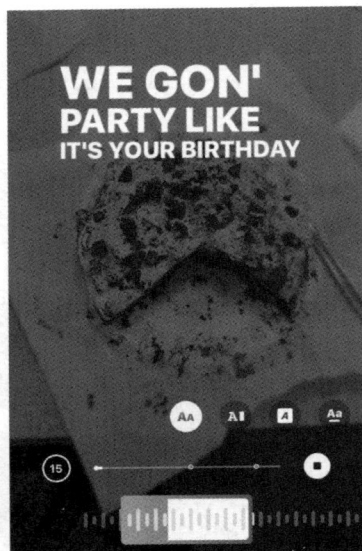

屏幕底部的阴影框显示的是将被添加到动态中的音乐部分。帕特的功能会自动帮助用户找到音乐中的最佳段落，以线上的两点来表示。　资料来源：照片墙

回到我们的购买漏斗，脸书的团队是在优化从"考虑"到"转化"的过程：他们把发布音乐动态的流程变得容易，让处于考虑阶段的用户真正发布了动态。这个方式跟亚马逊的一键购买异曲同工。

宣传黑客

漏斗中另一个可以被优化的关键步骤是从"宣传"到"认知"的这一步。用户可能很喜欢你的产品所以想推荐给朋友，但如果只能逐一给朋友发短信或者打电话，那么这个宣传的过程可能会不顺利。这个部分的增长黑客技巧寻求的是精简或自动化这个口口相传的过程，好让更多用户进入你的漏斗顶部。

案例分析：油管视频嵌入

油管长期以来一直是优化宣传的一个很好的例子。油管的每一支视频都有一个简短的链接，任何人都可以点开链接来观看视频，不论有没有登录。所以发送视频链接给朋友非常容易，这极大地帮助了视频的传播，也吸引了许多新用户来到油管的网站。不过，油管真正天才的地方在于嵌入式视频。油管为其网站上的每个视频都提供了一小段嵌入代码，任何人都可以复制粘贴这段代码到他们的网站上来嵌入对应的视频，不需要 API 密钥，甚至不需要登录油管。

在今天大部分人都知道油管，但在油管初期并非如此，而这个视频嵌入策略在那时使油管以野火之势传播开来。每当一个受欢迎的博客或者网站嵌入了油管视频，油管就能在该网站的所有用户面前获得曝光。当用户看完当前的嵌入视频后，油管的嵌入播放器又会推荐新的视频，因此能很快将观众吸引到油管的主网站。

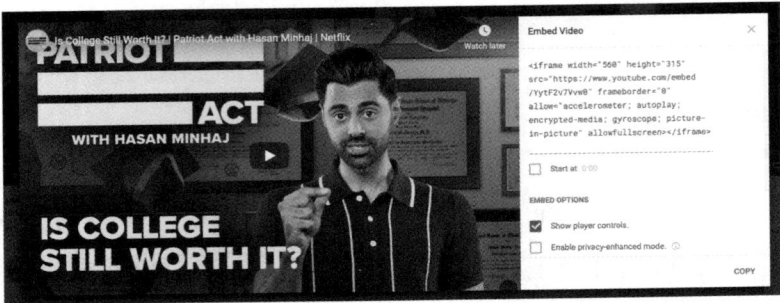

油管允许任何人复制粘贴一段代码来在他们的网站上嵌入一个油管视频。这使油管在其他网站的上百万用户面前获得了曝光。　资料来源：油管

油管简单的"可链接性"和嵌入功能使分享油管视频变得非常容易。你不用给每个朋友单独发短信——你只需要发一个链接，或者在社交网站、博客上嵌入这个视频，所有关注你的人就都能看到它了。通常来说，增长黑客们希望开启"一对多"的宣传模式，因为这比"一对一"的宣传更加高效。

案例分析：领英的通讯录导入

像 Snapchat 和 Houseparty 这类应用程序，用户轻轻一点就可以邀请手机通讯录中的任何联系人，这使产品宣传变得容易。就像油管，这种方式比让用户给每个朋友都发条短信有效多了，还免去了想个性化推荐文案的麻烦。

领英在 21 世纪初也做过类似的事情，当时它允许用户连接它的

电子邮箱，并向尚未加入领英的联系人集体发送邀请邮件。这个方法是"一对多"宣传的缩影：你可以让领英来帮你引入你的职场联系人，而不需要专门给每个人都写一封邮件。这个功能使产品宣传变得非常容易和便捷，帮助领英大幅度扩展了它的用户基础。

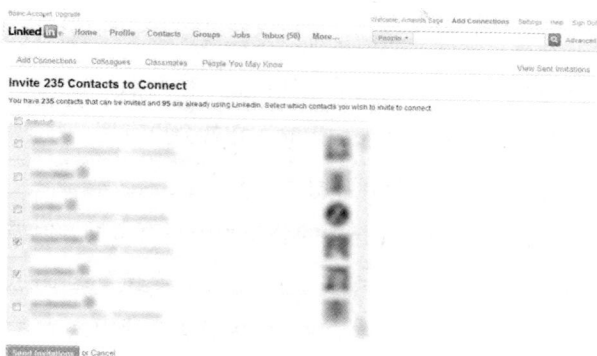

领英自动邀请用户通讯录中联系人的功能，使领英得以飞速增长。
资料来源：油管

不过，领英的故事同时也说明这个策略不能被过度使用。当时，在用户选取要邀请的联系人后，领英给那些联系人都发送了邀请邮件。但是它并没有止步于此——在未经原用户允许的情况下，领英后续又向这些联系人发送了第二波和第三波邮件来跟进。这些垃圾邮件导致了 2015 年针对领英的集体诉讼，领英不得不花费 1300 万美元来平息这场风波。（领英仍然处于领先地位的可能性很大：虽然这个功能现已关闭，但领英已经从中获得了数百万用户，对获得的用户量来说，1300 万美元大概是个划算的价格。）

大量导入的方式是优化购买漏斗中"宣传"这一步的好方法，但你要小心不要变成垃圾邮件。

网络效应

考虑增长黑客的另一种方式是研究网络效应（network effects）。它描述了产品、平台和其他系统如何随着更多人的使用而变得更有价值。电商网站、爱彼迎和优步这样的双边市场、社交网络软件、安卓等应用生态系统、邮件等通信系统以及其他许多类型的系统都存在网络效应。试想一个新的社交网络软件：如果你是唯一的用户，那么这个软件一无是处；当有一些人加入时，它就会更有用一些；当这个软件有了上百万用户，它就极其有用、有价值了。

这些正向反馈循环对成长中的公司来说很有帮助，但另一方面，需要网络效应的系统都会受到"先有鸡还是先有蛋"这个问题的严重困扰。如果一个电商平台没有卖家，买家就不会使用这个平台；而除非有买家，否则卖家不会进驻。除非一个操作系统已经有用户在使用，否则开发人员不会为这个操作系统开发应用程序；但除非开发人员已经开发了软件，否则用户是不会开始使用这个操作系统的。同理，对一个社交软件来说，除非"其他人"已经在使用它，不然没有人会加入进来；但除非已经有人在使用，不然那些"其他人"也不会加入。如果没有任何助力，这些系统将很难开始运转。

案例分析：Tinder 通过大学获客

增长黑客们热衷于寻找聪明的方式来推动新的平台开启网络效应的良性循环。Tinder 就是一个巧妙地利用了网络效应的好例子。Tinder 在 2012 年发布后面临着需要吸引第一批用户的困难。魅力非凡的人不会主动加入 Tinder，除非他们在 Tinder 看到了其他有吸引力的人。

为了给产品推波助澜，Tinder 的公司派员工前往大学，在姐妹会上展示 Tinder，让女生们在 Tinder 上注册。这名员工随后又去了兄弟会，给那边的男生看 Tinder，男生们看到姐妹会的成员们都在 Tinder 上，于是争先恐后地注册了账号。很快，整个校园都在下载 Tinder，希望有机会在软件上接触到这些有魅力的人。Tinder 的策略很有效：这次宣传之后，Tinder 的用户量从 5000 涨到了 15000。

说服一部分人下载一个应用肯定可以帮助你解决鸡与蛋的问题，但是这个策略的精华在于，在扩张到大规模市场之前先征服一小部分市场。只有当网络中的人们都关系密切时，网络效应才有效：100 个 Tinder 用户都在同一个校园比 50 个州每个州 2 个用户要有效多了（哪怕是 100 个国家，每个国家 10 个用户）。所以，当你试图构建一个可以受益于网络效应的平台时，你应该从一个范围小且人员关系紧密的市场作为切入点，然后从那里开始扩张。

换句话说，投放一个超级碗广告对 Tinder 来说不会太有帮助：这种广告只能吸引到散落在美国各地零零散散的用户，一个在芝加哥的 Tinder 用户不会在乎新罕布什尔有多少 Tinder 用户。反而，先赢得一个校园中的希腊群体更容易、更便宜也更有效，因为大家都认识（也想约会）彼此。赢得了希腊群体之后，Tinder 扩张到了整个校园。然后你就可以想象到，接下来，Tinder 进入了隔壁大学，又进入了附近的主要城市，等等。

这个策略听起来是不是有点熟悉？这正是脸书在 2004 年刚开始时的做法。马克·扎克伯格知道，人们只有当有认识的人在脸书上了以后才会开始使用它。因此，脸书是从一个联系紧密的小型市场开始做起的。马克先让他本科宿舍柯克兰之家（Kirkland House）里的人开始注册，然后脸书扩张到了整个哈佛，接着扩张到了各所常春藤大学、全美的大学、高中生、世界各地的大学生，最后，地球上的每一个人。

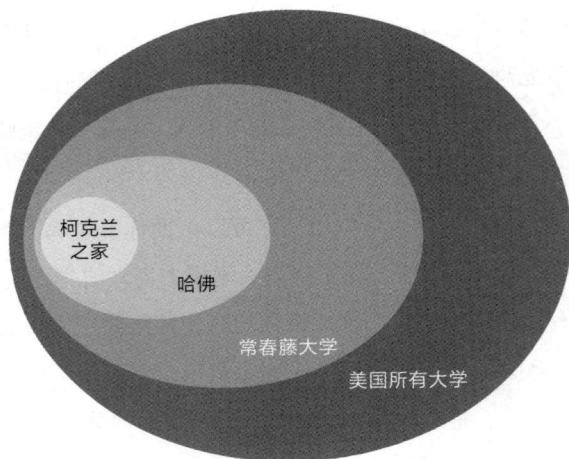

脸书逐渐扩张进入更大的市场来增长用户量。每个市场都给进入下一个市场提供了支撑。

就像 Tinder，脸书以同心圆的形式向外扩张。每一次扩张时，脸书都知道，它现在的用户基础已经给它在更大的市场中提供了一个立足点。哈佛的大部分人都认识柯克兰之家中的某个人，所以人们很快就看到了社交网络的价值。同理，大部分常春藤的人都有认识的人在哈佛，所以他们也会看到脸书的价值。

大学不是建立这些市场"同心圆"的唯一方式。你可以简单地用地理位置达到同样的目的：优步从旧金山开始，然后扩张到美国其他海岸城市，比如西雅图、波士顿和华盛顿，接着进入美国其他主要城市，等等。在每一阶段，优步都知道，现有城市的乘客们应该已经去过新的城市，因此给了人们在新城市成为优步司机的理由 [1]。

不论何种方式，这些"助力"对开启这些需要网络效应的产品来说至关重要。一旦车轮滚起来了，你就能（希望可以）看到持续的增长 ——增长黑客方法可以帮助你，让你的车轮开始滚动起来。

---

1 优步最初的目标用户是技术人员，据观察，这些用户不断地飞行于旧金山、西雅图和纽约之间。

第三十五章　说服

不管是投放广告、派出销售团队还是通过增长黑客技巧进行宣传，你都需要说服用户来下载你的应用程序、开启邮件订阅、为你的平台开发软件，等等。好在，有一套常用的法则可以帮助你赢得用户：罗伯特·西奥迪尼（Robert Cialdini）的六大影响力法则。

西奥迪尼认为，你可以通过六个关键的策略来有效地说服他人：互惠、一致（承诺）、社会认同、权威、喜好和稀缺。如果你仔细观察，你会发现所有类型的科技产品都使用了这些方法，所以，你的产品也可以。

互惠

我们要讨论的第一个策略是互惠：我们会回报帮助过我们的人，因为我们都不喜欢亏欠他人。所以，如果你能先给潜在的顾客提供一些好处，然后再提出请求，那么顾客就更有可能被说服。比如，开市客超市发现，在店里提供免费的样品竟使产品销量提升了600%，因为人们觉得有必要回报送样品者的慷慨。

开市客开始提供免费样品后销量的增长百分比

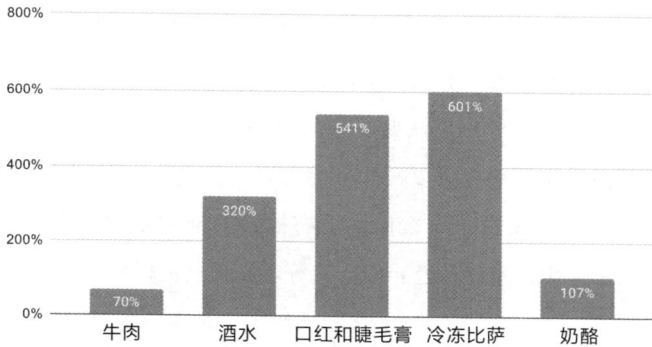

开市客开始提供免费样品后有些产品的销量大幅度提升。　　资料来源：The Atlantic

科技产品不方便直接分发免费的样品，但是可以先给潜在的用户提供免费的试用、免费的建议和免费的电子期刊，然后再试图收费。微软就是一个很好的例子。微软给大学生提供免费的 Office 订阅服务，这不仅让学生们建立了对公司的好感，使他们在开始工作后愿意购买 Office，也让学生们掌握了 Office 产品的使用技巧，让他们在未来更习惯于使用 Office 而不是谷歌文档等其他同类型的产品。

互惠策略和传统的公关工作也能很好地配合在一起。优秀公关策略，比如优步在 2020 年给感染了新冠肺炎病毒的人群免费提供 1000 万次车程，能给潜在的顾客留下更积极的品牌印象，使顾客在未来愿意继续为这个品牌消费。

一致

第二个方法是保持一致性：人们一旦做了一个决定或者说选择了

一种立场，就会强烈希望在未来保持承诺，言行一致。没人喜欢认知失调（cognitive dissonance），即行为与过去的承诺或者想法不一致。放弃你之前的决定无异于承认你犯了错误或者先前判断失误。

也就是说，用户一旦注册了你的产品或者和你开始了一段关系，他们就不会轻易离开。所以，如果你可以让他人为你做一些小事，比如开启一次免费试用，那么你就更有机会把他们留在产品中一段时间。这也是为什么像亚马逊云和奈飞等产品喜欢提供免费试用期。

无义务优惠

除了提供一到两个月的软件免费试用期，还有很多更有创意的方式。眼镜品牌 Warby Parker 会给顾客邮寄五副免费的眼镜来试戴五天，不需要付款或者给予任何承诺。但是一旦试戴了它的眼镜，你就会开始思考购买它们的理由了。如果什么都不买，你就等于承认自己选择了一个不好的商家，而没人喜欢这种感觉。

Warby Parker 允许顾客试戴五副眼镜，完全免费。　　资料来源：Scott Sigler

这跟"门槛战略"密切相关，即卖家会让顾客一步一步地消费更多，以此来一点一点获得潜在的顾客。最开始，你可以说服人们从你的网站下载一个白皮书。然后，你可以说服他们开启订阅邮件，接着开始免费试用你的产品。最后，你就可以说服顾客来为你的软件付费。随着请求的增多，用户的付出也在增加，这使他们容易一步一步不断地接受你在每一阶段的请求。

社会认同

第三个策略是社会认同，这一点源于人们是天生的社群动物。

在一个著名的实验中，参与者与实验工作人员（参与者并不知情）被放入了同一个房间。实验人员向参与者展示了一条线段，然后让他们从另外三条不同长度的线段中选出长度相同的一条。当每个人自行写下答案时，99% 的参与者的答案都是正确的。

而当大家需要说出自己的答案时，实验人员都故意说了错误的答案。轮到参与者回答时，75% 的参与者都说出了错误的答案，只为了跟多数人的答案一样。他们都被周围的同伴压力影响了！

社会认同原则同样适用于商业场景。展示有名的客户、活跃用户数、案例分析、见证、媒体报道、奖项和其他证明你的产品受欢迎的

被全球顶尖团队信赖

团队协作软件初创公司 Asana 有一个社会认同的经典例子：展示他们的知名客户。
资料来源：Asana

数据，可以很大程度上帮助你赢得犹豫不决的客户。每个企业软件初创公司都会在其网站上列出客户的标志是有原因的。

来自陌生人的称赞不是获取社会认同的唯一方式。如果有影响力的人提到了你的产品，信任他的人们就会想要了解这款产品。

但最强有力的社会认同感来自朋友和家人，如果一个你认识的人推荐了一款产品，你就非常有可能会去了解一下。因此，社交分享功能是非常有用的。为了提高分享功能的有效性，你还可以提醒人们推荐者与他们的关系有多密切。

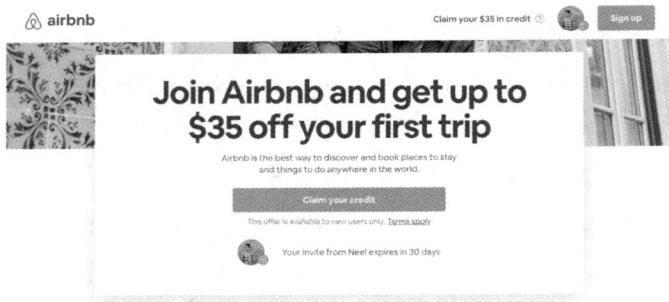

爱彼迎的推荐页面会显示推荐人的头像，使这次推荐更加个人化，社会认同感更加被放大。 资料来源：爱彼迎

比如，爱彼迎从很早之前就允许用户可以推荐朋友加入它的平台，但在 2014 年爱彼迎对推荐形式进行了改版。改版的其中一部分是开始向新用户显示推荐人的头像照片，而不只是显示名字。这个小改动提升了这些邀请带给新用户的社会认同感，这也是改版后预订量提升了 300% 的一个重要原因。

使用价格层级

最后，社会认同策略也可以用来从现有用户中获取更多收入。一个最常用的技巧就是把利润最高的产品套餐标注上"最受欢迎"或者"推荐"的标志，引导顾客来购买这款套餐。

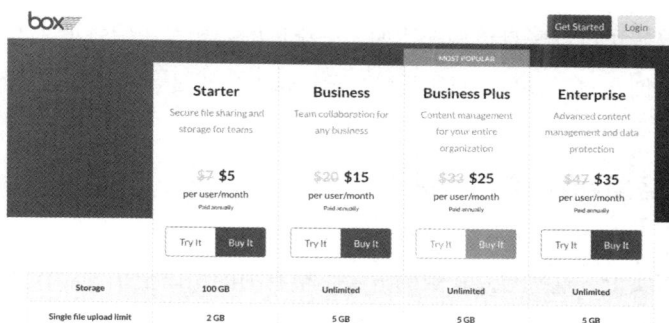

企业文件存储公司 Box 利用社会认同原理来引导客户购买对 Box 来说可能是利润最高的产品套餐 ——Business Plus。　资料来源：Box

权威

第四个策略是社会认同原理的变形：人们天生相信权威人士，比如医生、律师和商业大亨。这就是为什么旅行常客喜欢飞行员们经常使用的 Briggs & Riley 行李箱 [1]。同理，这也是为什么人们会相信那些"每五个牙医中就有四个认可这款口香糖"的广告。这也是为什么一个亚拉巴马州的男人可以在光天化日之下从超市偷走 25 箱啤酒 ——

1　我们必须说，Briggs&Riley 行李箱的终身保修服务非常贴心。

他打扮成了一个卡车司机把啤酒用推车从前门运出。

对科技产品来说，来自这些权威人士的证言很有分量。比如，初创企业可以仅靠吹嘘说有著名的投资人支持它就可以吸引来大笔资金和人才。（不同情况下，顾客认可的权威人物也会不同。对一个清洁能源公司来说，来自 Al Gore 的支持会很有分量，而对一家金融科技公司来说，来自高盛 CEO 的支持会更有帮助。）

权威也可以来自机构。比如，一说你的公司是由哈佛博士或前谷歌员工创立的，那么人们立马就会觉得这家公司是合法可靠的。

希拉洛斯和权威的陷阱

事实上，这些建立权威的方式是很有力的，以至于仅靠权威就可以支撑起一家公司，哪怕这家公司都还没有能用的产品。我们说的正是希拉洛斯这家臭名昭著的血液检测初创公司。这家由一个从斯坦福大学退学的学生成立的公司与 Walgreens 和 Safeway 都达成了合作，甚至连前美国疾病控制与预防中心（CDC）的主任都在它的董事会中。虽然希拉洛斯的血液检测机器是个完全失败的产品，但它还是在各大投资人面前蒙混过关，公司估值一路飙升到 90 亿美元，直到最终不可避免地崩塌。

喜好

第五种策略，喜好，要直接得多：我们倾向于信服我们喜欢的人。很多因素会影响我们是否喜欢一个人，但通常来说，我们喜欢与

Discord 利用了"喜好"这一原理，通过表明创始团队也都是游戏玩家赢得了各路玩家的青睐。 资料来源：Discord

我们相似的人、互补的人和可以合作来实现共同目标的人。

向潜在用户表明你跟他们是一路人是获得用户青睐的绝佳方式。以 Discord 这款深受游戏玩家欢迎的聊天软件为例：Discord 在它的网站上自豪地宣称它的创始人们就是"一小群热爱游戏的玩家"，这一下就让玩家同胞们喜欢上了这款软件。连谦虚的"关于我们"页面也可以通过这种方式变得有力。

爱彼迎也很好地运用了"喜爱"这一策略。它的订房页面上会突出房东的信息，主动向用户展示房东的兴趣爱好、家庭和生活背景。这些细节对房屋质量不会有什么影响，但肯定可以让潜在的租客喜欢这些房东，从而更愿意在爱彼迎上订房，而不是选择一个不了解的酒店。

稀缺

最后，人们会被稀缺性吸引。我们都讨厌错失的感觉（错失恐惧FOMO 是真的！），所以当感觉一个机会正在流失时，我们会急于做出决定。事实上，我们会不理智地高估我们认为是稀缺事物的价值：一个著名的例子是，有两盒饼干，一盒几乎空了而另一盒还是满的，在选择时，人们倾向于选择快空了的盒子里的饼干，虽然两盒里的饼干是一样的。

DEAL OF THE DAY

$20.99 - $115.49

Ends in 16:56:48

Up to 60% off on 1000 Thread Count Egyptian Cotton Sheets

★★★★☆ 8157

亚马逊的一个每日特价商品，会在倒计时结束时截止。　资料来源：亚马逊

你可以在产品中利用"稀缺性"来吸引顾客，比如发布一个限时或限量的优惠。亚马逊每天都有不同的"限时秒杀（lightning deals）"或者"金盒子（goldboxes）"优惠活动，提供有限的特价商品。为了把稀缺性利用到极致，亚马逊甚至还为每一个商品显示倒计时，你能看到优惠时间在一秒一秒地流逝。这是亚马逊网站上仅有的动态效果之一，确实非常有效。

可以肯定的是，稀缺性一直存在 ——大部分实体商品都有有限的数量，所有优惠也都有截止时间。只是很多商家都没有提醒顾客这一点。你可以用"库存有限"或"X 分钟后优惠截止"等标语来利用稀缺性。对于火爆的商品，亚马逊还会在"加入购物车"旁边显示"库存仅剩 Y 件"来轻轻催促用户下单。

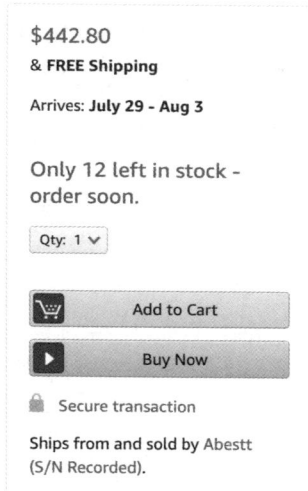

$442.80
& FREE Shipping

Arrives: July 29 - Aug 3

Only 12 left in stock - order soon.

Qty: 1 ∨

🛒 Add to Cart

▶ Buy Now

🔒 Secure transaction

Ships from and sold by Abestt (S/N Recorded).

亚马逊会提醒顾客库存仅剩几件。　资料来源：亚马逊

仅限邀请制

稀缺性不仅能促进销售，还可以为产品带来关注度。邀请制就是一个能为新产品带来大量关注和用户的方式。比如，免费的股票交易软件罗宾汉（Robinhood）在刚发布时并未向所有用户开放。它的测试版软件是仅限邀请才可以使用的。这个简单的手段一下子使加入罗宾汉的名额变得稀缺，就像是要加入一个专属俱乐部一样，人们蜂拥而至想要获得邀请或者进入等候名单。这个战术在罗宾汉发布前就给它带来了超过 100 万的用户注册。

同样，安卓手机一加（OnePlus）在 2014 年发布它的第一款手机 OnePlus One 时，也没有在实体店里进行销售。购买的唯一方式是得到来自现有用户的邀请。人们于是迫不及待地希望得到邀请，因为这样能向世界展示他们很酷、人际广泛、是"圈内人"。有权发起邀请的人同样渴望分享，因为这能彰显他们的特权和慷慨。这个策略非常成功：一加的网站在一个月内获得了超过 2500 万的访问量，一年内售出了超过 150 万台手机。所以，有目的性地限制一款产品的分发会让人们更渴望得到它！

结论

在 2018 年，汉堡王（Burger King）发布了一个狡猾的优惠活动：如果你在一家麦当劳附近 600 英尺（约等于 182.88 米）的范围内打开汉堡王的应用程序，你就能在距你最近的汉堡王店里以一美分买到一个皇堡（Whopper）。它的软件甚至会打开地图软件帮你导航去汉堡王。

这个活动是一个恶搞，但也是一个非常有效的增长黑客策略，真的是从麦当劳的鼻子底下抢客。它同时也强化了汉堡王有趣、前卫、不羁的品牌形象。汉堡王还是那个会在广告牌上展示发霉的皇堡来表明去除人工防腐剂的决心的公司，也会在广告中说"好的，谷歌，皇堡汉堡是什么？（OK, Google, what's the Whopper burger?）"来触发

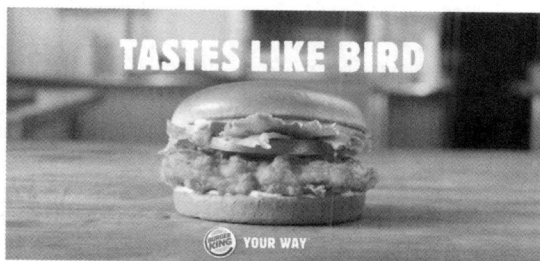

汉堡王曾制作过一则广告来调侃用人工智能驱动的广告，特地使用生硬的广告语让它听起来像是糟糕的人工智能生成的。　资料来源：Cfx

观众家里的 Google Home。有一家汉堡王餐厅甚至"邀请"隔壁的温蒂餐厅一起去舞会。

汉堡王还以自己是"反麦当劳"群体的一员而骄傲：它的媒体报道半开玩笑地吹嘘说汉堡王是"世界第二大汉堡快餐连锁店"。而这场宣传更是把汉堡王和麦当劳之间的竞争关系进一步放大了。

汉堡王的这些"黑客式广告宣传（hackvertising）"方式令人印象深刻，不过我们并不是要告诉你如何销售快餐。汉堡王的传奇故事说明，很多优秀的市场营销活动并非来自传统的社交媒体、广告立牌或者电视广告。有创意又大胆的人可以构想出一些独特又精妙的营销策略，而作为一个产品经理，这正是你可以（并且应该）做的事情。

《打造令人尖叫的产品》的结尾

　　这就是《打造令人尖叫的产品》的尾声了。恭喜你，你已经积累了丰富的产品知识，这些知识能帮助你在设计、研发、发布和销售优秀产品的同时也能建立起成功的商业模式。我们希望你的所学能为你所用，帮助你收获理想的工作，成为一个优秀的产品人或者领导你的公司走向成功。（或以上所有！）接下来你要做的就是把这些知识付诸实践。我们期待你在未来会取得的成就。

保持联络！

　　我们三人在领英上分享了对于科技行业未来的预测、进入科技行业的诀窍和职业发展资源。你可以在领英上与我们联系。

　　只要你在领英上发表帖子表达你如何喜欢《打造令人尖叫的产品》并标记我们，我们就会加你为好友，也会点赞、评论或者分享你的帖子来帮助你获得更多的阅读量和关注者。

　　最后，如果你喜欢这本书并希望我们在你的公司或者大学进行演讲，请发送电子邮件至 speak@pmsacredseven.com，并提供活动详细信息和大致日期。我们很愿意与世界各地的读者见面和互动。期待你联络我们!

　　无论你是从《滑动解锁》时代开始阅读我们的作品，还是现在刚刚拿起我们的书，我们都非常感谢你的支持。再次感谢你阅读我们的作品，我们下次再会，祝一切顺利!

——帕特、尼尔和阿迪

致谢

我们想说，写一本书需要凝聚很多人的心血。没有无数合作者、朋友、家人和导师的帮助、支持、引导和爱，我们是不可能完成这部作品的。

帕特

有一天，我在和老板一对一谈话的时候，问他有没有哪些工作我可以帮忙，他反而建议我多关注自身的健康，照顾好自己。他说去做任何你想做的事，比如写你下一本书。

起初我并没有认真地考虑这个建议，但它最终却是使我开启这部作品的转折点，让我真正开始研究、提炼、书写我在脸书、微软和亚马逊做产品的过程中学习到的知识。

谢谢你，乔什·特威斯特（Josh Twist），你是一位非常棒的经理，谢谢你在我需要时推了我一把，让我开启了这次项目的旅程。同时，特别感谢亨利·宋（Henry Soong）、埃梅卡·奥卡福（Emeka Okafor）、布莱恩·萨夫特勒（Bryan Saftler）、丹·弗莱彻（Dan Fletcher）、弗雷德·贝蒂尔（Fred Betielle）、乔治·曾（George Zeng）、威尔·克鲁（Will Crew）、弗拉基米尔·克列斯蒂安尼科夫（Volodymyr Krestiannykov）和戴维德·迪·西洛（Davide Di Cillo）对我的产品之旅的支持！

非常感谢我的朋友和家人一直以来对我的支持和鼓励。我要特别感谢克里希纳·德特罗亚（Krishna Detroja）、尼米什·库马尔（Nimish Kumar）、希拉维·贝拉丘（Hilawi Belachew）、克里斯蒂娜·吉（Christina Gee）、亚当·哈里森（Adam Harrison）和尼克·帕特尔（Nik Patel）为改进本书提供的想法和反馈。非常感谢李柴（Li Chai）、珍妮弗·林（Jennifer Lin）、斯蒂芬妮·朱（Stephanie Zhu）、彼得·卢巴（Peter Luba）、珍妮·李（Jenny Lee）、温妮·孙（Winny Sun）、尼特拉·贾亚普拉卡什（Nethra Jayaprakash）和伊斯特万·科瓦奇（Istvan Kovach）帮助我们实现了这部作品。

最后，感谢尼尔和阿迪，你们是全世界最棒的合作者。

尼尔

我非常感谢我能在人生中遇到如此优秀的导师们。你们的启发、激励、指导和鼓励帮助我克服了种种疑虑，使我找到了目标，让我可以用我的意志力尽我所能地完成这一切。我对你们的感谢无以言表：亚历克斯·科莫罗斯克（Alex Komoroske）、马切伊·米哈尔斯基（Maciej Michalski）、里特什·拉尔（Ritesh Lal）、赵大成（Dacheng Zhao）、蒂姆·菲利（Tim Feeley）、杰夫·迈泽尔（Jeff Meisel）和尼克·赛奈（Nick Sinai）。

致我的母亲、父亲和塔拉（Tara）：谢谢你们在我决定要写四年内的第三本书时支持我。你们的爱和支持成就了这一切。致梅特瑞伊（Maitreyee）：在你的帮助下，我每一天都在成为更好的人，这比世上任何的书面建议都更加可贵。

致阿迪和帕特：多么默契的一场合作啊。致未来还会一起走过的许多年。

阿迪

衷心感谢这一路上耐心帮助过我们的每一个人，我们能完成这部作品离不开你们的支持。

首先，感谢我们的《滑动解锁》和《泡沫还是革命？》的读者们，非常感谢你们对书中内容的热情和发自内心的兴趣，这令我们也备受启发。感谢你们分享你们的故事，听到我们如何小小地帮助到了你们是我经历过的最有意义的事情之一。如果不是因为你们，我们不会一直写下去。

非常感谢所有帮助我们将这本书呈现出来的朋友和家人。我要特别感谢赛·奈都（Sai Naidu）、桑迪普·古普塔（Sandeep Gupta）、乌纳提·舒克拉（Unnati Shukla）、阿伦·乔布（Arun Job）、李珠熙（Juhee Lee）、阿迪提·杰恩（Aditi Jain）、扬·陈（Young Chen）、凯蒂·韩（Katie Han）、张博文（Bowen Zhang）、吉米·夏（Jimmy Xia）、金智勋（Ji Hun Kim）、霍莉·邓（Holly Deng）、珍妮·李（Jeanne Lee）、安德烈·萨丰季奇（Andrej Safundzic）、塞尔盖·巴拉诺维奇（Serguei Balanovich）。这些慷慨的人为这本书贡献了他们宝贵的时间、技能、意见和见解，从书的内容到设计再到营销。

还要感谢我的母亲、父亲和阿图（Athu），感谢你们在这个旅程中不断的鼓励和爱。能得到如此出色的家人和朋友的支持，我非常感恩。

还有我出色的合著者帕特和尼尔，他们是最好的朋友和同事。我已经等不及想看看接下来会发生什么！

我们所有人

非常感谢来自世界各地的 67 位产品负责人，他们帮助我们制定了这本书的愿景。在我们研究的公司中，有几家对于描述人才要求方面有严格的政策，所以我们承诺所有受访者都是匿名的，这样他们就可以自由地表达自己的想法。虽然我们不能单独感谢他们每一位，但我们希望大家知道，如果没有这些优秀的人慷慨地拿出时间与我们交谈，就不会有这本书的存在。

我们还要感谢所有给我们提供战略建议、帮我们搜寻案例、确定受访人、收集设计上的反馈并帮助我们修订章节的人们。与你们合作非常愉快，是你们让这本书成为现实。感谢李柴、珍妮弗·林、乌纳提·舒克拉、斯蒂芬妮·朱、彼得·卢巴、珍妮·李、温妮·孙、尼特拉·贾亚普拉卡什和伊斯特万·科瓦奇帮助我们将这本书以今天的面貌呈现出来。

最后，我们想要感谢您，读者！我们希望您喜欢这本《打造令人尖叫的产品》，就像我们享受创作它一样。

笔记

关于《打造令人尖叫的产品》中的每一章我们都可以写出一整本书。每一个我们所写的主题都有很多值得探索的地方，而我们才只触及了表面。

所以，我们特此提供我们在为本书做研究期间用到的每一个资源的链接。如果把这些链接的内容打印出来，这本书会多出一百多页，所以我们把它们放到了网上。你可以在我们的网站 pmsacredseven. com/notes/1.1.0 上查看这些内容。如果某个事实或者观点激起了你的兴趣，我们鼓励你阅读相关资料并进行更深入的研究！

图书在版编目（CIP）数据

打造令人尖叫的产品 /（美）帕特·底特律，（美）尼尔·梅塔，（美）阿迪亚·阿加什著 ; 沈玫等译. -- 北京 : 北京联合出版公司，2024. 12. -- ISBN 978-7 -5596-7866-9

Ⅰ. F273. 2-49

中国国家版本馆 CIP 数据核字第 20249YX691 号

北京市版权局著作权合同登记 图字：01-2024-5870 号

打造令人尖叫的产品

作　　者：［美］帕特·底特律　［美］尼尔·梅塔　［美］阿迪亚·阿加什
译　　者：沈　玫　初　畅　邹有龄　施楚涵
出 品 人：赵红仕
责任编辑：龚　将

北京联合出版公司出版
（北京市西城区德外大街 83 号楼 9 层　100088）
三河市中晟雅豪印务有限公司印刷　新华书店经销
字数 430 千字　880 毫米 × 1230 毫米　1/32　印张 17.875
2024 年 12 月第 1 版　2024 年 12 月第 1 次印刷
ISBN 978-7-5596-7866-9
定价：88.00 元